国家出版基金项目
NATIONAL PUBLICATION FOUNDATION

中國農村經濟研究

（上）

［匈牙利］馬札亞爾◎著
陳代青 彭桂秋◎譯

山西出版傳媒集團
山西人民出版社

圖書在版編目(CIP)數據

中國農村經濟研究 / [匈牙利] 馬札亞爾著；陳代青，彭桂秋譯. —太原：山西人民出版社，2015.12
(近代海外漢學名著叢刊 / 鄭培凱主編)
ISBN 978-7-203-09249-0

Ⅰ. ①中… Ⅱ. ①馬… ②陳… ③彭… Ⅲ. ①農村經濟－研究－中國－民國 Ⅳ. ①F329.06

中國版本圖書館 CIP 數據核字(2015)第 291574 號

中國農村經濟研究

叢刊主編　鄭培凱
著　　者　[匈牙利]馬札亞爾
譯　　者　陳代青　彭桂秋
責任編輯　王新斐

出 版 者　山西出版傳媒集團·山西人民出版社
地　　址　太原市建設南路 21 號
郵　　編　030012
發行營銷　0351－4922220　4955996　4956039
　　　　　0351－4922127(傳真)
天貓官網　http://sxrmcbs.tmall.com　0351－4922159(電話)
E－mail　sxskcb@163.com　發行部
　　　　　sxskcb@126.com　總編室
網　　址　www.sxskcb.com

經 銷 者　山西出版傳媒集團·山西人民出版社
承 印 廠　山西出版傳媒集團·山西人民印刷有限責任公司

開　　本　700mm×970mm　1/16
印　　張　41.5
字　　數　374千字
印　　數　1—2000冊
版　　次　2015年12月　第1版
印　　次　2015年12月　第1次印刷
書　　號　ISBN 978-7-203-09249-0
定　　價　125.00圓(上、中、下)

近代海外漢學名著叢刊編委會名單

出版説明

近代海外漢學名著叢刊選取一九四九年以後未再刊行之近代海外漢學作品，編例如次：

一、本叢書遴選之作品在相關學術領域具有一定的代表性，在學術研究方嚮、方法上獨具特色。

二、爲避免重新排印時出錯，本叢書原本原貌影印出版。影印之底本皆經專家組審定，原書字體大小、排版格式均未做大的改變。

三、爲使叢書體例一致，本叢書前言、後記均采用繁體字排版。

四、個別頁碼較少的版本，爲方便裝幀和閱讀，進行了合訂。

五、少數作品有個別破損之處，編者以不改變版本内容爲前提，部分進行修補，難以修復之處保留缺損原狀。

六、原版書中個别錯訛之處，皆照原樣影印，未做修改。

由於叢書規模較大，不足之處，在所難免，殷切期待方家指正。

總序／温故而知新

晚清以來，西力東漸，西方文化思想的著作也大量譯成中文，最著名的如嚴復與林紓的譯著，影響了整個二十世紀中國的知識界與文學界，使得中國文化的思維脈絡爲之丕變。除了西方思想經典、文學與實證科學著作的翻譯，以實證方法系統化探討中國文史的域外漢學，也對中國學術思想界産生了莫大衝擊，改變了中國學術的著述方法與取嚮。

中國傳統的知識結構，是按經史子集四庫分類的，以儒家意識形態的經學爲文化知識的砥柱，以史學爲貫串歷史經驗的殷鑒，至於子部與集部，則是作爲保存文獻、擴大知識面的附帶知識，可以耽情冥想，可以悠遊玩賞，却都是邊緣化的知識，無關聖教的弘揚，無關文化精髓的宏旨。西方文藝復興之後的現代學術體系，在知識分類上，與中國傳統大相徑庭，講究系統分科，不同知識領域各有其客觀存在的價值，有其相對獨立的目的與標準。日本知識界在明治維新以來，鑒於東方文明落後於西方的船堅炮利，率先效法西方，在追求「文明開化」、「脱亞入歐」的過程中，爲日本學術發展循着現代西方的體例，建立了哲學、文學、歷史學、經濟學、法學、商學、物理學、化學、地質學、醫學、農學、工程學、植物學、動物學等等新型學科，企圖與西方學術齊頭並進，從而影響了中國近代學術體系的發展。

本叢刊選印二十世紀上半葉出版的漢學譯著近百冊，分爲三大類：「歷史文化與社會經濟」、「古典文獻與語言文字」、「中外交通與邊疆史」，反映民國時期學術界重視西方及日本漢學研究的成果，藉助他山之石，重新審視中國傳統歷史文化的意義，特別是開拓了傳統學術忽略的領域。五四新文化運動以來，中國學者如蔡元培、胡適都提倡「整理國故」，以理性實證的方法，對中國文化傳統做出系統化的研究，是與這些漢學譯著相輔相成的。這些譯著除了介紹域外漢學的成果，還引進了嶄新的學術研究方法與視角，有助於梳理中國文化傳統的脈絡，重新整合知識結構與學術體系。雖然這些學術著作不是中國學者的成就，無法納入二十世紀中國文史學術的主脈，但是從中文譯本的影響而言，起碼也應當視爲中國近代學術發展的支脈或潛流，不容忽視。可惜的是，到了二十世紀下半葉，因爲兩岸政治形勢的變化，這些漢學譯著，除了部分因王雲五重新入主臺灣商務印書館，而得以在臺灣做了少量的重印，在大陸的出版界，則完全受到遺忘，甚至在許多新成立的大學圖書館中也不見踪影。我們搜集了近百冊塵封的漢學譯著，呈現給二十一世紀的中國學術界，一方面是爲了銘記前人爲推展學術而做出的努力，另一方面也是爲了提醒新常態時期的學人，學術發展有其歷史累積的脈絡，可以從中汲取歷史經驗，温故而知新。

說到「温故知新」與這批早期漢學譯著的關係，可以從兩個方面來思考，以見翻譯域外漢學如何反映了時代精神，爲融匯東西方學術思維，重新闡釋中國文化傳承，做出不可磨滅的貢獻。一是域外漢學的研究對象，以中國歷史文化典籍爲主，屬於中西文化碰撞期間興起的「國學」範疇，與五四新文化人物提倡的「整理國故」運動若合符節。研究中國歷史文化，並賦予新的學術意義，是清末民初知識精英念兹在兹的心結。歷史發展走到一個環節，時代的狂風揚起了批判傳統的大旗，風中的英雄幫着推波助瀾，却又無時或忘自己民族文化主體的未來，糾纏於「傳統」能否「現代」的困境。域外漢學的出現，以西方實證方法研究中國歷史文化傳統，綜合東西方各種語言文字材料，擴大了研究國學的眼界，即使無法打開中國文化傳統是否走到盡頭的心結，至少是提供了一個解惑的方嚮，在大霧彌漫的夜晚，看到了依稀渺茫的星光。

二是翻譯域外漢學，有一種以子之矛攻子之盾的吊詭作用，逐漸化解了中國文化思維中的自大心理與封閉心態，讓唯我獨尊的國粹基本教義派解除武裝到牙齒的盔甲，轉而吸收並接受西方實證研究的學風。民國期間新式教育制度的推行、學術體系的變化、大學學術專業的創建，具體到北京大學國學門的成立，中央研究院規劃歷史、語言、考古的研究領域，都與翻譯域外漢學背後的旨意是息息相關的。因此，重新閱覽這批民國期間的漢學譯著，對二十一世紀的現代學人來説，温故而知新，不但可以窺知民國學人追求新知的心理狀態，也會刺激吾人反思，認真思考學術研究方法與中國學術發展的前景，更進一步，探索文化傳統的重新闡釋與新知介入的關係。知識體系的變化當然與傳統的重新闡釋有關，是外爍的影響大呢，還是內因變化的成分居多？

論語·爲政記載孔子説：「温故而知新，可以爲師矣。」歷代解經，對這個「爲師」的道理，有兩種相近似但又取嚮不同的解釋。朱熹四書集注説：「故者，舊所聞。新者，今所得。言學能時習舊聞而每有新得，則所學在我而其應不窮，故可以爲人師。若夫記問之學，則無得於心而所知有限，故學記譏其不足以爲人師，正與此意互相發也。」雖然朱熹把知識分爲「舊所聞」與「新所得」，强調的却是「學而時習之」，從中生發新的心得，也就是從詮釋舊典中得到新知。這個説法與朱熹在鵝湖之會以後，作詩唱和，寫給陸九淵的詩句，「舊學商量加邃密，新知涵養轉深沉」，异曲同工，是一個意思，萬變不離其宗，舊學與新知是同一個脈絡的知識學理。

然而，有些朱熹之前的經學家，解釋「温故知新」，却有不同的取嚮。皇侃論語義疏就説：「故，謂所學已得之事也。所學已得者則温尋之不使忘失，此是月無忘其所能也。新，謂即時所學新得者也。知新，謂日知其所亡也。若學能日知所亡，月無忘所能，此乃可爲人師也。」皇侃明確説到，「故」指的是過去所學的知識，而「新」則指的是新近學到的知識，新舊結合，相互發明，就可以「爲人師」了。邢昺論語注疏循着皇侃的思路，也説：「言舊所學得者，温尋使不忘，是温故也。素所未知，學使知之，是知新也。既温尋故者，又知新者，則可以爲人師也。」這裏講的「素所未知」，就不祇是研讀舊學，有了新的體會，從過去的傳統中發展出的「新知」，而是從來没聽過、没想過的新學問了。這種「素所未知」的新學問，結合「舊所聞」，對習以爲常的知識框架，就會産生巨大的衝擊，而出現飛躍性的結構變化。知識內容或許大體沿襲傳統，知識結構却得以重新整合，出現嶄新的認知系統，重新審視自己文化傳統的意義，打開文化傳承的新局面。二十世紀上半葉的漢學譯作，就發揮了這樣的作用，促使中國學者放棄自我中心的文化態度，從各種不同側面，探知中國歷史文化的光譜，以域外（或是全球）的角度觀測中國傳統，摇動了文化的萬花筒，看到七彩繽紛的中國。

嚴復在甲午戰爭之後，改良變法思想風起雲涌之時，開始大量翻譯西方思想經典著作，是有感於國人（特别是傳統文化孕育的知識精英）思維系統封閉，企圖介紹實證新知，引進邏輯思維的方法，以破除儒學之道「一以貫之」與「放之四海而皆準」的虚妄。他翻譯天演論，在序文中提到，有人歸納東西方學術思想，認爲中國文化重精神，是形而上之學，立意高超，而西方文化重物質，是形而下之學，祇追求功利的回報。他認爲，這種自以爲是的蒙昧態度，陷入傳統舊學的框囿而不自知，没有自我反思的能力，無法吸收「素所未知」的新知識，也就無法開展並弘揚自己的文化傳統。嚴復非常清楚他翻譯西方經典的目的，是爲了介紹新知，打破中國傳統思維的封閉性，但是，作爲披荆斬棘的拓荒人，他深知思想封閉者的頑固心理，必須因勢利導，以免遭到盲目衛道之士的攻訐。嚴復有其防身的策略，不會像許褚戰馬超那樣赤膊上陣，而是以桐城文章譯述赫胥黎、斯賓塞、穆勒、亞當·斯密、孟德斯鳩，博得晚清知識精英的贊許，文章深閎而傳入了新知義理。從文化變遷的角度而言，通過翻譯，以迂迴戰術來介紹西方思想，得到巨大的成功，產生了改變傳統思維體系的實效，是中國近代思想史上影響深遠的大事。以此類推，民國時期大量翻譯域外漢學的影響，也是不容忽視的思想史課題。

關於清末民初西方學術思維衝擊中國知識精英，顛覆傳統文化的知識結構，錢穆在現代中國學術論衡的序言中，從中國文化本位的立場，發出深刻的感慨，做了籠統的批評：「文化異，斯學術亦異。中國重和合，西方重分別。民國以來，中國學術界分門別類，務爲專家，與中國傳統通人通儒之學大相違異。循至返讀古籍，格不相入。此其影響將來學術之發展實大，不可不加以討論。」錢穆所指出的問題，是傳統知識體系强調「通」，文史哲不分家，最崇尚通儒，而現代學術講究專業分科，各司其職，以至於讀不通古籍呈現的整體性知識思維。姚名達在撰寫中國目録學史的時候，對西力東漸，西潮帶來的翻譯著作及新知新學，也有類似的感慨：「四部分類法，不合時代也，不僅現代爲然。自道光、咸豐允許西人入國通商傳教以來，繼以派生留學外國，於是東西洋洋籍逐年增多。學問翻新，迴出舊學之外。目録學界之思想不免爲之震蕩。」這種對學術體系發生重大變化的觀察，反映了中國學人從晚清一直到民國，夾在東西方兩種不同思維體系的衝突中，身歷其境的切身感受，因此感觸良多。

二十世紀上半葉最能代表中國學術的通儒是王國維與陳寅恪，他們浸潤了經史子集的四部知識傳統，承繼乾嘉篤實的考據學風，却都經過西洋邏輯思維與實證科學的洗禮，參與中國知識結構的轉型。對西方現代知識結構如何在中國生根發芽，不但再三致意，并且以自己的學術實踐來努力促成。王國維早在一九〇二年就寫信給張之洞，反對把經學列爲大學分科之首，而主張效法西方與日本的大學，設立哲學科，明確指出知識結構的分類不可因循傳統，而必須另起爐竈。陳寅恪在一九二五年就清華大學建制的問題，寫了吾國學術之現狀及清華之職責，指出大學的職責在於學術之獨立，而中國學術界的情况令人十分不滿，必須認真效法西方學術的體制及實踐。他說：「蓋今世治學以世界爲範圍，重在知彼，絕非閉門造車者比。」這兩位國學大師，對西方與日本的漢學研究十分注意，都是以開放態度對待域外漢學研究，集思廣益，以成其大家。

再回到「温故知新」的歷代經解，説説文化傳承的闡釋學意義。劉寶楠在論語正義中指出，上古之時，文化知識是上層統治精英的家學，不再治理實際政事的長者可以傳遞德行的知識，可以爲人師。「温故而知新」，就顯示長者不忘舊時所學，且能吸收新知，繼承并發揚這種學術與政治合一的傳統。到了孔子之時，時代出現了變化，士大夫不見得能够謹守家法，弘揚德行，也不一定能够「爲師」了。孔子之後，世變日亟，「道術爲天下裂」，文化知識不再爲少數統治精英所壟斷，也不必然與治理政事有關，學術在民間百花齊放，百家争鳴。但是，學術知識發展的脈絡基本未變，仍然是要温故知新，進德修業。從劉寶楠不經意的闡釋中，可以看到時代變遷影響了學術文化的内容，改變了知識結構的體系，但其内在發展的理路仍舊，還是需要舊學與新知的融合，才能有所發展。

劉寶楠還引述了劉逢禄的解釋：「故，古也。六經皆述古昔、稱先王者也。知新，謂通其大義，以斟酌後世之製作，漢初經師皆是也。」劉寶楠贊成這個説法，並指出，漢唐人解釋「知新」，大多數都沿用此意。也就是説，舊學是傳統的知識結構體系，新知是時代變化出現的新知識，必須相互斟酌，才能發揮得宜。至於如何對舊學「通其大義」，就見仁見智，各有説法了。從這個通達的詮釋來討論近代西學東漸的情况，我們可以看到，「温故而知新」在民國學人的心底，是産生「傳統」與「現代」糾葛的心理陷阱，不易跨越。若依照朱熹的説法，「學能時習舊聞而每有新得，則所學在我而其應不窮」，雖然在哲理上可以模模糊糊説通，但在清末民初的具體歷史環節，西學的新知屬於完全不同的知識體系，在原有的舊學脈絡中，根本無從立足，如何「其應不窮」?·所以，真要放之四海而皆準，提升「温故而知新」的普世意義，以理解域外漢學譯著與近代學術知識體系變遷的文化史意義，我們認爲，皇侃、邢昺，一直到劉寶楠的闡釋，是比較合適，並與現代文化闡釋學的説法相近。

伽達默爾（Hans-Georg Gadamer）在他的名著真理與方法中，説到認知理性與文化傳統的關係，特別指出，人們通過理性，來判斷歷史文化中事實的真相，但是人的理性與生存環境息息相關，與傳統所衍生的豐富文化底蘊有關，不可能完全超越文化傳統的思維脈絡。他認爲，人生活在文化傳統之中，就不可能「遺世獨立」，以全能超越的抽象思辨來認識傳統，甚至是批判或顛覆傳統。傳統是歷史文化延續與傳承的表徵，不會一成不變，而我們的認知理性也會因時代變遷，而不斷重新詮釋傳統。伽達默爾的闡釋學以西方文化傳統爲例，説明新知如何納入傳統，而使文化傳統生機不斷，生生不息，與中國歷代經學家的説法（朱熹除外），有异曲同工之效。以此觀照民國時期的漢學譯著，我們認爲，這批學術新知傳入中國，對中國文化傳統的繁衍與發展，實有承先啓後之功。

近代海外漢學名著叢刊的出版，最值得感謝的是南兆旭先生二十多年來搜羅的執着與努力。雖然這套叢刊不能窮盡民國時期的漢學譯著，但是，能滙集上百册自一九四九年以來在國内不曾重印的學術著作，再度公之於世，總是功不唐捐的大功德。忝爲本叢刊的主編，我面對這批民國學術材料，先是感到紛雜無章，有些原作者的學術素養也難副當前的學術標準，甚爲猶豫。後轉念一想，這是上個世紀中國最紛亂時期的學術記録，也是民生凋敝，國勢隤危，内亂外患交加之際，仍有許多學者孜孜矻矻，戮力翻譯域外漢學，爲中國學術的傳承拓展新知的坦途，不禁肅然起敬，開始用心整理分類。掛一漏萬，在所難免，好在有學殖豐贍的諍友擔任分卷主編，並撰寫各分卷前言，實在是衷心銘感。有傅杰教授負責「歷史文化與社會經濟」、戴燕教授負責「古典文獻與語言文字」、霍巍教授負責「中外交通與邊疆史」，吾道不孤矣。在整理編輯過程中，周威先生費心最多，也是我要衷心感謝的。

道術之存亡，全在人心之嚮背。這批民國漢學譯著重新問世，對我們生長在承平之世的學人，應當有激勵的作用，爲學術研究多盡份力，讓中國學術發展更上一層樓。

鄭培凱

二〇一五年七月

前言

一九四九年，身在美國的鄧嗣禹在遠東季刊發表近五十年中國歷史編纂學，總結半個世紀以來中國歷史編纂學從保守走嚮開放，「先是受日本，然後是英國、美國、法國，最後是蘇聯等影響」，既擴大了史料的範圍，又應用了科學的方法，把重點從帝國的政治事件轉移到社會經濟方面，終於「取得了巨大的進步」。鄭培凱教授主編的近代海外漢學名著叢刊，正是鄧氏提及的各國影響中的一部分——甚至堪稱是主要的部分。

本分卷主要包括兩大類：一是歷史文化，包括渡邊秀方中國哲學史概論、三浦藤作中國倫理學史、津田左右吉儒道兩家關係論、服部宇之吉儒教與現代思潮、五來欣造儒教政治哲學、濱田耕作東亞文化之黎明、梅原末治中國青銅器時代考、新城新藏中國上古天文、卡特中國印刷術源流史等；二是社會經濟，包括沙發諾夫中國社會發展史、駒井和愛等中國歷代社會研究、柯金中國古代社會、森谷克己中國社會經濟史、田崎仁義中國古代經濟思想及制度、卜凱中國農家經濟、馬札亞爾中國農村經濟研究、克拉米息夫中國西北部之經濟狀況、高林士中國礦業論、長野朗中國資本主義發達史等（以上作者譯名一仍所收各譯本）。這些著作引入中國的背景與影響，培凱教授的總序已經作了高屋建瓴、提綱挈領的論述。這裏祇就著作、作者、譯者三端分別舉例，略作一些補充説明。

先說著作。包括本輯在內，本叢書所選入的日本學者論著佔據了多數。曾有西方的東方學家概括日本學術實爲三餘：文學竊中國之緒餘、佛學竊印度之緒餘、各科學竊歐洲之緒餘。其言雖刻薄，却一針見血。但也正因善於嫁接，所以在用西方研究模式梳理中國歷史傳統方面，日本學者往往最具搶佔先機的便利，他們的著作也成爲當時的中國最多引進與借鑒的對象。例如梅原末治藉助於西方科學方法來分析中國青銅器的器形、成分，進而推論其時代的中國青銅器時代考在半個世紀中產生了廣泛的影響，如歷史學家呂思勉在先秦史中就引用過他對殷商時代青銅器的分析，考古學家黄展岳在關於中國開始冶鐵和使用鐵器的問題中則對他殷代已知用鐵的觀點提出駁正。卡特的名著出版至今九十年，仍然是時常被引用的經典，除早期的節譯本，一九五七年北京出版了吴澤炎譯的中國印刷術的發明和它的西傳，一九六八年臺北出版了胡克希譯的經傳路德修訂的卡德著作新版中國印刷術的發明及其西傳。其書既出，哲學大師杜威也給以好評，桑原騭藏、鄧嗣禹發表了長篇書評。直至本世紀芮哲非的新著谷騰堡在上海：中國印刷資本業的發展（一八七六—一九三七），還指出正是卡特著作的出版，因其表彰中國印刷術的悠久歷史和對世界印刷史的巨大貢獻，迅速影響了一批中國學者，進而影響了近代以來的中國印刷史書寫。其實，受影響的還不止是印刷術與中西交流史的學者。以夢溪筆談校證而蜚聲中外的當代夢溪筆談研究第一人胡道靜回憶，正是從卡德的書中，他才知道夢溪筆談：

> 卡特的書說明了史料的來源，還特別夸譽了夢溪筆談這部著作，說它這好那好。於是我這個當時對古籍祇讀先秦、兩漢之書的小伙子就迫不及待地去找這本沈括的名著來閱讀了。（夢溪筆談校證五十年）

至於沙發諾夫、柯金、馬札亞爾等用唯物史觀來研究中國社會經濟史的論著，在蘇聯和中國都引發過争議，而在當時就有學者指出，陶希聖等人對魏晋時期中國社會性質的看法，即深受沙發諾夫中國社會發展史的影響。

次説作者。各書作者背景各异，身份不一，研究中國的目的也頗有差距。其中既有津田左右吉這樣的學術大師，更不乏各學科中的權威名家，而且不少跟中國還有密切的聯繫。如濱田耕作與梅原末治師徒都在中國從事考古多年，不僅以自己寫下的著作、也以自己參與的活動，影響了中國考古學的發展，甚至用自己的工作給中國考古學家樹立了榜樣。早在一九二六年，北京大學國學門的考古協會與日本東亞考古協會成立東方考古協會，被譽爲日本考古學之父的濱田耕作就參與其事，一九二九年他又與高足梅原末治再赴北京演講，爲正起步的中國現代考古學注入了新的信息。其後梅原又在上海、天津、河南等地調查文物古迹。撰中國上古天文的天文學家新城新藏在二十世紀三十年代出任過上海自然科學研究所所長。撰中國農家經濟的美國學者卜凱從康奈爾大學農學院畢業後，次年即來安徽宿州，以傳教士的身份從事農村的改良試驗與推廣，在中國致力農業經濟學的教學與調查幾三十年。同樣是以傳教士身份在安徽宿州從事教育與宗教活動長達十二年的還有美國學者卡德——而他一生衹活了四十三歲。在離開中國後他一直從事中國學術的研究，在伯希和指導下研究中國印刷術的發明與西傳，傾注了滿腔的熱情，用盡了全部的心力，終以勤勞過度，在該書出版的當年與世長辭。

末説譯者。當年就有學者感慨，外國的漢學著作可資參證者甚夥，但譯著的數量與質量總體而言殊不令人樂觀，通西文者多鄙棄漢學，治國學者又忽視西文。從事者的學養並不都足以勝任這類專門著作的翻譯，因此有的譯文比較粗糙，但就已有的成績來看，仍有可稱道者。一是有的著作不止出版了一個譯本，如濱田耕作東亞文化之黎明、馬札亞爾中國農村經濟研究等時隔不久就出版了不同的譯本；有的甚至同一年中就出版了兩個譯本，如森谷克己中國社會經濟史在一九三六年既由中華書局出版了孫懷仁的譯本，又由商務印書館出版了陳昌蔚的譯本。二是譯者之中不乏後來的著名學者。如高林士中國礦業論的譯者是曾擔任北京水利水電學院院長多年、爲中國水利事業做出了卓越貢獻的中國科學院院士汪胡楨。在年過九旬之後寫的自述中，他還憶及當年由丁文江介紹認識了中國礦業論的作者、並受作者之托翻譯該書的經過。而梅原末治中國青銅器時代考的譯者則是舉世公認的甲骨學與殷商史權威胡厚宣，身爲中央研究院歷史語言研究所的研究人員，他正是在參與殷墟發掘之際譯出梅原末治的著作的。

世事沉浮，風雲變幻，這些昔日的譯著有的還在被學者屢屢提及，有的則塵封甚久，不再被人記得。如今輯而再印，使之重見天日，是既富於現實意義，也富於歷史意義的。現實意義在於這些譯著中的若干材料仍可供今天的讀者取資，若干見解仍可給今天的讀者啓示；歷史意義在於這些譯著中的部分雖然陳舊過時，無論材料還是觀點都被證明千瘡百孔，但它們在中國現代學術史的建立與發展進程中都曾經多多少少起過作用——因此它們不再僅僅是外國漢學史的組成部分，實際上也已經成爲中國學術史的組成部分，是我們不能輕忽，更不能遺忘的。

傅杰

二〇一五年七月

作者簡介

著　者

馬札亞爾，資料不詳。

譯　者

陳代青、彭桂秋，資料不詳。

中國的農業經濟研究目次

著者言

讀者欲於本書中有所解悉，著者實不敢當。本書只是對于中國農村土地問題之研究發端的企圖，即謂爲中國農村土地問題解決的初步，相差還很遠。本書之結構的方法，即從整個中國農村經濟之特徵爲出發，以至于土地關係，階級分化，市場及帝國主義影響等分析，此種方法或會引起某種的正當批評。然我們在缺乏必要根據與考證的情況下，採用他種方法，或還會更陷于困難地步；且分析方法，雖有許多根據，引證，附註，對于讀者之研究，亦有妨害。可是因爲一提中國問題，並無可靠之事實與精確之統計，我們述其來源，如無十分特別可疑，已算爲最好的了。也許只用事實說明，而不加以估計，考察及結論，是最爲適當，但我們總以爲提出問題並加以指明，是最爲正確的，即使所提出和指明者，是一個錯誤的立場，然問題之得解答，亦較緘默不言爲愈。

本書的許多缺點中，讀者許也以爲有此情況欠正確，恐在中國內戰狀況之下材料搜集與研究，不甚完善。然解釋許多問題，能得有若干有價值之考察，此工作主要是在艱難困苦條件之下奮鬥的那些同志，由許多經驗，觀察，目擊中，才能做到。關于這些，著者特別要向福林(Volin)受爾基(Iolky)塔爾漢諾夫(Tarhauoff)特爾里(Terrine)西福里(Seifiling)諸同志誌謝。許多中國同志，亦曾指示著者許多帮助。由他們的經驗，考察及材料，用以研究諸主要問題。然以後材料之整理，及其估計和結論，則是著者負責的。

著者

譯者例言

一，本書係作者對於中國農村經濟問題在中國經過三四年的實際考察和研究之結果，於一九二八年出版。本譯文卽係根據一九二八年版本。本書共分二十七章，幷有作者的導言（亞洲式的生產方法與帝國主義）及中國問題科學研究院的序言各一篇。全書譯文約三十餘萬字。

二，本書原文在未出版以前，曾有一種草本行世，主要內容雖與正式版本毫無不同，而材料的增減，以及文章的結構上不無些小出入。本譯本前幾章卽係根據該種草本所譯，事後校閱因其與正式版本論點完全一致，只是行文上有些不同，故亦未按正式版本修改。

三，本書前幾章係由友人王世義君桂秋君所譯，後大半係由代青和章愼合譯，總之，全書係由三個人以上的譯筆合成的，雖說在付印以前都曾相互校閱過一遍，然而在行文上自不免各有各的特殊筆法。但在大體上以及忠實的程度譯者相信是一貫的。

四，書中的專門名詞，以及經過兩次轉譯的諺語和引證，譯者曾經過共同的詳細斟酌和考訂，力求統一和眞確，然亦未敢斷言完善無缺，至於譯文中錯誤之處，當然亦在所難免，惟希國內賢達不吝指謬。

五，譯者本擬於譯竟全書之後，共同作一序言，發表譯者對於本書的意見，幷指出本書的優點，缺點及其錯誤之所在，奈以譯者都是瑣事纏身，一再拖延，而書局方面又急於排印，因而這一企圖只有待於再版的機會再求實現了。

六，全書雖有不少的缺點或錯誤，然絕不能抹煞他的成功。而全書的基本觀點以及材料的豐富，誠爲中國出版界絕無僅有之著述。我們不僅激急於將本書介紹於國人，更希望因爲這本書的出版，而更能提高國人對於中國農村經濟研究的興趣，以此作藍本，更進一步的去研究，以冀將來穫得更好的收成。

譯者　一九三〇年二月

編輯者序言

中國問題科學研究院所刊行的馬札亞爾同志所著『中國之農村經濟』一書，可算是現代中國土地關係之馬克思主義的分析之第一個有力的嘗試。吾人對於中國問題之馬克思主義的著述之缺乏，自不待言了。我們對於現代中國與古代中國之各種基本問題的深刻研究，祇是正在開始，而馬扎爾此書在這一點上，正是一部有價値的對於中國問題之馬克思主義的著述。在馬札爾同志是書中對於現代中國農村的特殊經濟關係之具體的狀況，我們可以找到許多許多鮮明的描寫。著者曾引證關於中國問題所有之有價値的新舊書籍，以充實本書之豐富的事實材料。

是作之卓著成績，還在於著者能以中國歷史上諸特徵的觀點，給與現代中國土地制度之基本的特殊的特點以理論分析的嘗試。自然，此嘗試對於著者，還遠不是算爲完善之成功——這點應附爲說明的。

譬如馬札爾同志在本書『導言』中，對於中國歷史發展之列下的基本觀點卽爲一例。對於『帝國主義在中國是推翻了何等社會或破壞了何種生產方法』一問題，馬札亞爾之答覆如下：『毫無疑義的，根據馬克思的見解，侵入中國之殖民地政策適足以破壞亞洲式的生產（編輯者加圈）之經濟的基礎。著者又於書之他處說：亞洲式的生產方法之『殘餘』是幾乎還散佈了全國。』

著者此種觀點，在書之整個篇幅中，從各種形式重複着，而成爲其於中國特殊社會制度之理論分析的基礎。（註一）

（一）譬如有一處著者說：『帝國主義在擴大和加深中國商品經濟的企圖中，發動了中國經濟制度內部猛烈之衝突，引起了與亞洲式生產方法的猛烈衝突（編輯者加圈）。又如在另一地方說：『在下一章我們將有對於建立在亞洲式的生產方法中國土地關係的性質，加以分析。

然則，據馬札亞爾同志的定義，過去統治中國的社會制度，是東方式社會制度（亞洲式的生產）；中國資本主義在其產生時卽恰是與此社會制度相衝突，而現在在於資本主義迅速發展的環境當中，而此（按係亞洲式——譯者）制度之殘餘，『觸目皆是』而整個兒地密佈了全國』。如此則近代中國社會制度，按上所主張，是爲一種從亞洲式生產方法轉變向資本主義之過度制度了。

但是我們看著者對於亞洲式生產方法的定義是怎樣呢？馬氏在其『導言』中，將亞洲式生產方法與其他資本主義前期的社會形式比較說：『東方式社會發展之出發點，仍是宗族制度，宗族的，宗教的或農村的公社，不過其另有不同者，卽東方農業之第一個條件是有人工的灌漑。』著者又引恩格斯之言說：『水利之有計劃的調節，是公社的，地方的或中央政府的事業。』

馬札亞爾同志又於他處，說亞洲式生產方法，『在某一定歷史的社會條件之下，卽以農業的生產條件，爲東方前提的特徵的地方，也可以發生與發長。但在一般的條件之下，(牠)是建立在土地國有之上。(見導言十三頁)中國的東方式社會之主要的基礎，卽是沒有土地私有制。(見同章十三頁)

馬札亞爾同志在本書導言中，又將亞洲式生產方法正確的和古代及封建之生產方法相比較，以爲一切資本主義前期的生產方法之共同點：卽在於農業與工業之結合是該期生產方法之一般基礎這一點。而農村公社之制度大部分也都是亞洲生產方法及古代的與封建的生產方法共有之特徵。

據上所述，則亞洲式生產方法之顯著特點，不在于公社制度之統治農村（公社是一種固封的組織及自給的部落。——馬克思）亦不在於農業與工業之結合，而其特徵乃在于東方社會土地私有權之形式（土地的國有）及其與此相適應之農民剩餘生產品的繳納形式之一定形式（即租稅）上面。

以土地國有爲亞洲生產方法之主要特徵，這我們在許多馬克思和恩格斯主要著作中，都可找到的。

（二）見馬克思著：資本論第一卷113——114頁；第三卷第二章327頁，剩餘價值論第三卷340；論印度書信，馬克思年譜第三卷 40——44；恩格斯著：反杜林第二篇，第二章，94——0）；馬克思及恩格斯書信彙集1822出版50——54列寧全集九卷426；布列哈諾夫：俄國社會思想史1926，第一本，72，79，121及其他。列寧與布列哈諾夫在 Ctuoklonone 會議上關于土地問題之爭論。

然上述亞洲生產方法的特徵之在現代的中國，他的殘餘之擺在我們面前者，究是何種之具體形式呢？馬札亞爾同志其在書中各章中描寫現代的中國土地關係之狀況時，首先他即詳陳（鄉村中）尖銳之階級衝突及千百萬無地農民反對壟斷土地——中國地主——之猛烈鬥爭。

地主各有其自己的特徵（大土地私有之遲鈍發展，地主的私有形式之資產階級化的變形等）的地主土地私有制，以及于農民的土地私有，都已是現代的中國之根深蒂固之已定制度了。中國各地，有千百萬所謂佃農或半佃農之農民，陷于土地私有者之束縛的依賴中，而這些私有者，都是用半封建形式取得農民生產者之剩餘生產品（大部分還有是生產必需品）。

關于在國家政治機關上的封建殘餘（督軍制，國家分裂爲許多獨立部分而互相敵視），我們尙未論及，這些政治上封建殘餘，可以是完全與中國現代農村的經濟基礎直接相適應的。

然則，用亞洲生產方法的觀點，此等現代的中國社會制度現存之特點，將作何等解釋呢？極顯然的，與中國現代的殘餘的經濟基礎相適應的，地主的土地私有地和農民的私有地與亞洲生產方法，乃是直接相反對；反之，一切乃保持着封建社會之諸特徵。建立在其土地私有制爲基礎上，現代中國所存在之剝削形式，在鄉村資本主義關係的發展中，完全非根據于過去資本主義前期生產方法所統治的諸特徵（而來的），舍分析爲半封建制度（半封建及半資本主義）以外，我們再不能有其他的推論。列甯和基米爾（蘇哈諾夫）關於美洲之封建制度問題爭論，以此觀點言之，對於我們將有極大興趣。當列甯答覆蘇哈諾夫美洲封建制度不存在之主張時，曾不以美之未存在過這一定的社會制度的歷史形式爲慮，而決然證明南美洲半封建關係之存在。列甯還指明，黑人的佃農對於地主之半封建的依附，實際上猶之乎俄國農民之依附於其地主一樣。列甯名美國的佃表為『特種的俄國佃農』或『眞正的俄國耕作制度』。列甯在論黑人佃農說：『擺在我們面前是半封建制度佔優勢，或就其經濟關係上說，也是一樣的——即半奴隸的佃農佔了優勢。』

所以，此兩種剝削之半封建形式之來源雖完全不同（美國，南美洲——是來自奴隸制度；俄國——農奴制度）而列甯却以為他們是一個東西，以其有共同之實質，即半封建之性質是也。

馬札亞爾同志對於中國地主私有及佃租關係二問題，根據於其自己理論分析，非以上述諸現象認為是封建關係的成分，而企圖編入為特殊的東方式的特徵。（即是與亞洲生產方法相連繫之觀點）

著者說：『韃靼族及蒙古的統治者及明清兩朝均企圖創立統治者家族或皇族的僚屬之等級的或宗族的土地私有制，但其企圖在廣大範圍內終未達到等級之鞏固的系統。閥裔顯貴之大家族或為東方民族所消滅，或為商業高利貸資本所傾覆。此即所以中國之土地關係，因地主私有地四分五裂之結果而為中小地主佔了優勢的原因。地主階級之中心形式，非封建形式，乃是由於高利貸的，商人的或官僚的來源而脫化的中小地主。』

中國地主之歷史的來源，是與西歐迴異，我們這點也是無疑義地如此主張的。但是中國農民被剝削，不是大地主，而是由官僚來源之中小地主；正因爲他多少還沒有改變其本身剝削方法及其農民剩餘生產物之交付形式，他就還多少沒有失去其爲封建的性質。這是事實。同樣，在俄國中的俄國地主亦會是官僚的來源。（見列甯語——俄國地主私有地是僚屬土地私有地之歷史的轉變形式，全集第九卷五三六頁。）當俄國農奴制度改良前期，我們謂爲是封建制度；當俄國正在改良的半農奴制度，我們謂之半封建制度。由此一般地可知將中國地主土地私有制歸爲特殊的東方式私有制之特有形式，如在這定義中只有『東方的』一語，而不具狹義地理意義，則其在經濟上之意義，將被損失，因爲東方社會之特點正是在於沒有土地私有制。馬克思寫道：『卽便是地主（東印度地主之一種Geminder——譯者）和土地的承繼佃農，他們也不是奇怪的東西，亦是土地私有制之兩種不同形式，亞洲社會之兩種不明顯現象。』（編輯者加圈）（見馬克思主義年書第三本『論印度』第三封信）我們可以再補充一句說，但他總完全是封建社會之明顯的現象。所以，以中國地主土地私有之封建的實質，劃爲是『特殊的東方式』的特點，與此地主私有制之封建的性質的特點相對立，是直接與馬克思主義的學說之主要成分相矛盾了。

至於說中國的租佃關係，著者亦於此地企圖以此等關係之特徵，爲特殊的東方的特點。（亦卽是與亞洲生產方法之殘餘有直接關係。）

馬札亞爾同志說：『像在歐洲地主及封建主極力設法束縛農民一樣，中國——同族東方亦是一步步一樣，佃農以永佃制束縛了自己。』著者又繼續說：『中國佃農關係自然不是說一般性質的佃農，因爲此種佃農很順利地生長着，且卽在我們現在的南美洲，法國，意大利，匈牙利，都是遍佈着。至於中國佃農，乃是中國固有的特點，或確言之，東方的永佃制的形式（著者加圈）

首先要卽指明的，卽認永佃爲中國租佃關係之統治形式，現尚未完全證實。另一方面，永佃制本身，就已帶有農奴制度之諸特徵，其對於東方，（其對東方之生產方法）並無何等『特殊』之形式，部分言之，其對於中國土地之特別的東方的特點，亦是一樣：因爲此種佃租制度在西歐封建史上是最普遍的一種關係。但是『中國之農村經濟』的著者却在談論『永佃制之中國式的特徵』。在此種特點的經濟範疇（馬札亞爾的分析中唯一的範疇），是認爲永佃制之特別形式——卽所謂『土地共有』（此制在中國佔有相當的範圍）。自然，我們還知道，此『土地共有』在歐洲也曾存在過，而且與封建關係雜處的。

另一方面，『土地共有』是中國的特質，但同時更重要者，便是土地共有並不算什麼特別經濟的範疇。所有權可分爲二：一．地面私有權所有權。二．地下所有權——即形式上及象徵的。土地共有之實質，並不在於此兩種所有權的分配中，即其不在於法律制度的外表上，而是在於統一的剩餘生產物分配之中。

這樣則分析中國現代的社會的經濟的性質說他由亞洲生產方法轉變到資本主義的過渡制度，（即是我們是有條件地，不計及帝國主義在國內之根深蒂固的基礎，即是認爲在帝國主義侵入以前中國還是亞洲生產方法典型的國家）都是和實際不相符合，因爲亞洲生產方法之最大特點，是在於土地國有，農村公社之統治，家庭的農業與工業之結合及其他等等，而這些現在或者完全是不存在於實際中譬如土地國有；或者是大部已不存在了（譬如公社）；或者已失去在國內經濟中之任何的重要的作用的（譬如家庭的工業與農業的結合）（註）

（註）此地我們還沒有提到現代中國的農業技術問題，而這些還保持過去中國之一切特點。（例如灌漑農業，肥料法，手工勞働之佔優勢等）。並且，若是我們對於中國資本主義前期的制度，拘於亞洲社會的認識，那末，則留於現在的舊農業技術，大部還都是舊時原狀，可是在這一點上，也不能找出中國現代的經濟制

度之任何亞洲生產方法的特殊點，因爲古代中國此種技術，亦與是他種生產方法(例如奴隸制的經濟)互相雜處，而在於現代中國則完全與農民剝削之半封建的形式錯綜雜處着。

著者說：『隨着還要指出中國在帝國主義侵入之前，高利貸商業資本，地主勢力及亞洲專制的官僚制度，破壞了氏族或農村公社，較之任何的亞洲國家中，都是更致命的和強有力些』。(P.352)

至於農業與工業的結合，帝國主義在這點上會促成了這種的革命。現代中國亞洲方法之任何殘餘之消滅與否的問題之最關鍵的一點，自然是在於東方社會之最主要的特點，——土地國有上面。然現代中國土地私有之支配形式，還是私有制形式。與此絕對正確而完全適應國內之政治與經濟的實際，便是目前中國一定的制度，即是由封建轉到資本主義之過渡制度，亦即是封建的與資產階級的剝削形式之互相錯綜的社會關係的一種制度。

毫無疑義的，中國封建制度及其各特點，在中國的現代實際環境中，還是活動而有力的東西，較之他國，還是有其特殊點之所在。但是很明顯的在西歐封建的『典型的』國家中，各國都還有其各自的特殊點。自然，中國的封建制度，在其特殊歷史條件之中長成，也是具有了其自己的特點。

那末，什麼是中國封建制度的特點呢？

如果我們回溯中國過去的歷史而加以分析，雖然只限於最一般的特點，則此特點之展現於我們面前者，至爲明顯。我們可以搜集關於古中國之論述，已充分足以達到我們考究的目的，雖然，這些論述在現在各種書籍，是用以證明其相反不同的主張的。

首先要指出的，即著者以爲中國的亞洲式生產方法之破壞，不僅開始於外國資本侵入於國內的時候。

著者說：『中國高利貸資本在帝國主義還沒有侵入以前，即已破壞和分裂了此種生活的形式，分裂了東方社會，破壞了亞洲式的生產方法。』

著者又在他處說：『商業資本及高利貸資本，牠本身分解了中國舊式的東方社會及其主要的基礎，即土地私有之不存在，並且分解了生產方法，即其財產的關係。』

但是實際上中國商業及高利貸資本之存在與發展，已經數千年了。此事即可作出結論說：中國亞洲式生產方法之分解，有其長期的過程，而中國土地私有制之存在，也有其久長的過去歷史。實際上，在本書中，我們可以找出事實根據，描寫中國過去的歷史。

『清代已澈底地形成了公社土地轉爲獨立經濟的過渡，而其本身即已開始土地私有制。』

『在漢朝第一位皇帝時，達到農民由國家的『特許』，已有『家族私有制』之某種程度了。但我們很快的又看到農民又將自己土地典質或出賣於地主，商人及官吏去了。』(P.141)『唐代時，……在商業高利貸資本壓迫之下，已企圖了創立土地私有制。』而以後隨着……『發生了有力的世界，租稅及徵發之重負，使農民附屬於地主，而爲其佃農，在地主找到了支柱和保護。饑餓天災，高利貸加速了這些過程。農民私有制之形成創立了陷農民爲半農奴，半奴隸以及佃農的地位的前提。中國歷史的各時期中及各朝代中，在完全不同形式中反覆由大全國暴動大叛亂大破壞所換朝代的這些過程。

在書之他處，我們讀到：『所以，我們看到了中國自爲滿人取得後在中國好幾個區域中(在京兆及直隸省)發生過與封建制度相似的土地私有制，此私有制從國家土地或皇族的形式表現出來。元蒙當權時，中國亦有此同樣現象的發生。(P.124)。隨後的滿清，著者又說之於下：『清代曾是與繼續十四年的農民暴動劇爭的政權，這個政權是滿洲的將軍閥裔與尚未爲農民所消滅的明朝開始的封建殘餘的一種代表聯合。(註)

(註)此在拉狄克中國革命運動史的著作中，亦有此同樣主張，他在第三講中說(一九二七年中國勞働共產主義大學出版)：『滿朝之在中國曾是農民暴動之征服者，而其政權；是在于他和明朝封建的閥裔的聯合的基礎之上。』

但是，如果這個主張在拉狄克書中是很明顯的，拉狄克一方面描寫中國歷史是一部封建史，和同時錯誤地否認了人爲的灌溉爲國家權集中之基礎的作用，那末，此種分析只是關於明朝封建制的分析，雖然該書的著者，在有些嚴整的內容中，很少說到該問題的一般分析。而此書很瑣屑地引了許多馬克思的許多相當的原文，想以避免將古代中國與現代中國社會制度的特點，稱之爲『封建的』特點，而實際上中國此種制度舍稱之爲封建以外，是再沒有其他意義的。

我們由上述引證中，知道中國的土地私有已在清代時期中形成了，知道了大地主土地私有的存在，幾於各朝代中有之，知道了農民之附屬於地主以及其論半奴隸半農奴地位的問題；滿清時代的封建關係問題等。至於著者之沒有直接否認中國古典式封建社會的長期（周朝時）存在，更不待說了，不過他一地方對此種環境的認識，又有一些的懷疑，而在另一個地方，却堅決地說周朝的五侯是封建的吧了。

本書中有些地方所列舉許多證明中國過去封建關係的存在的歷史事實，著者分析之成爲最澈底的有系統的形式如下：

『中國土地關係在歷史發展的過程中，經過了各種的變遷。其中一個時期是**大土地私有權佔土地所有權中的支配形式**。在漢唐兩朝的末葉，特別是宋朝與明朝，也同樣經過了這樣

的時期。』（編者加圈）

此種分析之更徹底的表現，在本書的二三二頁中，尤為明顯：著者說：『設我們遠溯上下古今全部中國的內部歷史，則可見此全部歷史進行着小規模的土地所有權和土地使用權與大規模的土地所有權的鬥爭，隨着小生產者的繼續鬥爭及部分之大地主反對高利貸資本及商業資本的鬥爭，也因之而起並更加劇烈起來。』（編者。）

由此我們還應注意到一種很奇怪的事情，就是著者屢次在書中反覆馬克思和恩格斯的意見：什麼『東方土地制度，……其根本乃在於沒有土地私有』什麼『土地所有權之不存在實際是東方之一切的鑰鎖』等語，但這些和他的各方面的主張又不相連繫起來。

由上看來，據著者的定義，中國的亞洲生產方法，一方面是建立在土地國有基礎（即私有權之不實現上面）之上的一種社會制度，而另一方面，此同一社會制度的內容（『中國的內部歷史』）又認是大土地所有與小土地私有的一種鬥爭。

極乎明顯的，以亞洲生產方法的分析，顯然是與中國具體的歷史的實際相衝突，因為此種經濟範疇，在實際上是混沌的，陳死的，沒有實際性的，抽象的東西。

並且，此種理論上分析與具體的實際的矛盾，在全書中，都是存在的，著者並不能設法去解決這個矛盾。且著者所指的亞洲生產方法的理論分析的本身就極不完全而極不正確，此種矛盾因此遂更加利害了。在本書論方法邏輯的特別一部分（即『導言』中，著者詳陳自己對於亞洲生產方法實質的理論上的觀點，以爲根據馬克思的意見，亞洲社會是這樣一個社會：即是在該社會內社會建築，特別是水利的領導是其統治各小生產組織（公社）的國家政權的物質基礎的一種社會。上述這個遂形成所謂土地國有的基礎。至于此亞洲生產方法的分析中之主要問題——即亞洲社會之階級結構一問題，著者却懸而未答。

著者在『導言』中將資本主義前期的社會形式的社會關係，與資本主義社會的關係加以比較，明顯地分析其在生產關係的組織分子（奴隸制度——是奴隸與領主的關係，封建制度是封建主與農民之關係；資本主義社會是資本家與僱傭勞働者之關係），而把東方專制制度的階級摔開了。

著者在自己分析的中心點中，作以下抽象的主張：著者說：『每個社會制度都有此制度的特徵和本性相符合的各階級，所以，東方社會可以是合法地（？——編者）找出與東方社會的本性相合的東方社會的階級。』（P.25）或者直接提出亞洲社會的階級的問題，著者之答覆如下：『帝國主義在中國結合了地主，商人，高利貸，官僚的團集，而形成爲個統治階級，至於中國亞洲社會式之實際的階級結構，在國內帝國主義侵入前的前期，據他的分析（以爲帝國主義分解中國的亞洲社會）而言，即在亞洲生產方法尚保持其原狀時期中的則完全是不明顯的階級結構。而且，由中國的實際歷史中及著者之個人主張，我們知道中國地主，商人，高利貸及官僚之發生，不僅在帝國主義尚未侵入以前，且還遠在秦代以上的時期。

在本書之他處（在『論鄉村的階級』章中），著者簡單說：『階級分析不在牠的責任以內』，而此同章中，說到亞洲式專制的官僚一問題，著者把此官僚是個階級（!?），他這樣說：『中國官僚不是沒有基礎（!?——編者）的階級。』

著者在本書分析中的中心問題——亞洲式生產方法之明顯缺點和此缺點使著者的理論的立場陷于混亂和矛盾，這點是不能不承認的。

然而中國過去歷史的主要特點之實際意義是什麼呢？

毫無疑義的，社會事業中的需要去創造人工的灌溉，在中國曾起過國家集中之物質基礎的作用，而其在過去中國土人與異族游民之不斷衝突的環境中，與異族之鬥爭，曾亦是中國走向集中專制之偉大刺激力。該國之兩大紀念——萬里長城及運河，已算是中國國家的集中基礎之兩方面的證據。在一種氏族制已被崩壞廢墟之上及在某種種農業土人及宗族之戰爭征伐(周朝時)，所產生的某程度結果中長成起來的中國封建制度，是在一種中國特殊的，歷史的及地理的條件之下不能按歐洲式封建制度的途徑發展起來。

此種特殊的歷史的及地理的條件繼周朝時代的前期封建主(這時是封建的紛爭時期)以後而創立新式的封建主——即做官和損失去一些前期封建主的獨立性的地主，隨着遂使整個封建制度具備了集中『國家』的封建制的諸特點。所以，形成于周朝的集中國家的封建制上的秦朝，在實質上是封建制度的此形式走到他形式的轉變而已。

封建的官僚，代替封建的貴族而出現，並保持貴族之一切特點，而此官僚的出現並沒有消滅貴族的存在。此即周代以後中國社會制度之狀況了。

還要說明的，就是秦代國家集權之最重要的基礎，還不是灌溉制度，而是與異族之鬥爭(這個時期，即是所謂建築萬里長城的時期，在此時期，需要廣大的國家官僚的組織系統)。

在此期中國家集中的主要基礎之一還是商業資本及貨幣關係的相對發展。這即可以說明，即在秦朝時已開始了從商人和地方官吏轉變成為吞併小農民私有的大土地私有者之特殊層級。

自然，中國在歷史發展中之集權傾向，尚不是足以概括古代中國之全部的狀況。在國家封建制發展的環境當中，對立着做官的貴族之離心的地方的傾向（大土地世襲權之鞏固的企圖）。此種分權主義特別是在商業資本最發展的條件底下，特別是利害些。這商業資本，一方面形成集權的國家之新的基礎（地主的國家政權，代替以地主和商人的國家政權）；另一方面，破壞了集權的封建制之原則的基礎（土地國有），而愈益鞏固土地私有制（建立大地主土地所有權）。此外還要說明：國家的國幣制度已爲地方官吏的貨幣所代替，推動農民到分彊的私有土地的地主——商人，官吏及其許多親屬（有勢力者）——的周圍，而保護『分彊』的封建制度。

中國過去的社會制度即在此『國家』與『分彊』的兩個封建制衝突矛盾中發展着。隨着商業高利貸資本，即愈動搖國家的封建制度，即愈益破壞了國家的封建制，則中國社會制度便愈接近最近西歐式的封建制度。

但是集中的國家政權，亦是與各官吏貴族分疆割據的企圖作爭鬥。例如武帝爲要避免封建財產世襲權之鞏固及諸侯分權傾向的復活，曾取消長子世襲權。中國在此基礎上創立了考試制度，各種限制封建官吏的權力，而此限制即以與鞏固之分彊的封建制相爭鬥。

還有，在中國全部的歷史上，大土地所有與國家國有土地所有權，大封建領地與屯田制；佃農，農奴及奴隸與國家勞役都是繼續地同時並存着。我們由此見到了封建國家常完全屈服于世襲的各封建主之前。

由上述言之，則中國歷史展現我們面前以其特殊封建的一幅畫圖，——牠在原則上和他國的封建制度沒有區別，不過在歷史上帶有複雜的特殊的亞洲專制的味道吧了。牠跟着歷史的演進，其愈接近于近代，則其亞洲式的特點在中國的封建制度中，便愈失其意義，商業貨幣關係之發展，使土地國有變爲法律的規定，而鞏固了大地主之私有財產的全權。

在現代中國中富有作用的中國封建制度之主要特點，因此我們便認爲是過去中國地主經濟的特點：此特點卽中國沒有鞏固過國家佔有地的經濟。其致此原因之一，爲因天災（洪水及大旱）所致的中國土地範圍之縮小，使國家佔有地的經濟不能統治小佃農經濟式『國家』的農民的經濟。同時，農藝上的灌溉及勞働強度又與農民之勞役的剝削形式不相容，使中國的農奴制之特殊形式在中國鞏固起來。

這在大致上卽是過去時代中國封建制度的基本的特徵了。

我們在這篇序中，已將中國封建制度及亞洲生產方法的問題，比較詳細地加以論述了。因爲中國現代農村經濟的特點的研究，除對于中國過去主要的和基本的現象，認識以外，便無從明白起。自然，馬克思主義的中國史，目下還未產生，可是現在我們所已分析之中國基本的認識，已足以使我們證明，凡以中國過去社會制度爲亞洲及以中國現時代爲從亞洲生產方法走向資本主義者之過渡時代者，顯然是不正確的。過去剝削之支配形式是爲封建的剝削形式，而在現代中國所繼續統治者，非『亞洲生產方法的殘餘』而是封建的餘孽，這我們所以稱中國農村之現存的關係爲半封建的關係也。

列甯下列的話，在這一點上還不失他的力量和意義：——

『落後農業國與半封建國的中國的客觀條件，在生活的日程上，還遠不是四萬萬人民，而祇是一個歷史上這些人民的壓迫和剝削之一定的特殊形態。——這卽是封建制度。封建制度是建立在農業生活和自然經濟之統治上面。中國農民封建剝削之來源，曾是某種形式中束縛土地的鎖鏈；此剝削在政治上的表現，卽是封建主，而這些封建主每個都個別與皇帝的系統相連繫。』（編者加圈）（見黎明——1912年）

在本序中，我們不再分別去論述著者在其中國農村經濟基本問題的分析上所發生其他的許多錯誤了。而只在這些缺點中，指出其最主要明顯者。譬如，在農民經濟的經濟學的分析中，著者超過長成于中國的資本主義的條件及其與世界市場密切連繫之條件下面的農民經濟之特點的分析實際困難，在自己分析中抹殺去『資本』的概念，（屬于價値範疇）而每每代替以『工具』的粗簡的概念。而且，我們看見著者還以此表現，認爲是不甚重要的特點。譬如，我們看見著者說什麼『中國農民從其工具（!?）中取得利息』；『什麼地價及建築物，森林的價値是地主工具（!?——編者）的組成部分』，我們還看到什麼『中國農具之有機構成，是極低的』等語。

『中國農村經濟』著者分析的其他弱點卽爲其所謂『水利關係』的偏見。著者在其與中國人工灌漑問題連繫之下，分析現代農村經濟之特點，有如下之主張：『在亞洲沒有土地的法律關係，有之，只存在有土地水利的法權關係。』（編者加圈）

著者完全應用此種主張于中國。他在論土地—水利的法權關係的特關一章中，談論到此種的觀點時，提出『水利關係』或『土地—水利的法權關係』等問題，認爲是別于『土地的法律關係』問題之一種特別專門的問題。極乎明顯的，在此種土地與水的對立中，著者一心把社會關係當做這樣一個社會關係：就是著者以爲是建立土地兩地層—地皮與地底（象徵的）—的特點的問題之上所表現于統一的剩餘生產物的分配關係上（按地質分配爲兩部）的社會關係。

著者在其指出『水的法權關係』的特別性質中，而以馬克思和恩克斯對于東方的人工灌漑作用問題的意見爲註解，也是不正確的。著者說：『水的法權關係，是與土地的法權關係不可分開地連繫着；此所以（？——編者）馬克思與恩格斯即以此爲認識東方土地之鑰鎖也。』著者在此地完全改變了馬克思和恩格斯對于東方土地關係中之人工灌漑作用問題的實際意義。我們在提到著者在中國農村經濟之各種問題中之各個理論的錯誤時，我們是：除指出許多缺點外，我們還應該重覆說一句：具有顯著的非常豐富的材料的這本『中國的農村經濟』，還算是中國問題著述中之一部極有價值的書籍。

中國問題科學研究院

序于莫斯序

六，六，一九二八。

導言

亞洲生產方法與帝國主義

我們已說到本書的缺點，並且完全曉得本書中許多問題，只是提出，而並未解決之。這些缺點，半是主觀的原因，半是客觀的原因。而全國的稍微確實而可信的統計之缺乏，特不過其原因之一而已。對於土地所有權及所有主之各種間形式，佃租關係的形式諸問題研究之不深入，而隨之發生的地主及佃租關係的各形式在各省之比重不斷之變動問題之困難，更無論矣。我們對於各省之情形，無可信之根據。關於這點的中國及外國的材料，是用不着的，因爲他們有許多地方，不但不足以解釋問題，反而更加混亂問題。他們是常常盲目地應用對於美國或歐洲的情形合式的方法來分析，而不顧計及中國的特點。我們曾努力收集外國的及中國的研究學者之觀察及其材料和在中國農民協會做工的及曾目擊最近中國許多事變的俄國同志的集體共同的經驗與觀察。中國的革命運動之關關一切土地，也不是同一程度的，在各省中之能以說明土地問題者，也不是同一明顯的。我們的經驗與觀察，只能囿於中國的各單獨省份而已。至於雲南，貴州，四川，廣西諸省之情況，我們亦不加分析，而新疆之狀況，更是不在我們的研究範圍以內了。在新疆那個地方，還是在沙漠經濟之中，而回教之影響，還深印于其社會關係之上的。毫無疑義的，在研究中國土地問題經驗中所得很重要結果之一，就在充分知道我們必須用國家各地方的研究方法。

第二部分的困難，就是理論的歷史性質。『人體的解剖，是猿體解剖之鑰匙。每個社會的研究，同時即有可能了解一切過去社會形式之生產關係及結構，而此社會即由這個（過去社會形式—譯者）的殘片和成分中建立起來的。一部遺留成爲殘餘，這個社會也不能消滅了她，一部分是由以前發芽狀態成爲完全發展的狀態了。』（註一）

但是同時，猿體之解剖，是人體解剖之鎖鑰。近代的中國，是由古代中國發展過來的，（雖不是有機體進化的，而是偉大的革命的飛躍及變革。）對於古代中國社會形式之結構問題，及其已在吾人面前解體的殘餘斷片的問題，也不能放過的。若是土地不能從全國各方面經濟劃分起來，則愈不能把他放過。中國的農村，已是老早不能過自給的生活了。他和城市，和商業，手工業，家庭工業，工廠，國際市場，都發生了連繫。如要了解土地問題，必需闡明社會之各階級，他的相互關係，他的相互影響，他的鬥爭。而這種必要，遂使得我們對於國家問題，——他過去和現在是什麼樣的問題要加以研究。次之，中國已捲入國際商品流通之中，因此，帝國主義及其對中國全國經濟之影響的問題，便成爲很重要的了。馬克思主義的思想之偉大匠八，使我們對於帝國主問題關於他對宗主國的影響問題，都給以整個的學說了，然而帝國主義對於殖民地及半殖民地之經濟與社會關係之影響的問題，在具體的和理論的研究兩方面，都還必須費些力量去加以考察。於是乎資本之侵入這些落後國家的生產關係問題，舊式關係之如何解體；新式關係之如何產生問題，以及在帝國主義無產階級革命及民族戰爭的時期中此種過程之如何形成的問題，都跟着來了。

這些複雜問題之解答的企圖，對於我們便走得太遠了。我們在此地只限關於問題之範圍以內的幾個的扼要說明而已。

帝國主義在中國是解體了何種的社會，何種的生產方法？帝國主義對此社會之影響爲何如？

馬克思區別四種生產方法如下：——

『資產階級的經濟學只有在資本階級社會的自己批評開始的時候，才認識了封建的，古代的，及東方的社會。』

『在一般特點上，可以劃定會經濟的經濟形式之進化的時代爲：亞細亞的，古代的，封建的及近代的資產階級的生產方法。』（註二）

馬克思有沒有以爲中國在帝國主義侵入以前，存在有亞細亞的生產方法呢？存在帶有東方社會特徵的關係的統治呢？或者，按馬克思的意思，只是關於巴比侖，亞述，波斯的古亞細亞社會和結構嗎？據我們看來，毫無疑義地，馬克思的意思在印度適是存在此種制度，而英皇之所解體而殘餘於印度的，也適是這種的生產方法。毫無疑義地，殖民地政策所破壞中國的，適是此種亞細亞生產的經濟基礎。毫無疑義地，馬克思偉大的思想的巨子如列甯及樸列哈諾夫不僅是承認了亞洲生產方法之存在，而且，我們由下文看來，而且是發展了馬克思的此種理論。現在先決問題是在於馬克思及恩格斯對於東方社會及亞洲生產之認識到底是如何。

爲要闡明這個問題，我們應該解釋出各種資本主義前期的生產方法之共同點及其特點。一般的，可從下面說明之：

『在固定農業的人民中——這個固定性已是大進步的。那些固定地方，他（農業）已操縱了工業本身，他的組織及其相適應的所有權的形式，便多少帶有農業的性質，此在古代的及封建的社會，亦是一樣的。（社會）或者是完全依賴於農業的，這如在古羅馬者然；或者是模彷他們相同的關係，這在中世紀的城市組織者然。資本的本身，因爲他還不是純粹貨幣資本，故在中世紀時，是從世襲的手工業工具等的形式中表現出來，這是農業的性質。（註三）

或更早關於封建時代城市資本，曾寫如下：

『在這些城市中的資本都是天然的堆積的，特別是特殊階級的資本，他不是用錢來計算的，如近代那樣，同時也不管是從什麼物體促成的，都是一樣的。這是和勞働所有者直接相繫的而不能分離開的特殊階級的資本。』

這完全是對於亞細亞在社會資本之分離。在這些社會中『生產工具是團結於每一生產部門中，很困難從此一部門轉到另入他一部門，因而生產之各部門間之相互關係，好像是在各國或在各生產公社間一樣。』

各種的資本主義前期的生產方法，其共同點是：『當在古亞洲的，古代的諸社會中的生產方法之下，生產物之變爲商品以及因而人的生存之變爲商品生產者，是起了從屬的作用的，自然，公社生活愈解體時，則其作用亦愈大』（註五） 亞細亞的生產方法，因此並不是沒有商業的。印度在中世紀時，已有極發達之商業，那些歐州各國的商業合併起來，還沒有他發達。至於中國之商業，較印度則尤有過之。在古亞洲專制國家，亦卽是在印度及中國，我們在他的歷史之各時代中看見了貨幣銀行，手工業，然貨幣當時在整個經濟制度中僅有從屬的作用，其作用及其本身之權力是不大的。不是資本主義從使用價値中產生了交換更値，他不過把商品生產抵成整個的經濟範疇；不是資本主義才產生了貨幣，他不過把貨幣更加發展而已。資本主義也沒有新發現剩餘勞動。亞細亞的，古代的及封建的生產方法，已經知道勞働之分配，交換，商業，職業及剩餘勞働。

因此，資本主義前期的生產方法，已經知道了商品，但一般的生產物，並不都帶商品性質。也知道了貨幣，但貨幣關係，特不過是從屬的作用而已；也知道了僱傭勞働，但僱傭勞働不過是例外的，輔助的勞働而已，而存在過渡形式之中。資本主義以前的社會，也認識了市場關係，但這不過以自己生產品滿足自己的生產者所消費剩餘下來的一部分被收集到市場上來吧了。而生產物之大部分，都是爲滿足生產者本身之需要而生產的。貨幣及商品本身不就是資本，同樣的生產工具及消費品，也不是資本。這些都是要變成資本的。而此種轉變之前提，是一方面貨幣及生活工具之所有主的存在，他方面是自由勞働者的存在。羅馬之末期，已有了這兩個前提，然資本主義生產方法，沒有發展，因有歷史及其他原因，此兩個前提不能連繫起來。在中國歷史上，一方面生活工具及貨幣之積累，他方面，生產者（農民）及手工業者之脫離生產工具，也是數見不鮮的。這個分離，商業高利貸資本，更以促成之。然脫離了生產工具以後，生產者一變而爲游手好閒之游民而離開了生產過程。我們可以說，在東方社會中，此種大批的脫離生產工具的農民是不斷發生的，而此社會的定期的危機，常在此種大批而不變成無產者的游民的分子形成之前。

以前的生產方法，不但沒有斷絕對內貿易，而且對外貿易，也是有的。羅馬有過發達的對外貿易，古印度的貿易，是遍了全世界，而中國在其商業史上，常常佔資本主義前期各貿易國中之首位。然社會內部之分工及其各國間之分工，常帶有自然形態的性質。國際市場之具有近代的意義者，當時還是沒有的。

資本主義前期的生產方法之共同點是在於：當在亞細亞的，古代的及封建的生產方法之下，資本之爲資本，主要的都是高利貸的及商業的資本。而此資本的形式，便是資本主義前期生產方法之特點。

『在資本主義生產方法以前的時期，高利貸資本之存在，是帶有該時期特徵的兩個形式。這兩個形式是：第一。借給貴族的消費者主要是地主的貨幣借貸而經營的高利貸，第二，是把貨幣借貸借給具有自己勞働條件的小生產者；手工業者特別是農民，亦是屬於此類數目之內而經營的高利貸。（註六）

高利貸資本亦能剝削國家，而變成債權者，或國家收入的包稅人，在古希臘及古羅馬的歷史上，同樣的在印度及中國，歐洲中世紀的歷史上，曾寫了不少關於高利貸資本之偉績。

商人資本是各種生產方法之共同的現象。他對於生產方法的關係，是外面的關係，他是在各種生產方法商品交換的中間人並作爲在各種生產方法（亞洲的，古代的，封建的或資本主義的）間之媒介。然在各種情況之下，商人的財富之存在，都是金錢的財富，而他的金錢的作用，是當爲貨幣的。商業高利貸幣資本形式的剝削佔了優勢的地方，是要排斥資本主義的生產方法的。

商業及手工業之外部組織的形式，亦是各種生產方法之共同點。在印度，在日本，在美國，在亞那伯，在中國，都存在有行會，商館。只是東方的行商，不限于自己的會員，才能加入，同時在最後期的歐洲行商，是以此種限制，然此爲不重要之特點而已。

一切資本主義前的生產方法之共同點是在于：農業與工業之結合，是這些生產方法的主要結構之一。農民紡績業及手織布機，是其主要的基礎，而與農業相結合，滿足農村中之需要。織布業之分裂成爲單獨的手工業者，不能毀滅此種資本主義前期關係的基礎。此種工作(破壞資本主義前期的關係的基礎)之得完成，只有蒸汽機才能完成。各鄉村之孤立，限定了並永遠使道路交通梗阻。市場是帶有地方市場之性質，而彼此之間欠連繫。海洋及內河交通在資本主義前期，是足以減少各地及各國間之分離性，然不能消除之。歷史上商業途徑之存在，並不改變此種根本狀況。只有一方面海洋及內河輪船航業之開闢，他方面鐵路之敷設，才是東方社會中工業之前驅，其與他在西歐一樣，是給與了資本主義生產方法之發達及近代工業之創造，以一有力的推動。

公社之存在——氏族的，農村的，或宗教的，——亦是估計生產方法之特徵。各種公社都能存在，並在古代的，亞細亞的及封建的制度之上，存在于各種形式之中。現在，毫無疑義的，氏族公社卽是過去資本主義前期一切生產方法之出發點。

我們從觀察歷史上之發展中，將各種情況縮出一個極簡單的公式來，則可見古代社會是從氏族制中發展出來的。古代社會之特點是奴隸，『然奴隸是這樣的一個生產關係：就是從這個生產關係發現後，卽將以前只有性別和年齡之別的社會，開始劃分成了階級。當奴隸制發展到極點時，則深刻其影響于社會之全體經濟上面，並從經濟轉而到達其他社會關係上面，而首先表現之于政治制度之中。就其古代國家之政治結構而言，他們間雖是有若干區別的，然其主要點乃在于他們中之每一個，都是擁護並表現自由市民利益之政治組織』（註七）

中國及古代社會的歷史，一般的已有了奴隸，即是現在，在各種形式中，仍有奴隸，然發達的東方社會，奴隸只是附屬的範疇而已。

東方社會之發展的出發點，亦是氏族制度；氏族的，宗教的或農村的公會，然應附加着是『東方農業之第一個條件，是人工灌溉，水利之有自覺的調節，是公社或地方政府或中央政府之事業。』（註八）這一點，樸列哈諾夫亦視爲東方社會之基本的特點。據我們的意見，樸列哈諾夫完全正確的以爲：歷史之新發現，使馬克思所認東方的，古代的，封建的及近代的資產階級的生產方法是社會經濟發展之連續的（進化的）各階段這一意見，加以修改。氏族組織之發現，（其在社會科學中之作用，亦如細胞在生物學中之作用一樣）所引起之修改，並非在一般馬克思生產方法的學說中，而只是論及社會發展之連續階段這一方面而已。樸列哈諾夫這一點是這樣寫着的：

『然而我們必須想到，當馬克思後來讀過了摩爾根的古代社會以後，他是改變了對于古代生產方法與東方的生產方法的關係問題的見解。實際上，封建的生產方法發展之邏輯，必走到社會革命，即資本主義之勝利。然而如中國或古埃及經濟發展之邏輯，並不會走到古代生產方法之出現。在第一種情況之下，那有兩種的發展階段，其中之一階段（譯註——資本主義的生產方法階段），是隨其中之他一階段而起，（註——封建的生產方法），由它而產生了出來。而在第二個情況之下（註——中國及古埃及），則吾人迅即看見到兩種的經濟發展的存在型式。古代社會代替了氏族的社會組織，而此組織在東方社會制度發生之前。這兩種經濟結構的型式之每一種，都是氏族組織胸懷內部生產力發展之結果；而此氏族組織最終必趨于滅亡。若說此二種型式彼此間是有莫大區別的，則其區別點，是因地理環境之影響而來的：一種的情況，是支配了生產發展到一定程度的社會，支配了一種的生產關係之總和；而他種支配了與第一第完全不同的社會。』（註九）（樸列哈諾夫加圈的）

此地理環境之影響，是說明了東方土地私有權之成爲主要的範疇，比起西歐是最後發展之結果，而其出現，是在于和古代的以及封建的及近代資本階級的所有區別的各種形式之中。封建的及近代的資產階級的概念的土地私有權之成爲主要的範疇，已從歐洲輸入于亞洲。

『所有權之第一個形式是氏族所有權。其第二個形式是古代的，公社的及國家的所有權。與公社所有權相並發展的，已有動產的及以後之不動產的私有權，然而只是畸形的，附屬于公社所有權的形式。那樣的條件（我們只能在更廣大的範圍裏面，並是在近代有私財產權中才能看見），只有隨着私有財產權之發達，才能創造起來。……第三種所有權形式，是封建的或等級的所有權。（註十），第四種形式，便是近代的私有權。

在東方社會中，土地所有權，即在封建之前，也未發達。馬克思便是以此作爲『了解東方之鑰匙』。

『在整個的，公社或國家是土地之私有者的東方，即在土語之中，亦未見有『私有者』之一語。關于這一點，杜林先生曾和英國的那對于印度的『誰是土地所有者』這一問題，焦思苦慮的法律家解釋過。這個『誰是土地所有者』，也好像亨利第七，對于『誰是市民』的光榮回憶一樣地徒勞無益。（註十一）

在東方，只有土耳其征服之後，才創造有封建制度之模型。並只有日本在特殊的歷史條件之下才發展過純粹的封建制度，其中日本封建主的權威，不是從農奴數量上來判決，而是從地租的數量來判別的。在印度在未爲英人征服之前，便在各種根據之上，形成了收地租的許多層級。然半封建及半資產階級的私有財產，在印度創造過的，是英國人。其和在印度來西亞的荷蘭人及在 Algiers 法國人是一樣。

據我們的觀察，這是最主要部分之一，對此主要部分之解釋，在中國史之了解上，至為必要。在那裏人工灌溉，亦是固定農業之第一個條件。然人工灌溉，亦即是掘平出地之高度，抽水制之創設，及預防河水（供給水之根本來源）泛濫之建築的設立，水利主要來源的創設等。凡此皆非單個農民經濟之力所不能勝的任務。在交換基礎之上的氏族公社的解體，與牧民之爭鬥，遂使建築的及水利的「官僚」，從社會機關的委託者，以前的社會服務者，變成社會的統治層級之一了。由此觀之，在我們紀元前十三世紀，封彊的或古埃及式的國家宗族的諸侯，是否在中國存在過這一爭論，祇具有歷史的興趣而已。主要的，乃在于中國發展之出發點，正是東方社會，中國高利貸資本，尚在帝國主義侵入以前，就已摧壞了解體了這生活形態，解體了東方社會，摧壞了亞洲生產方法；此吾人將于下述見之。帝國主義之侵入國家及國家內資本主義之發展，是加速了這個過程。自然，這個制度之殘餘片斷，尚遺留于全國。他還在用腐物腐朽並毒害國內生活，而商業資本及高利貸資本它在自己方面解體了舊的中國的東方式社會及其根本基礎，——即土地私有權之不存在並破壞了生產的，亦即是財產的關係，）在這一點上，商業資本及高利貸資本，影響到生產方法之革命，然其影響，尚不足以達到創造近代式資產階級之土地所有權。若是要達到此種傾向之發展，則帝國主義之侵入中國本國資本主義之發展，成為必要的了。

很明顯的，東方社會亦沒有存在于他的『純粹形式』之中，而完全的封建制，亦是沒有存在過的。若是在區別了俄國的，德國的及英國的封建制度的型式，各國間的封建制度之存在，若是隨着自然的，歷史的原因，戰爭，侵掠……等，而各具變態，則近東有沙漠田經濟及農業的及畜牧的固定公社，亦可予以特殊性質，使亞洲生產方法，亦發現在各種變態之中。在印度，那裏有許多歷史原因，使其形成了等級（Cast）；在中國，他的歷史發展過程，又使他有一種特殊的標誌。

亞洲生產方法，不僅不以『純粹形式』而實現，而且在農業生產條件，和東方特點的前提不同（情形）之下，也可以發生而長成起來。然而無論在任何條件之下，土地國有化，是為其基礎。列甯曾把這一點視為此生產方法的特點。列甯在俄國社會民主黨（即共產黨之前身——譯者）上聯合大會上報告中和樸列哈諾夫爭論中，曾說過如下的話：——

『若是因為在莫斯科的俄國民族有過（或：如果莫斯科的俄羅斯民族有過）土地國有，則他的經濟基礎是亞洲生產方法。俄國在十九世紀之下半期已鞏固了。在廿世紀則已無條件是資本主義生產方法的優勢。（列甯加圈的）。至于樸列哈諾夫之論據是如何呢？在亞洲生產方法基礎上的國有和資本主義生產方法基礎上的國有相混合了。他從字之相同上來考察根本不同之經濟的，亦卽是生產的關係。』（註十二）

故吾人每言東方之土地國有者，卽指在東方社會基礎之上的國有形態。

西班牙人破壞了由馬爾人（Moor）所創造的巨大的灌溉建築，然而具體之歷史的和社會的關係之發生于西班牙人征服以後者，據馬克思的見解，亞洲專制的社會關係之發生，是先于歐洲式的封建制度。在俄國，外部影響及內部發展之及于大彼得前的俄羅斯者，因而形成了『半亞洲制度』。東方各地，亞洲生產方法不僅不存在于純粹形式之中，而且是發現了各種的變形或變態。

在東方社會之一般的地方，是在于與亞洲生產方法相適應的國家形式——東方的，亞洲的專制政體。各東方專制政體之一般特點，是：——

1社會事業是中央政府之職務。

2同時，全國除大城市的休閒地不計外，都分成鄉村公社，這個公社有完全自給自足的組織，而形成了自己之小世界。（註十三）

此爲馬克思對于亞洲專制之分析。恩格斯對此問題，亦屢次提到，而且屢次地指出來說，即是這個特點，——一般說來，即社會事業的組織，而部分說來，即此組織與人工灌漑相連繫，是爲亞洲專制之基本特點。

一般的東方，特別是遠東，東方的專制不僅是社會事業的組織者，而且同時是爲防止不斷的天災之全社會的社會保護的組織者。我們從社倉廩制度的形式中，即可爲找到東方社會之特徵。

『東方專制之反對各地自治，只是在下列情形之下：即是在各地和專制之直接利益相衝突時，然在他們能分担起他們一些義務及減輕他吏治的管理時，他是極乎贊許這種同樣的制度存在的。

此在農村氏族公社的生活中，亦是如此。習慣及傳統——稀奇的習慣和傳統，調節了此公社之內部生活，當公社與專制的利益，沒有衝突，當他們還貢納剩餘生產物，則專制即亦不干涉他的事情。當市場之擴張，加強了對于農民的打擊時，則此時剝削的傳統的障礙及限制，就破壞了，此時農民就暴動起來。這是不是可以說，東方專制中沒有階級，而別是一個表現呢？這個問題的本身，就已包含了答案了。除氏族制度以外，每個社會制度，都有自己所特有的各階級，如果馬克思對于能在古代社會中找出近代的資本的摩莫生嘲笑過，如果馬克思對于封建社會的城市資產階級和資本主義時代的資產階級的混同警告過，並指出了封建社會有產的層級和資本主義生產方法的資產階級之相續性；如果恩格斯對于中世紀無產階級前身及資本主義時代的無產階級的混同警告過，那末，在東方社會中之找到階級，是完全正當的。回教的東方社會有軍事的及宗教的官僚；商人及高利貸，而形成爲統治階級。在土耳其人，因在特殊的歷史條件之下，亦發現有和歐洲封建主相類的形狀。在印度，英人亦有論及『收地租的人』。在中國，帝國主義瓦解了地主，商人，高利貸，官吏的混合的成爲統治階級。隨着資本主義生產方法的發展，此類的諸階級，漸而轉變爲資產階級社會的各階級，而同時新生了新階級，此即近代的無產階級。全社會及各階級的社會結構，亦隨之而變遷。

在這些東方社會中，地租及其自然形式（用生產物納地租），是國家收入之主要部分，而此種納租的形式，是固附着這個制度的。過渡到貨幣納租，（他沒有這樣做過的）是說明了這個制度之開始滅亡。就是表現了交換價値已極深入于公社生活之中，或是表現了農業和農民家庭工業分離。

在中國，這些的過程的發生，已在國際市場，資本主義，殖民地政策發展時期中，而其最後段階，是在于帝國主義時期中。帝國主義怎樣影響中國的經濟，我們只具體地說明關于農民經濟方面者。自然的，我們的描述，不能完全的。我們不能把農村經濟劃分出于國家一般經濟系統之外，農村經濟是一般國家經濟之組成部分。帝國主義同樣的影響於國家之全部經濟。

一八五三年時，馬克思論及英國在印度在『歷史的無自覺工具』方面之作用，已曾寫道：『英國在印度完成了兩重任務（Doppelmission）：一爲破壞，一爲建設。一方面，舊亞洲式社會之崩壞，他一方面，在亞洲創造了走向西歐社會社會制度之前提。』（註十五）

歷史的無自覺工具，英國在印度引起了唯一的社會革命，亞洲存在過這個社會革命。在中國，帝國主義也引起了此同樣的社會革命。

『完全的隔離，是古中國保守之主要的條件。此種隔離，經過了英國，乃給了一個有力的破壞，自此以後，解體是應爲不可避免的了，它（英國）取得了封固閉塞的坟基中的木乃伊，也只有它給與了新鮮空氣的影響。』（註十六）

解體開始了！古中國表現過頑固的抵抗。一八五八年馬克思指出說，中國市場迅速發展之估計，是破壞了。『在這個市場上不成功之主要原因，是在于鴉片貿易，而這個貿易是對

中國輸出之全部，在中國到了後來這個鴉片深入于國家經濟組織中，他的農業中，則他將用全力破壞這個貿易。(註十七)

蘇彝士運河及海洋航業，使中國接近了大資本主義的生產中心。在一八九四年，恩格斯寫給蘇爾格說道：——

『戰爭給古中國一個有力的打擊。隔離成爲不可能的了。而鉄路之敷設，蒸汽機，電氣及大工業之發現，遂成爲必要的了，凡以一切手工業製成品自足的家族的農民經濟的舊經濟系統以及一切舊的社會制度，都隨之而沒落了。(註十八)

資本主義開始征服了中國，然資本主義生產方法是從以前的生產方法產生出來的。在以前的生產方法時，直接生產者在事實上或法律上，尙未和生產工具相分離。只有工業資本才具有不僅佔有剩餘價值，並能創造剩餘價值的功能。所以，就是工業資本才限定生產之資本主義的性質。工業資本之存在，才有資本家與僱傭勞働之階級矛盾。在中國，宗主國之工業資本之侵入，開始是在商品的商業資本或貨幣的商業資本之形態中，然他在英國，美國，日本以及印度，都是當作生產資本。他是能使中國手工業及農民破產；然並不使之變爲無產階級。中國手工業之破壞，乃擴張了他國的機器生產，而印度亦在內。中國農民經濟破壞了，然大機器工業之發展，乃在別國中。『當機器生產之擴張，排斥了手工業，他的進步是可信的。這第一時期是有決絕的意義而表現之于大量的利潤中，(註十九)在中國這第一個的，有決絕意義的時期，是對于資本主義發展先于中國的別國有利的。中國是遲滯了的，並預先就已決定了將來發展的過程。資本主義征服了舊的生產方法，然此過程是發生于特殊的條件之中，即發展在為帝國主義及殖民地政策所限制的條件之中。

只是在第二個時期外國資本之侵入，是當作取得利息的利息（國債），而此資本之大部分，不是用作生產資本的功能，而是預定作為賠款（日本賠款，拳亂賠款）；作為幫助反革命（袁世凱之善後借款）或作為國家機關之賄賂（西原借款）。外國的銀行資本之動員及中國之積蓄，然是當作商業高利貸資本或貨幣商品資本。同時，外國資本，及一部分的中國資本，都投入交通事業（鐵路之建設，內河及海洋航業）投入開採工業中（炭，鐵，鎔，錫），及消費品生產中（紡織，絲，捲烟）。開始發展了幾個工業部分，這幾個工業是製造農村生產品的（食品，油，糖等）。資本就已經成為生產資本了。農民家庭工業變成了近代的資本主義的家庭工業。產生了新階級——無產階級。社會之全部面貌，即改變了。然生產工具現在是沒有發展，此成為殖民地一般之特點，即是工業發展頂發達的殖民地及半殖民地，都是如此。印度五金業亦有若干之發展，然而無改于一般的狀況。生產工具的生產，需要投入大量之資本，使他在間隔時期中，能以鞏固，並須培養熟練工人及技師的大批幹部。凡此都不能得到很高的利潤，而從先進國得完善的機器，也是不可能的。

在現在生產工具的生產，仍是帝國主義的宗主國的壟斷。

戰後各帝國主義國家間爲販賣市場的劇烈鬥爭，引起了亞洲殖民地及半殖民地工業之普遍危機。殖民地及半殖民地之迅速發展及發達之起于歐戰時者，都已停止了。發展之型式，是遲緩了，到處開始了退步。

一般說來，資本主義是有城市人口排斥農村人口之相對發展的傾向。在印度，我們看見城市人口排斥鄉村人口之相對發展。英國城市之發展，排斥了印度。我們無疑地也可以說，在中國亦是發生此同一的過程。歐洲在資本主義生產方法之下，商業高利貸資本分解了封建的土地所有權及農奴的農民。封建的所有權變成了近代的資產階級的所有權，行會之破壞，代以農民之個人的依賴，是隨大工業之發展而同時並進。在中國，新的生產方法是解體了和歐洲不同的特有的土地關係。隨着『獨立的農民田主』，他解體了地主的商人，地主高利貸，地主官僚及佃奴佃農，至于其他土地所有權的形式，（旗人的，氏族的，公社的土地等）更無論了。然同時，在歐州，封建地主努力去束縛農民，而在中國，同樣的在回教東方，佃農也努力鞏固永佃制的法律。在西歐有許多土地——人工很少。在東方，在人工灌溉之必要形式下，耕地是相對地少，而人工甚多。地主取得了出租權，佃農乃擁護租地耕作權，即擁護自己生存的條件。總言之，佃農不是中國佃租關係之一般特徵，因爲田奴即在現在的南美合衆國，法國，意大利及匈牙利還是發達而遍布着的。

很明顯的，在資本主義生產方法條件之下，佃農能得有新的社會經濟的內容。佃農可以變成爲資本主義的企業家。佃農用生產物納佃租，並不說明非資本主義形式不能已包含有資本主義的內容，黑人的佃農之爲資本主義的佃農是在于：當地租——不管是自然的或貨幣的地租——不包含佃農資本的利潤。至于中國，則只有極少數佃農，成爲資本主義的企業家。在印度，安南，高麗，印度支那，波斯，埃及，阿弗利加等處，我們看見了同一的現象，那裏非資本主義的佃租關係的內容，和他支付佃租的自然物形式，是相符合的。

佃農在中國各省，同時亦有混合地主之名稱。地主是地底之所有者，而佃農是肥饒地面的所有者，在土地關係的歷史上，這種特殊的形式，我們只是不列顛 Galli 那一部分及法國兩個地方，才看見過。

但中國佃租關係，最顯著的特點，是永佃制。永久相續的佃租關係，在古代社會也有過。在古希臘及古羅馬，社會的及寺院的土地，亦是以永久相續的出租（Emphytheusis）中世紀的封建時代，亦是從古代社會轉下來這種的佃租形式。在德國永久的相續租，主要的都是皇室的，國家的及寺院的土地，拿來出租。在東方的普魯士，特別是在波斯，地主亦是自己私有的土地，拿來出租，而波斯出租者，實際上就是永久的相續的佃農。在一七八九年的法國革命，一八四八——四九的德國革命才宣告永佃制的末日。在墨克蓮堡，只是在歐戰時，最後佃農才從地主中贖回了自己的土地。在南意大利，西班牙，特別是西班牙之西部，還存在着永佃制。在瑞典『多爾班』實際上就是永久世襲的佃農，只是在廿世紀之初，才使得他們有可能，贖回了土地而變爲自己所有地。在印度，英人創造各種永佃制于各省。在安南，荷蘭人鞏固了此種土地使用的形式。在回教東方，如阿弗利加，tunis，土耳其，波斯；在日本幾個落後的部分，此種土地使用權的形式，尙有莫大的作用。在中國的土地關係上，更佔有極顯著之位置。在東方，那裏不是『物質的土地』而是『資本的土地』拿來出租，永佃制之在許多國家中，都是佃租關係中之主要形式。我們知道，在回教東方土地所有權的動員之法律上的形式及土地之設置，完全和中國是相合的。

中國的，正確點些，東方的永佃制的形式是中國之特點。

過渡到資本主義的生產方法，所解體的，不是等級的封建的土地所有權，而是農民所有權(不完全洗淨的氏族所有權的殘餘，而有土地賣之買抵押的形式)及地主的土地所有權（未洗淨中世紀的外表的混合）。過渡到近代的資產階級的所有權，如在工業不甚發展之下，即是在無地農民不能成無產階級條件之下，則其過渡的完成，主要是在高利貸商業資本影響之下。在東方，資本主義發展最主要特徵之一，是在于資本主義尚不能征服，而亦不能排除商業高利貸資本，反是擴大了他的活動的地盤，而加深了周圍，而隸屬之於財政資本之下。在東方，資本主義的發展，能使工業資本及銀行資本，不僅是屈服了高利貸商業資本，而且排擠他到最落後的生產部門中去，——能達到此種程度者，只有日本一國。

同時，在歐洲，過渡到資本主義，是和以前封建領地之減少，而爲農民土地所有權，即排斥地主而擴大了農民所有權，是同時並進的。在印度及中國，我們看見的，是相反的過程。農民的土地，是轉入地主，商人及高利貸者。農民私有者，變成了佃農。資本之侵入于土地所有權，是因爲帝國主義阻礙他升入工業中去。過渡到資本主義的生產方法，在這些國家中，是在農村經濟普遍的地盤之上的。在印度，皇室委員會指過，英人雖有創立灌溉建築，及設立合作社之企圖，然而人也破產了，牧畜也頹廢了，植物也衰落了。（小麥，甘蔗，棉花……）此種過程，在中國，則尤其明顯，因爲中國生產條件（灌溉建築）都破壞了。此種過程之完成，是在沒有相適應的相等代價，把財富從殖民地及半殖民地流入帝國主義國家中去。

佃農在市場條件統治中微納自然租，使農民土地使用權，轉變成地主的所有權，農民使用權的縮小，無地農民，在大機器工業發展薄弱條件之下，又無處求生，這樣遂使下層農民衣食愈趨惡化，生活水平愈趨低落，而使千百萬農民貧窮化。此過程在中國，印度，馬來半島，爪哇，菲力賓，高麗等處，都所目擊。如果國際修正派反對馬克思貧窮化的理論，則亞洲各國之發展的過程，便是極顯然地證明這个理論之正確。在印度，已有十六百萬人，從這生產過程中排斥出來了，而其在中國，則更有甚者。若資本主義生產方法之轉變，在歐洲是引起了全歐的游民，則在東方的人口密度之下，則有千百萬人轉變爲流民，苦力及野蠻的土匪。如此巨量的羣衆，工業有多少的發展，則他便是工業的後備軍了。

國際分工破壞了殖民地中之舊農作物，（印度及中國之甘蔗及洋藍，中國之茶）而立新的農作物（印度，爪哇之茶，爪哇之咖啡，印度及中國之豆種）發達起來。在其轉變爲商品經濟，普遍了畜牧及動物的禍害。凡此都在市場之強有力影響之下而發生來的。這些國家的生產物在國際市場上，並不是有良好的生產條件，有很高的有機構成的資本和少量的生產費的生產物——不是壟斷的商品。而在這些家國的國內市場上，又發現有很低生產費所生產的生產物或製成品。在此種競爭打擊之下，農民及手工業者迫而降低自己的需要，在身體的最低生存以下了。同時東方國家的貨幣的本位制——銀本位——列入了世界貨幣的性質，而變成簡單的商品的銀之價值與金之比例，雖是曲線的，但都是低落下去了。

跟着來的，便是帝國主義用超經濟強迫的方法，搾取殖民地及半殖民地剩餘生產物。在世界大戰後，超經濟的強迫的系統，發生了幾个裂痕來。（土耳其）爲得要預防或避免殖民地革命，帝國主義給以若干的改良，妥協，讓步（印度，埃及，波斯，東印度，菲力賓，即在中國，也有些須），爲得是便利在革命低落中進行更有力的壓榨。然而超經濟的壓迫，是有過的。

中國之一切的過程，是在舊國家衰亡，和在要變爲國內戰爭的民族革命條件之下發生的。這个國內戰爭，是在帝國主義，無產階級革命之民族解放戰爭成爲國際鬥爭之一部分的時期掀起來的，『鬥爭的出發最後是有賴于俄國，印度，中國等，佔有巨量大多數的人口。就是這个多數的人民，在近年極迅速地參加了爲自己的解放鬥爭，那末，澈底的決堅的世界鬥爭之爲何如，在這一點上，沒有絲毫的疑義了。在這一點上，社會主義的澈底勝利，完全是有了條件，是有了保證的。』（註二十）

上述這些，即是研究中國農村經濟中所必需了解之政治的，經濟的及社會的一般的特點了，和研究中國農村經濟發展之傾向所應有之認識了。

（註一）馬克思的政治經濟學批評.P.28.

（註二）仝書.P.29 及 39.

（註三）仝書.P.29 至 30.

（註四）馬克思。資本論第三卷第一部.P.156.

（註五）仝書，第一卷.P.48

註六　馬克思。資本論第三卷第二部.P.124.

註七　普列哈諾夫——馬克思主義的基本問題.P.48.

註八　馬克思給恩格斯的書信，1853年七月六〇發的

註九　普列哈諾夫——馬克思主義的根本問題。P.54——55.

註十　馬克思及恩格斯論費爾巴黑

註十一　恩格斯——『反杜林』.P.94.

註十二　列寗——列寗全集九卷.P.410.

註十三　馬克思給恩格斯的書信•1853年，六月十四日

註十四　Aus dem literarischen Nachlass Von Marx und Engels'.P.417.

註十五　仝上 318.

註十六　仝上 398.

註十七　Dac Biriefwechsel Zwichne Marx und Engels. P. 292.

註十八　仝上 P 416

註十九　馬克思。資本論第二部.P.30

註二十　列寗。列寗全集第三卷，第十八卷，第二部，P.137.

中國的農業經濟研究

第一章　中國農村經濟的統計

中國農村經濟的統計對於各種材料都不正確。關於耕地的面積，城市人口與鄉村人口的比例，收穫量的多少，每畝的面積有多少，這些材料都各自不同。許多研究中國農村經濟的書籍中間，對於中國土地的分析，常由農商部的統計出發。農商部這些官廳的統計，也是講農村經濟要按照耕地的面積以區分農作的大小。但是，我們知道，關於農村面積之表面的土地統計，很少能證明眞實的狀況的。有時候，耕地面積雖小，但因力作的結果，每超過較大耕地的收穫量。僅只是關於農村面積的統計，是不能告訴我們什麽的。比如單獨的某一個經濟的土地面積縮小了，是否他更轉到更高的生產（方法）强度呢，還不能夠決定。研究農作範圍大小的最正確之佐證，是收穫量之多少。假使只是耕地面積的數量，他還不能夠告訴我們生產的數量，生產的範圍。按照所有土地數量而將農村經濟分成各個大小的種類，在大多數情形之下，是表現得太簡單了，他不能正確指出一般農業（特別是農村資本主義）發展的狀況。研究農村經濟的統計，最低限度要包含下列那些材料：耕地的統計，用以證明農作的廣袤範圍，農村不變資本的統計（農村工具的價值、所用的機器肥料等），此蓋以表明生產的强度；農村可變資本的統計（僱傭勞動的支出），此蓋以表明農作之資本主義性；最後還需要關於生產品價值的統計（這是生產範圍唯一可靠的指標）。就是在先進的國家中，官廳所發表的統計也很少能滿足這個要求的。自然哪，中國官廳所發表出來的統計，離開歐美的統計形式還差得很遠。假使將中國官廳關於土地分配的統計一看，有下列那些材料：

一九一七年土地分配表

所有土地的數量	戶口數量	百分比
十畝以下	一七•八〇五•一二五	三六•一%
十畝以上	一三•二四八•四七四	二六•九%

三十畝以上	一〇・一二二・二一四	二〇・五%
五十畝以上	五・三四八・三一四	一〇・八%
一百畝以上	二・八三五・四六四	五・七%
合計	四九・三五九・五九一	一〇〇

下列那個統計是將中國的農民分成三個種類：自己耕種自己所私有之土地的自耕農，除耕自己土地之外還有一部分租地主的半自耕農，完全租地主土地耕種的佃農。

種類	一九一七年		一九一八	
	農家戶數	百分比	農家戶數	百分比
自耕農	二四・五八七・五八五	五〇	二三・三八一・二〇三	五三・二
佃農	一三・八二五・五四六	二八	一一・三〇七・四三二	二五・七
半自耕農	一〇・四九四・七二三	二二	九・二四六・八四三	二一・一

	四八·九〇七·八五三	一〇〇	四三·九三五 四七八	一〇〇·〇

中國官廳各省統計係按照耕地面積，按照自耕農，佃農和半自耕農以區分農作的大小。

我們現在且引雅施洛夫『北滿農業經濟』一書中根據中國官廳統計所製的一表如下（表中的一俄里等於二華里）：

各省及特別區	總面積	人口	每平方俄里人口	調查年份	農戶	耕地面積	平均每農戶耕地面積
直隸	二六三·五一三	三四·一八六·七一一	一三〇	一九二〇	四·六九一·六七一	六·三六四·一一四	一·四
山東	一三七·三六四	三〇·八〇三·二四五	二四二	,,	五·四八七·一五八	六·九二〇·三五六	一·二
河南	一五四·六九五	三〇·八三一·九〇九	一九九	一九二二	六·三三一·〇〇九	三六·〇〇〇·〇〇〇	一·六
山西	一八六·二一六	一一·〇八〇·八二七	六〇	,,	一·五三九·五四六	三·三八一·八 四	二·二
江蘇	八七·八三八	三三·七八九·〇六四	三八五	,,	四·五二五·三〇八	五·八八六·四三六	一·三

安徽	一二四，七二九	一九，八三二，六六五	一五九	,,	二，七四九，八二四	二，七八五，六九八	一．〇
江西	一五八，一〇八	二四，四六六，八〇〇	一五五	一九一八	四，〇六四，九五六	二，七二三，八〇二	〇．七
福建	一〇五，四〇五	一三，一五七，七九一	一三五	一九一九	一，五三〇，六九五	八九一，七五〇	〇．六
浙江	八三，四四七	三三，〇四三，三〇〇	二六四	一九一八	三，三三九，五五六	二，〇七九，四八八	〇．六
湖北	一六二，四九九	二七，一六七，二四四	一六七	一九一八	三，六三六，六五四	二一，七八五，五三四	三．〇
湖南	一八九，七三〇	二八，四四三，二七九	一五〇	一九一七	一，四三七，七九七	一，四六八，二七四	一．〇
陝西	一七一，二八五	九，四六五，五五八	五五	一九二二	一，六三七，二九五	二，一六〇，一八〇	一．三
甘肅	二八五，四七四	五，九二七，九九七	二一	一九一八	八五四，一二九	一，七九四，二二六	二．一
四川	四九七，一六三	四九，七八二，八一〇	一〇〇	一九一五	六，〇三八，三七〇	八，三六二，一八二	一．四
廣東	二三七，五〇〇	三七，一六七，八〇一	一六三	一九一七	三，九二五，二〇七	一，七三三，四六〇	〇．四
廣西	一七五，六七五	一二，二五八，三三五	七〇	一九一六	二，二二六，八七三	五，五六〇，三八二	二．五

雲南	三三・七七四	九・八三九・一八〇	三〇	一九一四	一・三〇〇・二五二	七六六・四五八	〇・六
貴州	一五二・八三九	一一・一一四・九五七	七三	一九一五	一九〇・六五三	九〇・〇七〇	〇・五
	三・四八七・一五四	四二一・三五六・三六七	一一八		五五・四七六・九五三	七三・七六四・二六四	一・三
奉天	一三六・五〇〇	一三・八二四・七七九	九四	一九一八	一・七三六・三〇九	三・〇五二・四七六	一・八
吉林	二四一・一〇三	六・四三三・三一八	二七	一九二〇	五七八・五五六	三・二六〇・四五三	五・六
黑龍江	四七三・六〇八	二・八二五・三三七	六	一九一八	三三六・四九七	二・五九一・〇四〇	七・七
	八五一・二二〇	三三・〇八三・四三四	二六	—	二・六五一・三六二	八・九〇三・九六九	三・四
熱河	—	五・三七二・九二〇	—	一九一九	六七一・六一五	一・一三三・八九〇	一七
綏遠	三一一二・〇九三	五三一・九六〇	—	一九一八	六六・四九五	四一八・八一八	六三
察哈爾	—	九九八・一五二	三	一九二二	一二四・七六九	八二二・六六四	六六
蒙古	—	二・五八〇・〇〇〇	—	—	—	—	—

新疆	一，二五二，六一五	二，五一九，五七九	二	一九一八	四六〇，一二四	八〇一，七八六	一·七
西藏	一，〇五四，〇五三	二，五〇〇，〇〇〇	二	—	—	—	—
	九，七五七，一二五	四四七，九四二，四二三	四六	—	五九，四五一，三一八	八五，八三四，三九三	一·四

我們不必多抄農商部的其他的統計，就是再抄也對於我們的研究沒有意義，比如專門研究中國農村經濟的統計家和林（Volin）（註一），他自己對於研究中國農村經濟做了這樣的結論：在現在中國官廳的統計這樣不正確狀態之下，研究中國的統計是非常困難的。我們時常由各地的報告中間所得來的統計，他不但不能告訴我們一個大概的數目，而且使我們在別處得來的材料一個反證明，究竟那一個是對，那一個是錯的。但是有許多人不研究中國統計還要利用這些材料去觀察農村中的資本主義發展的程度。就是布哈林關於中國問題的統計中，統統還利用農商部的材料，雖然同時他也指出這種材料種種缺點和不正確。

我們既然來研究中國土地面積統計，河南省耕地的面積，照農商部一九一四——一九二一年的報告，所有二六——三一百萬俄畝，二十六個至三十一個百萬俄畝的面積就等於二十五萬到三十萬平方俄里，但是河南省的土地面積的總數僅只有一五四五九五平方俄里，於是乎河南耕地的面積幾乎兩倍於河南省所有土地的面積。這種情形時常發現。此外還有得着中國的以及遠東的土地面積的總數量，反而比較歐洲的或者美洲的總數量要少些，這種情形也是有的。

我們再拿關於東三省的統計來看，東三省是比較所謂和平的有秩序的狀態之下，這種沒有受着國內戰爭的破壞，所以這幾省的統計總應該比較正確可靠些。（註二）

（註一）Volin 著中國農村經濟的基本問題

（註二）Volin： 中國農村經濟的組織（滿州通訊一九二六年八月份）

	奉天	吉林	黑龍江
一九一四	五一、四一三、四一〇畝	四七、八一〇、〇五九	三四、八〇六、六四八
一九一五	五一、一三六、六三六	四四、二一六、八〇六	三五、八七三、六八七
一九一六	五〇、三六二、〇〇〇	四三、七一六、五五三	三七、一五〇、〇六三
一九一七	四五、一九四、一七五	八五、九八五、七六八	三七、一六五、〇一四

一九一八	四五・七八七 一四六	八五・八七三九二	三八・八六五 五九九
一九一九	——	八六・二五八・九七八	——
一九二〇	——	八一・一七一・六三六	——（註）

（註）有些學者，比如 Popov 都很利用日本的材料，因爲日本的材料比較可靠。其實日本關於南滿鐵路一帶的經濟，東三省日本企業的統計都有很多材料，這個材料，是可靠的，至于日本關於土地關係的統計則不見得有科學的意義。在一九二二年，日本總官的統計，認爲奉天的耕地面積有二一五・九二二・九六〇畝，吉林有一五六・三八八・二八〇畝，黑龍江有一一八・〇五二・四三二畝，試將這個數目和我們以上的來比較一下。

此統計之不正確就很顯然，按此統計，則奉天之耕地於五年之內，減了五百萬畝了。但是人人都知道奉天在這個時期，邊地開墾非常之快，許多直隸山東的農民都逃到奉天去謀生，奉天的耕地面積不但不應該減少，反而應該增加。至于黑龍江，他的開墾速度也是一樣，不過證明官廳的統計總是表示不會眞實的狀況罷了。吉林的耕地面積在一九一六年增加了四・三七一・六五六畝，在一九一七年增加了八・五九八・五七六畝，幾乎到了兩倍，雖然當時人口的移動非常大，但是耕地面積的增長，在歷史上任何的地方都沒有這樣。

關于這一類的統計，湖南湖北以及其他省份都有，並且關于廣東的統計，在許多的出版物中應用得非常之多，茲將廣東的統計寫在下面：

年代	戶口數量	耕地面積
一九一四	二•六二四•一三四	二九•四三九•四一四
一九一五	一一•五六二•二九三	一三六•八七七•一四四
一九一七	三•九二五•二〇七	二六•〇〇一•九〇〇

一看就知道這種統計是多餘無用的。自然廣東的最窮苦的貧農經濟，不會于一年之久便增加了九百萬戶，就是在廣東的地主官僚高利貸者也不能于兩年之內增加了八百萬戶。很明顯的耕地的面積在一年之間增加了一萬萬〇七百萬畝，在以後兩年又減少了一一〇百萬畝，這樣的怪事是不會發生的。但是中國的官僚還很鄭重的請許多外國顧問來幫助他來搜集材料，他所得的一九一七年的廣東農民階級的分化有這樣的情形：

	耕地面積	戶口數量	百分比
一、	十畝以下	二•〇八三•二五二	五二•〇%
二、	十畝以上	九六二•一〇七	二四•五
三、	三十畝以上	五三三•二二一	一四•一
四、	五十畝以上	二四三•〇四〇	六•二
五、	百畝以上	八三•五八七	二•二
		三•九二六 二〇七	一〇〇

假設第一種平均每家五畝，以下都假設爲最低限度的數量，第二種只有十畝，第三種只有三十畝，第四種只有五十畝，第五種只有一百畝，那末，廣東省有五七、一四四、六九〇畝了。其統計如下：

種類	土地的數量
一、	一〇•四一六•二六〇畝
二、	九•六二一•〇七〇

三、　一六•五九六•六六〇
四、　一二•一五二•〇〇〇
五、　八•三五八•七〇〇
五七•一四四•九六〇

總之，按這個統計，最低是五七，一四四•九六〇畝數了。然據上一個的統計，則又爲二六•〇〇一•三〇〇畝。這一頁寫的廣東一九一七年的土地是二六•〇〇一•三〇〇畝，而那一頁說是五七•一四四•六九〇畝。

自然，農商部這一種不正確的統計，當不能夠表現出農村中的階級分化，土地關係。看他們對于非常簡單的東西，如中國人口的數量，都沒有一個明確的概念。中國的官僚在很早的時候，都想盡量用捐稅來剝奪全國，因此而實行全國的戶口調查。設使中國的歷史可信，則在西歷紀元前二二〇五年已經有戶口調查了。中國的書籍上說中國的戶口調查已經做了六十七次了，但是這些戶口調查是怎樣做的呢。就是Zarharov（註一）說的俄國腐敗的官僚也不相信（這件事差得遠）。中國的官僚當然不能夠統計全國人口的數量。在一七一二年康熙皇帝的時候，他想將人頭稅改變爲地畝稅，他說現在無論如何我要知道全國人口的確的數量，當時他調査的結果，中國人口在一七一一年是二四•九八五•○三九人，到乾隆十四年（一七四九）就增加到一七七•四九五•○三九人，到了乾隆四十八年（一七八三）中國的人口便已經有了二八四•○三三•七五五人。當時據一個美國的傳教師 Ross 說，中國的官僚只是由人民那裏壓搾的一個磨，一切官僚都是以捐稅剝奪人民，否則便不必做官，誰還進行去調查戶口呢？我們欲想由這種官廳中間得着可靠的統計，只是些書獃子和有害的空想。我們應當承認資本主義有相當發展時候的結果，乃是資產階級國家有了相當鞏固的工作。就是大革命以前的法國也和二十世紀的組織差不多，當時法國各省的商業督辦也不能夠將當時的商業狀況敍述一個的確。法國革命時代國民會議中的各個委員會，當是對于他們自己所願意研究的問題，都還不能找着的確可靠的數目字。（註二）

（註一） Verharou著：中國人口論

（註二）（Tarly：法國革命時代的工人階級內書曾論到這一點）

中國的國家在這一點上自然不會比歐洲好，要說到中國以前的統計，最好還是看馬克普羅Marco Polo的書，馬氏是元世祖的財政顧問，他描寫十三世紀杭州的狀況說：在杭州有十二個手工業的商會。每個有一萬二千個手工作坊，每個作坊有十二個到二十個工人。照這個統計上說，當時在杭州只是工人就有一•六二八•〇〇〇人。馬氏自然說這個數目是很的確的。(註)

(註)Marco Polos Travels 第二章 P. 186

但是我們無論如何還是不能知道中國人口的數量，從前美國的公使 Roc-hill 在一九〇四年中國的人口認為有二七〇〇〇〇〇〇〇，但是中國的官廳在自己還沒有調查戶口之前，他說在一八四二年全國已經有了四一三•〇二〇•〇〇〇人。但是到了一九〇一年調查了之後，而又說中國人口是三二七•〇七九•〇〇〇人。德國的一個學者 Kriss 他很堅決的否認這些統計，他自己根據中國食鹽的統計而斷定，說中國僅只有二三二•〇〇〇•〇〇〇人。但是這個德國的學者他還忘記了在中國有些土鹽，有些私鹽商，而沒有在德國的學者統計之內，並且他以為每個中國人所需要的食鹽的數量，是與德國的農民相等，而事實上中國的農民比德國的農民還要少食些鹽。(註)

(註)Kries Uber Volk und Staalhaushalt Chinais Schanzhar

並且海關上也有關於人口的統計，在一九二三年海關說全中國的人口有四四四•九六八•〇〇八，在一九二六年有四四八•二三一•〇〇〇人。

中國的郵局也有自己的數目字，說一九一三年有四三六•○三四•九五三人，在一九二七年有四八六•五○八•八三八人。

要注意的就是中國海關他自己曾經幾次宣佈說，他對於一切通商口岸中國的人口都未有的確數目，譬如我們就沒有的確的數目字說上海的人口有好多。我們究竟相信誰個的數目字呢？海關的呢？郵局的呢？抑或是政府的呢？還是我們相信英國統計學家 Richard Temple 的話呢？R. Temple 講中國與印度來相比，按照中國各省的人口的密度拿來和印度有同樣密度的省份相比較，然後拿印度該省份的統計來計算中國的人口，他的結論說中國有二八二•○○○•○○○八。(註)

(註)R Temple 中國人的統計

在一九二六年的時候，在國際那些研究中國專家的中間，又發生了中國人口的爭論。一個著名研究中國問題的英國統計學家 Willburn（註），他用了許多的方法與統計而做的結論說，假使承認中國有三萬萬人就是誇大的，不論在中國的歷史上或在中國的統計上都找不着中國人口在十九世紀中增加的證據。在十九世紀都充滿了國內戰爭與災難，在二十世紀也就一樣，並且中國的這種狀況，比較歐洲，比較印度都還嚴重些。我們沒有統計書證明在最近兩個世紀中中國糧食生產以及人口數量的增加。總務署統計科長陳長恆，他在中國的統計學者中算比較靠得住的，他承認在十九世紀中中國人口的增加比較世界任何國都要慢，他說中國在十九世紀中充滿了官廳的腐敗，稅務的繁重，經濟的破壞，水利的破壞，太平天國的暴動，回族的暴動，大災荒，國內戰爭……死亡率超過了生殖率。他和那個美國人都能很正確的指出中國在十九和二十世紀一般發展的趨勢。

（註）Willbum 中國人口是四萬萬呢還是三萬萬？

我們對於上述假定，所以能夠相信，是因為當英人統治印度開始時，印度人口也有減少的現象，而印度的經濟基礎即印度農村的技術是與中國差不多的。有一個法國的歷史家 Maxliere 用過這樣的方法去估計維新以前的日本。日本在一七二〇到一八七〇之一百五十年中人口沒有變動，有時候在幾年中間人口是增加了的，但是他過一下又降下來，當時唯一的原因是飢荒。從一六九〇到一七四〇共有八次飢荒，其中有四次是非常嚴厲的，由一七四一到一七九〇其中有七次大飢荒，由一七九一到一八四〇日本又有六次大飢荒，以及一八二五和一八三六年之飢荒受了最大的損失，祇有在封建制度推翻之後，日本的人口才增加。（註）

（註）Macseez: Lo "Japou des Tokugawa"

然而我們這個日本的飢荒或印度的飢荒還比不上中國的飢荒。馬克斯指出印度在一八六七時年人口損失了一百萬，已是很驚奇了，然中國一八五七年黃河決口，曾經死了七百萬人，在太平暴動以及回族暴動的時候一共死了二千二百萬人。中國史書上載滿洲統治的時候，一共有一百六十七次大的旱災，三百二十四次水災，三次的蝗患。一個美國人，他按照每次飢荒達到的範圍做成一個表，這個表都是根據中國人寫的歷史上的材料，他寫明由紀元前六二〇到一九〇〇年在中國共有包括整個幾省的災荒一千五百〇六次，因此中國儘可以叫做一個『災荒之國』。(註)

(註一)Malory:China — Land of Famine

中國的官僚自一八七六至一八七九年的時候，已經並不有意這樣誇大飢荒的範圍了，並且當時也開始有外國人在那裏賑飢，在這三年中間，在山西、陝西、直隸、河南及一部分的山東都沒有下雨，結果照最小的統計死了九百萬人。有幾個外國賑災委員會說死了一千三百萬人。一九二〇到一九二一年山西的飢荒，因爲拯飢的組織做得特別好，所以只死了五十萬人。

一九二五年甘肅的大飢荒照着中國郵局的統計說，好幾縣的農民都只有耕種而沒有收穫，農民只是吃土，農民中間有一個謠言（迷信），以爲「富人吃了土便會死，窮人吃了土不會死」，結果富人也未有吃土也未有死，窮人吃了土結果也死了。

一九一九年雲南的飢荒，生活必需品的價格的抬高，達到了從來未有的程度，這些人民都不能維持自己的家庭，都去當土匪，政府由安南那裏去運米，運一點很少的米來了，反做成了投機商人發財的機會，人民還是沒有得吃的。在許多縣分整個的都沒有一個人，這些人都逃難到別處去了。鄉村的小孩時常被人殺了吃，沿路上都有餓死的人。

以上所有這些，都是說明中國並沒有一個比較正確的統計，我們只能大約這樣說，中國人口的統計，三萬萬人這個數目比較四萬萬人是要切實一些。

至於說中國耕地的面積，亦是這樣。有一個研究中國問題最著名的美國人 Jemson ，他從一八八〇年就開始研究中國的土地關係，二十一年研究的結果，說中國在一九〇五年時的耕地面積有四〇〇•〇〇〇•〇〇〇英畝，約合二•四〇〇•〇〇〇•〇〇〇華畝。一九〇四年中國的海關總稅務司赫德 R. Hart 根據了政府一切正式的統計，在他給美皇的意見書上，說中國有四•〇〇〇•〇〇〇•〇〇〇華畝，而中國的農商部說中國的耕地面積有：

一九一四　一•五七八•三四七•九二五畝

一九一五	一•三一六•九〇〇•九六一
一九一六	一•五〇九•九二五•四六一
一九一七	一•三六五•一八六•〇〇〇

但是我們知道這些統計價值是很有限的，因爲這些由那一縣的縣長，做好之後交結省，再由省交給中央政府的。但是中國的土地統計是一個特別的東西。中國土地統計爲什麼很假的呢，因爲他只爲便於收稅以及收土地買賣時候的契稅而設。到了最近一世紀中，中國的官僚也不一定需要這些土地的統計去收稅了，因爲他不要這些統計，這是向人民一樣可以收稅的。許多中國的行政機關，他們所用的統計，都是幾百年甚至一千年前所調查的，就是他們自己也並未有希望這些統計是正確的。這種情形在從前的德國也是看見過的。在德國當時在沿鐵路附近一切鄉村中通通有過這樣統計，以後不久，才知道這些統計都不是正確的。在高麗的例子也是一樣，高麗在一九〇四年的時候，他的人口是五百萬，到日本侵入以後，一九一〇年時高麗全爲日本佔據了，日本在高麗所調查的結果，人口有一千三百萬。

在中國實行統計還有很困難的客觀條件，就是各地方的度量衡不一致。Maracos ，關於中國度量衡曾寫了一篇很大的文章，在一九二七年第一號滿洲通訊載着，他說中國若想找一個可靠的度量衡簡直是異常困難。比如說「畝」這個單位數量，在我們普通研究家看來是等於俄畝十六分之一，其實這完全不正確的。據官廳統計一畝等於六〇〇〇平方英尺，但是比如在濟南府一畝等於八〇〇〇到一七五〇〇平方英尺，每一省每一縣甚至每一個村都有自己的單位（畝），在面積上說都不與其他的地方一樣。在這一點看來，中國和中世紀的歐洲是差不多，法國在革命以前也是一樣，法國以前的法畝，也是各省不同，等於二三到三三英畝。

但是中國的畝大概是等於二五七到九二七個平方米達，因此有許多農村中有勢力的人利用畝的面積不一樣，去特別的量他的地。比如在江蘇北部，那裏有許多名義上叫做公地的，而實際上屬於豪紳，他所謂一畝，事實上有普通的兩倍大，因此他納錢粮也少些。因此，我們對於耕地的面積更難得一個正確的或者大概的統計。

東方統計的一種習慣，家庭成爲政治的或經濟的單位，中國的統計，事實上以火灶或者門戶作爲統計的單位。在日本維新以前（註）的統計，完全不計算小孩。高麗以前的統計也是沒有小孩在內的。中國的人口統計的時候，他所注意的對象，也時常是限於家庭。

（註）日本一九二〇的統計是按照人，不是與以前按照家庭。這種統計的法子只是在資本主義比較發展的國家

中○日本這次按人統計，證明從前按家的統計，有了七百萬人口的錯誤。

中國一九一○年有這種由中國官廳所實行按照戶口的統計，其結果如下：

中國本部	五六・三一二・二五六戶
北京特別區	八三一・二六六戶
滿洲	一・七八○・三○八戶
新疆	四五三・四七七戶
滿洲軍八(八旗)	三○九・一五一八
青海及其他	一三八・四六○戶

講戶口的總數，以五・五來乘——因爲中國習慣以五・五八計算，那末中國人口就是三二九・五四二・○○八。講這個數目字與中國農商部一九一四——一九一八年的統計相比較，相差爲一千萬到一千四百萬戶口。

在中國政府的統計中，仍然把家庭看成單位。他們仍然承認中國社會還帶一種氏族的性質。照這樣看來，是否按照家庭統計可以得着一個相當的結果呢？我們再看農商部的統計：

一九一四年	五九•四〇二•三一五農民戶口
一九一五	四〇•七三七•八八六 ,,
一九一七	四八•九〇七•八五三 ,,
一九一八	四三•九八五•四七五 ,,

我們只將這個表一看，就知道他們寫的盡是些胡說。在一九一四——一九一五這一年中，無論中國是怎樣的混亂，絕不會一年之內便將一千九百萬農民戶口消滅了。以後兩年又增加了八百萬戶口，到一九一八年又減少了。農商部怎樣解釋這種變動呢？他說一九一八年的統計沒有河南和廣東，一九一七年比一九一五年統計少廣東廣西四川三省。總之，這些數目字的不正確並不是農商部的官僚的罪過。自然，我們在這裏要研究的，不是這個數目字正確與否，而是研究中國的官廳的統計究竟是靠不靠得住。在農商部統計的緒言上曾說：「這本書所搜集的材料，都是農商部規定各省所應當做的報告，各縣各特別區將他的報告送到省

裏去，而省則彙集呈送農商部。」照這幾句話看，就知道這種統計只是根據各級官僚的報告，因此我們就不能重視他。假使有人以這些數目字作爲研究的根據，這簡直是完全不懂得中國統計者的階級的實價，不懂得東方統計的一種習慣。也可以說直到一九一七年一切研究中國問題的學者，都還沒有正確的估計到這一點。在中國科學研究會的雜誌上（註），有一篇譚啓宇氏的文章，他認爲中國共有五七•二〇〇•〇〇〇農戶。還有許多地方，看見說中國有五一•〇〇〇•〇〇〇農戶。在一切的演講文章及書籍中，都經常的可以看見這些數目字，但究竟從那裏來的，怎樣証明他的正確，這只有上帝才知道的。

（註）科學一九二四年十二月

在研究中國統計的時候，有兩點非常之要注意：第一，中國農民根據他五千年所得來的苦經驗，是關于自己家庭的經濟狀况絕不能眞實的向官廳報告。中國農民知道各處官廳曉得他的家庭及經濟眞實狀况之後，以爲他便要完納新的捐稅，又受新的壓迫。所以官僚去調查的時候，農民自然沒有實話告訴他的。農民知道在一個政治危機的時候，抽稅抽丁的多寡都按照他的家庭狀況而定，所以農民土地的數量收穫的數量以及小孩的數量都不會向官廳眞實報告的。就是研究家，專門去調査某個區域的時候，也要費很大的困難，才能得着很少的材

料。在廣東農民運動發展的地方，農民協會的人去調查，農民可以說實話。(註)

(註)美國曾有一個委員會幫助金陵大學及廣大(在南)大子在農村中間選出研究，發現許多困難的事實，證明農民對於任何的調查者都表示不信任而不說實話。

第二，是中國的下級官吏對上級官吏的報告也是不正確的。從一個鄉村的地保以至農商部總長，他們的中間都沒有「實話」可談。每人都想大大的剝奪自己所管轄的人民，而不令上級官廳知道。而事實上他們所注意的仍然是某地的稅收有多大，而不是他的人口的多寡。因此，若是根據這些虛偽的官僚的統計而想做出眞實的科學的結論，是絕對不可能的事。許多美國的研究家，曾企圖以這樣的材料去做結論，結果都是失敗了。

還有一件關於統計的事也是要注意的，就是無論對於什麼樣的材料，總要知道的確可靠是沒有的，比如關於中國土地的面積以及中國耕地的面積，不知道有好大的差別。現在一切外國的研究者，都只能到大城市中去，或者順着主要的河流，而經過主要的商業的道路，還沒有到偏僻的農村中去的。但我們現在可以看見一點中國的土地關係，如像 Jemson 認爲中國耕地的面積，似佔全國土地面積百分之五十，但許多人更深刻的研究了中國的農村的關係之後，覺得這種斷定還是差得很遠，假使我們拿 Japov 的統計，說中國耕地的面積佔全國總面積百分之一一・六。假使不計算中國人口最少的新疆，（那處經濟極其瘠貧），不計算滿洲（滿洲是除了奉天之外，其餘都是地廣人少的）；不計算內蒙，熱河，察哈爾，綏遠，他只計算了中國本部的十八省，於是得了中國土地的總面積是三九三六・〇〇〇km2，耕地的面積有一・一三六・五一一・km2，卽佔全國的總面積二八・九% Wagner 以爲這個數字過於誇大，他說：『一切不知道中國情形的人，必定要陷於迷惑。』

照 Kahanovsky 的統計，在他著的「中國土地所有權與農業」第四頁，他說中國大地的面積祇有百分之十五是耕種的。我們拿其他各國的例子來說，在法國的田地與菜園地佔百分之五十三，草塲佔百分之十一，森林佔百分之十七。如高原的國家墺大利百分之三十七，是耕地與園地，草塲佔百分之十九，森林佔百分之三十二。我們再用這個數目來比較中國，則可知中國的統計便是與實際不會符合的。

在日本有關於這個問題的的確統計，日本在極力企圖擴大耕地的面積，日本的農民很積極的由人口稠密的地方搬到不能耕種的地方去開墾，但是耕地的面積，亦只是佔總面積百分之一七・五。在陝西甘肅和北部的山西耕地的面積只佔總面積的百分之二。在「模範省」的山西照官廳正式的統計，全省土地的統計總數爲七〇〇・〇〇〇・〇〇〇畝・而耕地的面積只有四〇•〇〇〇•〇〇〇畝。

在耕地最多農業最發達的省分如廣東，照官廳正式的統計，耕地的面積也只佔全省的百分之七。那裏有研究好幾年土地問題的專家，他們也承認耕地面積不過佔總面積百分之七到百分之十。

我們以下將研究，為什麼中國的土地成這種樣子？中國之不耕種的土地，若站在國民經濟以及生產的觀點來說，很少有價值的東西（不能耕的地皮無用處），中國是沒有森林的。滿州有森林，但是牠還是一天天減少的（不是發展），湖南之西南部以及貴州的沅河，福建的閩江，或者四川之西部，除了這些地方之外，都是沒有森林的。在最近幾年經濟的破壞，水旱災荒，氣候的變動，這些都使着森林逐漸的消滅。另一方面中國也沒有廣大的草場，牧畜事業本是國民經濟中之一種，但是在中國人民的經濟中又是特別的。假使我們將牧畜分成做工的和擠乳的兩種，在中國則反只有做工的。並且中國的做工的牧畜在經濟上也沒有在歐美農業中那樣大的作用。製牛乳的經濟在中國還沒有，在滿州雖然有那麼大的空場，但是找不出草場來。畜牧事業比較有一點的，但只是新疆與甘肅。新疆與甘肅的回人是經營畜牧的。內蒙一帶的蒙古人也經營畜牧事業。但是這一些畜牧事業都還是日漸崩壞的，回人與蒙人不得不脫離畜牧事業而改業農，草場變成耕地。因此在中心農民生活中間沒有森林與畜牧事業。中國人所依為生活的土地也沒有百分之十五，也沒有百分之二十，耕地面積與土地總面積相差得非常之遠。解釋這種原因有非常重要的意義。所以有這個現象，如果完全是自然界的原因，這個問題便很容易解釋。但是與國比較中國還更多山些，而與國的耕地面積倒有百分之三七．六，由此可知中國耕地很小的原故，是自然的經濟的技術的社會的幾個原因混合在一起。只有這才能解釋耕地面積與總面積相差得那麼大的現象。

與這個問題——耕地面積與總面積的比和各例問題——有關係的就發生了人口的密度與田地間的關係問題。通常比較各國人口密度，我們都是用各國人口的總數量和國土地的總數量來相比，而得着人口的密度，但是這樣比較在中國又是不適。比如中國不能與法國相比，因為中國的耕地面積不到總面積的百分之十二，更說不上百分之二十，而法國耕地的面積佔總面積百分之五十三，所以這兩個不能與人口密度相比較的。因此，我們想得一個明確的關於中國人口密度的概念，假使我們想知道，在這一塊耕地的面積中可以供給幾多人的生活，那末，我們不要將人口總數與全國土地的面積相比較，而只將他與耕地面積相比較。不過我們在這裏又遇着了困難，就是沒有中國人口的確的數目，也沒有關於中國耕地的的確數目。

我們是由各別區域的調查，也曾調查某個鄉村的人數及其所耕種的土地，但是他給我們各種不同的結論。有這個區域研究的結果我們曉得的，在這些數目上，我們要除掉供給牲畜的飼料，因此在這些數目字中，還要知道其中有若干牲畜所需要飼養的東西。

美國的農業家頃格 King 說：在山東某一個地方，在一平方英里的耕地中可以生活三千零七十二個人，在山東另外一個地方，同樣是每個平方英里中可以生活一千七百八十三人。(註一) 同時一個英國的中國問題專家史密 A Smith，他說在山東的濰縣，每個平方英里的耕地，可以生活五百三十一人，而在另外一縣同樣面積的土地，可以生活二千一百二十九人。德國的農業家瓦格那 Wagner，他根據幾年親自的調查，說在山東一個平方英里的耕地，可以生活一千二百八十五人。(註二)

在揚子江出口的崇明島，那裏的人都住在江邊，淘揚子江帶來的砂（不是純粹農業）。崇明每平方英里的土地，可以生活三千七百人。

在安徽曾經調查一百零二個農家，結果證明在一個平方英里的耕地中，可以生活八百二十六人。(註三)

(註)King: Farmers of Forty Centuries P. 17

(註二)Wagner Die Chiuesicche Landwirtschat P.123

(註三)Y Lossung Buck an Rconomis and Social Surveg of 102

美國的華洋義賑會調査了直隸江蘇山東安徽的共二百四十個鄉村中，(註)其結果如下：

(註)Malone d Tayleand: The Study of Chinese Rural Economy, Peking, 1924 P.4

省	縣	鄉村數目	人口數目	耕地面積	每平方英里所生活的人數
浙江	鄞縣	一	二八六	一•一三六•四	二•二七〇
		四	——	二•九七一•六	四•六五〇
		一	——	四七四	六•八八〇
江蘇	宜興	五	二•〇八四	四•一二〇	一•七七〇
	江陰	一七	三•四一四	「五•九〇〇」	二•〇五〇
	吳江	二〇	一•三七二	四•九三一	「九八〇」
安徽	壽州	一二	三•四七八	二八•八四三	二九〇
山東	昌化	二〇	五•八五九	一一•八六七	三•〇〇〇(註)
直隸	遵化	一八	九•〇八五	二〇•〇七三	二•〇一〇

定縣	二四	六・一七七	二四・三六九	九一五
邯鄲	一八	四・二三六	二五・五〇六	六九〇
磁縣	二〇	三・三六三	二二・〇六〇	六五〇
南鄉	五	三・〇二四	七・五三〇	一・四五〇

(註)這個數目字很可疑，因爲他的畝的單位不正確，假使照般的畝的面積來計算，山東每個地方的密度是每平方英里可生活一八〇〇人。

假使我們再說廣東一帶的人口，很可以說那裏在世界上算是最密的地方了。在我們也有相當的統計，可以說中國人口最密的地方是在廣東。假使我們說歐洲最密的的國家是荷蘭，荷蘭每個平方英里的耕地生活七百五十人，而在美國六十一人。我們將這些數目一比，就可以知道中國的土地供給比歐洲好幾倍的人口。

由此可知，我們不能根據偶然的某一個地方的統計來做一個總結論，但我們總是很有根據的說中國耕地的人口密度就在人口最密的遠東也佔第一位。日本農村中間的人口密度，是每個平方英里耕地最多的可以生活一千九百二十二人。在印度的 Bombey 這一省有三〇八，

Madrasso 這一省六一四八，聯合省（United Province）八一六，Bangaly 一一六二八。由以上所引的許多數目字中，可以看出中國北部幾省的人口密度已經趕上了印度的水平線，中部幾省已經趕上了日本，南部幾省已經超過了世界上的任何一國，或者除了爪哇的某幾處以外。我們還可以指出每平方英里的耕地的人口密度，愈是向南則愈稠密。因爲在南方每年都有兩次或三次的收穫，所以在南方每一個人所需要維持生活的土地面積，比北方要少。還有有關係的呢，就是在南方普通說來是多河流的，在沿河一帶，或湖邊一帶人口的密度時常達到最高的程度。這個事實在中國的分析中是很重要的。卽在印度以及日本，印度支那，爪哇這些地方的統計上，也是一樣。特別是印度表現的最明顯，在印度，季候風 Monsoon 所能吹到的省份，雨量特別充足，人口也特別稠密，而在中國，則人口最密的地方便要算揚子江流域的各省。

關於人口密度的第二個規律，就是說某一個地方的人口密度要看某一個地方每年是一次還是兩次或三次的收穫，假使在這一塊土地上，在通常的條件之下都是兩次的收穫，那末，在生產量大的土地中，人口的密度也大些，人口也更密些。在中國是這樣，在印度與日本亦然。

我們就用第二個規律可以做出一個大概的結論，就是中國中部各省，他的人口應該比日本及印度還要密些。因為在中部各省的耕地比較日本印度都要大些，因為日本的耕地只有百分之一九．六是收穫兩次，印度則各省不同，大概耕地之收穫兩次的佔百分之十四到三十，而中國雖然沒有通盤的統計，但照所調查的各個地方看來，北方有百分之四十到五十是收穫兩次的，長江中部一帶是百分之八十，南方還有收穫三次的，因此中國人口的密度還要超過印度及日本。

無論如何，中國人口的密度就是以整個土地面積來說，也是很高的。中國的土地應當所產出的生活資料比較世界任何國家的土地不僅是絕對的多，並且相對的還要多些。因此農村人口剩餘問題在一切資產階級的研究中國問題「專家」中都成了基本的問題，我們可以說在許多關於中國的英美書籍中，沒有找着一個「作者」，他不是用農村人口過剩來解釋中國的貧困。就是中國的一些「學者」，他們也時常用馬爾薩斯的人口論來解釋中國的這種現象。這些帝國主義的高利貸資本的以及中國封建的「學者」，他們要拿出馬爾薩斯的聰明去說中國農業的缺點，他們的理論系統是這樣：中國的女人生的小孩子太多了，中國土地的生產量趕不上人口的增加，這樣才做成中國的貧困。因此一切帝國主義軍閥高利貸資本封建勢力對於中國的貧困都沒有責任。救中國的方法就是要限制生育。

對於這些資產階級的理論也用不着與他過細來辯駁，因爲馬爾薩斯的人口論以及李嘉圖的生產遞緩論，在歐洲的思想界中早已被打倒了。帝國主義者不但是將他的一切無用的廢物商品去運到殖民地的國家，而且也把那些殘餘的被打倒了的「理論」也運到殖民地中來。我們不必與這個理論去爭論，只是指出幾個與統計有關係的現象：

一、說中國農民的戶口人數太多，在平均看來完全不是事實，平均每一個中國農戶只有四五個人，根據一切事實統計以及個人的調查都是這樣。

二、中國人口的生殖率比較世界任何國都要低，根據一切事實統計以及調查都是這樣。

三、中國人口的死亡率是比較世界任何國都高。北京每年的死亡率男人到了千分之三十三，女人是千分之四十二。不久以前，曾公布中國死亡率說：平均每年千分之三十（註）（英國的死亡率是千分之一〇。四。）將中國與普通的文明國死亡率相比較，即每年要多死六百萬人。患天花死的呢有九十萬人。英國人民平均活五十八歲，中國人平均活三十歲。英國嬰兒死亡率是千分之六十九，中國嬰兒的死亡率是千分之二百。自然，英國給中國的「贈品」——鴉片在這裏有不少的作用。倘若說中國的人口增長太快了，實在是絕對無稽而沒有根據的話。

(註)見 Shanghai Times 1927十月份

四、至于說節制生育在中國早已實行的，中國節制生育的方法是嬰兒殺害。中國到生了小孩子後，特別是生了女孩的時候，很多將她殺了的。一個英國的中國生活研究家 Verner (註一)，他關於福建的這種情形寫得很多。另外還有一個英國的女傳教師 File 說廣東在一八八〇年時候，殺害女孩的習氣非常之普遍。廣州人直到現在還很多。(註二) 我們還沒有看見研究的結果，當他說到中國人口的時候，沒有指出這種殺害小孩的現象。一切研究的著作中，說中國由一歲至四歲的男小孩，比較女小孩的數量超過了很多。但是全世界的國家以及東方的印度，却正是相反的(註三)。這些資產階級的學者說是用習慣，宗教，以及「傳宗」等來解釋這些現象。他們說中國人以女孩不能傳宗，不能作繼承先人的後代，只有男孩才可以。照他們這樣說來，中國的女人只覺得願意生男孩，不願意生女孩。一個美國的學者 L. Buck (註四)，在他的書上說，中國所以男孩超過女孩的是有兩種原因：第一，男孩比較女孩貴重些，許多人都思念生男孩，第二許多女孩在小的時候都被殺了。可見得不是生的問題而是死的問題。若是說中國的人口生殖本太快了，是絕無根據的胡說。

五、天災時常使幾百萬人死亡。

(註一)Verner『China of the Chinese』

(註二)Touzal of the north China Brack of the Rogal asiatic Society 183 P.

(註三)英國女性比男性超過百分四，二，印度女性比男性超過二，三二%

(註四) Buck『an Economic and Soical Survey of 102 Farm s P. 16

六、中國開始發展的資本主義是看中國工廠製造廠礦山中的工人過着極痛苦的黑暗的生活，自然使中國一部份人口縮短壽命。比如漢冶萍公司是「中國」唯一的大的新式企業。照着Rockfeller研究院詳細研究的結果，其中的工人有百分之八一•六是有病的(註一)。湖南有整個的鄉村，男女老少都去政府的硃砂礦做工，將整個鄉村的人民慢慢的放在極不衛生的工作條件中(註二)。湖南的銅鑛其中有百分之四十的工人是染肺病而死的。湖南輾穀廠的工人有百分之三十至四十是死於肺病的(註三)。上海工廠中，小孩都是每日要做十二點鐘的工。漢口絲廠的女工每日要做十六小時的工。關於在紡績工廠的狀況，我們還沒有得着的確的調查。

(註一)漢冶萍公司有日本的資本六千萬，所以事實上中國只是形式上的見。"Collins: Mineral Entreprises in China"

(註二)見"Papers Respectig Labour Conditions in China," London P. 30

(註三)見仝書 P.P 30-31.

我們可以舉日本工廠的例來說明中國的勞動條件，日本工廠的衛生條件自然比較中國工廠好得多，日本的女工有自己的寄宿舍飯堂並且所得的工資也比較多。日本大城市中的女工平均每人都做了一年以上的工，小的城市大約做兩年。男工的生活條件略為好一點，許多男女都做了幾多年的工人，但是日本工廠在農村中招工的時候非常困難，當招工的時候，日本資本家派人到鄉村中開演電影來宣傳工廠生活的「快樂」，平均計算，日本資本家招雇一個女工，要用去五塊到三十塊錢（各地不同）。在印度女工不做夜工，平均工人做工的時間也十八到廿四個月。日本內務省於一九二六年調查東京一萬個紡織女工狀況的結果是有八〇%的女工，在工廠做了一年工人之後，回到鄉村中都成了很重的病人，她們或者是送到醫院裏去，或者是當妓女當尼姑去了。

中國的勞動條件自然比較更壞，中國工廠的剝奪比較日本工廠「吃工人」更兇，中國的礦山工廠每年將自己的工人消滅百分之六十至七十，將他們變成尼姑貧民土匪……等。最近的家庭工業也將這種工廠的作用運到農村裏去了。有人說，中國有二百萬瞎子，大多數是因爲刺繡工作做得太多。在大多數，特別是北方的中國工廠中，據調查有百分之九十五的工人是患沙眼的（註四）。

（註四）：“Shanghai times” 1927,8月,25 th.P.12

還有中國封建勢力的戰爭不知道一共將中國的人口消滅了許多。這裏不是中國軍閥所痛恨的革命黨人所做出來的語言，而是他的朋友大英帝國駐在福州的領事 Clennets 給麥克唐納的報告：

「福建的督軍李厚基向我說，福建省現在人口太多了，福建所生產的東西，特別在福州以及近郊，完全不是福建人口的使用。爲什麼有這種原因呢？因爲中國其他的省中，在往日及現在都經過許多國內戰爭，受過很大的屠殺，而福建在最近一千年中間，並沒有發生過大的戰爭和屠殺。雖然有過戰爭的，如太平天國之亂，但他主要的還是在長江的下游不在福建。我以爲李將軍的意思，覺得現在福建非常希望那樣的大屠殺，他以爲定期的屠殺是一個經常的解決中國人口問題的工具，將要這樣去限制中國人口的增長。我想，他的意思以爲福建在不遠的將來一定要用這個方法來解決。」

在中國的統治階級，上述那種見解中及在封建力量與資本主義在剝奪民衆時那樣密切的合作，因此在我們研究的結果，中國人口不是日日增長，而是減少的。

這些雖然是不必懷疑的事實，但是中國仍是有相對的人口過剩的現象，在現在技術水平線之下，在現在社會水平線之下，在現在生產力之下，中國的土地絕不敷農村所有人民的需要，加以城市每年由農村中吸收很大剩餘生產品，不但剩餘的，而且農村中的必要生產品也吸收去了。

因此，我們可發生了一個問題，就是城市人口與鄉村人口的對比。在這個問題上，我們又要說到許多「統計」。

總之，的確可靠的數目字是沒有的，我們只可以搜集許多零碎的材料，看各種不同的著作者所調查的，集攏起來，也許比酒館飯店所聽來的要好些。大概說來，大家都說中國城市人口的目數是百分之二十，農村人口有百分之八十，有幾個中國的著作者，以及英國的著作者，他們都認為中國城市的人口是百分之三十，這個數目顯然是誇大的，譬如法國的 LeVasseur 研究大革命以前的法國狀況（註）在當時二千三百萬法國人中，城市人口只有一•九四九•〇〇〇，自然那時候的統計也不是完全可靠，照他的數目字看，當時法國城市人口只有百分之八•四。英國當一八八〇年的時候，城市的人口是百分之二九•五，在九十年代的時候百分之三十六，在一九〇〇年的時候百分之四十，在一九一〇年百分之四十六。在日本的資本主義發展比較中國要高些，那裏的城市人口在一九一三年百分之三十三，一九一七年百分之五十以上。我們很難得將這些數目來與中國比較，就資本主義發展的程度說，就城市人口與鄉村人口的對比說，中國未必趕到日本的程度或者一八八〇年美國的程度。

(註)Levasseur: Histoir de La population avant 1847.

印度的資本主義發展也比較中國要高些，但印度的鄉村人口佔百分之九十，在這百分之九十的鄉村人口中，有百分之七十五是以農業為生的，其餘是經營商業，借貸，手工業等等。不過我們要注意中國歷史發展的特點，中國歷史上的城市作用，比較封建時代的歐洲是不同的，假使『我們從歐洲的中世紀來說，在那時歐洲鄉村在政治上反而是利用還沒有崩壞的封建力量來剝奪城市的；則在城市發展之後，城市又在經濟上利用自己價格的壟斷，稅制，行會經過商業的交換，高貸資本以剝農村。』(註)

(註)見馬克思：資本論第三卷 P.337

但是說到歐洲可不和中國一樣，中國的政權以及中國經濟的發展，很早便已附屬於城市，地主在城市裏住着，鄉村的地主也送到城市裏去，中國的商品經濟貨幣經濟都比較發展、當中國已經有了許多大城市的時候，倫敦，巴黎，阿姆斯特丹，漢堡都還是小的鄉村。西安，北京，杭州，廣州在前一個歷史的時期中都是世界最大的城市。(註一) 中國歷史發展的特點，可以給我們一個根據來說中國城市的人口比較歐美以及印度，在經濟發展到同樣程度的時候，中國的城市人口要相對的多些。許多書籍，說鄉村人口有百分之九十至九十二，這又未免將鄉村的人口誇多了。但如果說中國鄉村人口僅百分之七十，這又未免估計太少了。我們要解決這個問題，應從別方面來看。從帝國主義侵入以後，中國發展了資本主義，那麼，鄉村人口減少城市日漸發展的過程，過去和現在是不是在中國發生呢？我們在底下就覺得這種過程在中國非常的複雜。在這個荒野無人的海島，在八十年之間很快了就長出了五一〇四四〇人口的香港。(註二) 在一個窮小的鄉村的地方，在人跡不到的漁場中，六十年之間便產了一個一五五〇〇〇〇人口的上海。大連在一九一一到一九二一年中的人口由二萬長到十二萬四千，並且從此以後人口的增加更快，到一九二六年，大連的人口到了二〇三．九〇〇人。(註三) 哈爾濱的人口在一九一一年是三五．〇〇〇，在一九二一年是一三〇．〇〇〇，在一九二六年是一六四．九〇〇。吉林奉天黑龍江的發展都是現在青年們所眼見的，他的速度正是美國式的，武漢的人口在一九〇一年時候八五〇．〇〇〇，在一九二一年一．四六八．

〇〇〇。照這些數目字看來，中國城市的人口似乎是絕對無條件的增長，農村人口一定是在逐漸減少的過程中。但是我們同時又看見相反的現象，就是許多舊中心城市的衰落。

（註一）這是說的十二世紀的時候，不但是中國歷史上有這樣的記載，就是馬可波羅在他的東方遊記上，以及阿拉伯的旅行者及商人都有同樣的說法在 Batoota 及 Sooleiman 等的阿拉伯著作上，都說有世界上許多以前大的城市，是在中國。

（註二）香港是英國的殖民地然而在經濟上說是中國之一部，他的經濟發展是剝奪中國南方的。

（註三）大連是中國（出租）與日本的，經濟的發展是吃滿洲的。

在中國政府的調查中，說北平的人口每年減少一萬，天津就是這樣發展的。滿洲的發展多半是依靠着由直隸山東逃出關外的人，廣東福建的城市人口是逐漸減少的。西安以前是做過京都的，現在也還是一省的省城，他的人口由百餘萬減到二十萬。在一九二六年的時候，西安的人口又去了十萬。甘肅的省城蘭州也是減少的，照一九〇一年的海關報告，福建的省城福州有六五〇•〇〇〇人口，在一九二一年只有三二〇•〇〇〇人口，在一九二六年只有三一四•〇〇〇人。

我們假使將海關關於各商埠的人口報告，逐漸增長的有如下：

城市	人口數目 一九〇一	一九一一	一九二一
牛莊	五〇・〇〇〇	六一・〇〇〇	六五・〇〇〇
天津	七〇〇・〇〇〇	八〇〇・〇〇〇	八〇〇・〇〇〇
重慶	三〇〇・〇〇〇	五九八・〇〇〇	四九七・〇〇〇
沙市	八〇・〇〇〇	九〇・〇〇〇	一六一・〇〇〇
漢口	八五〇・〇〇〇	八二六・〇〇〇	一・四六八・〇〇〇
南京	二二五・〇〇〇	二六七・〇〇〇	三八〇・〇〇〇
廈門	九六・〇〇〇	一一四・〇〇〇	三〇〇・〇〇〇
汕頭	三八・〇〇〇	六六・〇〇〇	八五・〇〇〇
廣州	八五〇・〇〇〇	九〇〇・〇〇〇	九〇〇・〇〇〇
哈爾濱(註)	—	三五・〇〇〇	一五五・〇〇〇
大連(註)	—	二〇・〇〇〇	一一六・〇〇〇
長沙(註)	—	二五〇・〇〇〇	五三五・〇〇〇

杭州(註)	三五〇・〇〇〇	八九二・一〇〇
溫州(註)	一〇〇・〇〇〇	一九八・三〇〇

(註)哈爾濱大連長沙杭州溫州在一九〇一年以前還沒有闢爲商埠，帝國主義在那裏的勢力，只是慢慢完成的。研究中國對外貿易的人都講究埠與不闢埠看成一個很重要的事，闢埠之後，帝國主義在那裏的經濟力量的範圍才逐漸於大，不注意這一點，便可以得着不正確的誇大的結果。

在Pypov所做的關於中國人口的表中，將幾個特殊的城市一九〇六與一九二六年的比較，指出了這種矛盾的現象，許多大的舊城市，在這個的時期比較中，他的人口都是減少的：

	一九〇六	一九一六	一九二六
開封	二〇〇・〇〇〇	一五〇・〇〇〇	
烟台	八二・〇〇〇	五四・四五〇	九四・七〇〇
萬縣	一五〇・〇〇〇	七〇・〇〇〇	八二・六〇〇
蕪湖	一三七・〇〇〇	九九・五八四	一一七・一〇〇
南京	四〇〇・〇〇〇	三七六・二九一	三九五・九〇〇
紹興	五〇〇・〇〇〇	二〇〇・〇〇〇	—

甘州	以前是大的城市，現在變爲窮鄉村	
正陽	仝上	
蘭州	五〇〇·〇〇〇	一〇〇·〇〇〇
西安	一·〇〇〇·〇〇〇	二〇〇·〇〇〇

在這個表上自然要很愼重的去研究，這裏面表示着一部分舊的大城市的衰落，不過我們不能和 Popov 的結論同意，他說中國的城市人口只有百分之五，他這個說法自然太看少了中國的城市，其實中國的城市比較印度以及一般的遠東的國家都要大些。中國的一切寄生階級：商人，官僚，高利貸者地主都集中在城市的，並且在中國有一千五百個縣城，照一般的觀察，平均每個縣城有一萬五千到二萬人，只就這些小城市說，中國城市人口已經有了二千萬到二千五百萬了。

總之，我們看見了兩種平行的過程，一方面是大的商埠，有租界及沿鉄路的城市很快的發達，另一方面是舊城市的衰落。這種現象在英國也發生過的，英國的這種現象還在當時的政治鬥爭中表示出來。當時英國曾發生了反對舊式國會選舉法的運動，因爲他是按照舊的城市區所規定每區選舉代表的數目，這個運動要求擴大新的工商業城市的選擧權。在中國這種過程的發生完全表示着帝國主義的侵入，中國所發展的方向完全是他的敵人促成的。

鐵路在這問題上的作用自然很大，京漢及隴海路將鄭州（註）變成一個很大的城市，以前在封建時代可完全不是如此的。帝國主義所帶來的資本主義的關係已經逐漸的發展，開闢的海港逐漸增多，租界變成了工商業的中心，發展了許多新的大城市，同時舊的城市也在崩壞，歷史上所形成的商業道路，也是逐漸的衰微。小縣城的影響以及他的政治與經濟的意義都逐漸的減少了。

（註）一九二六年軍閥戰爭的時候，戰爭與土匪將河南破壞了，鄭州百分之三十之人口變成窮民工廠。鉄路的工人大多數都離開了城市。

如上所說，我們可以做出以下的結論：

一，在研究中國土地關係的時候，我們不能利用中國農商部的官廳的統計。農商部的官僚他只是將他的完全沒有用的著作裝上些很好看的話，他祇能增加我們的糊塗。（註）

（註）農商部的報告中還有許多別的材料，如像牲畜的數目，每個家庭生產的範圍等等，有時候也有說到區域的研究，有時候也說到了棉花茶葉豆米，在他的調查中也有些數目字，但是這些東西一點用處也沒有，他不僅不能幫助我們，反而使着我們的研究更加困難，我可以再舉一個例子來說，在本一個地方中，有關於茶葉出口的數目字，

也有關於茶葉的數目字，結果那一區域運出去的茶葉，反而超過完的茶葉數量之四倍。還有許多地方，總生產量比較出口要少。從這種的數目中怎樣能找出結果來呢？

二、我們對於農商部報告中關於耕地面積及其在總數中所佔的比例的數目，我們不能十分認爲接近。至於耕地在各種農民中之分配此數字也是與實在的數目相差得很遠。

三、我們沒有一般人口密度的數目字，也沒有城市人口與鄉村人口比較的的確的數目字。

此外，我們還應當注意中國的氣候以及地理上的變更，沒有這些條件，我們就不能具體的分析。關於這些材料，我們在中文書籍中也很難找到。中國的綱鑑書上都寫的是天災豐登天下太平或者是不太平，而沒有關於氣候及地理上的研究。因此我們不能將廣東的一畝和滿洲的一畝等量齊觀。滿洲的一畝收一次，廣東的一畝收三次或四次，因此我們不能僅是根據土地的面積來分析中國的土地關係，並且土地面積的數目字有的也是靠不住。假使甘肅或者是黑龍江一個有五十畝土地的農民，他算個貧農，若是廣東有五十畝的農民，已經是一個富農，有時候並且還是個地主。這就因爲各地方的質量不同，土地的位置離市場的距離不同，滿洲是溫帶，廣東是近熱帶。滿洲通常是一次的收穫，中國北部是二年三次收穫，揚子江一年二次正收，一次（非正式的，不大批的，）副收，南部就是三次四次，並且有一次或者二次是米。因此我們只拿寫出土地面積的數目字來比較，是不能找出農村中階級的對比，也不能找出農村中技術發展的程度。因此南京農業大學教授 Buck（註）說得很對，他說用以量土地面積的畝可以知道經濟的面積，這是一樁事；而每一畝收穫的數量又是另一樁事。時常中國一畝的收穫量抵得上另外一個地方二畝三畝四畝不等。Buck 研究了直隸鹽山縣的一百五十個農家，這個研究是很有價值的，這一百五十個農戶共有三六七一畝地，可以耕種的是三四二二畝，其餘的地不能耕種。這三四二二畝可以當作五二三六收穫畝（每畝每年收穫一次算一個收穫畝），這就是說有百分之五十三耕地是一年二次的收穫，他又在安徽蕪湖附近調查了一百零二個農家，那裏的農戶共有四四八六畝耕地，代表着八二六四收穫畝，就是說有百分之八四．一土地是每年收穫兩次的。愈是向南面走，耕地的面積與收穫畝的數量相差得更遠。長江一帶的「副產」已經有了很大的作用。有些地方種金花菜苜蓿及西瓜大豆等生產量都是很多的。廣東的收穫畝數量時常比土地的面積超過三四倍，因此在研究生產量及決定農村必要的勞動力種子肥料等的時候，收穫畝與土地面積相差的數量是觀察這些問題時候最主要的原素。在以下我們就要解釋收穫畝與耕地面積之差異不僅是因為氣候的自然的條件，雖然這些條件有很大的作用，但是此外還有原因。對於這件事的影響的還有田租的輕重以及土地價格的大小，佃租的條件，佃農的狀況以及許多其他的社會現象，大家不要忽略了這一件事，就是當我們問一個南方農民的經濟狀況的時候，他一定不告訴我們有幾畝地，而說有幾担田。他爲什麼要說担呢？他就是說付租要付幾担的穀。這種情形在日本也是一樣，日本當時封建主中間大小的區別也不是按照他所有土地的多少，而是看他是有好多農奴。東方的封建主不是看他的農奴而是看他所收的田租。

（註）L·Buck:"an Economic and Social Survey of 150 Farms Yenshan County, Chili Province, China

原因是這樣：在封建時代的歐洲有許多剩餘沒有開闢的土地，地主很困難的得着勞動力，而農民比較容易的找着土地，因爲有剩餘的土地存在着，所以歐洲的封建勢力的剝奪要緩和得多。東方的又另是一樣，東方沒有像當時那樣廣大的土地，人口比較密，除了很少的情形，如像大災荒大瘟疫之後，地主是很容易得着勞動力，而農民找着土地是比較困難的。因此在歐洲地主剝奪農民最厲害的時候，就是當十五十六世紀農奴暴動失敗之後，農民所受的剝奪無論如何趕不上中國的或是日本的佃租條件。歐洲地主難得找着勞動力，而農民容易得着土地；亞洲農民難得找着土地，而地主易找着勞動力，這裏就是歐亞農民條件差別的根本原因。在東方只有在戰爭大凶年之後，地主感覺勞動力恐慌的時候，禁止農民的遷移，而西方關於禁止農民遷移的鬪題，關於自由遷居的權利問題，時常引起封建主與農奴的階級鬥爭。

至於收穫之差別，不僅是受土質與自然條件或氣候所支配而已。在一省之內，甚至於在一縣之內，各地的收穫畝都不同，這是顯而易見的。比如江蘇的南部，金陵大學曾經調查了各處收穫的數量，在崑山縣的某一地方，他的收穫量一畝爲一•三六担，在他隣近的縣無錫每畝收四担，幾乎超過三倍，在如皋的小麥一畝收〇•三二担，而在附近一縣常熟收一•八三担，幾乎超過前一縣的六倍。

廣東大學農科研究的結果，將土地的收穫量分爲三等：

上等土地四•四

中等土地三•二

下等土地一•八

這就是說上等土地的收穫量比下等的土地要超過三倍，但這還是就土地質量相差不遠的耕地而言，我們若將水田與旱田拿來一比較，就相差得更遠了。

	上等地	中等地	下等地
水田	六	四	二
旱田	三	二	一

在這裏應當注意的，廣東的水田都是收穫兩次或是三次米，第四次大概不種米了。事實上在一省之中，同樣的氣候條件，以及同樣的生產能力，而收穫量有四倍至六倍的差別。

我們還記得：馬克思在分析地租的時候，把土地的質量分成A.B.C.D.四種，這四種是就質量上分，而面積仍然是一樣的，因此恩格爾斯對於這問題說，馬克思在草稿中所引的例子不一定靠得住，因爲他開始便將這種差別太誇大了（註），但是我們在這裏所看見的例子，不僅是一與四的差別，並且也看見了一與十八的差別。這種現象廣東是的，全中國的大部分都是的，並且除了中國之外，以米爲主要糧食的一切國家無不是這樣。

（註）資本論第三卷下册二百五十二頁

在歐美，澳洲以及亞洲一部分，主要的糧食是小麥，馬克思論這些地方農業時，就特別注意小麥的生產，研究當時資本主義很發展的民族中，這個主要食品生產狀況是怎樣。我們研究中國遠東印度爪哇日本這些以米爲主要食品的國家的時候，也應當研究米的生產狀況。

國際農業學會估計每年經常穀的生產量是四千四百萬萬磅，可以製得三千三百萬萬磅米。世界上有一大半人，至少八萬萬人通通是依靠米過活的。中國文字關於土地這個名詞的解釋，就是產米的意思。這件事即使在中國人相互間的談話中，也可窺見一斑。在別國的人，如果遇到了一個朋友，寒暄時總不外康健，安好之類的言詞。但在中國人卻並不這樣，他遇到朋友時，劈頭一句就是：「您吃了飯沒有？」這種問候的方法，自然是農業國家的基礎：並且中國人說到了食就是食飯，固然，在北方以及在滿洲主要的食品還是高粱小麥小米。不過最近中國的糧食的入超逐漸加大，使着中國農村中也有耕種別種東西的，甚至於在黃河的南部，最近幾年也有地方在種番薯，而同時在直隸的旱地也開始有種米的。米的地位在南滿一帶逐漸的抬高，這種現象將是決定中國農業變化的一個動力。

我們知道，米的生產是中國農業中一個重要特點，而中國的收穫畝與耕地面積差別，使同樣面積的畝數而米之收穫數量不同，這是與中國農業有很大關係的，我們應當研究這種原因及其結果。

就是在中國一些不產米的地方，那裏的農業也仍然有他自己的特點，仍然與歐洲相差得很遠。

我們在這裏且不說遠東與近東農業生產的差別，雖然這種差別是存在的，如近東有許多遊牧經濟，有許多牧場，遊牧人與農業人有交換的關係，故近東的農業是向另外的一個方向發展，所有這些特點我們可以稱呼他爲「亞洲式的農業生產方法」，或者更正確的說是遠東的農業生產方法。至於所謂遠東，是將蘇聯的遠東除外的。在下一章我們就研究所謂遠東的亞洲式的生產方法之特點。

第二章 水的意義

菲律賓羣島農科大學教授農學家柯拔蘭（Copland）寫了整個的論米的著作（註一）把米的主要特點作如下的說明：

『米和一切其他的植物一樣是在自己營養着和呼吸着的。爲了這些生命必須的進程，米也和其他的植物一樣需要水，因爲沒有水，無論營養無論發散——植物的呼吸——都是不可能的。不過米爲着自己的營養和發散，比較任何其他的植物要求更多的水，在自己成熟的時候米發散出水量很多的。』

『世界上最重要的農田植物——米——在靜水中生長特別的快。米之別於其他植物，不論是那些的特點，但根本的事實繞此而旋轉一切的，却是這個事情。在理論上和大部份在實踐上，米之水的供給是由生產者本人施行和調節的。灌漑是種稻米的技術……而灌漑不僅是應用於氣候和米的種類，並且牠的應用對於米還有這樣的作用，就是牠可以改變氣候本身。

在米的生產中水是如此的優越於其他氣候的原素，在有良好的灌溉存在時米便是世界上主要食用植物中的最可靠的農田植物。」（註二）

『在灌溉改良的地方米不需要雨水，但在沒灌溉的地方，米之抵抗高溫度，乾旱或其他有害的影響的能力，自然是非常有限的。』（註三）

（註1）：Edwin Bingham Copland: Rice

（註二）：同上書　十七頁

（註三）：同上書　四三頁

『水的不足，對於米比較總合其他一切災害，給與更大的損害。但是，和水的不足一起及在他之後，水的過多令米受到的損害也甚于一切。而且十分確鑿的，在東方水災和暴風雨所摧殘的米多過意大利和美國兩國米的總收穫。』（註四）

所以為了米的生產須要灌溉——有調節的和有意識的灌溉。

米是在水下面生長和成熟的。在田裏水應當積着由六到三十五英寸的深度。另一個美國的農學教授嘉苗氏斷言在菲律賓羣島為了米的完全成熟，需要在成熟的時期以水灌田，其總數是要使水掩蓋着田有六十六英寸之深，在美國加利福尼亞要求更多的水。

（註四）：同上書　一四七頁

這便是米——人類多數所賴以生存的主要植物——的一個基本的特點。

另一個米質的研究者西班牙的教授美愛賓，關於各重要農田植物從土壤吸收多少營養料的問題，引用下面的材料。這些數目是指示每公畝土地的常態收穫和各種農田植物生產一百啓羅格蘭姆所需的營養料（以啓羅格蘭姆計算）：

	每公畝常態的收穫				生產每一百啓羅格蘭姆	
	硝	燐	灰	炭酸	硝	炭酸
小麥	一三八	七四	六二	一九〇	四·三一	一·九四
大麥	八六	七九	四二	九三	三·九三	一·九三
燕麥	一二六	七八	三八	一二九	五·〇六	一·五二
玉蜀黍	六五	二九	二八	八二	二·二七	〇·九五
黍	六五	五六	三一	一一二	二·六二	一·二五
米	九七	二六	二七	六二	二·四一	〇·七〇

從這個表上無須農學家和化學家都可以尋出，在一切重要的農田植物中，米從土壤吸收營養料要少於一切其他的。這便是米的第二個不爲不重要的特點，這特點解釋爲什麼米的種植剛是在地球上人口最稠密的地方。

然而，米是不一樣的。米的種類和分類算起來有幾千種，在爪哇，安南，暹羅和日本，知道的大約有一千種，在菲律賓羣島有三千五百種，在印度有八千種。在中國米有多少種類，我們還不知道。不過，『米的各種類和分類間的最重要的和決定的差別，是以生產米所必需的水量來規定的；根據這點，米的種類和分類可以分作兩個大的類別，就是旱田米（直譯乾米）和水田米（直譯濕米），灌溉的米和非灌溉的米。一切商用的米都是灌溉米，旱田米則幾乎完全是爲着農民自身的需用而生產的。不過，生產灌溉的米有利些；因爲米的本性是水田的植物，而灌溉的米少受到天氣的意外的影響。』

主要的利益，我們知道的，在於灌溉地的收穫多過旱田的收穫兩倍，灌溉地一年有兩三次有時且四次的收穫而旱田一般的說來每年只有一次。

這個旱田和灌溉地的差別是怎樣深刻地印入一切遠東民族的意識中，可以從下面的事實看出：中國人，日本人，印度人嘗說及田地的時候，常常是指明說那種田地的：旱田或是水田，灌溉的或是沒有灌溉的，米田或是旱田。這個甚至乎也跑入冥頑的官家統計的意念中，在『稻米世界』的各國中，中國也在內，所造的統計是說明多少灌溉的土地和多少乾旱的土地組成總的耕作地面而國家財富和幸福是以水田和旱田的比例來度量的。

我們企圖編列稻米世界主要國家的旱田和水田的比例表：

	水田	旱田	變爲水田的
日本	三•〇四四•八九〇日畝(五三〇)	三•〇五三•〇三五日畝	二七一•〇〇〇日畝
高麗	一•五六〇•〇〇〇日畝	二•八二〇•〇〇〇日畝	二〇三•五〇〇日畝
臺灣	三七六•〇〇〇日畝	三九[illegible]•〇〇〇日畝	?
非律賓(註一)	一•一一三•〇〇〇公畝	三七一•二三六公畝	五五九•〇〇〇公畝(想定的)
暹羅(註二)	三〇〇•〇〇〇英畝	五•八五〇•〇〇〇英畝	?
爪哇	二•五〇五•〇〇〇公畝	四五七•〇〇〇公畝	三〇〇•〇〇〇—四七〇•〇〇〇(想定的)

(註一)材料係根據估計，不甚可靠，灌溉方法也非常之原始。

（註二）全土地百分之五十五以原始的方法灌溉。

對於印度，我們，可惜，只有下面的灌溉地佔總地面的百分比：

地區	水田佔總耕地之百分比
印度中央高原	六·三%
印度—恆河的中央平原	三二·一%
印度—恆河的東部平原	四四·七%
印度—恆河的西部平原	三〇·二%
喜馬拉雅山的東部邊疆	二八·七%
喜馬拉雅山的西部邊疆	一四·八%

一般的認爲米田佔總的耕種面積百分之九十，而米田之百分之七十五是旱的，只有百分之二十五的是水田。毫無疑義的，英人未佔領印度前，旱田和水田的比例，在印度土地生產

力的觀點上是要較有利的，這就是說水田是比現時多的。（註三）

（註三）Ma erde:Rural Esovconiic of Juaia P.86.

在馬來羣島的四個州內，（柯達，皮爾利斯，皮拉克，啓蘭丹）米田佔四九九．五五五英畝，但是我們不知道他的灌溉地和非灌溉地的比例。值得注意指示的，英帝國主義之所爲，會到僅有百分之十六的居民從事於米的生產，其餘的在樹膠園和其他的種植場及錫鑛裏作工。荷蘭帝國主義在爪哇採行的商業的農業政策，使米田在適于耕作的總地面中佔三．二六三．〇〇〇公畝，而種樹膠、茶葉、玉蜀黍、薯類、煙草等物的田佔三．六二七．〇〇〇公畝，而且後者的田還是很迅速的擴張，甚至是由米田擴張。

中國的水田的旱田的比例，美國的農學家頡克(King)斷定水田佔七八．〇七三方英里，旱田佔四．〇〇四方英里。照此，水田差不多佔全米田的百分之九十五了，這個當然是可笑的率直的誇大，著名的農學家頡克很好的懂得中國的肥料問題，但是關於灌溉問題他却沒有正確的了解。至於農商部的官廳統計在國民五年就有如下的數目：

各省區田圃面積表（一九一五年）

省份	農田	園圃
京兆區	一四・〇三二・八七八	五〇九・四六九
直隸	七七・四五四・〇一三	四・六三九・四〇六
奉天	四八・七〇七・〇三六	二・四一九・五七三
吉林	四一・二〇五・四二四	三・六一一・三八二
黑龍江	三三・七〇〇・四八八	二・一七三・一九九
山東	二五四・八七九・九九六	一・八八二・七二〇
河南	二四三・四九六・〇六二	五六・四九八・六四五
山西	五六・〇九五・〇五六	一・四五五・六七五
江蘇	一三六・五三五・九四四	四・五〇六・二七〇
安徽	三九・七八九・九三七	二・五三一・五六四

江西	三四・六五〇・六九一	四・六六三・九五二
福建	二三・二〇八・二八二	四・二九〇・五一七
浙江	二七・五五八・七三七	六・四三一・一五四
湖北	一二一・六八〇・四四六	三・二三七・二一七
湖南	二二九・五三六・三〇一	七・六五八・四〇七
陝西	三一・一七六・七六三	八四四・八九五
甘肅	二六・八五六・三〇三	三七九・五一二
新疆	一二・八九七・七九五	八一二・一一五
四川	五五・八九一・九八四	六八・九九二・九二三
廣東	六五・五九四・三九六	七一・二八二・七四八
廣西	七七・六九九・〇〇九	四・七七五・六八四

雲南	一〇•四五六•七〇四	一•〇四〇•一五二
貴州	一•三二六•五一六	一三四•五二二
熱河	一五•六五六•五五四	八一九•六五四
察哈爾	一一•〇七八•六九四	一三•〇二八
總計	一•七九〇•八七六•〇〇九	二五四•七〇三•三八三

的確的，農商部本身在這表上只是指出一般的農田而沒有把牠分爲水田和旱田的。如果不然，卜波甫泰提瓦便要引用此表作爲一種可信的，相近的或是方向的統計了。卜波甫泰提瓦是中國統計的崇拜大家，他以爲中國人在這一方面數年中作了「偉大的工作」（註一）爲了說明這個「偉大的工作」，拿山西省作例子便夠了。山西省自然沒有五千六百萬畝的灌溉地，也沒有這樣多的農田，老實說，那裏簡直就沒有五千六百萬畝的耕作地。這是大家都知道的，山西省出產很少的米，在一九二五年，該省高級官員會議中也曾斷定灌溉地佔總耕地十二分之一，換言之就是百分之八，三。（註二）但照卜波甫泰提瓦所引用的大表，在山西省

差不多耕地之百分之九十七不是米田便是灌溉田。根據這個大表，可以得着在安徽米田差不多佔百分之九十。我們知道，根據不很大的但比較可信的消息，在安慶城附近，水田佔全耕地百分之三十五，旱田佔百分之六十。而低的平地佔百分之五。而這個區域正是位置於揚子江的岸邊，是該省灌溉優良的一個地方呢。類此的中國大統計的藝術可以隨便找多少。

（註一）卜波甫泰提瓦：中國土地統計載「新東方」雜誌一九二七年十八號

（註二）Chinese Economic Warthly 一九二七年，二一六號，二〇六頁

的確的，農商部本身只是想在這表上指出一般的農田而沒有把牠分作水田和旱田的，因為要是不然，民國五年水田便已佔全耕作地百分之八三・八而旱田只佔百之一四・二。這些材料與確的程度拿這些材料和一九二〇年農商部的正式材料分省的來比較便可以知道。

省分	灌溉地	旱地
京兆區	一一七・五〇五	一三・七五六・九〇〇
直隸	四・二六七・六六一	七〇・九八七・四三七

吉林	六一・一八五	七七・八一三・七七六
山東	四九〇・四八六	一〇一・三六八・八二九
河南	二六・七五一・五〇〇	三二二・二九六・七〇三
山西	三・九七九・二三九	四五・八三三・四三三
江蘇	二六・三六六・四〇七	五六・九五七・三七〇
安徽	一五・〇七三・一五二	二五・一四七・九八一
陝西(一九二一)	二・〇九二・四五二	二九・八二五・三七〇
察哈爾	六一三・三七三	一一・七〇八・八四五
總計	七九・八一二・九六〇	七五五・六九六・六四四

在一九二〇年關於其他省份已經沒有材料。自然啦，從這表上所舉的各省中只有江蘇和安徽是特異一點，因爲在北方爲着許多的原因，灌溉並不像在南方這樣的有作用。不過，要

認這種官場統計材料有什麼意義無論如何是不可能的。(註)

(註)約克 Jolk 是這些事情的熟手，他對於這些「統計」給與如下的估計：『這些材料比較農戶數量的消息更不足置信，因爲後者的調查在警察廳的方法之下，有田莊，農戶，家庭等爲計算的對象可以任意，還比較的可靠。至於地面(畝)的調查，在中國的條件之下是不可能的。他們取得這種「統計材料」的方法，已經知道是由縣長根據地主完納地稅的數目來計算的。』

簡略地一看這表，令人相信在富於米的區域中旱田和水田的比例是規定進步的一個決定的原素，水田愈多國家或省便愈富；或者眞確些，其剝削者便愈富，或者是相反。關於整個的中國，我們還沒有一個水田和旱田比例的相近的概念。這種比例是各省不同的，在廣東有人說全省農田中水田和旱田的比例是九與十之比，又有人說廣東東部廿縣這比例是七與三之比。此外，中國水田又再可分爲兩個類別，一個是可以排放積水而在米的收成以後可以種其他植物的『平地』，一個是排水系統已經破壞故只適宜於種稻米的『低地』。(註一)在低的水田每年只有一次收穫。據東南大學的統計材料在該校所調查的江南二十五縣四〇·四八六·二五九畝土地中，旱田佔全面積之百分之八，平的水田佔百分之七三·三。而低水田佔百分之一八·七。自然啦，從這個偶然的材料是不能夠做出適於全中國的結論的。(註二)

（註一）低的水田是灌溉和排水系統衰落的結果，這概念很奇特的，現在只存在於中國。

（註二）愈近南方灌溉地便愈多，在江河流域和湖澤附近灌溉地每組成全耕地百分之百，我們上面已經指出的，灌溉地和旱田的比例對於該地之人口密度也有決定的意義。

然而，水田不僅給出兩倍的收成，而且一年之中可以有兩三次的收穫。這是由於米的另一個特點而來的，就是在不同的地方，由於不同的氣候條件，水的供給量和肥料的不同，各種米的成熟期也是很有差異的。從一塊田上一年之中僅收穫一次小麥、粟、大麥，玉蜀黍或是黍；在溫和的氣候之下，土地一年收穫一次，各種的生產期是九個月。從這裏可以看到，德國的農民每年平均務農一七〇——二一五天，蘇聯在幾處北方區域，一年只能耕作一三〇——一五〇天。這種情況，馬克思用以解釋俄國這些區域家庭工業的發展（註一）。在溫和氣候農業品的生產期非常之長，資本的流轉，比較其他生產部門非常之慢。但是，米有迅速成熟的良好的性質。菲律賓的農務部斷定菲律賓羣島各種的米在各種的條件之下成熟期由九四——二二一日平均爲一六一——一八〇日（註二）。在印度早熟的米七五日成熟，平均的成熟期七五——一〇〇日，而遲熟的米也只需一二〇日。在安南暹羅一帶最好的一種米，所謂堪波迪安，成熟期九個月，在日本北部即使水田一年也只一次收穫，例如，一九二一年在水田三・〇一三・〇〇〇日畝的總數中，只有一・一九六，〇〇〇日畝有兩次收穫，餘一・八一六・〇〇〇〇日畝都只一次收穫。在中國卽水田也各省不同，早熟的米在四五個月中成熟，這種質量不好的米是爲着農民自身需用而生產的，這種的米從四月中到五月中播種，在九月十月間收割。質量好的遲熟的米，其成熟要多過五個月，這種米種完之後，還種一度冬季的農田植物（註三），這些是關於中國中部的。至於在廣東，米係在三月播種，七月便收割，第二次種植在七月或八月舉行，收穫則在十一月或十二月。在排水系統完整的地方，在第二次收成之前，從田裏將水放出去，在十一月中便可種小麥，捲心菜，或是挪菜，到了二月便有第三次的收成。所以，米的顯著的特點便是成熟時期之短促，使國家農業資本更快的流轉而縮短農業生產的工作時間。據報紙消息，福特的模範農場現正企圖縮減小麥的成熟期到五〇——六〇天。我們看罷，從這裏得着的是什麼。這種企圖的成功可在農業中引起眞正的革命。這樣的革命在幾百年前如果不是幾千年前，曾經發生過的，至少在漢朝（紀元前二〇二——紀元後二二〇年）的時候，已經有兩次收穫（一次米，一次是其他的農田植物）。在一七二七年（雍正五年——譯者按）皇帝的諭旨上說到：『朕聞江，淮，贛，鄂，湘，粵年有二次米的收成。』（註四）

（註一）資本論卷三，二一三頁

（註二）Chieas economie Bulletin

（註三）vo 17 1921 P 417

（註四）M, Ping Hua Lee : The economic history of China 四一七頁

從這些米的顯著特點，可以看出大規模的米的生產首先要在有水的地方才可能和有利。在事實上，即在種米較遲的國家產米也是在江河流域，意大利和西班牙便是這樣的。在加利福尼亞，米是在薩克拉曼多河流藩殖，而在卡羅林那州的則在密士西比河的河口洲上。在日本我們看見米田是在各河的流域，在印度則雅魯藏布江，恆河等灌溉主要的米田，在中國米田則在揚子江和西江流域，在安南暹羅則湄公河以水供給大多的米田。假如歐洲上古的文明，是濱海的，海岸的文明，如果直至希臘時代，上古文明還是海岸文明，沒有一個城市是位置於離海一日以上的距離的時候（註一），那末在米的國家，中國也在內，牠的文明是河流的文明（註二）。中國是在渭河流發生，在揚子江流域發展，佔取了廣州的河口洲及廣東的各江流。牠的城市是河岸的城市。這個情況對於中國歷史的發展與以如此深刻的印象，甚至是如此聰敏的「水的理論」的反對者拉狄克關於中國也不得不承認：「居民靠着黃河，揚子江和珠江及牠們的支流的河岸擠擁起來，因為據天然的條件和耕種的技術方法，他們只能夠在

可以灌溉的地方經營他們的經濟。』（註三）

（註一）馬克士，韋伯爾：經濟史（五十頁）。

（註二）在日本河流供給水田灌溉用水 64.4% 雨水和河水貯水池供給 20.9%，僅僅 14.7% 是由其他方法主要如井之類供給的。關於中國沒有這類的材料，但由於觀察可以斷定在南方大部份的水是用所謂手工作業的方法從河裏吸取，而在北方從井裏用手工的方法取用，這是南北差別中之重要的一點。

（註三）拉狄克：中國史的根本問題。載「新東方」雜誌。一九二七年十六七號，四十七頁。

拉狄克否認水的作用和意義，在他和德國歷史學派的代表資產階級的學者馬克士韋伯爾（Max Weber）的聰敏的辯論中，他否認韋伯爾關於中國國家之起源是由於治水的必要的解說。代替這個理論拉狄克提出他自己的理論說中國是在和游牧人的爭鬥中產生。可是聰明免不了錯誤，中國的官僚制度不僅是在和游牧人爭鬥的場合上產生，而且也在和水的爭鬥；並且也不僅在和水（洪水）爭鬥，如拉狄克之了解韋伯爾——而且也是爲着求水的取得（灌溉）。中國的官僚制度不僅是在和遊牧人爭鬥中產生的（組織軍隊的必要，防禦設備如萬里長城修築的必要），而且還在取得遊牧人的爭鬥裏面（中國的殖民，平定野蠻和半開化的部落和使之由遊牧人變爲固定的農夫，此種部落的殘餘現今在福建，貴州，四川，雲南還存在着）。中國的封建官僚制度是在商品關係早期發展的場合上發生，而商品經濟很早的便在中國發生了，這因爲是兩個經濟制度：中國農業經濟和遊牧人的畜牧和漁獵經濟的衝突和自然的災害給中國經濟內部的廣泛交換以初步推動的原故。這個官僚制度是因爲實行密度灌漑經濟的必要，指導這經濟的必要，和一方面組織防禦抵抗遊牧人的侵入，而他方面化遊牧人爲農夫的必要而產生的。牠是爲着設立和防守通商道路和其後的海上航道而產生的。自然啦，這個官僚制度並不是在一個什麼社會的平原上頭或一個什麼理想的『德謨克拉西』上頭而統治着的，如像調査中國的牧師敎士所斷定和中國專制制度，官僚制度，封建制度劣等混合物的文人和思想家所形容的那樣。這個官僚制度不僅是和地主連繫着而且他本身便已『領土化』了，成爲地主（禁止官僚爲地主的諭告是一個荒誕之談，可從全部中國歷史見之）；牠不僅和商業資本連繫着，而且自己成爲最大的商人，把鐵貿易的壟斷，絲貿易的壟斷都奪取得。牠把持着鐵鹽的壟斷，直到最近的時候；在帝國主義侵入以前則保持着對外貿易的壟斷，和更其重要的那糧食市場的優越形勢。倉庫制度——這是遠東社會保障的歷史的複雜起來的形式，是防禦飢荒，水災，旱災和其他自然災害的社會自衛的歷史的鞏固起來的形式——這個倉庫制度保障了官僚在糧食市場有完全的統治權，對於主要的食物有調劑價格的可能性，因而保證他們在全部國內市場上的優越形勢。這個官僚制度也不僅和借貸資本連繫着，而且本身是個最大的高利借貸者，利用着倉庫制度，土著的銀行（錢莊）制度和典當制度使商業手工業農業運輸與其他一切經濟活動的表現服從自己。偉大的民衆運動，歷史上稀有其規模和擺動的農民暴動屢屢推翻過這個中國歷史的「三位一體的公式」，推翻這個高利貸官僚，高利貸商人和高利貸地主的奇異的聯合，但是農民的浪潮一平靜下去，城市又重複騎在鄉村的頭頸上。而城市裏又沒有一個能夠做農民領導者和同盟者的階級。市場重複又厭迫，征服農民——小商品生產者，因爲農民不僅到了一八七〇年而且在幾千年以前已經是商品的生產者了。當着土壤貧瘠，外來侵奪，自然災害，人口流離，商路破壞，海盜猖獗等把商品經濟變爲自然經濟，當地主，高利貸者的壓迫，閉塞，商人的欺騙，官僚捐稅的壓搾，剝削等奪去農民經濟除本身需要以外生產「剩餘」以運往市場的可能性時，連農民自己的飢餓的一份也奪取去了。當着發生了一個回到自然經濟的墮落的過渡（開倒車），當着租稅，高利貸的利息，在多數境遇以自然物支付的賦稅，和以直接或商業欺騙搾取而來的剩餘生產品：等的轉變爲貨幣，僅僅現出極少的困難時，那時「國家便很容易的從一個外表文化很高和很豐富發展的狀態墮落爲純粹自然經濟的狀態。」（註）

（註）馬克士，威伯爾：經濟史　五二頁，四四頁，四五頁，九七頁，

拉狄克是完全對的，當他說馬克士。韋伯爾關于中國的全部理論是撒謊，不眞確而他的企圖描寫中國的經濟制度係建基在氏族公社，簡直是鬧笑話。他的論題說『中國到今還存在着半共產的氏族經濟』，『中國的國家政權沒有充分的力量去毀壞氏族的力量』，說中國的『氏族是如此的有力』，即中國官僚的貪婪也要有個限制，和『中國行會只有很微渺的意義，因爲那裏統治的是氏族公社』……等也只可以引人發噱。幾千年的商品貨幣經濟和高利貸已經早把氏族公社完結了。而他們剩下來在南方幾省的，這正是氏族公社的悲喜劇的諷刺畫，是剝削，掠奪舊的氏族土地收入，欺騙和高利貸的更壞方式的利用氏族關係的無恥的掩飾。（註）約克（Jolk）和福林（Volin）在廣東的調查和其他在那裏工作的人以經驗告訴我們，在商品貨幣經濟，借貸資本及地主壓迫的條件之下的『中國的氏族公社』是什麼東西。恩格斯之後已經明白了氏族公社是和市場不相容而與市場接觸便要崩分瓦解的。

（註）柏柏爾在其登載在眞理報的「中國革命與帝國主義」那篇論文上，很無功効地想在高利貸，商業資本和商品經濟的統治之下復活氏族公社。

拉狄克批駁韋伯爾這段議論是對的，但是他否認『灌漑種植對於東方經濟（中國，前亞

細亞，埃及），決定的作用』，否認『灌溉及其調節決定一個有組織有計劃的經濟』及『由於這裏而在這些國內產生建設的和治水的官僚制度。』（註）

（註）馬克士韋伯爾：經濟史　（五〇頁）

馬克士韋伯爾重複又不對了，他把東方的灌溉種植和西方經過開伐而發生的林地種植相對立。關於中國的農業也曾經過樹林的開伐而發展，我們也有不少的材料。在菲律賓羣島還存在着許多部落，他們『開伐公共樹林而種米，這個生產方法叫做燹林。在十年前這方法更爲盛行，但現今官廳爲護林起見已經禁止。「伐林種植者」把樹林開伐，在燥旱的季節焚燒田野而到雨水的季節時便開始播種……他們用棒子在地上掘小窟窿，把種子放進去。這種的種植法有的是單獨，有的是公社共同進行的。』同樣的生產方法在印度山民和馬來羣島的幾個部落中也有，在安南羅暹的幾處山地更是很廣泛的採用。

事情是在這裏，就是這個『東方經濟的解說』，不是馬克士韋伯爾，而是馬克思和恩格爾斯想出來的。韋伯爾在這裏並沒有什麼關係，他不過是從馬克思那裏借用這個理論而已。

馬克思在他一八五三年六月一日給恩格爾斯的信裏，評論法國遊歷家白爾尼描寫『蒙古大帝領土」的書，他指出在這些地方（白爾尼說的是土爾其，波斯，印度斯坦）『權力者是國家一切土地唯一的佔有者』（馬克思加的線）而『東方一切土地制度的基礎，他——白爾尼——完全正確的看出是在那裏沒有土地的私有財產制』（馬氏加線）這便是啓發東方天府的眞正的鑰匙——馬克思這樣的喊道。（註）

（註）引自莫斯科工人出版社刊行的「馬格思恩克思書信集」。

答覆這個，恩格爾斯在他一八五三年六月五日致馬克思的信裏，如下的寫着：（註——同上）

『土地私有的缺乏，事實上是整個東方的鑰匙，在這裏包涵着一切政治和宗教的歷史。但是爲什麼東方民族沒有達到土地私有制，甚至沒有達到封建的私有制。這個原因我以爲主要的是在于氣候和土壤，特別是因爲那寬大的由撒哈拉迤延阿剌伯，波斯，印度，韃靼而至於亞細亞高原的沙漠地帶。在這裏農業裏第一個條件是人工的灌溉，而這個乃是公共的或是區或是中央政府的事情。東方國家的政府常常只有三部：財政（國內的掠奪）戰爭（國內和國外的掠奪）和公共工作（複生產的籌劃）。英政府管理第一和第二部比較來得資產階級一點，而把第三部完全拋棄不問致印度的農村經濟淪於死滅。自由競爭在那裏是完全被擯的，土地是由人工弄成肥沃；假如一遇水溝衰敗，便農業也就死滅；這個剛好說明那有趣的事實：許多區域先前是很繁盛地耕植的而今已變爲沙漠（怕米爾，彼得，也門的廢址，埃及的幾處，波斯和印度斯坦），說明那個現象就是只要一次毀滅的戰爭便足以荒蕪全國和奪去他數百年的文明。」

我們請讀書暫時放開在上述國內有沒有私有財產和在中國有沒有土地私有的問題。此刻的重點應當放在恩格爾斯給與人工灌漑，治水的重大的意義上。固然，恩格爾斯並沒有把中國歸入他的圖型內的。關於人工灌漑和其實行之必須的設備的意義，馬克思是和恩格爾斯的結論同意的，這個可由『資本論』的下節看出：

『爲着經濟的利益而公同管理或種自然力的必要，大規模地用人工造成的設備的幫助，利用這力量或防止牠的破壞的効用的必要，在工業的歷史中有決定的作用。這個例子，可以舉出埃及，倫巴狄亞，荷蘭……等地或是印度，波斯等地的治水。這裏灌漑的人工溝渠不僅把植物所必須的水量送到田裏而且同時從山上和粘土一起把礦質的肥料也帶下來了。阿刺伯人統治下西班牙的西齊利亞，工業繁榮的秘密便是在於溝渠的開鑿。』

（註）馬克思：資本論卷一四五七頁附註六

在附註上馬克思再補說：（註）

印度國家政權統治彼此不相連繫的小生產機體的物質基礎之一便是灌水的調節。對於這點，印度的回教統治者比較繼他們的英國人懂得更清楚，我們記得一八六六年的飢荒在孟加拉省敖利薩區損耗了一百多萬印度人的生命。（我加的點）

換言之，不僅恩格斯即馬克爾思也在承認治水在印度和波斯是統治農民的「國家政權之物質基礎之一」。在中國整個的經濟系統內灌溉比較在印度無疑地佔更重大的作用，在印度季候風（Monsum）部份地保障了國內一部份水的供給。

羅沙，盧森堡也很確當的估量過灌溉系統在埃及和阿爾日利亞（Algeria）的作用和意義，在她的至今還未爲人所及的關於資本之殖民地進展的歷史的著作裏，她屢屢指出英人（不僅他們）「愚笨地，閒散地把印度古代的溝渠系統荒廢了，這樣，使數百萬的人民陷於真正的餓死。同樣的在埃及也多時的發生過。波斯，土爾其的封建制度在國內所做的和法國帝國主義在阿爾日利亞，安南暹羅，荷蘭帝國主義在爪哇，英帝國主義在馬來羣島幹的一樣。巨大的設備，無窮的人類勞動的結晶淪於衰敗，在其廢墟之下葬埋了千百萬的生命。盧森堡是對的，她斷言：『資本主義的殖民還在一個重要的情況上表現出來。英人是印度的第一個征服者，把經濟性質的社會文化事業等閒看待的。阿剌伯人阿富汗人蒙古人以前在印度曾指導過修築運河的巨大工作並扶助這工作；他們在國內興築許多道路切斷了國土，建了許多的橋梁，掘了許多的井。蒙古皇朝的族長鐵木兒或泰米爾蘭曾經籌劃過土壤的耕植物灌溉，道路的安全和旅客的方便」（註）

（註）盧森堡：資本積累　三八七頁

「在東印度公司和蒙古統治者戰爭的時代——盧森堡引英人威爾遜言——還要補說的在我們統治印度的全時期內，這些設備都陷於大大的衰敗。」

帝國主義的貪婪這一方面，及其不了解亞細亞生產方法（註一）下的灌溉經濟的意義和過於習慣於歐洲農業的技術和法方的愚笨這是他方面，只有慢慢地退讓於必要恢復灌溉系統的認識，雖則這恢復是求更順利地剝削這些國家的。沒有生產便沒有剝削，而為了生產又必須造成牠的前提。在埃及英人採用大的蒸氣喞筒來代替由牡牛運用的水車，這水車只在一個河口洲上有五萬個，一年工作七個月。為了調節尼羅河，築了許多的堤壩，溝渠網也從七三·〇〇〇公里增加到八七·〇〇〇（註二）公里了。荷蘭人在爪哇在很久以前也想過用土人的力量造成「水田」宣言這誰整理好灌溉的土地，誰即能取得不能不割的財產承繼權，以和那時還是由公社耕種的「旱田」對立。荷蘭種植場的擴張，改種甘蔗樹膠，煙草，茶葉等引起這多的飢荒和大批勞動力的死亡，在一八八五年荷蘭人便從事於灌溉的整頓，一直到一九二〇年修理了灌溉五八四・〇〇〇公畝的和建築了灌溉三〇〇・〇〇〇公畝的灌溉溝。英人近來在印度也已從事於新溝渠的設備，但是進行得很慢的，只是到了一九二六年政府才徵募了三千萬元為築這溝渠之用。印度農村經濟的恐慌迫着英帝國主義嚴重地注意建設灌溉系統的事情，現時在印度施行着兩個計劃，據其規模和範圍是值得特別指出的。在新堤地方現在建築着所謂聯合的水閘，而在旁遮普省的薛特里河流域建着巨大的灌溉系統。薛特里河流域的工作在一九二二年開始到一九二六年底已經用機器的方法掘了九五〇灌溉的和一五〇〇英里排水的溝渠，灌溉了五〇〇・〇〇〇英畝的土地。據預定計劃一九三〇年灌溉系統可以供給二・五〇〇・〇〇〇英畝土地的水，而在一九三五年設備完竣後可以供給五・五〇〇・〇〇〇英畝。還有個更巨大的設備，所謂混合水閘是在印度河流域，預計應要包涵五・九〇〇英里的灌溉溝的和八〇〇英里排水溝的水閘，而在一九三一年工程完竣後六・〇〇〇・〇〇〇英畝荒蕪的土地就將變為肥沃的田土。只有在後一個計劃實現，才表示農村經濟生產增加二百五十萬噸的穀子。為了實現這計劃徵募了一・八三五 Lak 盧布，為了準備這些工作必要建築許多的鐵路，城市，大電站，但是在這個計劃實現以後，印度的耕作地要增加一千二百萬英畝，這就是說，增加多過埃及全耕地的兩倍。很有趣的，看看英帝國主義在印度是如何的支配新土地，如何從土地上面重複造出束縛的租佃關係，難信的賦稅掠奪，高利貸和其他土地關係的魔鬼。（註三）

（註一）著者認爲責任上應當指明灌溉經濟之適於有沙漠沃地的回教國家這問題沙麥諾夫在新東方雜誌已很好的研究出，可從他那裏取用根本的論點。

（註二）盧森堡：資本積累四四[illegible]頁○四五七頁

（註三）英人在印度之整理灌溉主要是爲了棉花田。近來英人以機器掘井，爲這目的 Sen enello 式的機器非常適合而且相宜，在印度有二•○○○•○○○個井，由原始的手工法灌溉米田。

在英國統治下馬來羣島差不多毫沒做過，反之，米田更多的改種樹膠，煙草，茶葉和咖啡，米田的收穫減少下去。顯然的，土人沒有遇着大飢荒，英帝國主義即使只是一種社會福利工作也是不會決定實行的。在菲律賓羣島美帝國主義也是和英國一樣的不開通和愚鈍。牠保持森林，禁止開伐，停止廣度的用鶴嘴鋤的耕作土地，但是牠自己却毫無建樹，雖然據官家的調査有五五九。○○○公畝土地是很容易的可以變爲灌溉田。（註）

（註）在天主教會指導之下把五○•五八七公畝土地變爲水田，但土人爲這土地要付很重的租金。

在安南暹羅法帝國主義算是比較的遠見些，自一八八○年起極力的從事于灌溉地的擴張和湄公河的利用。這樣便達到每年米的輸出由一八八六——一八九〇年平均的四九五•〇〇〇噸增加至一九一六——一九二〇年平均的一•二八七•〇〇〇噸。對的，安南土人——直接的生產者從這裏沒有得着什麼，因爲一方面中國零賣和批發——零賣的糧食收買者，中國的輾穀場，他方面法國的大輾穀場和輸出者都把「油水」揩去了。

但是一般的說，帝國主義是不注意農民日用資料的生產的。所以我們看見在印度，耕作地從一九一六年的七九•七〇〇•〇〇〇公畝到一九二二年減至七九•一五四。〇〇〇公畝，在錫蘭從一九一二年的八〇一•〇二四英畝到一九二一年減至六〇〇•〇〇〇英畝。在菲律賓耕作地也更多的改作商業的種植，在爪哇在馬來羣島和在中國我們看見的帝國主義是想取得小麥給與宗主國，想取得樹膠，呵呵，茶葉、煙草，苧麻，棉花，絲，大豆、植物油……等等的商業的植物和原料。稻米世界裏萬萬農民的需要於他是沒有興趣的。所以印度已經停止米的輸出，爪哇，日本和菲律賓從輸出米的國家變爲輸入米的國家。在遠東各國之中，僅安南暹羅有剩餘的米輸出，在中國數百年米的輸出已經被禁（但這不妨阻私運出口，因爲在國外的中國人愛吃「自己」的米），而近年來米的輸入和其他食料一樣是經常的增加的。近十年來只有美國起而爲新的輸出米的國家，加利福尼亞掩蓋着日本的漏巵。所以，稻米世界除了改用更壞的食品——以馬鈴薯玉蜀黍粟代替米——便沒有辦法，不然便要餓死或購買美國的小麥和麥粉。因此，雪特里（Seatole 美國西部）市成爲食料輸往遠東的最大的港口。遠東各國只要大規模的一次米的失收便要把百萬的人民拋棄了的。

自從急速的工業化和城市的發達把日本的糧食對比由積極變爲消極時，日本帝國主義比較他的歐美競爭者不得不施行較遠見的政策。日本農業的發展不斷的總比工業發展的速率落後。從一八七八年一九二〇年耕作地由六•一〇〇•〇〇〇英畝增至七•六六一 〇〇〇英畝，而在這期中，國內的人口增了兩倍。不錯，收穫也增加了，由一九〇四至一九二〇年每日畝的收穫增了百分之二十五。

糧食對比的消極迫令日本政府在一九一九年造出在日本國內灌溉二一七•〇〇〇日畝的計劃，而同時繼續的狂力變高麗，台灣和滿洲爲自己的糧食基礎。(註)

(註)關於這點可以很有趣的指出，日本帝國主義造出整個的意識上的上層建築來證實他的存在和愚弄民衆。這個理論簡單的歸納起來是：日本的人口在五十年中增加兩倍，現時每年增加六十——八十萬人。國內從人口一八七〇年到一九〇九年增長了二五〇•〇〇〇而從一九〇九到一九一九年却增長了七百萬，而且增長的速率是在加速着。日本不能以有限的財源養育如許迅速增加的人口，因此，僅僅因此需要有殖民地，日本帝國主義者這樣

的說。但是事實却告訴我們，日本米之對比的消極係8%，而這些的米在日本剛是拿來釀日本酒"ake"用的。

此外，日本經濟家承認日本有二百萬日畝（約五百萬英畝）土地適宜耕種而且其中之一百萬日畝還是無須費特殊勞力可以變爲水田的。這便是說，每年米的收成增加了三千五百萬，就是差不多現收成之50%。換言之，日本是有地方給日本人的，此外還指出在高麗，日本的農民係減少而不是增加，而在滿洲日本只約二•四〇〇人務農業。日本帝國主義之以移民爲辭，在直接的事實上得不着幫助。這個自然不阻碍日帝國主義之宣傳這個帝國主義的馬爾薩斯主義和提出對滿洲，蒙古新幾內亞，南海海島和其他土地的要求。

在台灣米的耕作地僅是很慢的增加，但灌漑的改良增加了米的收成由一九二〇年之四•八四八•〇〇〇到一九二二年之五•四四六•〇〇〇（原文未說明是噸是担是磅——譯者）。

可是，日帝國主義在高麗的農業生產中實行了眞正的革命。從一九一二年到一九二三年耕作地只增了一•五五〇•〇〇〇日畝，換言之，就是增加了百分之十，但是灌漑的改良在這期中把米的收成由一〇•八六五•〇〇〇貫（Kan 等於一啓羅格蘭姆 15/4）增至一五•一七五•〇〇〇貫，換言之，卽增了百分之五十。米的輸出從一九一二年五一三•〇〇〇貫到一九二七年增至四•八八四•〇〇〇貫。自然的，高麗農民糧食的成份是減少的，因爲人口在這期增加了四五百萬。而僅僅一個日本的灌漑公司便在這期中佔奪了高麗九五•〇

〇〇日畝最好的土地，日本的銀行估了四〇・〇〇〇日畝以上。（註）

（註）卜克羅夫斯基：高麗農民的破產。

但同時日本帝國主義組織了八十個灌溉協作社，這些協作社供給二八七。〇〇〇英畝田的水，而且有些地方收穫增加了七倍。這是對俄國土孟諾威荷夫的雅樹諾夫，美國的自由派美羅利和其他庸夫俗子的很好的答覆。他們在遠東深度勞動經濟的關係裏在想恢復那繼續用費殺死生產力的規律的。遠東灌溉技術的進步也打倒這種的論調和在遠東的馬克思的批評者，如同西方因化學和農業進步結果而發展之眩目的速率一樣。

一九二六年高麗總督訂出一個計畫，在十二年內改良四五三。〇〇〇英畝地的灌溉，變二二〇・〇〇〇英畝旱田為水田和一八三・〇〇〇英畝荒地經排洩而成耕地。這個大計畫的實行需費日金三萬萬元。（註）

（註）Far easteru Review 廿三號　二二六——二三一頁　一九二七年五號

日本帝國主義較旁人更懂得灌溉經濟的意義，因為日本農業本身便是建基於灌溉經濟的。（註）

（註）同時在奉天吉林省米的生產也擴張了，據日本統計奉天有七百萬畝弱，在吉林二百萬畝強。不過，這些數目是

過分的不可靠的。

所以，從生產的觀點灌溉系統的意義是明白的了，也明白了灌溉經濟是決定這些國家政權的物質基礎的。所以，恩格爾斯馬克思和盧森堡之指出這個事實是對的，而那些不看見這個事實是「東方天府」的關鍵的，是不對的。再者，這個自然不是說在灌溉經濟佔優勢的東方，各國的國家政權的性質都是一樣的。自然，也不能夠把專制制度只佔有一個水源的埃及國家政權的集中性和有許多江河湖澤為水源的中國國家政權的集中性來比較。這個剛好說明中國的專制制度卽使在他的全盛期也沒有達到像埃及那樣程度的集中性，卽使是在秦朝，也沒有成功造成一個堅固的中央政權機關，在漢朝統治之初便要和南方的封建諸侯成立妥協，封任他們為世襲的侯王。馬可孛羅記載四五次地方統治者反對忽必烈大帝的暴動；也卽使滿清，在其全盛期各總督在本省差不多全根據自己的意志支配一切。因為中國不像埃及，牠是一個龐大國家，當皇帝的差使傳遞皇帝的諭告由北京到廣州要走五十二天時，要由北京駕馭廣東是很難的。中國國家不能夠像埃及那樣由單一的灌溉系統而統一起來，牠的統一是基藏於商業資本的需要。故一當商業資本衰弱，統一便要腐蝕下來。中國的國家是由於征伐，由於殖民……等而擴張，因此中國政權的集中比較印度和埃及帶有完全另外的性質，但是勞動的方法農業的技術決定地規定國家的政權。

東方民族本身很清楚的了解和曾經了解這不僅是東方天府的關鍵，而且更重要的是東方土地的關鍵。在菲律濱差不多完全原始的伊哥維特族，以數千世代的勞力建了極大的工程，在很大的山坡上築了土層，和用溝渠的方法整理了山坡上幾千畝的土地。

『我生平還未見過優美的景緻，如伊哥羅特人的稻米土層。這些土層迴旋着如像生物，從巖壁取得每一塊的土地，像巨大的川瀨在山上曲折地迤延着……』(註)

(註)Jenku: The Bontok Igorots (時髦的伊哥羅特人)

而這部落人『幾乎還沒有脫離完全的原始狀態的。

『土人以其自己的工具達到了很好的成績，在現時全米田百分之五十五已由族長倡導土人自行整頓的原始的溝渠灌溉。』(註)

(註)J Year book of the Netherlands Indies 1920

『法國的歷史家瑪舍李也爾女士(註一)舉出日本中世紀時代日本(鄉村公社)的預算表(註一)。從這裏可以看到這些貧窮的飢餓的公社有時每年竟費三五千元於築堤和灌溉溝。不過，這些規模驚人的偉大工程的最奇異的例，我們是在中國找得，在廣東的河口洲——這可說是地球上人口最稠密的地方，在揚子江的河口洲，在上海和漢口間的田野，在中國文明和國家的搖籃的渭河流域……等地方的灌溉系統；黃河和揚子江的堤壩，從甯波到天津沿海岸層層的堤，皇帝的御運河——這是人類的手（眞正字面意義的手，因爲這是用徭役的農民的手做成的，如同萬里長城一樣），造成的最偉大的創造之一……這些一切巨大的創造，在這一方面至今還沒有趕得上的。在渭河流域的山坡上佈滿人工的土層到六。〇〇〇英尺之高，在四川省的高到四。〇〇〇而在雲南的高到二。〇〇〇英尺。著名的農學家地理學家德人李黑特荷芬 Riehthofen）調查了成都高原及其巨大的灌溉系統之後寫道：「在這裏，我爲中國人耕田的像螞蟻般的勤勞的最奇異的例子所驚駭，這些在我生平以來到今沒有看過，在將來也很少可以看到的。」（註二）

（註一）Maselier: Le Japan feodal——書末附錄的預算表。

（註二）The Economic History of China

開始建設這奇異的灌溉系統係在二。三〇〇年前。那時是荒蕪一片的地方，現今已是七六〇。〇〇〇英畝的膏沃之地——據中國的俗話是「天字的縣份」。手工的方法切斷了很大的山，以求取得泯江的水。人民除了勞動的服役以外，還付出很重的賦稅來維持和修理溝渠。

大量的鐵，石頭，麻包，木料，粘土，竹和其他的材料統用來築溝渠，僅僅在明朝一代農民爲了擴充這工程，工作了二五三‧二〇〇日。（註）

（註）這引自 Nabuialist in Western China 和 Journal Of the North china Branch of the Royal Asiatic Society 卷卅三，和卅六及在 Chinese economic Worthly 一九二五卷二第七號

「灌溉系統的浩大，即使是那種米的，很難以言語和圖繪給出一個適當的概念。據非常謹愼的估計，中國溝渠的長度多過二〇〇‧〇〇〇哩。而中國日本高麗三國的溝渠，可靠的是長於美國鐵路網的長度。」（註）

（註）King : Farmers of Forty centuries P 21

而這一切都是沒有機器，用手工造成築成的，誰取了多少工作日，百萬的農民使要出去盡多少的義務來製造這些奇觀，用血汗增加土地的收穫，增加社會的或與確些農民勞動的生產力。

中國的專制制度是封建制度官僚制度，和暴君的混雜體，在牠的『黃金時代』是貪婪嚴厲，殘酷，把農民的剩餘生產和剩餘勞動無憐恤地搾取，但是在這黃金時代牠還顧慮到勞動生產率的提高。周朝在紀元前一‧一二二年所頒佈關於政府組織的第一個歷史的詔書上面

說：『成立縣治，劃分田界，和建築灌溉溝屬地官（農務部長）的義務。』（註）

（註）The Economic History of China 一四一頁

留美哥侖比亞大學中國學生李女士（註）著了一本在理論方面非常愚笨的中國經濟史，（註）但是她把中國史書古著上關於農業的文件翻譯過來，却做了很有用的工作。在這些文件中我們無窮地找到許多地方，指出在農民暴動高潮中取得政權或被農民騷動迫於末路的皇帝是如何的想以灌溉溝的建築來挽救自己。在這些文件中也有許多地方，指出高級官員是如何的努力發明灌溉，吸水，唧筒的新器具。中國的農具中，這些灌溉器具的種類是怪豐富的，同時水車有半經長五——十——十五米突的。每每軍隊也築溝渠，每每築溝者進行快過殖民者。在廣東，浙江，湖南，湖北，建築起大貯水池，許多大湖來調節水利。在這些文件裏也可看到『有錢和有勢的人，皇親，太子，地主，官僚，富商』佔取這些水源而利用他們剝削農民，變農民為佃戶。在歐洲十五，十六，十七世紀封建諸侯的爭鬥是為爭霸樹林，草原，牧場瀑布及其他公社的土地和農民的田宅。歐洲土地關係最苦痛的，數十萬農民血淚寫成的篇幅說出這些偉大的鬥爭。在中國，據史書所可判斷的，荒地，樹林和牧場，草原的爭鬥是在第四，五世紀由於農民的失敗而完結的。這爭鬥屢屢恢復，但已經不是為這些田宅而是爭耕地和水源的了。在中國有勢的人，官僚，地主，富商等……强覇溝渠，貯水池（每有爲了愚笨的貪婪而把牠變爲耕地的）和水源，故在廿世紀中農民運動在廣東廣西湖南怒發的時候農民爭鬥的基本方向之一剛是爭那爲地主佔奪的水源。

（註）李女士解說中國歷史的全部過程爲土壤的貧竭和土地肥沃的恢復，而忘記了土壤的貧竭是有社會的原因。

『假如我們自想，一切灌溝堤壩，小溝等忽然消滅，那最肥沃的，人口最稠密的區域便要變爲少陸地無人煙的沼澤。』——瓦格那（Wagner）論這些設備時這樣的寫着。

這是很對的，而『像許多其他文化成績，在中國經濟總衰落的近世紀中衰落下去一樣，當時繁榮過農業的廣闊的區域變爲沼澤和荒蕪』這也是對的。

在遠東很慢的很費勞力的但仍舊進行着變旱田爲水田，和變荒地爲耕地的過程，而在中國則進行着一個相反的過程，水田變爲旱田或沼澤，而旱田則變爲荒地。在黃河流域當時繁榮過的農業已經從中國人民的生活勾出去，山東河南之黃河流域的歷史的耕地已經變成牲畜的牧場。中國兩千年不知牧場爲何事，而今在江河流域（中國農業曾極高發展的地方）却得不着耕地。水田之變旱表示這土地失去一部份的肥料，因爲灌漑不僅給土地以水，而且還有大量的營養料如沖積（Alluvium）肥料之類。在印度現時得着偉大的發現，知得在夏天的太陽影響之下，恆河和雅魯藏布江的水的化學成份在相當程度上改變了，因爲太陽引起各種剛剛幫助植物成熟期發展的鹽質的組成。水不僅是供給植物以營養和呼吸的必須原素，而且牠本身便是營養植物的。假如歐洲最先進的學者認爲農業技術的進步，例如，在肥料雨水濕度和自然熱量的意義上是有一定的限制，那末，遠東的民族，雖是局部地已經把天然馴服自己，而且使自己和他的農業不依賴於氣候的意外性，而中國的農民在許多地方拿蘆蓆掩蓋耕地甚至調節好植物的自然熱的供給。水的意義，中國皇帝也是很明瞭的，清室的第二位帝皇，中國最後一個的著名和天才的帝皇康熙，唱歌頌水，因爲『人民一般的生活依賴土地，而土地則依賴灌溉供給其必需物。所以，我們不以天惠的水灌田，我們不築溝，堤以貯水灌地，我們便不能保障災害的降臨。』（註）

（註 M.Lee, "Ecouomic History of China" 四〇二頁康熙的諭令

但是天惠的水可以變爲萬惡的水，假如在不會治牠的時候。水的過少和水的過多一樣的於米有害。科學的農學規定土地和水的正確比例是一〇：一。農學說明雨水濕度式灌溉的濕度滲入土地太深是非常危險和有害的，因爲水能夠從土地排出據毛細管作用規律而且上升的各種亞爾苛里鹽而變肥沃的耕地爲不適宜耕種的荒蕪。所以，和灌溉系統平行着的應當有良

好的排水系統。在中國西北排水系統也淪於衰落，直隸和山東廣闊的農田變爲鹽田，在江河流域的變爲沼澤。灌溉系統和排水系統的衰落引起無數的破滅。沿皇帝大運河黃河，揚子及其他江河的廣闊區域便是如此。在直隸也有廣闊之地變爲荒蕪，沿堤壩的大地帶在短期的水災便破壞一切，因爲政府是絕對不顧修提的。(註)

(註)瓦格那的書上。

這個總破產的糜爛的圖畫還可以拿許多無窮盡的材料來補充。在太湖流域（江蘇浙江間）排水系統的破壞幾百畝，如果不是幾百萬畝土地變爲沼澤（其恢復需款三〇〇・〇〇〇・〇〇〇元）(註一)當黃河一八五二年（咸豐二年——譯者）改變河道，一切河旁的灌溉系統，由開封至海都成廢物，因此許多的膏田都成荒地沼澤。淮河經常的水災區佔地七・七七五・〇〇〇畝，河的修理需款二一〇・〇〇〇・〇〇〇元便可得每年一・一〇五・〇〇〇・〇〇〇的收入。(註二)福建灌溉系統的修理，以十年中收穫的增加支付。(註三)這種的計劃可舉之無窮。中國河流的治理可解放千百萬畝土地，但這些都是將來的音樂。而現今在綏遠河套區，『二三十年前一個灌溉系統供給一百萬畝地的水，而今因不注意溝渠的保持，只能灌溉這地區的三分之一』(註四)……其他的例，舉不勝舉。庸俗的博愛家和一切慈善團體的一切「中國友人」便作鱷魚哭，說什麼好機會，什麼好計劃，只要一個良好的「有效的」政府便一切都像油一般的順利了——這論調每天在帝國主義各報章都可讀到。

(註一)載 The Chinese Economic Worthly 一九二五年第二卷第七號

(註二)載 ,, ,, ,, 一九二五年第二卷第一五號

(註三)載 ,, ,, ,,

(註四)國家政制和耕地的關係，日本的例子很明白的指示出來。一八八一年日本耕作地是四五〇〇，〇〇〇日畝，一八九九年五，〇三一，〇〇〇日畝一，一九二五年六，〇九七，九二五日畝。自封建制廢除以來耕地增加了一，六〇〇，〇〇〇日畝，即增了35%。

俄國的自由派——智識份子考夫曼一九〇五年在其論移民和殖民的著述中議論如下：

(引証，四五五)

「土爾其斯坦許多「荒漠」的土壤——是很著名的中亞細亞的林地，在有充分灌溉時，以其高度的豐饒而出名……有沒有適於灌溉的土地這問題，甚至不值得提出：在任何一方向剖切土地便足以看見數百年前拋棄了的許多村落城市的廢墟，這些村落城市有時還幾十里的被當時活動過的灌溉溝圍繞着。等待人工灌溉的林漠的總面積算起來無疑的有幾百萬俄畝。

對這些自由派的狂辭烏亞諾夫答道：

「這地方大部份之不適用，在現時不盡是邊陲某處土地天然特性的原故，而且也是俄羅斯本部經濟的社會特性的結果，因爲這特性是斷定技術停頓人民無權，閉塞，愚昧和貧苦無援的。

「在土爾其斯坦和在其他地方這許多百萬俄畝，不僅『等待』種種的灌溉，他們也『等待』從農奴制殘餘，從貴族的專橫壓迫，從國內黑衣黨的獨裁之下的俄羅斯農業人民的解放」（註）

（註 烏里亞諾夫：俄國一九〇五——一九〇七年革命中社會民主派的土地綱領——全集第十卷四五四——四五五頁

烏里亞諾夫對土爾其斯坦說的，一千次對中國是對的。蘇維埃政權給土爾其斯坦以土地和水改良，著名的中亞細亞林地艱苦地慢慢地以大努力的代價而甦生起來。數百年前荒廢了等待人工灌溉的林漠，開始復活過來。

中國革命政權的當前責任是要農業人民從農奴制的殘餘，和陷技術於停頓，人民於無權閉塞愚昧貧苦無援的經濟的社會特性之下，從陷國家於死滅衰亡的帝國主義，從國內將軍，國賊高利貸者的專政之下，解放出來。假如這個不成功，那末恩格爾斯的話在中國便要實現丁！

「假如一遇水溝衰敗，農業也就死滅。這個剛好說明那有趣的事實，就是在許多區域先前是榮盛地耕種的而今已變爲沙漠（帕米爾，彼得，也門的廢墟，埃及的幾處，波斯和印度斯坦），說明那事實，就是只要一次毀滅的戰爭便足以荒蕪全國並奪去牠數百年的文明。」

中國的革命者要選擇第一條烏里亞諾夫指示的道路的。

第三章　防止土壤貧瘠的鬥爭

「土壤不斷地在貧瘠下去，在牠沒有經過植物的，動物的或人工的施肥而取得爲其復元所必需的原素，但得着較好的天氣和其他不依靠人類之環境的變易影響時，牠還是繼續的要招致各種很豐富的收穫的；雖然在觀察許多年數——譬如，從一八七〇到一八八〇年——的整個時期中，農業生產的停滯的性質已經在我們之前明顯地擺露出來。在這些環境之下，良好的氣候條件只有開闢荒年之路，因爲還存在土壤裏的礦質肥料迅速地被破壞和散失了，反之，一個荒年或是一連幾個失收的年份容許某該土壤的礦物重新積聚起來而於良好氣候條件之重新到來時，顯現其有用的存在。這個過程自然到處都是進行着，不過，在其他的地方牠被耕作者本人的引起變動的干涉所牽制着，但是，在人類僅僅因爲資料缺乏而不復爲補充的『力量』的地方，牠到處都成爲唯一的調節的因子。」（註）

（註）馬克思致尼柯拉的信——一八八一年二月十九日

馬克思這樣的在歷史的解剖上表述李比黑所發明的科學的農學的根本規律。李比黑證明了從土壤取用了多少營養物，必需交還牠，這樣多而科學的馬克思主義的代表考茨基（當時還是革命的馬克思主義者在土地問題上反對修正派白恩斯坦（Bernstein）和大衛特（David）的卑汚）和列甯在分析土地問題的時候都是根據李比黑這個根本的議論，用後來化學和農學界裏的繼續的進步來發揚這議論的。

馬克思認爲『在一定的耕植高度和與此適應的土壤貧瘠之下，資本——此間係指已製造的生產工具——成爲農業的決定的原素，這個狀況關係於農業的自然法則』（註）從馬克思繼續的議論可以明白，他認爲這個農業的自然法則在非耕作地沒有或比較少的地方，在耕作地的自然肥沃已經完盡的地方有特殊的意義和力量。

（註）馬克思：資本論卷三二冊二二六頁

當古代羅馬爭奪土地的爭鬥以大地主的勝利完結，當建基在奴隸勞動的農村經濟的『技術』與古代意大利的農業以致命的打擊時，那時候這個連同其他的原因造成了帝國崩壞的歷史的前提。當美國南部區域的田園經濟——也是建基在奴隸勞動之上的——使處女地貧瘠，當蓄奴者之廣度的掠奪的種植佔取所有新的土地而推着農夫的殖民的潮流時，那時南部各州的奴隸制便要破壞而國內戰爭僅僅掃除了成為歷史和經濟上不可能的奴隸制。北方各州農夫的農業技術上的大革命是在非耕作地之無限的含蓄已經竭盡和耕作地之因貪得無厭的種植變成荒蕪而被失望的農夫所拋棄的時候開始的。

假如在地球上農業時期比較不久的地方，防止土壤貧瘠和增加其收穫的問題佔如此重大的地位，假如在有空閒土地，有比較不稠密的人口，因之，有比較大的潛伏的糧食供給力的地方，土壤之貧瘠成為或種生產方法及與此適應的社會關係決定的原素的一個，那末，在深度農業已有幾千年歷史的，在現存社會制度之下沒有空閒土地的，在現時的技術水平之下——這是社會條件決定的——土地要養活多過美洲或歐洲數倍人民的，在土地每年有不僅一次而有二，三甚至四次收穫的，因之，兩，三甚至四倍的要交回土地以從彼所得得的多少東西的國度裏，這個問題便有更重大的意義。

美國的農學家頌克（king）的大功勞在於他第一個的提出廣泛地適於日本，中國和高麗的問題論「經過二十，或者三十，甚至四十世紀的耕種之後，這些國度裏（日本中國和高麗）的土壤怎樣的能夠生產足夠營養如此稠密的人口；五萬萬的人民怎樣的能夠養活在面積小于美國耕作地的土地的生產物上？」（註）

(註)King：Farmers of Forty centuries

對於中國，這些問題因爲這裏的土地除了人民，還要養活勞動的牲畜和家禽——這因爲草原與牧場一般的說來是沒有的(註一)——此外，還要供給人民以燃料和建築材料——這因爲樹林一般的說來，在中國是沒有的(註二)——而複雜起來。土地要直接的，不經過牲畜爲中介的供給國內衣服和鞋靴的原料，在歐洲十五——十六世紀羊毛已開始戰勝大麻和亞麻，只是到了十八——十九世紀人們才看見棉花對羊毛之勝利，但在中國棉花在幾百年前已經戰勝了大麻而中國的歷史不曉得有羊毛時代。總之，中國在第五世紀已經知道棉花，而在十二——十四世紀棉花已成爲人民衣服的主要原料，如絲之在幾千年前已經是貴族衣服的材料一樣。

(註一)在這裏我們沒有說及蒙古區域，在這裏畜牧還有作用，但卽使在這裏中國移民的百分數和蒙古人之轉作農業係以最快的速率進行。

(註二)雖然在中國有很大的煤層，煤並沒很大的作用，在直接靠近煤礦的區域，煤例外的是城市居民和工業的燃料。中國的鄉村燒禾稈和以禾稈或廢物造成的磚塊。

耕地要使人民得食，得衣，得履，要供給燃料，建築材料(註)等等一切。怎樣的預防負担過重的土壤免於貧瘠？這便是中國和遠東一般及印度農業的根本問題之一。不論中國河流的水本身涵有許多的營養料而灌漑在事實上是一種冲積的施肥，單一個灌漑是不能把問題解決的。土壤，從地這裏取用了多少東西，必須交回牠以多少的東西。

頃克和日本的及德國的農學家的調查証明了深度勞動農業的人民憑經驗的在以科學為基礎的化學和農學未發明前已經定出李比黑的法則，而假若天然的災禍或社會的條件如城市統治階級之過度的剝削鄉村或帝國主義之過度剝削不妨阻他們，他們便給與土地以維持其肥沃的必需物。

頃克據精確的計算，證明山東農民交回土地以收穫取自土地同樣多的硝質和炭酸質（註一）並又根據精密的計算証明了在日本硝質，炭酸質和燐質合起來做土地肥料的數量等於此三種根本營養料被日本一切農田植物之收穫所取自土地的數量。（註二）

（註一）Farmers of Forty ceuturies 225頁

（註二）〃　〃　〃　187-190頁

頃克補充的說，沒有根據去推想在中國的事情是不同的（註）。在這裏還要注意在這些國度裏土地不僅不休息，不僅沒有有休田的三田制，而一年要收穫二，三四次的。

（註）頃格這個議論，德國的農學家瓦格那（Barkep）是與之爭辯的，他證明，或許，逆其志願地，這正是帝國主義

之使中國土地貧瘠化。這兩個著名農學家議論之所以牴觸，是因爲頤格的觀察是一九〇〇年的而瓦格那的是一九二〇年的。

科學的農學在二十世紀所發明的，中國的農民經驗地大約在二千年前已經在實踐上規定和應用了。遠東人民造出的施肥系統，在歐洲做夢也想不到的。在這個情况中，隱藏了亞細亞農業生產方法的最重要特點之一，這情况在土地關係的組成上曾有過及有着十分重大的意義，因此，須得簡單地說及牠。

和歐洲的經濟比較起來，一般遠東經濟的，特別是中國經濟的特點，是一般消費排洩物的使用。特別是人類消費排洩物的使用。馬克思已經指明（註）『消費排洩物，這是人類機體分泌出來的物體，是衣服之殘餘如碎布之類的東西。消費排洩物對於農村經濟特別重要。至於牠的應用，資本生義的經濟特別是大浪費，比方：在倫敦，把四百五十萬居民的排泄物，除了用很大的費用以之去傳染泰晤士河，找不着任何更好的應用。資本主義經濟的大浪費因城市的發達而增强其勢力，因爲』：

（註）馬克思資本論卷三，第一部七七頁

資本主義生產，經常地增加城市居民的比重（這居民是被資本主義生產集中在大的中心），這樣，在那裏（城市）一方面積聚社會之歷史運動的力量，而他方面却阻礙人與土地間之物的交換，就是說，阻碍以人在飲食和衣著資料的形式所使用之土壤組成部分的歸還土壤，就是說，破壞土壤經常肥美的永久的自然的條件。因此，同時又破壞城市工人的衛生和農村工人之 Uhtektuarqnar 的生活。（註）

（註）馬克思：資本論卷一，四八五頁

考茨基指出從保持土壤肥美的觀點，『鄉村價值之無等價地或有等價的流入城市』之發生與否，完全沒有關係，因為（註）

（註）Kows y: "Die Agrar jrage" 二一一頁

『從價值規律的觀點——考茨基說——這個（鄉村價值的）流出並不表示農村經濟之剝削，但在事實上，這流出連同上舉的諸事實，要引起牠的農業的（……）剝削和土地之失去營養料。』

『現代化學造成了人工肥料代替天然肥料的可能性，但是（註），這個（部分的）代替的事實，對於以天然肥料棄于無用，並以穢物毒害城外和工廠附近的河流與空氣是不合理之說，絲毫也沒有駁倒。』

（註）列寧：土地問題之評全批集卷十，八五頁

在中國，城市和對外貿易的發展，其開始，比較歐洲早很多，因爲歷史上的特異，城市與鄉村的相互關係，『鄉村價值的流出』而且是沒等價的流出，其開始也早些和澈底些；這個事實有特殊的意義。先乎農學和以其經驗的觀察代替牠，排泄物和一切廢物之利用成爲最重要的因子，關於此種實踐何時成爲普遍的，我們未有材料，但在十六世紀之初中國的城市已經收集消費排泄物而在純粹商業的原則上以之售於鄉村了（註一）。這個實踐一直繼續到現在，上海把收集排泄物的專利權賣與包工頭，而在上海周圍廿五公里都用城市的排泄物施肥的，湖南在農民運動高漲的時候農會常常想打破抬高此種商品價格的商人的壟斷。收集廢物的貯藏處差不多在各省（除了在森林地帶的省份）都是農具之不可少的附屬品，在這裏難以相信的，歷史竟可以告訴農民是如何的細心和努力去收集一切一切的廢物（註二）。當上海在一九二〇年改用溝渠，城市近郊的農業和園藝使遇着極嚴重的危機，究竟多少時間力量耗費在廢物的收集上，由於北京有五千八執此業這事實，可以給出一個灰色的印象。

（註一）葡萄牙的海盜費爾蘭曼特士，平陀於一五〇九年（明武宗正德四年）遊歷中國，在其遊記描寫南京云『在南京有排泄物的大貿易，零賣商購買排泄物而轉賣於批發商，批發商則以此貨物每日由貨船三百艘一大隊，轉

運各地售與鄉村以爲每年收穫三次的土地作施肥之用。」

(註二)如農民的小孩費小數時之久的步行的跟隨別人的馬車，以鏟子收集馬糞……之類又如農民請過路人到己處大便。

幾百萬幾百萬噸營養土地的物料由這方法，不錯，是費很大量人工的，而歸還土地，這是事實。我們可以肯定的說，中國農民整個的費在收集排泄物廢物燃料用的禾稈和草的時間，多於用在家庭工業的。爲了施肥，能夠用的東西，如像灰，蠶蟲蠶繭廢棄者，魚…之類，都用到了。從田裏中國的農民把 Kuebep 豆，一切的植物十分細心地和很有認識地組成「混谷肥」，他們採用所謂綠色的肥料，收集草類而用之於米田。沿着江河，湖澤，運河一帶，他們從河道裏採集粘土，而且採粘土施肥也已經商業化，沿着揚子江幾千的人民担任這種事業。(註一)沙也收集起來出賣，因爲經驗證明了這是好的肥料。磚塊，爐灶之類也有買賣(註二)的，在揚子江流域農民每過三四年便拆壞自己以粘土建築的屋，因爲用過的粘土是好肥料(註三)而另建新屋。一切都是有物質價値的，而在那小小的經濟裏，一切的屑物都有用的。

(註一)據頃克的統計每一英畝土地有時放上七十噸的粘土的。

（註二）很有趣的指示，研究這問題的農學家和化學家，於調査之後相信中國的農民是對的。

（註三）畝士達特的觀察，

當他（農民）採取，收集了，這些材料並把牠們製作過後，他並不是一次的把牠們放在土地裏。雨可以把他們沖去，肥料可以滲入地裏過深。中國農民分幾次的下肥，實際上他不是下肥於田因爲這是太浪費而是下肥於每一單個的植物。馬克思很明白的知道中國農業技術的這方面，而認爲在這些廢物的一切有效的性能上，在這樣小的田地如同園圃一樣耕種的農業種植（在羅巴地亞 Uousagud ，南部中國，日本便如此）裏，也可以達到這種的大的經濟節省，不過，一般的說來，在這制度之下，農業的生產力是由人類勞動力，脫離其他生產的大浪費購買來的。（註）

（註）馬克思資本論卷三第一部七七頁。

然而，人類勞動力的大浪費嚇不倒中國的農民，因爲他們沒有地方去應用這勞動力。他們知道土地要出食物，因爲不然，土地便不養活他們。因爲四千年不斷的耕作不剩下天然的肥質在土壤裏，因爲每年要交回土地以被在生活資料的形式上給出來的多少東西，因爲肥料的主要材料是人類消費排泄物之故，所以，人餓土地亦餓，土地開始餓，則人總已經餓這事實便是中國農業天然規律之一。假若農民飢餓，則他不僅失去其勞動力再生產的可能性，並且他只能在縮少的範圍內作他經濟的複生產。所以，中國的時論家和農學家杜岳林（譯音）是對的，他指出（註）在北方各省農民不得已舉行『冬季的飢餓』迫令其牲畜和家庭都挨餓，這在其他的原因之中，減少北方各省的收穫。農民的大多數甚至沒有勞動力和經濟的簡單的複生產，擴大的複生產更談不上。中國農民人工的挨餓（Hunger Kunst）中國農民進步到高點，但土地是頑固的東西他不願意挨餓的。

（註）引自『為什麼中國農民貧困』一文的英譯載遠東泰晤士報。

帝國主義加强和加緊了人與土地間物的正當交換之破裂的過程。耕地更多地改作技術的（工業原料的）種植，煙葉鴉片，大豆，一部份的棉花佔了米，粟高粱的位置，並且，耕地的增加並不時常平均地使收穫增加而是相反。技術的種植如鴉片煙草，棉花等，據其天然的特性比較米多吸收很多的硝質，炭酸質之類；技術的種植，這是有等價的鄉村價值之流出（我們看見，農民只收到此等價的很少的部份），（註）但牠是使土地貧瘠的。

（註）商人和高利貸者從商業的農業中吞蝕大部份的收入。

中國整個的首要的僅是帝國主義的『農業的尾閭之地』。如同在資本主義初期城市之取自鄉村，多於其給與牠一樣，在壟斷的資本主義時代這個關係在更高的階段上復演起來，世界帝國主義使中國的土地貧瘠。我們屢屢引用的德國農學家瓦格那計算出，中國以大豆，茶葉豆餅之類輸出營養料多於輸入。單是豆餅一種，中國在一九一二年輸出六七八．〇〇〇噸，這便表示中國的土壤無回復地損失了三三．九二〇噸的硝質，六．七八四噸的炭酸，和六．七八四噸的燐質（註）。而在一九二六年中國已輸出豆餅二六．一〇〇．〇〇〇担了。從此可以知道，滿洲的肥料輸到日本出售而同時中國的土地却在飢餓着貧瘠着。

（註）wagner：中國農業經濟　二四四頁

假若『肥料是農料的靈魂』那末，在這個施肥方法上便是了解東方土地最重要問題之一的關鍵，或至少是了解這問題的最重要原素之一。在中國，日本，印度（註）高麗有大的地主，有大的土地佔有，但沒有大的農業經濟。標本的，歷史和社會造成的土地使用的方式是規模狹小的農民經濟（農莊）或高度的租佃。爪哇印度的大種植場是帝國主義強力施行的土地使用方式。自然在中國在帝國主義的市場影響之下也現出大規模經營經濟的租佃者之形成的很慢的過程。但是土地使用（指明是土地使用而不是土地佔有）的佔優勢的方式仍是小的農民經濟和小的租佃，在日本資本主義甚至也沒有引起大農業經濟的成立。

（註）在印度人的排泄物不用作肥料，而代替物的主要的是由畜類糞料，各色植物組成的『混合肥』和植物的肥料。故在印度土地以植物的肥料施肥其本身。在日本，因掘草作肥料，山坡上爲之貧瘠。

在東方，這個土地使用的方式之成爲統治的方式，是由於生產方法。甚至在發達的資本主義之下，如馬克思所說的，當着土地的肥美，部份地已經依靠着農業技術和農業化學時，『實行施肥必須引起耕地的縮少』（註一）。在農業如此密切依賴肥料的，在不曉得人工肥料，（日本除外）的，（註二）在生產者本人不是肥料之根本的供給者的國度裏，這個情況成爲最重要的原素之一。

（註一）列寧：農業之資本主義　全集卷九：二一頁

（註二）各種肥料之輸入中國，一九二三年值三·九二〇·〇〇〇兩，一九二四年值三·六五三·〇〇〇兩一九二五年值三五八一·〇〇〇兩，在這些數目內包含滿州輸入廣東的大豆餅。

著名的地理學家和農學家李黑特荷芬，在中國之研究和科學調查的意義上，比較總合一切英美牧師商人的中國學者，有更大的貢獻，他第一個的提出和規定這一個中國農業和一般遠東農業之最重要的規律。他說：土地之耕種不是照勞動力存在之程度而是照人民所能供給糞料之耕地面積的大小程度而進行的。（註一）在太平暴動後十三年，他遊歷浙江省，很爲其破產與破壞之狀態所驚嚇。土地已經貧竭，只有草生長，連土地的天然色彩也變更了。在這時候開始殖民浙江的過程，李黑特荷芬很驚異的指出雖然有無限的空地，中國的殖民者只取一塊不很大的土地耕種，而以糞料數量之有限來解釋這個原因。『此間食糧的數量首先依賴耕作地之太少和人民供給排泄物之數量，這個情況由於農業技術，種米方法，插秧等而更明顯（註二），我們可以補充一點，就是還依賴能取以作灌溉的水。在經數千年耕作的地方，如像中國的南部和中部土壤的天然成份有很少的意義（註三），在許多許多世紀不斷耕種的地方，如像中國，土壤非常之貧於爲植物所必需的營養料而且差不多完全缺乏有機物體（註四）——在這些地方，土壤能給與人類以人類所給與土壤的多少東西而人類耕作土地之能力要限於人類以糞料和水供給土地的能力。在這裏隱藏着一個原因，爲什麼帝國主義在印度，爪哇，印度支那造成小農經濟或侏儒式的租佃爲經濟的基本方式，爲什麼帝國主義的侵入和隨後的資本主義的發展難以置信地造成了土地使用之碎裂的方式，爲什麼在高麗，日本帝國主義也接觸着散漫的小農經濟或小的租佃，而不說及那在印度，爪哇，菲律賓的更原始的土地使用方式，如公社的了，在印度，爪哇，菲律賓公社的土地佔有事實上是掩飾那小的經濟的。在爪哇，印度，馬來羣島，台灣和印度支那，帝國主義建立了茶，煙草，甘蔗，樹膠等技術植物的種植場，在日本資本主義實行人工的肥料，經濟之資本主義成份的發展貨幣關係和國內市場的發展破壞這小經濟而加强破產的過程，因爲資本主義把農業屈服自己。不過，各國的農業是不相同的。

（註一）Richthofen: china

（註二）Richthofen: Detters

（註三）柯漢諾夫斯基：中國之土地佔有和農業　三五頁

（註四）——：Rise growing in China-chinese economic worthly 1925，十一卷，八號，20頁

在日本和中國，大的土地佔有是並且過去也是土地財產關係的基本方式，（註一）對於日本的土地關係我們至今還是說『日本有他的純封建的組織和廣泛發展的小農經濟，牠給了一個歐洲中世紀的逼眞確的圖畫，爲我們各種書籍所不及』（註二）。在高麗，和高麗地主崩壞及日本灌溉公司與銀行之奪取其土地並着的，進行着一個變『獨立』的小農爲佃農的過程；又和這過程一起的租佃繼續的分碎變小。

（註一）列甯：俄羅斯資本主義的發展　二五五頁

（註二）馬克思：資本論　卷一七一〇頁

在歷史發展的行程中，中國土地關係經歷了種種的變遷。曾經有許多時代，大的土地佔有是土地財產關係的統治的方式，在漢朝唐朝的末季便是如此，而宋朝和明朝的末季爲尤甚。但是在中國的歷史上不知道大的經濟，在現時可以找到不少的大地主，但大的經濟是找不着的。假若有人無稽的說有殖民的社會，有購買土地的股份公司的組織等，那末便可以這樣的答覆他們，卽使在這些的境遇上亦不過是說中國高利貸者和商人的慣有的奸詐而已，因爲他們購買殖民的土地（在滿洲和內蒙的）或荒地和沙田（在江蘇，廣東）並非爲的以更好的技術進行模範的經濟而是爲的把牠出租與飢餓的農民或是把牠投機出賣取利，這類的事情，柏林和紐約建築地的投機更是沒有過的。假若有人不懂得廣東買地和租地的『股份公司』（註），自己是不經營經濟而是把牠經兩三手而轉賣兩三畝與渴望土地的農民高抬三四倍的價格，或是把牠轉租出去的，假如這些人把這些『股份公司』認爲是資本主義的負担者，那末他們便把莫爾根和羅克菲勒的財政資本和中國盜國的高利貸資本混淆起來了。中國土地佔有的形式經歷了各種的變遷，但是中國土地使用的基本方式歷來是規模狹小的農民經濟或侏儒式的租佃。那裏在商業的農業發展的壓迫之下，顯出較富有的租佃者的生長，但是在中國本部（滿洲和內蒙是另一回事）能否找到多於二三百畝的經濟，我們是懷疑的。有地產一二十畝甚至十萬畝的，地主是可以找到的，但他們不經營經濟而是把土地出租的。

（註）此間我們是指何多羅夫（Hodorov）同志和他的理論說這些股份公司有資本主義貫租者的作用。這個理論和何多夫同志其他關於中國之理論一樣眞確。

然而李黑特荷芬（註）關於耕作地面和該地居民數量在地面所能取得糞料數量的比例的規律並不是遠東土地使用之總的『永久的』規律的。

（註） Richthofen's Letters 一一六頁

『技術的改良和人工肥料的使用消失了李黑荷芬規律的效力，化學工業的發生和人工肥料的輸入使日本的農業不依賴——我們姑且稱做——李黑荷芬的規律。（註）

（註）日本農村經濟每年平均費三〇〇，〇〇〇，〇〇〇圓購買肥料，

在遠東深度勞動的農業裏，李黑特荷芬規律更明顯的發現生產條件和社會條件之間的對敵。小的散漫的直接生產者一方面和建設保障水利及其調劑的大工程的必須相對立，而同時這生產者是土地肥料的供給者又和社會制度相對立，這個社會制度每每使生產失去其勞動力簡單複生產的可能性。『家庭工業之漸漸的消滅，人與土地間之物的交換破壞時土地之逐漸的貧瘠，大地主之侵奪公社產業，高利貸與賦稅制度，地價之高貴，生產工具之不斷的分

散和生產者本人的流散，人力之大浪費，生產條件之逐漸的惡化和生產工具的昂貴，無利用市場情況及其變動之能力，小經濟國度裏生產物價格之低於生產費』……這便是照馬克思分析的這種生產方法的惡魔。在西方，大工業『貧乏了和破壞了多量的勞動力，也便是人類天然力』，而大地產却直接破壞更多的土地的天然力，爲的在以後『工業制度在鄉村好去貧之工人而工業和商業則造成農業之貧瘠土壤的工具』。(註)

(註)馬克思：資本論卷三第二部三五〇頁。

在農業採行亞細亞生產方法的國度裏，土地貧瘠的過程和人類勞動力之貧乏過程是相並而行的，這兩個過程互相輔助和陪伴着。這個情況給與中國的農民運動以很大的規模和力量。當土地貧瘠起來，在社會各階級之前不僅是發生國民收入分配的問題，而是看那一個階級要餓死，假若這問題提出來了，那末階級爭鬥便來得特別殘酷和具有破壞力和破產力的。

在事實上，李君(註一)翻譯的中國史書上關於農業史的文件，指示壓迫剝削之過度增加，商業之發達，徵收糧食，封建的無政府狀態，戰爭，天然的災害，徭役及一切一切其他破壞『經常』居於『經常飢餓狀態』的前提總常常是要爲土壤之貧瘠，收穫的減少相伴着的。

「去年沒有收穫，今年便有飢荒，田野成棕色在米田毫無餘物，田野上只有草生長，一千里內土地都成棕色…有時田野上連草也沒生長…土地疲乏了…土地已經貧瘠了……」

這便是宋朝（紀元後九六〇——一二七六年）時代的景象。

「現時在江蘇，安徽，湖北，湖南，長江沿岸和在河南，四川發生飢荒，棕色的土地（貧瘠了的土地）廣萬里……旱田都成棕色」（註二）

（註一）The Fconomic History of china 263-267-268-273頁

（註二） " " " 382頁

這便是明朝的景象。

「遊歷的商人，皇帝的親屬，衣皮裘騎吃肉的大馬，穿絲製的衣履不知田野上土壤的貧瘠」

這也是明朝的（註）

（註）The Econ. History of China 三九〇頁

而現在怎樣呢，請繼續的聽下去罷！

「雖然是肥料和硝質收集者佔據的大塊土地，邊疆之穀類收穫據生產者的公意以為是衰

落的，原因是肥料的缺乏和土壤裏燐酸質的缺乏。』（註）

（註）Richthofen: Letters

這不是明朝的，而是張作霖朝代的了。，這也不是指陝西經幾千年耕作的土地而是指不久以前還是處女地的滿洲的土地了。

「耕地沒有休息，每年沒有把爲植物營養所需的成分歸還牠，土壤完全貧瘠下去了」

這是一八七〇年代南方的情形，後來變得更壞了。

「現行的農業方法，使土壤失去肥美的黑土質，這事情因不斷的掘取禾稈草根作燃料而愈加重，因爲這種採掘令土地失去有機的物質。牲畜的不足使施肥爲不可行，保持肥沃之唯一肥料是人的排泄物，直隸省任何一州府都是如此。高粱與粟的收成不斷的減少到了今代土壤已大大地貧瘠了」（註）

（註）F, arnld: china, a comercial and Industial hand book 290-291 頁

這是一九二六年直隸的情形，天津美領事司杜活（Ciroag Xeuny-deuan）很小心地以旁觀態度描寫的。

『山坡上的土地很粗，很貧很壞……江河流域的土壤過去很肥美的，但經數百年的耕作

貧瘠了，現在需要經常的施肥，鄉村衰落，土地空着，人民靠僑民寄回的款項過活』

這是關于福建南部的，也是很公正的旁觀者美領事格烏士，（C. R. Zayce）描寫的。

在廣東改用短期租佃的過程，社會條件，高利貸，土匪等減少土地的豐饒。（註）

（註）Yolin und Jolk: "The peoant movement in kwantung

在湖南農民怨收穫之衰落，有些縣份裏農民已放棄土地因為覺得沒有耕種的價值。（註）

（註）Chinese correspondense 1927-3

『十年之中有一次好收成而有九次是中等或不好的，這被認為一般的規例的。……這些林地曾經是中國最富的住所，現在收穫依賴偶然的天氣條件，在旱年全沒有收穫，而發生淒慘的飢荒，假如是好的收成，那穀米是不能出賣的……耕作地佔全面百分之二……』（註）

（註）Wagner: "Die chin Landwirts chaft" 七頁，五四頁

這是山西，甘肅和陝西北部的，

碩格在一九〇〇年已經指出山東許多地方土壤之敗壞，和貧瘠，這個過程自後更加發展前進，致一九二六年約有百萬的農民受張宗昌的賜惠而遷出山東，張氏在一年之中徵收田賦五次，使貨幣失價，強消公債二千八百萬元，稅及一切物品，實行徵發……等等。

這便是中國生產者『主要工具』之農業生產。『天然基礎』之狀態的寫真。

『土地如果正確的耕種是逐漸變好的，資本（並可以加上勞動）之繼續的耗費可以給出新的利益，而且以前的（資本勞動之耗費）是沒有損失的。』（註）

（註）馬克思：資本論卷三第二部三一七頁

假如中國的土地雖有中國農民求土地肥美之英勇的鬥爭而仍然貧瘠下去，假如四千年農家的農業仍然衰落下去，那末這不是說可以任意的製造一個土壤貧瘠論爲農業的『永久法則』，如李女士(M.du)及許多哥侖比亞大學中國學生在美國教授影響之下所造的一樣。不是的，由中國土壤貧瘠這個絕對的法則是不能夠尋出中國一切的災害和全部中國歷史的，中國之最重要生產——農業——的悲慘的衰落不是中國土地的不是。

土壤的貧瘠是帝國主義合中國統治階級所造成之社會條件的結果：這些社會條件迫令中國的農民挨餓因此也就是中國土地的挨餓。小農經濟尤其是侏儒式的租佃在直接生產者及其家庭之極度的縮減消費，節衣縮食和胼手胝足地合家勞動才能夠維持存在，農民之剝削只有餓死或革命才是個限度，而暫時的餓死，土壤的貧瘠是土地剝削的限度。這兩個過程，當着大批人民的死亡，毀滅的戰爭，人口的流離（這是中國經濟一切危機的經常現象）或是數百為農民的勞動沒有停止生產的過程而給土地以休息的可能時，這兩個過程是連結着，彼此補充着和推動着的。

第四章　黃土區

李黑特荷芬（Richthofen）定律，即便在現有的技術水平之下，即便在現有的社會條件之下，也是不能應用到全中國去。在黃土區（粘土區）以及新殖民區，也就是說在滿州與內蒙古（綏遠，察哈爾，熱河），此種定律也只是在某種限度之內可以應用。

中國北部所具有的此種最顯著的特色——黃土究竟是什麼呢？

「在粘土的成分中沒有石礫　粘土是多孔的物質，本身含有石灰，牠的特性就是冲水之後即成堅的地層……毛細管經過石灰層而通入粘土，其佈置之狀態極似植物之根……粘土也能化成橫的地層。粘土差不多包括在中國所有的膏腴區之內，其特徵不只是地質學即便農業學以及中國史學都已有很多的著述了。」

無疑義的，李黑特荷芬此種地質學的發明解釋出粘土的特徵，給我們一個認識中國土地上許多問題的鑰匙，指示出解釋許多中國歷史謎的途徑。

黃土最主要的一個特徵就是特別易於耕犂。正是以此種特徵爲我們解釋出在中國創定之時人民在北部的墾殖比較迅速的原因。在英國與德國新的土地的開拓是一種最複雜，最艱巨的事業，並且它是由整個的公社來進行；他們需要特別重大的耕犂與牛軛。有時節他們用到六七個牛力之多。

粘土——黃土——最豐裕的是滋養料。

粘土本身就能自己製造肥料。它易於吸取水分與氣質，以恢復其生產力。最主要的是：粘土汲取與吸收一些雨分，而此種水分滲入於地之深處與「地下水」相遇，同時就與粘土下層特別豐腴的滋養料相混，然後，根據「毛細管」作用，再將此種水分吸收上來，於是就從深層中帶來粘土地下的一切富源了。總之，粘土它自己能夠滋生養料，不需要再另施肥料，它自己能夠從地下深層中同時又從空氣中吸取養分。這就是粘土特別肥沃的原因。這也就是渭河流域與黃河沿岸之所以誘引遊牧民族爭取的原因。由此，我們部分的也可以解釋中國文化發展之所以如此早及如此快的原因，生產的自然背景，不只是給社會以生產生活必需品的可能，並使社會有實現其他目的之可能。由此我們也可以解釋爲什麼在最殘酷的戰爭，侵襲，暴動之後，黃土區域還是很易於恢復。由此也可以解釋出中國耕犂的特殊形式以及中國農民不知道深耕的原因來。深耕能破壞深伏地層與表面地層間的毛細管運動。因此深耕並不能增加粘土的肥沃，反而使它減少。

當馬克思寫第一部資本論的時節，利郭芬還沒有發現中國粘土的存在及其特性，所以馬克思只指明說：「在墨西哥沿海岸諸奴隸國家中，在國內戰爭以前，都是在中國古式的耕犂的狀態中，他們掘穿土地就和猪與地鼠一樣，不是作成溝畦，也不是將土地翻轉鬆解。」中國耕犂的意義，只是在爲了避免種子的被風吹與雨打，因此而搆成中國耕犂的特殊狀態。在南方——產稻區——也保持着此種北方式的耕犂制。因爲米需要永久灌溉，如果深耕的時節，鬆散的土壤他本身就消耗大量的水分，所以對於米最適宜的就是排水土。中國農民將此種耕犂也應用到需要深耕的堅固地帶去。

粘土地廣佈於直隸，山西與陝西甘肅的北部及河南山東之南部數縣及北部。在這些區域之內，人口的稠密與農業的經營都隨粘土之佈置並且受粘土的限制。

北方各地差不多都沒有道路，粘土的存在即其原因。因爲粘土是最鬆軟的土地，經車輪壓踏之後，道路最易變爲現在深及10-15尺的岡坡。

粘土最易於沖毀，由此也可以解釋出中國北部河流的特色。一切河流都帶有大量由粘土洗刷來的砂礫，河底很快的被泥土塞滿，造成湮沒汎濫的原因。黃河之富庶是由於粘土所賜，而黃河之成爲中國的禍害，粘土也是最大的原因。黃河每年要積淤五萬萬生的米特的泥土。揚子江之富庶也是由於粘土。

在山西陝西甘肅的高原，人民的住所都建築在粘土的斜坡上。「幾百萬的人民生活在土地上，建造房屋可供子孫六七世代之用。家具與爐灶都由粘土作成。」

粘土地不只是不再需要養料，並且它所蘊藏的養料很多，純粹的粘土還可以作肥料之用。農民在荒涼的粘土中撒種，就簡單的和在已墾殖好的田地的方法一樣，他們很易於得到土地。在北方城市中售賣大量的粘土磚瓦以供給沿城附近之各園藝。

中國舊文化的基礎就是建築在此種最著名的黃土的鮮明的特徵之上。此外，秋季的狂風又從蒙古地方捲來大最最肥沃的砂土，而散佈到各粘土中間去，更增加粘土的肥沃，而使蒙古地質愈變貧瘠。

如此，在粘土地帶，以現有的人數，自然供給他無限量的耕種地，粘土則天然肥沃不再另施肥料，因之此處有發生耕種地與人口數量間不均衡之可能。

然而，一切粘土本身所具有的最鮮明的特色，只有在它獲得充分的水量時，才能夠表境。如果水分不足，則深伏地層與表面地層間的毛管運動停止，而植物之營養亦消失。田的一時荒廢即變爲赤色。由此我們可以瞭然：即便在粘土區域之內，即便米類尚不成爲主要地營養物的區域之內，中國的農業還是依賴灌溉。由此我們也可以瞭然：中國古代灌溉經濟，井田制度在粘土區域之內，也有很重大的意義，和種稻區的南方一樣。由此也可以瞭然：粘土一般的雖不適宜於種稻，但是對於高粱，麥，豆，煙，穀玉蜀黍等類是很適宜的，此處，灌溉在過去是農業技術上最主要的一個問題。由此也可以瞭然：在這些粘土區，豐收之後時常經過幾年的荒年，因此，結果形成倉庫的制度，形成此種遠東社會保險的特殊形式。由此我們部份的也可以解釋：在這些地方食用品的價格特別搖動的原因。如果天時正，雨分充，則物品充斥，無處銷售。如果雨分缺乏，則發生最利害的流行饑荒。由此也可以解釋出中國很早就產生由國家調劑糧食價格的必要的原因來。倉庫的制度與價格的調劑，在此種社會保險的創立上，官僚政治更可以利用他以達他對糧食市場的壟斷，或嚴格講來，對糧食市場的統治，這在中國的歷史上是最悲慘的幾頁。

粘土的肥沃是依賴水分，自然對於土地水分的供給就是雨，人類自己就是以人工灌溉的方法。我們看到：社會條件所引起的井田制度破壞與衰落主要的是在粘土地帶。農民常有河水汜濫之患。江河流域的大量土地都變爲水澤，而在距河較遠的地帶則只能以人工造井的方法施行灌漑。利用運河以進行灌漑，這較之於掘井灌漑已是進一步的作坊式的水的生產了。中國北方一般的是掘井灌漑，而南方則恰恰相反，主要的是利用大的水源。

至於社會關係對於供給水分保藏雨量上的設施當然是說不上的。在實際上，社會關係正是剷除了粘土地帶的雨量。在歷史的過程中發生過大的悲劇卽中國的伐林。此種悲劇在英國也曾經發生過，不過英國的伐林却創造了工業。德國的保持森林已達到相當的成功。歐洲費姆與特利也斯答附近，在過去在現在都遭受着此種大的悲劇，答爾馬齊與喬爾諾渦利以大量的剷除森林建造船業。

古文明區域：波斯，阿拉伯，埃及，與西利，尤其在近海岸諸區域，因造船業而刈除森林，使森林至於完全絕跡。在印度因河水沿岸森林之刈除，已引起河水的汎濫。大英帝國主義也是個善於剷林的國家，在拿破崙戰爭期間，因爲將英國造船用的森林的儲蓄完全消耗淨盡，所以英國人爲了再造戰艦已開始斫伐印度的麻栗樹了。因此，英國强盜式的主人以及印度的投機者從十九世紀起卽感覺到英國人爲了保證造船業的原料，已經就開始營植森林業。因爲此種關係，英國的行政者在北印度則淸除森林與流動經濟。法人在印度支那，美人在菲律賓羣島亦相繼而振發流動經濟與斫伐森林。

日本因爲有特殊的關係而能夠多少避免此種森林的缺乏。『中國斫伐森林已達到全世界無匹的程度。』(註一)無疑義的，有一個時期中國的森林是很豐富的。然而在我們所得到的歷史的文件中，我們已經在五世紀的時節卽發現了燃料的不足。已經在那個時期，當饑荒發生的時節，國家要放賑飢民以米糧與燃料，這卽可證明在當時森林已被佔據，木料已感到不足。(註二)

(註一)『Farmers of Forty centuries』1924年第96頁

(註二)『The Econo nic History of China』第202頁

在十一世紀中葉，唐朝的時節，皇帝曾下令禁止斫伐桑樹；很顯然的，此時燃料的缺乏已達到很悲慘的地步，因爲桑葉是絲業的先決條件，如果農民已經開始斫伐桑樹，其燃料之不足達到如何悲慘的程度卽可想而知。在十世紀時，在皇帝的上諭中曾叙述到要培植桑樹，果樹及其他樹木。在十三世紀時，曾禁止人民斫伐樹木與森林，並且農民必需特別割讓出從三十畝至一百五十畝的田地以栽培果樹及楊柳樹。(註)

(註)The economic History of China 的2.9與274頁)。

中國國家企圖以農民經濟的方法發展森林業，但是任何皇帝的上諭，任何官吏的壓迫對於此種事業的實際都無甚帮助，因爲『生產期的延長（它本身只含有很少量的勞働時間）以及因之而週轉期的較久這是森林業對於私有者同時就是對於資本主義企業者無利的所在……』『此外，正確的永久的林業經濟要使不斷的有樹木的儲蓄，需要有超過一〇——一四倍的每年所消耗的樹木的栽植。因此，那些沒有其他收入並且只佔有一部份森林區的人是不能夠興發正確的森林經濟的。』(註)

(註)馬克思資本論 216-217頁

小農經濟不能夠將他的勞働力置放一二——一四年，而最主要的是他不能夠積壘一二——一四年的森林的儲蓄。(註二)顯然的，皇帝特別提倡栽植楊柳，因爲楊柳的生長有只五，六年的時間。楊柳在中國傳佈甚廣，時間的縮短大概卽其傳佈的原因。植竹業(竹爲草木本)亦甚通行，其原因大概亦同此。竹在四〇——六〇天之內可以長成全幹，其生長之速度由八力可以察見。在適宜的環境之下，一晝夜內竹可以生長至四六生的米突，一點鐘之內可以看到生長二三米里米突。地質愈濕，氣候愈暖，則其生長亦愈速。在三五年之內竹的發育卽可完畢。在營植森林業中，資本能迴轉的最速者爲竹，因此，很顯然的，竹是中國的建築森林物，可以供農業工具，食料，造紙料等。其用途之繁廣有三百餘種。

註二，Bambo) and its, uses in China Ab, nopmepokwrod B U.

馬可孛羅在十三世紀時卽已看到有大的森林，專供貴族以及蒙古的紳士游獵娛樂之用。但是在十五世紀明朝的時節，史家卽已經太息說：『明太祖時卽已命令植桑。但是時至今日非特無植桑者，而原有之樹，亦被摧殘殆盡』（註三）在一九二六年的現在，卽便明代古坟墓中的樹木都被斫掉，並且北京的官僚正在售賣皇宮週圍的古樹。兵士與農民將農間的桑樹已斫毀，刼去，因此在北方取得燃料眞不知消耗多少時間。

（註三）李：the Ecozomic history of Ghira 369頁

但是，此種不顧惜一切的剷林却引起了兩種結果。第一就是：山坡間，一無障礙，水流湍急，雨量稍大卽有湮沒氾濫之患。因此，在中國常有學者的爭論，卽以怎樣的方法以抵禦水患：建築森林呢，還是鞏固堤防。（註四）現在學者間還在爭論，廣東的堤防已經破毀，在湖北則楊森不准修築破廢的堤防，以便易於打擊武漢，在山東以前張宗昌的軍隊已開始斫伐膠州德國佔據時所培植的樹木。

因此，伐林破壞了農業經濟，不能夠適當的調劑水分的供給。因為國家伐林促成中國人利用稻稈與竹類爲造紙的原料。現在英國紙業廠主也企圖利用此種原料。森林缺乏就表明是農民家庭工業與鄉村手工業發展的衰微。在俄國的鄉村間如果沒有森林以作爲原料物，則俄國的手工業以及其他許多家庭工業部門等就不能存在。然而中國的農民是沒有這些原料的。由此我們部份的也可以解釋中國農民的財產發展遲鈍的原因。

「在廣西省因爲地主佔有森林，而使地主的經濟力量更爲增加。據國家的統計，全廣西的森林可以分作三部，屬於國家的有三八八·三二二畝，屬於社會的有一五·〇〇〇畝，屬於私人的有二·八五八·四一〇畝。此種所謂私人的，當然就是地主的，因爲沒有一個農民能佔有一部份森林的；而所謂屬於社會的，當然也就是屬於『紳士』的了。在北部的一縣曾因爲此種原因而發生過農民與地主間劇烈的鬥爭。在那邊森林是農民的田地灌溉的源流。因爲樹木建築料價格昂貴的關係，地主拚命的斫伐森林，因此而引起溪流間水分的減少，而許多的米田至於完全不能灌漑。農民起來要求國家以強迫的方法保護森林。」(註)

(註)塔爾漢諾夫著：廣西省社會經濟結構概論　廣州雜誌 1927年 No.10，88 P.

伐林的第二個結果就是西北地帶氣候的轉變。按李黑特荷芬的意見，在幾世紀之內這些地方氣候已完全變化。當森林還存在的時節，森林區植物叢生，粘土地的肥沃因爲雨量的適宜分配，而得以保障。當森林作了這些強盜主人的犧牲品的時節，草源也變成了耕田或則流爲荒地氣候亦因之轉變。『在這些區域內落雨完全是不平衡的。旱則終歲無雨，落則積水成災。』（註）旱年頻生，而旱年時森林也要立刻變爲荒田。此種情形在直隸在山東已常見不鮮，例如一九二七直隸與山東西部的大旱完全毀滅了夏季的收穫。

（註）：瓦格那著：Die chinesis che landwirschait 第九頁。在德國佔據膠州的時節。德人在青島附近栽植森林至二十萬畝，因此，平均算來每年的落雨爲八十五日，在未栽植森林以前每年的落雨只十二日。張宗昌已經在斫伐這些森林了。

農民盡可能的保護森林。破產的小生產者是不能夠栽植森林的，這差不多是整個國家的事業。農民只掘井以灌溉土地，此外因爲粘土的地下水分已滲降更深，因此，地面水分不能與地下水分接觸，因之深伏地層中的滋養料也不能傳遞上來，農民只能再另施肥料。這就是說：最著名的李黑特荷芬定律已開始在粘土區域內運用。

統治階級消滅了森林，關於再培植樹木的事他們想也未曾想過。由此而形成氣候的變遷，由此而引起河水的時常汎濫，由此而將黃土的最鮮豔的特色消殺淨盡。中國的北部西北部與西部諸地現在處於日益衰落的危機，即猶之於過去農業曾經繁榮過的中亞細亞高原，因爲伐林的結果，氣候變遷，乾旱無雨，而飛砂走石的狂風又將田地肥沃的地層捲去，因此將亞細亞高原變成了游牧民族的牧畜場。社會條件決定此種強盜式的管理，促成農業的衰落。

中國的農民急於想逃出此衰落的局勢，而以他那最可憐的工具提高經濟技術。中國的農業技術史是一部眞正由人民的創造，深思，考慮的敘事詩，這是一本農民爲自己經濟復生產而不斷的鬥爭史。韋伯爾（Weber）說在中國的歷史上只存在過壟斷，這是完全錯誤的。紀元前一一一二年，周朝的時節，皇帝的命令曾述明每戶得田百畝，分之成半，以備來年。城市近郊則有五十畝與百畝不等，而最貧瘠之地亦有取得二百畝者。由此證明，當時還存在着土地基金，按土地位置優劣算計（城市近郊得土最少），而最主要的是當時土地的分耕。由分耕而進到常耕這只是漸進的過程，是按着技術發展與人口增加的比例而完成的。

但是在五世紀時，中國的農業我們看來已經是很發達了。從這個時期到我們現代蔡石寄（譯音）在他所著的書上論到漢朝的農業（從紀元前二〇二年到紀元後二二〇年），無疑義的，這一部著作在利比赫與寄爾郭夫以前是一部論農業的有價值的著作。

指明了關於五種主要的植物的生產——大豆，小豆，麥，秋麥與最主要的植物，稻，並且敘述到關於各種植物耕鋤與播種的方法，論及何種植物應當在何種田地上植着，他這種的敍述在十九世紀末葉的農業學是批評不倒的。他知道有六種不同的播種法，他在實驗中認識豆穀玉蜀黍等植物的特徵。農業科學只有在十九世紀時才有大的發現，『皮殼植物之異於其他培植植物者，在於皮殼植物差不多具有一種特性，就是它吸收窒素不是由於田地間，而是由於空氣間，它們不只是不能使田地間的窒素減少，反而使之豐富。但是他們此種特性之能夠表現，只有在田地間存在有某種的微生物，而這些微生物都寄宿於植物之根的時節。如果田地間沒有此種微生物時，也可以以適當的接木法，使皮殼植物能夠將田地間窒素的貧缺變爲豐富，因此，對於其他耕植的植物也施了某種程度的肥料。皮殼植物細菌的接種，按一般的原則是能夠使與適當的礦物肥料結合（燐酸鹽與加里等肥料），能夠從土地上得到最高的收穫而不用另施肥料。』（註）

（註）考茨基：『Die Agrarfrage』82 p.

而中國的李比河與葛利哥（譯音）共同以實驗的方法來創定此種規律，並且熱心的鼓吹在果實的植物間播散大蔴，與豆。

他勸告人民種豆，而在豆尚未成熟之期，即耕去土地，以使此種豆類作爲土地的肥料。

（註）他提議畦植，以保藏雨分並可避免風患。他很正確的敍述出水分對於米的作用。他所

提出的播種法在現代的科學上也還未失掉其意義。他研究了氣候土地的特性等等一切問題。他這一切問題都是在第五世紀時敍述關於第二三世紀時的農業。在這個時期，中國人已經知道改善種子是與農業災害鬥爭的工具。在第四世紀時，農民已採取焚燬土地法爲拯救田地衰落的工具，而在第六世紀時，播種法已經就結合了九種植物，有果園，種菜蔬，輕視農業的擴大，稱頌農業的加深。在九世紀時，已有新式耕犂的採用。中國農民當時已有播種機，並且在四世紀時，已經就有敍述農業經濟工具的書籍了。

註一)現在中國的農民將這些植物的莖，根一齊刈去，以作爲燃料，而將田地間的細菌亦由此被剷掉。

可惜我們所能得到的關於中國農業技術發展史的材料很少，因爲英國，法國，德國的中國問題研究者對於這些問題都很少研究。但是根據我們已得的材料，已可以斷定中國農業技術的發展在漢朝卽已達到最高度，從此時起農業技術都少有變化。帝國主義的侵入以及技術貿易與文化的形成不會促進技術的發展，只是創造了更加緊施放肥料的必要。豆油渣雖然在很久以前和其他廢物一樣卽利用爲肥料，但是他還是在十九世紀與二十世紀時才成爲多少帶有買賣性的肥料。

不言而喻的，中國農民的農業技術雖然在日本，在爪哇，在菲律賓以及在印度支那會是進的導師，但是在農業科學與化學驚人的發展的現世界上，終竟表示頑固而且落後了。不自先言而喻的，同最新的農業工具比較起來，『中國農民的工具表示是在依拉利（Uzpauro）的然經濟時代了。』（註）肯哥最大的錯誤是在於他將中國的農業技術理想化，他讓美國的農民來模倣中國的佃農。美國的農民與歐洲的農民從中國的農民間固然可以得到許多教訓，但是中國的農民也應當習學美國農民的技術。瓦格那的功績就在於他指出了中國農業技術的大的缺點是頑固與落後。

（註）亞爾諾爾：China a Commercial anu Ind s rial han dboo 149頁。

但是，『技術』不能與社會制度分開的，當帝國主義的軍國主義與地主的壓迫不只是將農民的最可憐的資本都變成地租與利潤並且將農民大部份的工資都剝奪了去的時節，當高利貸與中國的市場關係，中國的商業制度還統治在鄉村的時節，農業技術的改善根本是說不上的。經驗告訴我們，中國的農業試驗場，農業大學等等對於農業經濟沒有任何的作用，因爲他們的影響只是在幾百個鄉村的很小的範圍之內。在革命尚未能將農業的生產者從中世紀的壓迫解放出來的時節，是不能夠開拓一條平陽大道，是不能夠從貧困，衰落，饑荒，破滅中逃脫出去，並且要將在世界上曾經是最繁榮，最富腴最文明的地帶漸漸變爲荒原的。

此種不幸的命運將危及於整個黃土區——直隸，山西，甘肅，陝西的北部份的河南與安徽，山東的大部。在這個地帶，八千萬至一萬萬人民的滅亡已迫在眉睫了。

第五章　牧畜在中國農村經濟中的作用

中國農村間的第三個區域——既異於產米區，又不同於肥沃區——就是墾殖區，在我們未敍述這一區域之前，我們先講一講遠東農村經濟中的一個最主要的特徵；我們記得，遠東經濟的特徵就在于遠東農村經濟與歐美以及近東的農村間之深刻的區別。我們看來，遠東農村經濟間的這一特點——牧畜的特殊作用，在表現遠東一般的尤其是表現中國農村經濟的特徵上，其意義也不亞于耕犂制與肥料。

農業若不與牧畜結合，就難以說是歐洲式與美洲式的農村經濟。在歐美農業的進化很顯然的就在于牧畜養禽與製乳業在一般的農村經濟間意義的提高。自從牧畜由牧場的豢養進到廐舍的飼育之後，牧畜意義的比重愈益提高。在英國，羊從田地間驅逐了農民，即便在紡織業尚未發展的地方，牧畜雖不能在供給工業的原料上增加其偉大的意義，然而在鄉村經濟間却愈佔了最主要的地位。北美合衆國丹麥，德國，巴爾幹諸國，匈牙利，奧大利以及革命前的俄羅斯都能夠很好的證明：資本主義除去發展農村間的商業，發展紡織業的生產之外，資本主義還要以提高牧畜的比重的方法而侵入農村。若沒有這些牧畜業的生產品——肉，牛油，西爾，牛乳等，我們就難以找到日常的食用品了。雖然棉花在紡織工業上已大量的應用，雖然礦質木質與植物質的油料成爲一般的工業的輔原料，而在化學以及其他工業部門中都成爲主要的原料，其意義幷逐漸提高；然而牧畜業在供給工業的原料上還是很重要的。牧畜業供給製鞋業的原料，這是一般的定律。雖然在農村經濟間機器的作用大量的提高，然而牲畜在工作與轉運兩方面還是形成偉大的作用。

因此，如果我們不完全明瞭這些事實：如在中國，印度，日本，爪哇，印度支那，高麗，菲律賓羣島等地的廣大的區域中，牧畜業較之歐洲與近東只是形成完全另外的，並且極小的作用，那末我們就不能夠認識遠東農村經濟的現在狀況。在印度與印度支那的幾種落後民族間還經營牧畜業，在中國的幾個區域中：如內蒙古，新疆，甘肅，山西的一部與陝西，四川的西部以及雲南的數縣，牧畜業還是有某種的意義，但是這些事實還是不能變換一般的情形。牧畜業在中國之形成多少重大的意義者只有在蒙人與回人所居住的非中國本部之內。一般的說來，在遠東（蘇聯的遠東自然要除外）馬牛的作用是很少的。牛已經不再供屠宰了。牧畜業一般的不是在供給衣鞋生產的原料。從十四五世紀起，棉即成了紡織生產的主要原料，但是卽便在這時期以前，毛絨也沒有形成過大的作用，因爲當時下層階級使用的物料，就是絲。牲畜也不是人民食料的來源。在遠東牲畜於運輸的作用上，較之歐美也小得利害。如果說歐美製乳業的意義已經提高，並且其城市的近郊已經成了資本主義發展的有力的支點，可是在遠東——中國與爪哇——的廣大的區域中，製乳業到現在還不曾形成過任何作用。『在農業經濟的發展中，歐洲與亞洲幾個區域中的主要區別就在於中國人與爪哇人不知道製乳經濟，而在歐洲製乳經濟在荷默時代（第九世紀——譯者）卽已經存在了。在另方面，印度人在中世紀時不狩獵牲畜，在更早的時期上層階級拒絕食肉。吸乳獸與屠宰獸在亞洲很大的區域中並不豢養。』（註）

（註）馬克思，維比爾著：『經濟史』三二頁

企圖將中國農植業的加深而變爲牧畜業的推廣，勝利的牧畜業者此種經濟上的反動企圖，竟遭到了失敗，釀成中國牧畜業與製乳業不得發展。卽便在中國的鄉村中的耕作獸比之歐美，其作用也是微小的不可比擬了。

在印度，英帝國主義與本地的封建勢力與高利貸者結合，使印度的鄉村經濟有劇烈的破壞。卽便英國人自己也不得不組織皇家委員會以研究改善本國（印度）經濟地位的方法了。

(註一)牲畜問題是皇家委員會的當前問題之一，因爲在那裏牲畜的死亡，雖不是鄉村借貸(高利貸)的最主要的原因，但總是原因中主要的一個；並且有角牲畜發展的一般趨勢，因爲有物理的經濟的以及社會與宗敎的諸種原因的影響，造成了這樣一種的情形：當牲畜的體格衰落而尤其是當他勞動力與供給乳汁的損失之後，他只能夠得到最低限度生活物的滿足。時疫流行更使着牲畜大量的消滅(註二)『綿羊，牡羊，山羊的數目在過去二十年間不斷的減少；一九二五年七月的旋風毀滅了幾千頭牲畜。卽便霍拉西——馬拉西省的游牧民族——也不注意怎樣豢養優美的獸種，以求得最鮮豔的毛絨，養料，皮革與乳汁。』(註三)這些事實證明着印度牲畜的衰落。

(註一)此皇家委員會沒有權利研究土地關係。若不是消滅印度現有的土地關係，若不是剷除英國的統治，根本就不能夠改善農業的技術，昏庸的大英帝國主義是不願意明瞭這些，或者就是他雖然明瞭而裝作不知。

(註二)法汗著『Bu al india and the Royal Conrsio』第十三本 No 七五，一九二七年四〇一頁

(註三)『India Journal of Economic』第七本五〇一頁

官場的材料也指明說：『日本的牧畜業因爲宗敎的觀念，氣候的條件以及人民的習慣等等而未能得到發展，按一般的習慣，人民生活的形式不需要牧畜業的生產品，如皮，革，毛，等等，日本種的馬狗與日本種的有角獸都遭到了滅亡。一八九四——一八九五年中日戰

爭的教訓，和一九〇四——一九〇五年日俄戰爭的教訓一樣，使政府與社會確信有改善馬種的急切需要……牧羊業是日本牧畜業中最落後的部門……，家禽業還不曾達到任何地步的顯著發展。在其他鄉村中人民的職業，家禽業還只是佔很小的地位，並且營家禽業的大的農家還沒有。製乳業是經濟中的新的部門，並且現在還在嬰兒的發育時期。西爾（用牛奶所製，中國所謂臭奶餅——譯者）的製造還不大發展……時疫的流行給牧畜業一嚴重的損失。」（註）

（註）『The Jupun Jearbook』五〇七—五一一頁

譯到耕作牲畜接着要指明的是：日本農民經濟的瑣碎與細小已達到這種程度：不只是耕作獸，卽便耕犂在農民的用具中亦幷未佔有地位，日本農民用鏟以掘穿他的土地，顯然的，他這是用手的方法。（註）人擠去了牲畜，而鏟排走了耕犂。

（註一）在四八六一．三六〇農村經濟的總的數量中，有二．三九五．九八四個經濟只有還不到〇．五（等于四五畝）的播種地。

在爪哇，菲律賓，高麗與印度支那等地，我們可發現出有多少不同的情形。在高麗與中國，女子與孩童時常就執行耕作獸的作用。如果要計算土地價格中農民工具的組成部份的時節，那末，在滿洲牲畜與家禽佔七％（註二），安徽則一．七％，直隸則四．六％，而在廣東則估投於農業工具全數量的一・四%。如果土地的價格不包括在內，那末，在蘇聯的遠東牲畜估全工具的四一・六一%，而在滿洲牲畜比較富足的地方則估二五・五%。農民經濟由牲畜方面的收入，滿洲則估三・七%（註三）安徽則估三・六%（註四）直隸則估百分之二・四（註五）

（註二）『在北滿洲的中國農村經濟』一六六頁

（註三）同書的三〇三頁

（註四）An Economic and Social Survey of 一〇二 Farm near Wuhu 一二頁

（註五）An Economic and Social Survey of 一五〇 Farm near Jenshan 二一頁

中國（包含有蒙古，新疆以及其他牧畜區）的對外貿易中，牧畜物（家禽毛羢，駱駝絨等都包括在內）的出口佔總出口數目八六四百萬兩中的一一〇百萬兩。在中國的北部，馬驢，騾等在行動與運輸上也有相當的作用（如駕車並常有駝運）雖然在這種作用上，人與牲畜的競爭已經漸漸的加緊。在南方駕車獸沒有，牲畜之成爲運輸工具只在搬運，同時南方的搬運獸也相對的減少，因爲此地苦力的搬運又將牲畜排擠出去了。上面的情形並沒有什麼奇怪，因爲在中國的中部與南部，由人搬運所付的價格低于牲畜僱用的價格。（註一）北方的『發展』也是向着這一方面。『旅客從天津到保定坐人力車最敏捷，輕便。人力車走九十里路只用五六點鐘，而驢車則必需十二三點鐘。』(註二)人比牲畜要快。人力的價格有時還便宜過鐵路。(註三)在城市中牲畜是不用爲搬運工具的。城市有人力車，苦力，在數個城市中在價格上他們還要與電車公共汽車競爭。

(註一)瓦格那(Wagner)在『Die Chinesische Landwirtschaft』一六六頁中敘明：苦力搬運每噸重，每啓羅米突的長度〇・一〇—〇，一五馬克。由牲畜搬運則〇，二〇—〇・二五馬克。在中國的中部轉運每噸重每啓羅米突的長度，一則爲〇・一五—〇・二〇馬克，一則爲〇・二五—、三〇馬克。

(註二)『Chinese Economic Journal』No 6. 由天津到保定有長途汽車，每搭客的價格爲一元二角，人力車則比較便宜。

(註三)這是北京政府鐵路顧問美國人伯克爾所說。但是必需要注意的是：因爲有强佔，賄賂，捐稅等等，鐵路轉運的價格已增過一〇—一二倍。近來更因爲鐵路的毀壞，貨車的缺乏，因軍事行動而引起轉運貨物的停滯致使北方的許多地方已經不用鐵路，而用其他的轉運形式了。

在上海公共租界一個地方，雖然有電車與公共汽車的交通的發展，但是人力車的數量在一九一四年爲一四・八六七輛，在一九二四則爲一九・八八二輛(註一)到一九二六則爲二二・〇〇〇輛了。在北京人力車的數目已達到七〇・〇〇〇，但是由他的工資所養活的人

（他的家庭在內）已有二四〇·〇〇〇了。剝削的殘酷眞非我們所想像得來的！人力車夫平均只能拉五六年最多十年，這個時期過後，他就不能夠維持，因此人力車夫就變成跛子，乞丐，盜匪或則因飢寒而倒斃。誰也不能計算出究竟在運輸上要消耗多少人的勞動力。北京政府的鐵路顧問白克爾計算全中國的苦力的數目已達到二千五百萬人（註二）此種牲畜式的勞動無窮的在踐踏着人類。「他們全是鴉片鬼。」（註三）苦力不斷的增加，使他們到中國土匪式的軍隊中間去，作軍隊的運夫。沿軍隊巡行的道路，農民都藏去了自己的牲畜。這就是上海近郊看不到牲畜的一個原因。軍隊徵集牲畜，但是沒有牲畜，即有也很少，其結果就是將農民拉了去。「當農民不能擔任笨重的工作時，即將他槍斃。」（註四）河南，陝西，直隸，山東，農業衰落的一個最主要的原因就是軍閥徵集牲畜。張作霖一九二六年在滿洲徵集了六萬匹馬與三萬乘車輛並帶有馬驢以供運輸之用，並且我們還不知道究竟有多少人力車；苦力被強迫着去作運輸工作。

（註一）Chinese Economie tont'ly No 8

（註二）萊美爾著：Reaclingon Chinese Economic

（註三）Chinese E onomic uonthly

（註四）『Paper Respecting Labour Condition in China』四六頁。

在這一切城市的轉運工具中，人力車在技術上是已經「進步」的了。當美國的傳教師在日本還沒有發現此種美妙適意的運輸工具時，中國人與日本人是用一種抬轎的方法，這就是說搬運一個人至少要用兩個人的勞働力。技術的進化就是引起勞働生產力的提高，現在的人力車搬運一個人只需要一個人的勞働力了。在落後的城市中，抬轎還是很通行，在南方的交通完全沒有建築的地方，轎還不失爲各城市間交通轉運的工具。就是從廣州到湖南亦往往有用轎行旅的。是的，城市中已開始建築電車路。（註一）是的，中國和其他各落後國家一樣，他也可以採用其他國家中最先進的運輸工具，並且在幾個地方實際上已經創立了汽車運輸，並且建築了道路。（註二）

（註一）電車只在大連，香港，旅順，奉天，上海，天津，北京，哈爾濱，八地有。

（註二）據官場的統計，中央政府，各省政府，美國紅十字會，華洋義賑會，交通部，軍政部，私人團體，與個人，總計從一九一六年起已經建築了差不多九〇一〇・〇〇〇里，即等于四・五〇〇—五・〇〇〇啓羅米突路。國際慈善社預定以這種方法救濟貧民。此種道路的整半數是在直隸，山西，河南，山東，安徽，江蘇以及一九二六年的貴州的大飢荒的時期建築起來的。這些道路的一部份已經毀壞，例如山西的大路。

但是這五千或者是一萬個啓羅米突的新路也只是滄海中之一粟（這一個統計是從 Chinese Economic Monthly T. II No2 以及其他報章中來）。然而這個統計與事實遠不相符。無疑義的，中國路政的建築雖然是很慢，但是無論如何要比我們此地指明的這個數目快二三倍。

但是這些已築成的道路比起還未建築的道路來，當然還只是滄海之一粟。水路運輸還是轉運的最重要的工具。在這種關係上，南方比北方是方便多了。例如，揚子江在水路交通上意義的偉大，爲我們解釋出盧森堡所肯定的『鐵路網的發展差不多表示資本主義侵入的程度』，（註）這句話在中國不一定完全適應。如果要以這種方法來度量資本主義侵入中國的程度，那末就要得到一種很可憐而完全不與事實相符的情形。在中國的鉄路線中，整整的一半是建築在滿洲，這個數目即便同其他的殖民地或半殖民地的國家比較起來也渺小得不可言狀。江河航業的提高，與鐵路的發展並列起來，以決定資本主義侵入的程度，這樣的觀察是比較正確多了，但是還不要忘記：鐵路與河，海的航業還不足以稱資本主義，不過只是在殖民地創造了資本主義的先決條件而已。

（註一）盧森堡著：『資本的積累』三四五頁。

人力將牲畜從運輸業間排擠出去，這是歷史發展的結果，由此指示出中國『反對機器的最劇烈的鬥爭』也正是在這方面。國家本身就是第一個機器的破壞者。一八七七年政府命令拆毀滬淞鐵路，並且將鐵路的物料等運往台灣去。拳匪之亂的直接導火線即是京津鐵路的建築，因為因鐵路的建築將幾萬個運輸工人，苦力與水夫的生計完全剝奪了去。在北京幾千個人力車夫與苦力臥在電車軌上，以阻止電車的交通。在廣州一九二六年，政府因人力車工會的要求而限制公共汽車的行駛。在汕頭一九二七年人力車夫搗毀了第一個公共汽車。電報與工廠沒有引起過這樣的反抗，雖然罷工以及其他的衝突在上海也時常引起破壞機器的事。電車，自來水，水溝，在城市中永遠要遇到許多最有力的反對，因為他們要將幾萬個工人拋到失業方面去。（註一）即便中國最可憐的鐵路，雖然因軍隊的拆毀而至于完全凋零，可是它還能執行幾百個人的工作。（註二）人力對牲畜的排擠，鐵路線發展的特別衰敗，河水航業發展的比較衰落，這一切引起人的勞働力無量數的消耗。『在一定的距離內，商品的轉運所要求的有生的與無生的勞働數量愈少的時節，則勞働力的生產力愈高，反之亦如是。』（註三）人力作運輸工作對于時間上的回轉甚長，更引起附帶的消耗。在高麗，印度，以及印度支那運輸業所消耗的勞働力特別少於中國，至於更高的日本運輸業的發展當然更不能同中國比擬了。

人類不只是從運輸業中將牲畜排擠出去，並且也從生產範圍中將牲畜驅逐出去了。中國農民經濟的瑣碎與貧窮正和日本及印度的數省相同，因此而促成的鏟鋤代耕犂，以人力代牲畜的事。在南方的稻田中，以鏟鋤掘穿土地有特別重大的意義，在北方的旱土地帶也是一樣的。鏟鋤不只是用在小的地塊中；如果農家人力充足而牲畜力不足的時節，大塊的田地中國農民也是用鏟鋤的。（註四）牲畜力是不夠的。如果說，因帝國主義戰爭與國內戰爭的結果，蘇聯農民經濟鬧的主要病癥是牲畜不足，那末我們很勇敢的也可以說：中國農民經濟之經濟力的貧弱絕沒有充足的牲畜力以供役使。在上海每頭牛每日僱傭計洋二角，騾或馬則三角五分，驢則一角。在農忙之時，牛每日僱傭的價格則增至三角，騾則五角，驢則二角。僱用者必需照顧豢養。（註五）熟練工人的工資除吃飯外每月爲二元至六元。鄉村工人的僱傭，普通的是按年計算，其工資除食用主人的物料外，每年可得十五至二十元之譜。每月工資則爲二元至三元，每日工資（田地忙碌之時）則除食用主人者外可得二角至三角（註六）在有些省中，人力賤于獸力。在湖北貧農時常僱用其富鄰的牛或山牛，他們豢養成羣的牲畜，專爲供給僱傭。僱用者用牡牛則付米一升，用牝牛則付米八合；此外，僱用者還需付牲畜本身所值的一半與牲畜的所有者以作抵押。有些牲畜的所有者豢牛至數百頭之多。（註七）在廣東小康之農家照例是要僱用牲畜。在許多的情形下，小農也只得僱用牲畜，但是僱用牲畜的價格，普通的是高于僱用農業工人的工資，（註八）如果農民不能僱用牲畜時，他即以鏟鋤代耕犂，以自己或自己家庭的手力代牲畜。

（註一）在北京雖然有自來水的存在，但是供給水還需要五千人的勞働。

（註二）白克爾著：2 China Land of Famine 三五頁

（註三）馬克思著；『資本論』二卷一二一頁

（註四）瓦格那：4 Die Chinesisch Land Wirtischaft 二〇五頁。

（註五）5 Chinese Economic monthly No 一一八頁。

（註六）6 Chinese Economic monthly No 九二一頁。

（註七）7 Chinese Economic Journal No 二一七〇頁

（註八）福林與約爾克著：The Pesant movement in Kwantuny

有角獸在屠宰上沒有大的作用，因爲宗教的思想，很多中國人不食牛肉。但是肚皮的空處阻碍他對于佛教信條的遵守，並且近來屠捐已經產生，這證明牲畜的屠宰已經通行了。

牛奶與牛油只賣給外國人，因爲是外國人需要的關係，所以牛乳業只握在外國人手裏，中國人連牛乳的香氣都不曾聞到！在中國羊毛的功用只在製造地氈，而其剩餘的原料則主要的是輸入到美國去。駱駝絨的地位亦復如是，毛絨在中國的衣料上是不通用的。皮革也是在出口，因爲大多數的中國人是裸足或則用草履，而富裕之家則用絲羅之履。牧羊業只是在新疆與甘肅（回民區）以及山西，四川等省形成相當的作用。中國的農民經濟中，只有養豬業與家禽業還有多少顯著的作用。美國，與英國以爲中國式的猪與家禽是最優種的。據熟悉中國情形者的意見，中國養猪與家禽業的方法是不值得我們一切的批評的。牲畜，猪家禽等的飼育只是以無用的廢物，並且在冬日的時節就要受餓，因爲他的主人大多數也是要罹饑寒的，因爲國際市場的壓迫，揚子江流域近來也增加養猪或者更正確些說——火腿製造業的發展了。鷄蛋的出口增加；鷄蛋的製造業——製造蛋白業也發展起來了。按賀爾瓦特的意見，中國人很早就很清楚的知道應用牧畜業，並且在市場條件沒有阻碍的地方，他們現在還利用其舊日智識的殘餘達到了很大的成績，例如在山東的北部。三百年前中國的學者徐光啓寫了六十本著作以貢獻給農業與牧畜業。在一九一二年當農商部將這些著作加了些修改而重新出版的時候，他們發現了徐光啓在農業與牧畜業兩方面都是完全正確的。（註）

（註）Chinese Economic Journal No 5

雖然我們對于中國經濟史只是表面的觀察，沒有充分的認識，但是我們也深信：中國的牧畜業雖然從來不曾佔過像歐美牧畜業那樣的地位，然而牧畜業在過去的中國所形成的作用，確乎比現在大的多，毫無疑義的，耕作獸在農業中的地位，在過去是比近十年來大。（註）在周朝時（耶蘇紀元前一一二二——二五六）還存在過牧場，牡牛是耕作獸的最主要的代表。中國古代，馬在中國軍事的技術上佔最主要的作用。

（註）下面的引證主要的是取自繙譯過來的文件與記述。

當時的軍事單位是由四駕的馬車作引導。三軍的將領乘在馬車裏。在車的後面及周圍排有二十五個衞兵，衞兵的後部則隨以七十二人的步兵。當時中國人已經沒有馬隊，因為在戰爭時，中國人在高原上還可以弓戰勝，但是在平原騎兵更易於紊亂中國的戰鬥佈置。（註一）

（註一）The Ancient History of China

我們在二世紀時的史記中可以找到第一個述明牧畜的瘟疫劇烈的傳染，以及貧農向富農僱用牲畜，並且還指出政府分發貧農特殊形式的耕犂等事實。此種耕犂不用牲畜也可以應用。在四五世紀時就漸漸的難以遇到有敍述耕作獸的不足以及禁止屠宰牲畜的事了。在明朝時，牲畜的不足達到這種程度：皇帝的上諭屢次敍明使官吏分發牲畜于農民，以使農民能夠墾植荒地，以取得衣食。當時已經使他們感覺到車輛與草原塞閉。顯然的，牲畜的凋敝以及其在工作方面的意義的低落，這不是中國經濟『自然形成的特色』，在印度也是一樣，這只是具體的歷史與經濟條件的結果。

當大部份的歐洲，劃林，流動經濟狩獵業與牧畜業比較只能夠維持極少數人民的生計的時節，遠東人口稠密的地帶才發生培養的問題。遠東的人民在許多問題上，已經憑經驗決定了許多十九世紀農業科學的事實，並且在培養方面他們由長期的觀察所認識到的事實，直到現在科學才開始分析。只有在二十餘年以前，科學才證明：『一千斗的穀物至少能含有五倍多的滋養料，並且其所包含的比他們經過牲畜變成了肉與乳的滋養料要多五倍。』(註二)

(註二)霍蒲肯斯著：Soil Fertility and pernienent Agrienlture 234 頁

我們不是蔬食論的宣傳者，但是我們應當要指出：按我們上面所引證的霍蒲肯斯的話的意見：許多次實驗證明牲畜是生產人類食品與滋養料的浪費的機器，因為『大部份消耗在牲畜的植物的滋養料都消失在空氣裏，即猶之於木柴之焚燬在火爐裏，所造出的只是溫暖，木質則消失在空氣間了。』霍蒲肯斯在以有趣的英國試驗場的統計更得到更高的證明，這個證明是關於一百個奉特穀物對於各種牲畜食用後的結果。

從一個奉特乾養料物中：

	用在它們生長上的	轉作糞類的。	消失在空氣中的。
牛…………	六·二	三六·五	五七·三
羊…………	八·〇	三一·九	六一·一
豬…………	一七·六	一六·七	六五·七

霍蒲肯斯更繼續着他的推論說：『然而經驗更為我們指明：人類用在他自己機體上還不到三分之二的由牲畜積累下來的滋養物。因此，如果要經過牲畜我們再用這一百個奉特的滋養料，也就是說我們用這一百個奉特的滋養料乳與肉，如果要經過有角獸時，則實際上這一百個奉特中只得到四個奉特，如果是經過羊呢，則可以得到五個奉特，如果是經過豬呢，則可以得到十一個奉特。(註)

(註)摘自肯哥著 Farmers of Forty Centuries

對於這些試驗我們是不大淸楚的，我們憑着霍蒲肯斯偉大的威權也可以相信。然而無疑義的，他的敍述爲我們解釋出中國人很早就很嚴重的發生了養料問題，並且很早就轉向食用植物的原因，解釋出有角牲畜爲什麼不能夠再成爲轉造穀物爲肉與乳的機器，並且爲什麼當有角牲畜已經不能夠在供給人類食料上形成任何作用的時節，羊與猪還能夠在這方面維持。如果霍蒲肯斯所說是正確的，那末由此我們也可以解釋出遠東之轉向半蔬食制，趨向於廢止有角牲畜在供屠宰與供給糞料兩方面的作用。

人民的養料問題從最古的時節在遠東各國卽成爲很嚴重的問題。同樣大的一塊土地，在遠東比在歐美要多供給許多倍的人的滋養品。因此，很自然的民衆的觀察與研究就趨向於以經驗來決定：那一種的食品——植物呢，還是動物——包含有更多的滋養價値，並且在一定的田地內那一種植物得到食品數量最多。在西方還是在二十世紀初科學才開始研究這些問題，因爲西方從來不曾見到像遠東這樣對于食品問題的緊張。並且，若是考察了現代科學研究的結果，你將更要相信：遠東的人民憑他數千年的經驗已經很正確的很適當的利用自己的田園以養最大多數的人口。這就是以營養人的觀點來研究各種動物與植物的價値的科學所得到的結果。註試看下面的圖表

	每奉特的養料的熱力單位	豐年每畝收穫的數量（以奉特計）	豐年每畝收穫的熱力單位	各種養料對麥粉的比例%
麥粉…………	一•六六〇	一•八八〇	二•九八八•〇〇〇	一〇〇
牛肉…………	一•一三一	二〇〇	二六六•〇〇〇	七
羊肉…………	一•二七五	二五〇	三一八•七五〇	一一
乳…………	三二五	四•〇〇〇	一•三〇〇•〇〇〇	四三
穀類…………	一•五五〇	三•六〇〇	五•五八〇•〇〇〇	一八六
燕麥…………	一•八六〇	一•八〇〇	三•三四八•〇〇〇	一一二
稻…………	一•六三〇	二•四〇〇	三•九一二•〇〇〇	一三一
稻餅與麥餅……	一•六三〇	一•八〇〇	二•九三四•〇〇〇	九八

（註）此表摘自穆凱仁著 Rural Economy of India 九八頁

豆……………	一・五九〇	二・四〇〇	三・八一六・〇〇〇	一二九
芋藷…………	三二五	二四・〇〇〇	七・八〇〇・〇〇〇	二六〇
甜山芋………	四八〇	三六・〇〇〇	一四・〇〇〇・〇〇〇	四八二

我們一看此表卽可瞭然。

每畝田所收得的肉類（猪肉或羊肉）較之植物品用熱力計要少十倍至七十倍每畝所取得的，牛乳比任何一種植物的熱力都少至二倍至十倍。至於單講到植物的養料，每畝田所得到熱力最多者爲稻，穀物，山芋，甜山芋。顯然的，我們還要繼續着看！在各種植物中田地間要消耗去多少營養料，如果要以此種觀點來看，我們就可以看到最有利的植物是稻。此外我們還要計算植物的成熟期，按這種觀點看稻類也是最有利的植物，因爲在適宜的氣候條件之下，稻每年可以收穫兩次或三次。在我們看來，此種情形可以解釋出在遠東人口稠密的地方，爲什麼人民從最古就拒絕食肉食乳，脫離牧畜業，將草原牧場變爲田園，並且解釋出爲什麼遠東的人民從最古就培植稻類的原因。

現在在遠東，尤其是在中國，農業的生產正進行着一種大的變動，就是甜山芋已開始排擠稻類，此種圖表可以爲我們解釋出他的原因來。(註)從上面的圖表可以看清：一個奉特甜山芋所含有的熱力單位比稻的熱力差不多要少四倍，雖然如此，但是每畝田地由甜山芋所得到的熱力却比由稻米所得到的熱力多三倍半。在實際上，我們也可以看到：在日本，中國，高麗等地，甜山芋傳佈的速度實在驚人的很。日本在一五八九年從荷蘭人就學到了耕食山芋，中國也是在十六世紀時就知道耕植山芋。但是當中國人所知道的只是些劣種的山芋的時節，此種植物是不能夠成爲中心的培植物的。甜山芋的傳佈差不多是開始於三四十年以前，並且從此時起就是它不斷的勝利，凱旋的歷史。在日本，甜山芋還只是三四十年以前才打通自己的路徑，而現在甜山芋在人民的食料上已經佔了很顯著的位置，貧窮的人民已經不用米而食山芋了。在中國所看到的也是同樣的過程。在普通的條件之下，每畝地能夠取得兩仟奉特的甘山芋。中國的土地與氣候的條件以及農業經濟的工具(不求深耕)皆適宜於山芋的培養，更主要的是中國的肥料與播種方法都完全適合於山芋的培植。如果是在割刈了豆，碗豆等植物之後，再種植山芋，並且能施以糞與灰燼等類爲肥料，則山芋的生長一定很可觀的。不錯，天氣乾燥時必需要灌溉，但是灌溉的技術中國的農民也是有的。甜山芋在收穫期的關係上也可以與稻競爭，並且在長江下游，甜山芋每年已經可以收穫三次。此外，甜山芋所需要的肥料比稻所需要的少，如果稻每畝所需要的肥料的價格爲八元至十元的時節，甜山芋所需要的肥料只在一元至三元而已。因爲這些原因，所以山芋戰勝了稻米。日本農民每年已經需要到四五•〇〇〇噸甜山芋。至于中國，『在廣東甜山芋代替稻米的現象，比之植桑代替種稻的現象還要多，還要普遍些』。廣州大學農科研究了廣東省三十一縣的結果，發現了這些事實：山芋與甜山芋在鄉村人民的食料中佔第二位。山芋的顯著的傳佈，緊跟着就是對於稻的排擠。山芋要變成最主要的食料了。(註二)

(註一)波爾切爾著 Cultivation of the Foreign potato in China University of Nun King Miscellaneous Series No 6

(註二)約爾克與福林著：The peasant movement in Kwangtung 一五頁

在浙江不只是農民並且漁人也已經不食米而食山芋了。由優良的食品轉到惡劣的食品，這是南部與中部各省所表現的同一現象。在德國，捷克斯拉夫與波羅的海沿岸諸國，山芋在食料上也佔很主要的地位，不過那裏用山芋時還要用其他的生產品。在斯拉夫的一部份人民中，因爲匈牙利的資本的殘酷剝削結果以致貧窮到極點，山芋於是就成了他們唯一的食料，並且因此而發生了一種特殊的疾病，即所謂『高爾沃』。因爲從優良的食料轉到惡劣的食品，在中國此種病症也成了民族的病症了。

然而，中國的農民以及其日本的印度的兄弟們，按他們的階級地位而言，現在是不能夠夢想要求合適的，有益的，漂亮的食品的。他們應當盡量的利用田地盡量的降低他們的營養料。這兩種目的在採用植物食料上是達到了。如果中國的家庭是由五人組成（按北京醫科大學教授伯納答利德的計算），就需要一三•六八三的熱力單位，可是此種食料的市場價格較之於相等的英國每天的食料就要低三倍，英國的食料也是供給這樣大數量的蛋白質與熱力，不過英國的食料中包含動物的生產品而已。（註）

（註）塔洛夫著 The Study of Chinese Rural Economy

我們再往下看。在牧畜業中，生產期延長，並且只能夠容納很少的勞働力：『一部份的牲畜（牲畜的積蓄）要保留在生產過程中，同時其另一部份則作為生產品而出賣，……每年只能夠有一部分的資本回轉……一部分的資本則停滯於生產過程的長期中，因此使全資本的週轉遲慢。』（註）此種情形在遠東更有特別意義，因為遠東的農業資本其回轉的速度較之歐美要快兩三倍，其原因是由於主要植物的成熟期特別短。我們已經看到：在中國一切的樹木中，只有楊柳的栽植還相當普遍，因為楊柳的生產期只五六年，而其他的樹木則要一二——一四年，並且楊柳是最適宜於河畔栽植的樹木，他最易於栽植於河邊，湖畔以及灌溉池沼等地的確，在中國的經濟中，豢養豬，羊，禽，魚，等也形成多少重大的作用，他們的生產期，較之馬牛的生產期自然縮短很多了。在遠東農村經濟缺少資本的條件下，此種情形也是有很大的意義的。

但是在此處我們還要指出兩個最鮮明的特色。飼猪業在中國的南北部都是一樣的發展。然而家禽業就有些不同，在北方主要的養鷄，在南方則是養鴨，鵝等水禽。因此，在南方鴨是禽類的代表，北方則鷄是禽類的代表。此種的區別也同樣的表現在耕作獸。在北方耕作獸的標準形式是馬，騾，驢，南方因爲主要的是稻田與濕地，耕作獸則爲牛。比較有力的經濟一定要豢牛。北方的貧農是養驢，騾，富者則養牛，馬。佃農經濟則完全沒有耕作獸。水牛最適合於抵抗泥澤及水，所以牠成了稻田的耕作獸。但是，我們已經看到：水牛在經濟生活中的比重，是不能夠同歐美農村經濟中馬的作用與意義相比擬的。

牧畜業不甚發展的另外的原因，就是因爲在遠東尤其是在中國，小農經濟與佃農經濟是歷史積累下來的土地使用形式，很顯然的，這不能避免土地佔有的集中。小農經濟不能夠很經濟的利用耕作獸，並且因爲經濟零碎化與分散化過程的加緊（因爲有各種的原因，如繼承權，地主爲了更加甚的剝削而採取分租，破壞農民經濟的基礎等等），致使更難以適當的利用牲畜。巴克教授根据他研究安徽，蕪湖附近的一百〇二個經濟的結果，得到以下的結論：這些經濟單位的全耕作獸平均起來每年作二十四日，(註) 其中十畝以下的經濟平均每年作十四日，十畝至二十畝者則作二一・四日，二十畝至三十畝者則作二四・九日，三十畝以上者則為三〇・三日。

(註) An Economic and Social Survey of 159 Farms 29,49,50 頁

巴克研究直隸一五〇個經濟的結果則指明：(註) 這些經濟的耕作獸平均每年作六一日，其中不及十畝的經濟則為四六・六日，十畝至二十畝者為五一・八日，二十畝至三十畝者則為七一・七日，三十畝以上者則為六二，五日。

耕作獸不只是在冬季的四個月中要完全停止工作，並且在夏季的兩個月中也是要不作工作的。在這個期間，牲畜就要受饑，牲畜的飼育要降到最低限度。

李黑特荷芬即已指明：因為中國土地使用的瑣碎的結果，中國耕作獸以致懶惰成性，少有利用。沒有地方可以容納牲畜的勞働力。巴克說：如何利用耕作牲畜這是全中國的一個問題，這話完全是正確的。

(註) An Economic and Social Survey of 102 Farms 第五頁

農產品商業的發展，更增加了獸疫流行的可能。日漸衰落，營養不好的牲畜不能夠抵禦疾疫的傳染。由此可以解釋出在中國，印度，印度支那等地，瘟疫流行之所以特凶的原因。只有很好的國家組織能夠合理的與獸疫施行鬥爭。日本的政府已相當的執行了此種任務。中國政府是腐敗不堪，因此，他不曾作過任何社會的公益事業。一九二六年，蒙古因爲瘟疫流行，牛類死亡者達數萬頭，但是政府却不曾採取任何方法，以同此瘟疫鬥爭。

最後，在牲畜間自然的貧困較之在人民間還要凶烈。當蘇聯的泡喔爾斯基的饑荒時期，我們可以看到此種情形。在中國國家的政府對於這種自然的貧困不能給以任何積極的幫助，因此，它的影響將更要凶厲更要殘酷些。在這個時期，牲畜只有死亡或則賣去而遭屠宰。當直隸一九二〇——一九二一年遭水災時節，百分之七十五的貧農的耕作獸都死掉或被賣掉了。在貴州一九二五年也發生過此種同樣的事。而軍閥戰爭所造成的牲畜的毀滅，這較之於農村經濟的貧困更甚，更厲害些。例如巴克曾說過：即便在最偏僻荒廢的縣市中，農民在距城三里路的地方不敢攜有牲畜，因爲是怕被軍閥徵收了去。

城市近郊牲畜的缺乏也是園藝發展的原因。烏里亞諾夫曾經說過：在莫斯科的附近，有時候能夠發展一種理性的經濟而不需要牲畜。對於中國的園藝者這些話也是正確的。但是軍閥的徵集牲畜更加緊了此種情形的影響。根据美國貧民救濟委員會研究的結果，一九二五年貴州與四川南部的大的饑荒的一個最主要的原因就是軍閥徵集牲畜。

帝國主義——這是中國農村經濟自然貧困的原因——更使耕作獸在中國的農民經濟中的地位變壞。從一八六四——一九一四年這六十年當中，牲畜的價格提高到一百分之一百八十——二〇〇%，而在一九一四——一九二三年這一個時期，又提高了一百分之一百六十至一百八十。在以前中國的經濟還能夠以同蒙人與回人的牧畜者交換的方法，相當的補充他們對牲畜的不足。但是，現在這一些地方的牧畜業已經衰落，而牲畜的商品還要出口。印度的英國兵將中國騾馬都買了去。

因此，在最初植物的食料將牲畜從人民的食品中排劑出去，而在現在我們又看到惡劣的食品排劑了良好的食品。牲畜在供給食用品上現在已沒有多大的作用。即使在出口的供給上，它也不過是一副虧本的機器而已。

牲畜對於紡織業也不是原料的供給者。人力將牲畜從運輸方面排劑了出去，而最近又有些被機器排劑了。人力同樣的將馬，騾，驢，牛等從農業的耕作獸中驅逐了出去。

這些經濟的，歷史的，社會的，政治的原因的結合，造成在遠東經濟中，尤其是在中國的鄉村經濟中，牲畜的作用小到不能與歐美比擬。

遠東農村經濟以及中國經濟間的一個最主要的特徵也就在這裏。此種特徵就是中國經濟特別與歐美不同，其不同於澳洲當然更不必說了，在澳洲牧羊業所形成的作用，可與麥的生產並列。

我們還要指明一點很主要的情形。按一般的規律，在遠東，牛是一種『祭祀的動物』。牛不能作爲屠食獸，因爲不許屠宰牛的。此種情形在印度更形成特別重要的作用，例如在品約伯省，按英國與印度專門家的意見，牲畜中的一半是既不能供牛乳又不能作工作，他們積累又積累，但是又沒有供積累的牧場，在經濟上他們沒有任何帮助，然而又沒有充分的食料以豢養他們。這是印度一般的現象。宗教的傳說比適當的經濟計劃還有力些。這種情形在中國同印度一樣，雖然沒有如印度這樣厲害。中國大部份在經濟上無用的牲畜更給以經濟上的負担，它剝奪了一部份有工作力的牲畜的每年的食糧。

野蠻的習慣，傳說與宗教的偏見更加緊了有角牲畜衰落的過程。

第六章　手工勞動

從上章所述，我們對于遠東的農村經濟尤其中國的農村經濟的性質，可以得到幾個一般的結論。

其主要的特點則有下列幾點：

第一，遠東的農村經濟，乃是灌溉性質的經濟。主要的草本植物，稻及其他植物如棉花，甜芋等等都需要灌溉。以水利而論，中國的氣候是很優勝的，因爲中國與歐洲不同，大宗雨量正在五穀成熟之時而下降，然而中國雨量，仍是不足，且又不調。因此，農村經濟必須於早期灌溉。這就解釋遠東的農村經濟與其他的耕種一樣，主要發達於水源之區（如河邊，湖岸）。這種一般的現象，日本是如此，印度是如此，中國也是如此。耕種與農村經濟，在季候風吹到雨量較多的地方比季候風吹來雨量較少的地方，較爲發展，日本是如此，中國也是如此。人煙稠密之區，水量之供給乃是主要原素之一。歲收之豐歉，耕種地畝之多籌，與每畝收穫之數量，全賴於水量之供給。甚至在牲畜（如水牛）和家禽（如鴨和鵝）上都可看出農村經濟之灌漑性質的痕跡。遠東生產技術的特質和社會關係，在水量豐富之區也有其最顯明的表現。灌漑之有計劃的調劑和組織，只有在集體的條件之下才能存在。在社會制度之發展上留着這一類的痕跡。灌漑之必要，便引起排水制度之必需，沒有很好的排水法，水田將成爲池沼。在雨量太多的時候，水也過多了而侵入田床也過深了，於是在田床中的鹽基（Alkali solt）因物理學上的毛細管作用而上昇，故而耕田便變爲鹽池。從灌漑之必需上便發生土地之排水。

第二，遠東的農村經濟，必須建造偌大的灌漑建築和廣大的排水制度。這就是說，必須在土地上放下許多資本，必須在土地上花費許多時間，如建築排水溝、灌漑渠，分水界等等，——這些都是放在土地上的資本。

「在另一書上，我將這種放在土地上的資本稱爲土地資本 terre capctale（見『哲學之窮困』第一六五頁）。在那書上我區分物質土地（terre matiere）和土地資本（terre capctale）之區別。放在土地上的資本已經變爲生產工具，併入資本之新的費用，如此就增大了土地，資本，而物質土地——一部土地之幅員則毫無增大，土地資本乃是固定資本，但是與流通資本併在一起了。然而他仍隸屬於固定資本的範疇。此時土地之出售，不是簡單的土地，而是改良了的土地，然而放在土地上的資本於資本本身決不値什麼。這是土地佔有者速富的，經常增大地租的，及與經濟發展並行地增大其土地的貨幣價值的祕奧之一——這完全在於私有地租之推進。如此這般，土地佔有者毫無所費坐收其社會發展的結果。然而同時，這也是合理的農業的最大障礙之一，因爲農民不肯做任何改良與化費，蓋因農民不能等待此種改良上的花費直至租借期滿後才能全部收回，例如土地的改造部分與土地上的外加資本，畢竟爲地主所有，其結果地租的百分數也增大了』（註一）

遠東的水田不僅是物質土地（land material）而且含有土地資本（land capital），我們研究了土地的價格，地租的高度，土地的關係，便看出這種差異之有偌大的重要。我們覺得馬克思這一段話乃是了解遠東的土地關係之主要的關鍵。

第三，沒有休閒之地（即一年或二年停止耕種之地）可以代替深層的耕種與其他形式的耕作地。土地是沒有休養的，主要的草本植物，稻類等等，其自然的性質、灌溉和氣候的情形決定了他成熟較快，生產時期較短。有這種環境，所以一年裏面在同一土地上才有兩次三次收成之可能。從北方至南方，因爲氣候的情形，必需的天然熱度之存在，與雨量之豐富，便有了灌溉的技術，所以在一年裏面在同一土地上有收穫兩次三次四次之可能。如在中國，在滿洲通常一年只收穫一次；在山東兩年裏面可以收穫三次，在長江下流一年可收穫兩次，在廣東一年則有三次甚至四次。因此，農業資本之週轉便較快了。遠東農業資本之週轉比歐美要快兩倍三倍四倍。我們看見這一點在一般的土地關係和一般的社會關係上有怎樣重大的意義。然而李皮黑（Lebex）的法則，說放在土地上的滋養料愈多，收穫也愈多。又按照他的「至少限度的法則」，不同的植物在不同的關係上吸收土地上的不同分量的各種礦物質。然而土地上存在着和植物能夠吸收土地上的相對的至少限度的礦物質，決定了收穫的分量。將李皮黑的法則應用到遠東的農村經濟上來便表示出遠東的農村經濟大有增加肥料之必要。在現在的社會關係之下，遠東的農民除日本外都不能施用人工的礦物質的肥料。肥料的主要來源，在於人的身上。印度稍有一部分混合肥料一部分植物肥料代替人糞。遠東各國多用廢物殘糟當肥料。然而沒有礦物質的肥料，專用廢物，灌溉，粘泥，灰燼等等當肥料，決不能免除那一法則的支配，這一法則便是在遠東各國的現社會關係之下，與在其農業技術和化學的施用標準之下，施用肥料之深度，首先爲農村居民人口之多寡所決定。

在中國，因爲有政治的，經濟的，社會的，氣候的等等原因，即是在黃土區（卽肥沃區）

與墾殖之區，灌溉與多下肥料乃是迫切的必要。

第四，因爲植物食料對於人類與對於牲畜有更多的滋養料，因爲衣服和鞋襪的原料品不是取之於牲畜的皮毛，而又是取之於植物，因爲以東方人民的滋養料而論肉類通常沒有多大作用，所以牧畜業在某種發展的程度上便停滯下來了。因此，遠東的農村經濟不是牧場經濟，也不是製乳經濟。而具體的社會，經濟，和政治的條件又使牲畜勞動的作用和重要降至最低限度。

第五，遠東的農村經濟因爲牲畜勞動少，機器完全沒有，因爲技術和深耕比歐美的農業需要更多的勞動，因爲既少牲畜又無機器來代替人類的勞動力，所以遠東的農村經濟，其區別在於應用人類勞動力——即兩手勞動的灌溉。然而尚未說及關於艱苦萬狀的技術耕作，如煙草，棉花，鴉片烟等等，即以耕種食米而論，其花費勞動量之多，比較資本主義發展的國家之產麥何止數倍，只要將種稻的步驟一一追跡一下，我們便會相信的。現在各種種稻的人民，其方法有四種，都達到相當的發展程度。

在菲律賓島，及在印度支那和印度的幾處山地上，則有劃掘耕作。砍伐山林，與無犂耕種，沒有耕牛，用尖銳的樹棒在地上掘孔，孔掘就後婦人再將種子放入。因爲帝國主義者爲其剝削的目的起見，對於保存林木的思念加以殘酷的毒害，這種生產方法行將消滅了。

以技術而論，在燥地上耕種燥稻，較之種麥沒有多大差別，然而在經濟上燥稻確是沒有多大作用。

稻的主要耕種在於水田。他的生產進程有如下之步驟：土地的耕作無論印度，日本，中國或爪哇，小塊的土地，都用鏟鋤來開掘，決不能用犂。甚至以犂來犂過的土地，也要用鏟鋤再鏟掘一次，因爲種稻的土地平坦乃是必須的。至於播種，則有兩種方法。用手播種或是用原始的播種機，其最落後生產力最少者則已消滅。

通常種稻，都用培植（Plant here and there）。先用鏟鋤來開掘地層，次施肥次作渠，次灌溉，次排水，又次重新灌溉，又次小心耘草，再次灌溉，排水，做了這種眞正埃及式的勞動以後秧苗長大了，於是開掘耕作地，施肥，灌溉，在一二尺深的水田中培植秧苗。這種工作大半是女子擔任（有些地方完全由男子擔任），這樣地獄般的工作不像農業。稻種下以後，在稻田上耘草需要許多勞動，因爲稻田上很容易發生水草。加里福尼亞的大機器耕作，解決了種稻的一切問題，然而到如今尚不能解決耘草的問題，但是加里福尼亞種稻的最大障碍便是野草對於稻苗的防害。在中國和日本的稻田上，耘草的工作則較少，因爲幾百年來水草漸見消滅。

稻田之灌漑，需要手脚勞動之多寡，在於灌漑所用的工具。如果用吊水桶來吊水，一人每日平均能灌漑三畝。假使用抽水機，那麽需要三個或四個人的手和脚的勞動，一人於十小時平均可灌漑稻十二畝。一畝稻田在灌漑上花了八天十天或十二天的全日工作，一季每畝平均需洋兩元。

此外，我們知道施肥不是施田，而是施一株一株的植物，而且在成熟以前施了數次。田園四週之清除柴草，水渠之修築，種稻較播麥多化分外工作。其次，遠東和中國尙不知道現在的大鎌刀(hayknife)，只知道鎌刀(sickle)，甚至只知道刀(knife)，菲律濱和爪哇島的土人用刀(knife)來分割一個一個的穗頭，因爲迷信，怕上帝處罰，禁止施用大鎌刀。中國割取高粱也是這樣割法的，高粱穗割了以後才將高粱桿一一掘起。高粱桿是家常燃料物，甚至爲建築之材料。黃河的堤防，許多地方旣非水門汀也不是樹木，而是高粱桿所築成這也無甚駭怪。稻草乃是牲畜的食料，有時還是人們的食料，稻草根乃是燃料物，稻草時常用爲製紙之原料。在爪哇和菲律濱，到如今尙不能以大鎌刀甚至不能以鎌刀來代替小刀，因爲用了大鎌刀來割稻，其他工具(如打穀機)必須更換半數。但是，這不是貧農能力所能及的。

歐洲的農民很難想像得到，花了這樣埃及式的勞動，收穫多少穀子方才合算，與高粱桿和棉花桿之可以利用。西方的農民不用牛糞馬糞而採用礦物質的肥料，但同時遠東的農民家庭幾乎將其所有的空閒時間都花在收集殘糟廢物上面，以殘糟廢物為肥料和燃料。在西方用耕田機器來代替犂，但是在遠東其趨向是以鏟來代替犂，以人工來代替牲畜。在西方以機器來代替大鐮刀，但在東方許多地方尚不能以小鐮刀來代替小刀，大鐮刀不能代替小鐮刀。在西方，煤已代替了柴當燃料，而且火油電力和水力已開始與煤競爭，即在農村經濟上也已開始用電力和水力，但在東方，農民的家庭化了大量的勞動時間來收集燃料，挖掘植物之根。同時將養成硝酸素的微生物的根源都去掘淨盡了。

這種地獄般的埃及式的手和腳的勞動，乃是遠東農民經濟的另一特點。土地劃分小小的塊數，在耕種上又優勝於人工的兩手勞動。遠東農民經濟之恐慌，日益普遍，農民之窮困日益擴大，各國固有不同的原因，但是如果不堅決而深入地改變土地關係，改良技術，遠東農村經濟幾乎不可救藥，只有在日本，在施肥方面，在灌溉和種子之改良上有很可注意的進程。遠東農民的社會關係，剝奪了他應用農業的收穫來發展農業技術的可能，十九世紀末葉和二十世紀初期，乃是西方農業上知道用機器的時候。然而遠東的農民現時尚不能應用這種農業的技術，原因多得很。小小的經濟，不能用機器來耕種，此外，遠東的土地，小小的一塊一塊劃分開來。小小的經濟又劃分成爲小小的塊數，於是更困難於人工，牲畜農業工具等等之合理的應用。日本於一九〇〇年起，便開始改變這種一塊一塊劃分開來的現象，並且花了二萬萬日金來達到這一目的，五八八・三一九日畝土地，整理以後耕地面積增加百分之三，從五八八。〇〇〇畝增至六一五・〇〇〇畝，而且灌溉和排水的制度也改良了，耕地又增大了，不必要的道路，田界，水渠等等都改爲耕地，新整理起來的耕地其收穫則增加百分之十。在印度，農民經濟之劃分成爲分散的小塊，乃是避免歉收的『保證』。

水量不足，乃是印度農業的主要限制原素之一。印度的農業全賴於偶然的下雨，所以土地一小塊一小塊分散開來於收穫上是有利的。在印度的許多地方，按照土性的不同，在分散的小塊土地上播種兩種或三種不同的植物，如果碰到不下雨或雨量不夠的時候，某一種植物因無水而曬死，但另一種植物則因無水而更長大。(註二)在中國也有這種分散小塊土地的小經濟，這也是不能用犂和牲畜勞動的原因之一。在這種小塊的土地上用犂，就不說及沒有道路沒有鄰地可以供牲畜來往行走，與沒有鄰地可以轉動犂具，而水渠和堤防亦將被其衝破掘壞。在　縣裏一百五十個農民經濟，有四百塊以上的分散的小塊土地。

然而根本原因則在於沒有機器沒有資本，不僅單獨的農民經濟，就是許多農民經濟聯合起來也無力購買機器。遠東灌溉性的農村經濟使農民慣於合作。天災與天災之預防，也使農民知道合作的良好教訓。印度的，日本的，爪哇的和中國的農民，比較歐洲兄弟般的農民容易組織成的一個階級。在印度爪哇和日本，合作運動之發展，乃是很好的證據證明遠東的農民比較歐洲農民容易組織，中國農民運動的歷史，廣東湖南和湖北農民革命的經驗，留下農民組織的眞正光榮的例證。然而合作社發展的地方，必用全力來與高利貸爭鬥，在反對與高利貸密切聯繫的商業資本的爭鬥進程中必有消費合作社之組織。遠東的農民現時不夢想機器；窮困，壓迫乃是他引用機器之不可制勝的障礙。

相對的人口過剩，奴隸般的低廉勞動也防害技術的發展。這就解釋在爪哇，印度，台灣的大種植場上很少應用機器的原因。以歐美的旅行者的眼光來看，遠東和熱帶的農業的主要特點，在於既無機器，又少牲畜，全賴於人類的兩手（註三）。如此，所以菲律濱的許多耕田機器也生起銹來，甚至也不爲運輸之用（註四）。這種情形便解釋日本大農業家約握克（uoka）憂鬱地說道：「農民所以不購買新式的良好機器，因爲它太貴了，農民無力購買」。這也解釋法國人企圖引用機器到印度支那去，結果沒有成功。這也解釋荷蘭人除在他自己的種植場上應用機器外，便不想將機器運送到他的殖民地上去，與美國人不希望在遠東消售一些農業的機器。請看美國領事對於中國經濟的機器與應用機器的前途如何形容：『農村經濟的工具是最原始的（漢口的美國領事在一本書上說道），一見中國的農村經濟的工具，便要回憶到希伯來人的時代』（註五）

廈門的美國領事說道：『農業的方法與所應用的工具是很原始的。土地之耕作通常人工用粗笨的鋤來開掘，雖然有時用古代的犁』（註六）

在日本直接影響之下的廣東，小塊的土地是人工用鋤或鏟來開掘的，（註七）而南京的美國領事在商業農業的中心說道：『最原始的工具，普遍地應用。現代的工具與生產的方法必須等到農民的購買力增大的時候等等。』（註八）

在書籍上自然毫無疑惑地證明農村經濟的機器之進入中國的農業裏來。農村經濟的機器必須進入中國的農業裏來，好像列甯在『俄國資本主義之發展』一書上證明俄國農業之引用機器一樣，下列數字便表示中國之農村經濟的機器的輸入，按照海關的統計，中國有如下的農村經濟的機器的輸入。

一九二三年　　三〇四，二三二海關兩

一九二四年	二七九，九七七海關兩
一九二五年	一六一，二八八海關兩
一九二六年	五一一，五四〇海關兩（註九）

於此尚須注意，一九二三年至一九二五年機器輸入總數共七四五·〇〇〇海關兩，但是大連輸入共四七二·〇〇〇海關兩，總言之，中國本部三年當中輸入農村經濟的機器共值二七三·〇〇〇海關兩，而滿洲則有四七二·〇〇〇海關兩。爲灌漑起見，必須輸入抽水機等等機器，這是可以想像得到的。這一類機器的輸入，海關有如下之統計：

一九二三年	四〇四，三四九海關兩
一九二四年	三八一，九二七海關兩
一九二五年	六四二，九八二海關兩
一九二六年	五三三，五九四海關兩

這些抽水機，其大部分通常不爲灌漑之用，只是到了最近五年來在上海杭州的近郊開始應用。在滬甯路一帶約有千具抽水機，大半只有一二個馬力。以節省人工的勞動力而論，就是這些極原始的機器也有長足的進步。十匹馬力的一個木托（Motor——原動機）可以代替

一〇〇至一五〇個工人的日夜工作。木托和抽水機可以裝在小船上，所以這是更便利而應用廣了。上海已有手工場製造這一類的機器。如　　公司在一九二六年製造了幾百個機器。在浙江和安徽城市的近郊也有時應用機器來灌溉。大概機器都在商人和官僚所組織的股份公司的手裏，由公司出租，灌溉一畝田收租金一二元。單獨的農民經濟顯然無力購買這一類的機器，但是合作運動在中國尚未開始。在印度，爪哇，高麗，和日本，統治階級和政府開始組織幷幫助農民的合作運動，如奔格兒（Bengal在印度）一處，合作運動包含了五。〇〇〇。〇〇〇農民經濟，甚至在這些國家尚未夢想購買機器之時，而合作運動便與高利貸進行嚴厲的爭鬥。在中國，除華洋義賑會（美國人的）之蠢笨的企圖賑救災荒外，便不企圖組織甚至反對高利貸的合作運動。美國人所領導的華洋義賑會的運動，僅僅及到二千多個農民經濟，這算是仁愛的計劃，而且還沒有眞正的群衆運動。在湖南和湖北農民革命運動的時候，農民自己按照適當的組織意義組織合作社然而這種合作尚不能想到購買機器。他們要購買軍械，爲自衛之用。中國的農村早已知道各種舊形式的合作社。有借貸的團體，缺少錢用的時候，邀請要好的朋友來吃飯，請他們『做會』。五穀成熟的時候，組織防守隊以防盜竊，天旱之時，成隊至聖地進香（如求雨之類）等等。然而這種舊式的合作，主要　是農村上層分子的事情，與農民的經濟窮困與生產技術的改良則毫無關係。

應用機器來灌漑的地方，其結果是很可觀的，收穫有時增至兩倍。然而在中國，無論在灌漑上應用機器有怎樣奇異的成績，但總不知道應用機器。然而有一個例子可以豫言未來的革命勝利的新中國：

一九二四年，漳州（？）近郊以電力來灌漑稻田，一九二五年用機器和電力來灌漑的田畝，已有三八．二三四畝。結果則如下。

用兩手勞動來灌漑一畝稻田要花費兩元，用牲畜來拉動工具來灌漑，則所費更昂，因爲牲畜的食料很貴。用木托來灌漑，一畝需費一元九角。若用電力來灌漑：一畝僅需費一元半。比較人工每畝少半元。

但是收成，機器和電力灌漑的要比人工灌漑的多兩三倍。未曾灌漑或灌漑不好的稻田，每畝收穫十元，可是用機器灌漑的稻田則每畝收穫三十元。而土地的價格則每畝自七十元——一百元增至一百二十元——一百三十元。（註十）

如果推翻妨害技術發展的社會條件，則以水量供給之改良：收成可增至三倍，中國的舊土地將如何奇異啊。然而以應用機器而論，中國的農業現時尙處於極貧乏的時代。雖然，電氣化和社會主義政權之實現，將快於其他任何各國。有人問道：農業技術和化學的急遽進程——我們的時代的最大成績之一——是否完全毫不停留地實現於遠東的農村經濟上來呢？此問題之回答，乃是反面的。日本，印度，爪哇，高麗和印度支那的灌溉技術慢慢地極端慢慢地改良了。日本的農民已經用含礦物質的東西和豆渣當肥料。在種子之改良上，日本，爪哇，印度都獲得可觀的成績，在反毒物方面也有很好的成績。在印度用鑽孔機器來開掘水井，成績亦很可觀。然成績最大的莫如用機器來灌溉和排水的制度的建設。在埃及，中國，日本，土爾其斯坦等等的歷史上都有偌大的建築物，此種建築物之在今日尚能引起人們的驚奇。這種建築，乃是八百萬奴役的農民之兩手勞動的結晶。對於土地的偌大建設，在農村經濟的一切固定資本上，又需要成千成萬的農民的勞動。現在，機器能夠攻破岩石，鑽穿山洞，鑿通水道，能夠使多草的池沼不數年便變爲肥沃的耕田。新式技術促成了耕地之空前未有的廣大面積的可能。然而中國在這種種方面顯然是退化，而且很快地向後退。眞的，中國也有幾處農事試驗場，農業大學也有幾個。然而，這只是滄海之一粟，而且其影響範圍也是小得不可言狀。如果一讀那些機關的報告，他們的活動縮小了，退步了，影響的範圍也減小了。只有在某部門的耕種上，其技術稍有進步，如煙草，豆類。因此，舊式的典型的交換的農業生產瀕於衰敗。茶之培植，已經達到前所未有的衰敗，植桑在最好之時也處於停頓之中，至於棉花之種植，在多雨之年也很快地趨於衰敗。主要的五穀之種植也有同樣地衰敗。糧食則一年不足一年。凡此種種只是建築於人工手工勞動上的農業技術之衰敗的結果。而人工的手工勞動又是中國農村經濟的技術的基礎。

一切社會制度和國家的現有特別形式的最奧妙而神秘的基礎，都隱藏於財產所有者對於直接生產者的生產條件直接關係之中。這些關係的任何現有形式，每與生產方法的當時發展程度自然而然地相配稱，而與社會勞動的生產力也相適合。因此，我們首先必須分析勞動方法的問題，勞動方法與土地關係是自然而然地相適合的。分析這個問題，我們得到一個結論，就是遠東的主要國家與中國，其勞動方法有幾處主要相似之點在，而與歐美的農業勞動方法却有不同。我們的結論，便是遠東的農業勞動方法的主要特點，在於灌溉的性質，施肥之有特別的重要，沒有牧畜，非製乳經濟，牲畜勞動的作用小。

這種經濟基礎的類似，同樣地引起土地關係的某種相似。自然的條件，種族和民族的特點，具體環境的差別，外來的影響與歷史的發展，引起土地關係上的偌大差異。對於各國的土地關係，必須加以具體的研究。

我們在下一章將分析建立於亞洲式生產方法對於中國土地關係的性質。

附註

（註一）見 Maks: CapiTal，第三卷第二篇 159—160 P.

（註二）Mukerjee: The Fraction lis tidan o olings in Iudia and Indian Journal of Econo m's 1927 vol，vII

Page 449，

（註三）Copeland: Rice page 249

（註四）Cop land; Rice

（註五）Arno'd，China，a Connercial and Ind strial Handbook，Page 146，

（註六）A nld，China，a Connercial a d I dust'al Handbook Page 355

（七七）Aunld Cpina，a Con ercial aud Iudus al Handbook Page 518

（六八）Arnld Cpina，a Connercial aud Ind 's ual Handoo'k Pag 584

（註九）Foreign Trade of China 1925，Par II，page 625

Fove'gn T ale o Clina 19 6，pa t I，Page 196

（註一〇）Chinese Econ ic Bulletiu Vol. X，No.318 Page 158

第七章　墾殖區

墾殖區是中國第三大區域，滿洲及內蒙古（包含綏遠，熱河及察哈爾之直轄區與巴爾加直轄區等）屬之，牠無論是在生產過程的關係上或在社會關係上，都別具有許多顯著的特點。這個區域，確言之，這幾個劃為國家特別地基的地方，在十年以來，其墾殖之過程，突飛猛進，其速度，其廣袤，其形式，直可與一部美利堅墾殖史爭光而凌駕乎其上。滿洲現狀之複雜，在於帝國主義之深入，較之中國任何省分，都特別早些。我們對於墾殖問題之考察，自應從下述各種情況，加以研究：即我們應說明此墾殖區對於中國其他區域在農業生產過程的意義上之異同何在；墾殖過程完成之條件如何及此種空閒墾殖地之存在，對於決定國內農業問題影響之程度若何等。

滿人自侵入中土後，即強迫漢人納貢地，當時均由北京政府取得之，而在直隸，山東兩省分，中國土地之大部分，均分配於其所屬之疆吏，按等級之高下，給以土地自十八畝至一千八百畝不等。滿人在中國並不自行耕作，驅使中國農民爲自己的農奴，其壓迫中國農民之程度甚至有三萬農奴，均不顧死刑的恐嚇，相繼逃亡，據中國年鑑所載（註一），滿族旗人（『旗』者卽滿蒙人按其氏族血統所組織的軍隊的單位）所佔據之土地，約達一五・三三六・〇〇〇畝，此種土地，一律嚴禁出賣。我們知道，『對於被征服民族之統治與民族公社之組織，兩者不能相容』，『貨幣統治，專制政體，奴隸及對他民族之奴服，均促氏族公社達到最後的破產。』（註二）滿人寄生式的生活，促使滿人統治之宣告解體。早在一七四六年時，清朝頒從漢人處買來滿族旗人的土地，重新加以分配，並禁止其出售。但中國商人，銀行業及官吏，經過了典質，借貸，高利盤索，重新又變爲此等土地的主人，中國農民以最大努力，漸次贖身，以脫離爲滿族的農奴。至一八五〇年時遂決定允許此等土地之自由買賣。

這樣，中國人便從其征服者手中，奪回了自己的土地。

（註一）卽韓藍洪(譯音)著：Laudtax in China

（註二）見恩格斯著：家族私有財產及國家之起源。

卽於此時清朝便開始禁止漢人移居滿洲，欲爲滿人統治留其勢力之根據地，並爲其彊吏及將軍的後繼，用作敎養之所。朝廷之此種詔令，對於中國農民之土地恐慌，適成爲莫大之障害，因而中國人之自動移民，遂陸續不斷焉。及至十九世紀之初，禁令弛，後之遷移者，遂益形踴躍。及今滿洲居民中百分之九十，均爲中國人，國家滿族的原來住民，亦被擠斥於蘇格里河之上游，並驅蒙人於興安嶺中。今日之滿洲，非滿族之滿洲，乃漢族之滿洲也。滿人以武力征服中國，而中國人之以征服滿族者，乃和平方法也』。(註)中東鐵路之建築，實爲墾殖之有力推動，唯此墾殖過程之猛進，乃在於中俄戰爭之後，其主要之原因，尤與中國北部本身所感覺國民經濟破壞之日益擴大相攸關。一九〇六年至一九一六年東三省人口之增加自一三・二六五・八八二人達到一九・六三九・六七一八；而一九二五年乃陡增至二〇・五〇〇・〇〇〇人。城市之產生，可於遺老眼中，目擊其發達。吉林與黑龍江兩省之開拓，特不過是廿世紀初葉之事耳。據滿洲年鑑所載，十七世紀末，全滿洲之耕地，有二・一一七・〇〇〇畝，而于一九二四年，乃增到六五・五〇〇。〇〇〇畝。

(註)：見Economic History of Manchuria 高麗銀行出版

迨及直魯戰爭時，水旱等天災，又與人禍相繼並現，移民之趨勢，遂因而益加猛烈。其始移民中之大部分，多返回其故里，祗是一小部分在播種後留居於滿洲，而爲該地長久之住民。今則大不然了，移民中之最大部分，皆相率長住於滿洲矣。移滿者，多由河南，山西，甚至江西，亦不遠千里而來。自一九二一至一九二四年間，每年入滿洲者平均四十萬人，一九二五年遂增至五十萬人；一九二六年自五十萬人達六十萬人。在一九二七年參加播種及爲長久居民者，合計爲一百萬人。(註一)自玆以後，移民中返囘鄉井者之數目，乃不斷減少，一九二四年只有六五%；一九二五年只有四九%，而一九二六年則於全數中只有五二%。且近來之移居者，多半攜眷而來，雖於道途中，時有千百萬不免於死亡，但不斷而來者，均達到此有土地，有工作，有麵包之目的地。即就滿洲日本之煤礦及工廠而論，亦可吸收無數千人。據一般的意見，滿洲人口之增加，自一九〇六年至一九一六年中，每年平均約爲四——五%，而一九一六至一九二六年中，每年平均約有五——六%，人口發達之速率，即比之美國，亦逾至三四倍，此地應附帶說明者，即其中尚有從高麗移殖於北滿者數千餘人，及爲日本帝國主義與高麗之高利貸的和封建的所剝奪之若干土地。(註二)至於人口密度，則滿洲之全部，業已超過美洲合衆國，奉天一省，已達到愛爾蘭人口之密度，吉林一省，則與蘇聯西歐方面之人口相埒。凡此都是三個年內的事情。這種移民的風氣，始長於奉天附近，次捲入吉林，近則波及黑龍江，且奉天有已充分感覺到相對的土地移殖之必要，而其本身已開始移殖於他省了。自一九二〇年至一九二七年滿洲之耕地，發達到百分之十八。

(註一)該統計係摘自Chinese Economic Journal 一九二七年出版，第一卷，第七號內。

(註二)如假設在吉林一省有一百萬高麗移民，則高麗之移民，最早不過是在十五年前開始。

關於此種移民風氣，對於工商業發展之影響如何一問題，將於下面論述之。我們很知道：當中俄戰爭未終了以前，滿洲除與俄國，高麗及中國各地的邊界上貿易以外，只有牛莊一港口，開爲商業之用。在牛莊開爲商港那年，滿洲整個對外貿易，合計輸出與輸入，共爲五·三七一·〇〇〇担。在一九〇五年則爲五五·一七三·〇〇〇担。及至中俄戰爭之後，相繼開闢不少通商口岸，滿洲之對外貿易，遂亦由一九〇八年之九五·八一二·〇〇〇担至一九一八年增至二六七·二〇三·〇〇〇担，而在一九二六年，乃達到四四七·三五六·九九六担了。(註)，此單純的數目字，尚不足以爲充分的說明。若就滿洲一地而言，在全中國對外貿易之總量上說，則一八七二年爲〇·五%；一八八八——四·六%；一八九八——八·七%；一九〇八——一四·五%；一九一八——一一·五%；一九二六——二二·三%吾人對此若稍加以注意，則可顯見滿洲之比重在中國經濟總系統中之發展矣。大連之在滿洲，猶之乎天津之對內蒙移民的意義：牠有京綏鐵路，使天津與該區域有相互之聯絡。

（註）一九二六年全中國對外貿易之總數，輸入與輸出均在內，合計為二十萬萬零八百萬担。

滿洲之人口尚不及中國人口十五分之一，或二十分之一，但其對外貿易，較之中國全部，大過五分之一。滿洲之發展，不過是二十餘年間之事耳。（註）

（註）有些我們蘇聯中之研究中國問題專家，都不注意這些「小事」，因而時常把這靠不住或片面的「輸出」，便認為是全中國生產力之發展。

至於內蒙移殖之過程，其開始甚遲，而發展甚緩。自然，內蒙移殖之形式，隨着鐵路之敷設，而加速起來，近年以來，尤帶有『滿洲』之性質。我們知道，一九二六年張作霖從蒙古王公購地八百萬餘畝，其目的，即在於轉賣或出租於移殖之新來者。該區域農民經濟數量之發展，非以年計，乃以月計也。

中國墾殖區土地之顯著特點及其土地關係中之過程是何形式呢？

滿洲之氣候土壤，一般說來，與蘇聯之遠東部分的環境，至為相類，關於此點，此地可略而不談。至於中國農民之農民技術方面，則吾人所見者，『中國之移民開拓是地者，均習於農事，積有中國數千年來之經驗，其與歐西及俄羅斯之勞働，判然有別，而其特徵，即在於勞働之低廉與其固有陳腐之原始性。利用畜力之作用少，反之，無論其耕田土，收穫與播種，大部都爲手工勞働，而無蒸汽機之應用。

肥料在地方農業經濟，有極大的作用，吾人考察之結果，均承認爲肥料應用之强度如何與地方之人口，實成爲正比例。

耕作的農業技術之主要特徵，即在於深層的耕種。

……深耕之主要意義乃在於能不借助於休閒地，因爲換種的苗圃及其阡陌，其本身即有使其有每年一休息之可能，不是像我們每年三次的三耕制，而是耕地之全半，而不致有寸地之損失。

在業已很好耕種過的舊地上，中國的犂頭，不能加以轉變，而劃分之於一面，好像我們的小鋤一樣，但土地很少變爲肥沃，而更加貧瘠， 此點已是他的無能爲的地方。

此所以中國人之開拓空地完全採用了埃及式的勞働也。

……此種像小鋤工具（或通常稱爲犂）的創造事情，要成爲中國農村經濟生活中之歷史事件了。

……現在新製造者，亦是一種犂頭，只是形式大些，而附着其他的部分，名爲『大力種』（譯音——譯者），此種犂頭所用尚不止六匹馬力。此犂在耕地劃土成爲細塊，而互相

堆積。』（註）（卽因此點阻礙墾殖的發展）

（註）係根據君士担丁諾夫在「東三省雜誌」八，十期上之分析。一九二五年出版。

由此，我們看到了滿州中國農民在較大的農場上所應用者，乃如中國本部的細小經濟所用的同樣的農具。我們又看到了舊式中國的犂頭應用之開拓空地，對於空地耕作之不適宜；肥料之與各該區域的人口之成爲正比例，而同時日本的田地所用的肥料——豆楂，亦是由滿州出口。耕獸的數量，中由蒙古區域的附近出口最少有馬萬餘匹。這些馬雖然只利之於乘騎，而不利於駕御，但總可以應用的。我們還看到滿州都是手工勞働，播種應用得很對，但嘗其有用到資本（耕獸，肥料）則其大阻礙亙卽呈現。

亞施諾夫曾將蘇聯遠東方面及北滿方面之農民經濟之農業的『資本』之成分兩相比較，得如下表：

資本之成

	建築	牲畜	器具	家產
蘇聯遠東方面	二五・四%	二七・七%	一三・七%	三三・二%
北滿方面	三五・〇%	二一・七%	一四・〇%	二九・三%

此種『粗略』之比較，甚不充分，其不充分即在此種比較表中沒有分析到農民經濟之社會成分的分化。次之，即其忽略到『俄國移民之取得土地：有爲不需分文者，有爲付價極低者，而中國農民則以高利貸價格購地』之事實，而不計算此事實之重要的所在。若對於地價，加以計算，則可得下表：

資本之成分

經濟別	土地價格	建築物	牲畜及鳥禽	不動產（用具）	家產
蘇聯遠東方面二〇一個俄國經濟	——	二五·四%	二七·七%	一三·七%	三三·二%
北滿方面七一個中國經濟	六九·六%	一一·六%	六·四%	三·八%	八·六%

由上表可見，中國移滿住民以自己財產百分之十七購得土地，而同時俄人可以無代價取得之。此表又說明俄國經濟一畝（俄國畝）耕地之牲畜的價值爲四七·六一盧布，而中國人則爲二五·五〇盧布。一畝耕地之不動產的用具在俄國經濟中二三·五七，在中國的經濟則爲一六，五〇盧布；家產在俄國爲五七·〇六盧布，而在中國經濟則爲三四，五〇盧布。上

述此種統計還是在俄國革命後的破壞危機尙未消滅的時候，當時中國農民經濟尙是在一種與盛狀況之下。

「當土地私有可以自由的時候，耕作者購買土地之資本用費，便是小農所以窮困原因之一。

「土地價格因而便成爲非生產者對於生產上的消耗。或成爲單個生產者對於物品生產上的消耗之主要的部分。

「牠在農業上之作用，既非固定資本的成分，又非流通資本的成分；反之，牠不過使購買者增加在每年地租收入的記號而已；其對於生產上，地租是毫無關係的。」（註）

（註）見馬克思著：資本論第三卷第二篇。

滿洲的中國農民迫不得已以自己資財百分之六十至七十，用爲購買土地之用。此卽滿洲農業的停滯性之所由來，至於其他滿洲經濟之阻礙，如高利貸，租稅，貨幣之跌落，日本對外貿易之壟斷，商人之欺詐，高度關稅及人民之無法權等，更尙未計及。農民中幾乎都無資本的積蓄。在一般移滿者亦然。並且這些移滿住民中，多半或幾乎都是山東或直隸破產之農奴，或是破產之農民而出賣其土地來居於滿洲者。滿洲土地，較之山東或直隸，已賤了許多，因此農民在滿洲可以購買比在山東較多的土地。但他們仍不能充分利用之以爲耕作，因爲生產工具欠完善，甚而竟至缺乏。且因人口之發達，移民新潮流之排擠，滿洲之捲入世界商品流通舞台上以及道途之開闢及鉄路之敷設，隨之增長了土地之價格。十一年來北滿之土地價格，平均增至六四%；而南滿則增至一〇〇——一五〇%（見亞氏：中國的農民經濟四五四頁）。

然而這些地盤，誰把她分配呢？怎樣去組織墾業呢？今試觀亞施諾夫對此問題之分析。

『其始國家以賤價出售其荒地，此地以前曾有過充滿之住民。這些土地大都爲官吏（官爵高者），商人，或爲另一種人所購買——此種人不是經營農業的，只是欲再於購買後，專以高價（常是非常昂貴的）轉賣或轉租，以收租剝削，以爲取利而已。

土地之直接爲移民購買者，甚屬少數。』

上述此種說法，至爲實在。所謂『國家』者，便是幾個大軍閥。此輩售出土地，以取得高價，而此購買價，從一人的荷包，又輾轉於別人中。此輩又常以墾業局之名義，用以取得空地。滿洲之督軍們，都各擁地數十萬畝。此土地大都爲高利貸者，銀行業及官僚所購買，而又轉賣之於商人，富農或移殖的住民，有時則轉租之。將軍們常購地於敷設鉄路之通途。

冀以抬高價格。同時，投機者與日本資本家，又常於自己土地左近，建築鐵路，故務農業者或投機者之各種收入如地租，或土地之高價等，都藉其地利，而取得之。此種土地，常由投機者經手至五次，六次，十次之多，在直接生產者未得到手裏時，他便彷彿是佃農或小農的土地私有者。

自從移民的風氣之速率，如狂潮地席捲奉天而至於阿木耳時，督軍們，官吏，商人等各種土地投機者，便已到處限制移民之自由取得土地了。

『私有者擴大其土地私有權，而佃農却變成許多的私有者，並積蓄起建築物及用具的資本。然而此種過程，並非長久繼續下去。人口之自然的發達及移民潮流之不斷澎湃，很快地把地租及地價抬高起來。』

試觀其繼續之過程如下：

『因爲地價或一部地租之提高，其主要是由於移民方面的要求而因之加甚，如是地價或地租的增長，便超過了由經濟而得之收入的增長。它的平均範圍，由它的强度而爲决定。由經濟而來之收入，隨人口之發達及市場關係之繁盛，雖也是增長的，但其遠不如地價之一日千里。反之，在不充分資本形式之下，非農業經營（商業，工業）的收入及其總量之發達，

已是彰明較著之事。其結果，專爲取得利潤之資本，開始從農業衰退出來了。（註）

（註）：見約敏生著：Land Tenure etc 八十二頁。

上述說明，已將滿洲農村中之社會的與經濟的過程，充分地分析了。

我們若再將露西（Ross）在一八八〇年時考察之結果和現在的情況，兩相比較，我們卽可見資本從鄉村衰頹之迅速形式的狀況如何。

資本之從鄉村入於城市及工業方面，特別是入於高利貸手中，在一八八〇年已經就很顯然了。『精糖廠廠主或錢莊的老板之受人推崇，地主較之，則不如：因爲上述此類事業所要求的資本多，而經常投入於土地者少的緣故。』

總言之，錢莊老板在當時已『備受推崇』了，至於近來之情况，可如下狀述之：

『我們可於到處發現錢莊，牠已成爲農民，小商人及一般下層社會之唯一的財政機關。大部分的錢莊常與銀行發生關係，而自己常是兼任高等官吏的職務。奉天，牛莊及安東等處，有大部分的錢莊，附屬於東三省銀行（屬於什麼將軍的銀行）。吉林銀行（屬於什麼督辦）亦有錢莊，附屬其下。牛莊的錢莊，幾完全爲大官僚所操縱。此種錢莊之利息，每月二，三%（均爲商業借貸），至於小焉者錢莊的利息，更高出其上，每月四%至八%，而借

貸時間，則展至四個月。（註）

上述即是資本之從農業衰退的狀況及其走向何處去的說明了。但留於鄉村中者，又是些什麼呢？

（註）：見Economic History of Manchuria 二六七頁）

亞施諾夫寫道：『在農村中還有和我們的（按係俄國——譯者）富農相似的成分之存在，但牠在數量上，自然是不多的。』

亞施諾夫還證明，滿洲鄉村中，舍富農以外，尚有兩種成分，第一即是：『一種把自己的資本，投殖到農村經濟中之狹義的手工業範圍以外，且進而應用之製造農業原料的生產或商業的土地私有者。』

第二種在中國農村的資本主義的分子，比較有相當根基者，厥為極有權勢之大官僚與軍閥及其親戚屬系的地主（此種地主，常是極大的）。

可是亞施諾夫又安慰我們說：上述諸分子『在數量上並不多，而其主要之處乃在於此等分子並不能成為向前發展之任何條件（或前提）』。這勇敢的中國高利貸資本和貪狠的官僚與强盜之辯護者（註二）自然以為佔有土地的地主，放利者，將軍，官僚，許可以『在數量上」是很多數的。不是的，通常都是少數的，而此恰恰還是其比重的發展之前提啊！

即遠在一八八〇年，露西巳經指明，最大多數的經濟，可以由地主一身佔有之。

（註一）這是亞氏在其書中五二五頁中所說，以爲用以說明滿洲之例，適足以證明對於土地問題之分析，正確者乃民粹派，而非馬克思主義者；正確者乃柏恩斯坦，馬斯諾夫，而非馬克思，柯祖基，列寧。關於此點，從其爭論中，可知他只讀過批評馬克思者，至於馬克思本身，則他尚不加以研究，其結果他便成爲高利貸之辯護士矣。

（註二）曾密生著：Land Tenure etc 80頁。

現在亞氏自己對於黑龍江及吉林兩省之統計是何似呢。（參閱他書中一一三頁圖表）

關於此點亞氏又補充說：

「佃農經濟之數量，我們從表面上看來，若不是絕對，也是相對的減少了。近年以來，氏土匪（紅鬍子）蹂躪之結果，其數量大加發達，而於數個縣分之中，其與少地的私有者，合計之總量，超過了農村之半數以上。……。」

自耕農	佃農兼自耕農	佃農	合計

	總數	或其百分比
黑龍江省三十個縣分(一九一八二)	一八五・〇	五八・二	八五・五	三二八・七
吉林省二十個縣分(一九三〇)	一六〇・三	五五・三	八六・九	三〇二・五
總數	三四五・三	一一三・五	一七二・四	六三一・二
或其百分比	五五	一八	五七	一〇〇

至於吉黑兩省農民之分化，亞施諾夫之分析如下：

經濟數量	總數中之百分比	私有地之範圍	私有地之平均標準	農場之總數量	總數中之百分比
五・〇〇〇	〇・七	一五〇以上	二〇〇	一・〇	八・七
二〇・〇〇〇	二・九	三〇—一〇〇	一〇〇	二・〇	一七・三
七五・〇〇〇	一〇・七	三〇—七五	四〇	三・〇	二六・〇
三〇〇・〇〇〇	四二・八	一〇—三〇	一五	四・五	三七・〇
二五〇・〇〇〇	三五・七	一—一〇	四	一・五	八・七

五〇・〇〇〇	七・二	在一些以上者	〇・五	〇・〇三	〇・三
七〇〇・〇〇〇	一〇〇・〇	—	一六・五	一一・五三	一〇〇・〇

這卽是亞施諾夫之『社會分野』了。有四二・九%農民，只佔有九%農地，而三・六%農民，却擁地至於二六%此在吉黑兩省，一方面是墾殖過程與農民分化，相並兼行；另一方面是自耕農變爲佃農之轉變過程，『唯此兩省』遠不如奉天省之利害，該省佃農約佔七〇——八〇%。謂爲『自耕農』者，乃說明其不明瞭農村分化便是因此而起的。一人成功，而陷萬人蹴於窮困的地步。在墾殖過程中，小康農民之變爲富農高利貸者，乃爲不可免之事。是以『在資本主義生產的胚胎時期』中，同樣的在『中世紀城市生活的胚胎時期』中，逃亡農民中誰將爲主，或誰將爲奴，通常均視其從其統治者中逃亡之遲早，以爲決定。（註）

（註）：見馬克思資本論一卷七四二頁

同樣的，移民中誰爲富農，誰爲農工及佃農一問題，亦通常視其從直隸，山東逃亡入滿洲之遲早，以爲斷定。

一八八〇年時，奉天省人口之密度，與一英畝土地價格之比較，已達到二五〇元，至於吉林省，則輒以高價購地。現於奉天省一英畝地價達於三〇〇——四〇〇元，黑龍江及吉林兩省，則爲四五——八八元。按露西計算，奉天省之地租佔收成中三分之一，五分之一或七分之三。現在亞施諾夫則告訴我們，地租已達到收成中之五〇——六〇%。一八八〇年，奉天省一英畝之地租由貨幣表示之，據露西之意，爲七・五〇元，而現在，如亞施諾夫告訴我，吉黑兩省，已增至八・四——九・五元。亞施諾夫還證明，地租自一九一一年至一九二二年發展至二〇——二五%。殖民過程之猛進，與隨之而起的人民對土地要求之亟急，使地租與地價抬高起來。

土地愈肥沃，經濟之單位便愈小，此固然在一八八〇年便已顯明，但當是時南滿最小單位的經濟，亦有三英畝之廣，及今一單位每戶有地如下式：（以一英畝計）

省分	關東省政府之統計	南滿鐵路之統計
奉天	〇・七五（畝）	〇・九三八（,,）
吉林	一・四二（,,）	一・三四七（,,）
黑龍江	二・四六（,,）	一・五〇三（,,）

範圍之縮小，到處都非常之大。滿洲中國農民之所以至此，皆因受地主壓迫，土地投

機，空閒地基之禁錮高利貸以及由帝國主義在麵包及豆類市場上所領導的壟斷，和商業之欺罔等所致。

在內蒙一帶（熱河，察哈爾，綏遠）墾殖之過程，更是陷於暮氣沉沉之狀況。墾殖之在各該區域，其開始固緩慢，而其發展，迄今仍是緩慢得很。京綏鐵路之敷設，自然給與開墾以一個有力之推動。這些地方發生有兩個經濟制度及社會制度之對立。

該各地之主要人民為蒙古族，該人民係受兩重之壓迫，一為佛教最高大僧侶，一為蒙古王公。此兩重壓迫，均為宗族制度的關係所隱蔽着。此種殘酷的壓迫，是由中國高利貸資本領導着，而其本身，即在內蒙剝削中，又有外國商業資本之剝削。維持王公的傳統租稅，並不很高，而維持王公軍隊（用以管理牧場，防止其他宗族搶盜刼奪之用的）之租稅，其對於蒙族牧人之負擔，亦不很重。但是中國高利貸資本取得蒙古土人來耕作，是藉助於蒙古王公。此種不生產之集團便在北京，加爾加（譯音）以及其他城市中，濫用其收入，而與中國商人，高利貸，官吏，訂借貸關係。而利息則由各該王公的『哈淞』（係其縣名——譯音）負責支付。每年中不必還本，但需還利，不過此利息每年計四〇％——五〇％因此，王公大半常陷於負債，其所濫費宗族的收入之大部分，而其宗族便在王公重大負債之下，屏息呻吟。貨幣之用路日益廣，則游牧者亦轉入于交換之中。蒙人以大部分的毛皮，乳餅，畜牧，絨毛及駱駝肉出賣，而不斷購入了茶，大連被（用為幕帳毛氈），煙草，皮革及生絲。市場關係之發展，大量之需要即隨之俱發展，而剝削之範圍，已非王公及其貴族之「大腹賈容量」之可以限定，而是賣買，即大量商品足以決定剝削之範圍了。宗族制度變為殘酷剝削之蒙蔽物。在此種族長的生產品之剝削以外，又兼以商業上剝削與商業之欺罔。一切商業，一切交換，均操於中國人之手。貨幣之權力伸張，游牧蒙民即墮入商人高利貸之操縱，猶之乎他的王公之陷於官僚，銀行業或商業高利貸之手中一樣。

商業將畜牧經濟之沉滯的家庭手工業破壞無餘。在中國影響所及之地，乳餅（乾路），牛油，坐褥，製造葦及大連被等經營，已落入於中國人之手。凡在此等地方的大連被，已開始為工廠之製造品。蒙古經濟雖至於剪羊毛事業，亦由華人經營，雖經禁止，而毫無結果。其衰微程度，一至於此。蒙人付出絨毛於中國商人約三〇——六〇%，而得收入者只毛氈而已。絨毛貿易，如吾人所見者，均在直接欺騙原則之下。畜牧貿易，則由回教族商人所壟斷。直接生產者與市場之直接連繫，截斷不相溝通。因此，自己商品之報酬，均得到不相等之價値量。商業高利貸資本歷史上最醜惡之一頁，又重現於內蒙古矣。

市場，高利貸以及牲畜之染疫或因冰雪所致而凍死之災禍等，使自然畜牧經濟在商品或貨幣商品中之根基，永無鞏固希望。而租稅之壓迫，又加以促進此種過程。而王公之浪費與奢侈，更以形成壓迫之連環：當『哈淞』（蒙文即縣意）無法還債時，中國商人官吏，和高利貸便從王公處購得土地。畜牧蒙人遂被逐出於遊牧場，而所得者，只剩下壞的，這些蒙人牧場，便收用爲墾殖之基地。蒙人被趕入國家之僻處。舊時『哈淞』均就遷避，而讓其他移民生長於斯。其附近於中國邊界之舊哈淞，罕見有三四十之幕帳，至於僻壤之地，在以前有三〇〇——四〇〇，現在牧民的天幕則增至一〇〇〇了。

游牧制度，完全破壞，新哈淞之王公，自然課有租稅，惟舊王公亦未嘗放棄其固有之『權力』。

有時宗族掀起反對王公的壓迫。多古伊囉宗族會議召集起來。王公及其貴族常爲叛亂之蒙人所圍坐，五六千或萬餘人怒潮澎湃地，爭相詬罵王公之奢侈『無道』。僧侶常爲此多古伊囉（即蒙人宗族會議——譯者）之組織者。有時王公被殺。但大多半都是王公允許改過，不徵收巨稅並保護宗族財產等。於是參加多古囉伊的蒙人，便一哄而散。王公乃暗中處置運動的首領：或加以賄買，或即處以死刑。新興蒙古之知識，常企圖組織國民運動。但是四分五裂之牧民，又重以歷代之傳統觀念，佛教喇嘛權力之深入及其野蠻生活之落後，而此組織便難以形成。

在綏遠西邊一帶的運動，常不斷地繼起，且日益猛烈，在蒙古人民共和國革命影響之下，組成了國民革命黨。

此時蒙人從好的牧場趕入壞的牧場，而此壞的牧場，又漸變爲荒蕪之地，有些地方，蒙人自己也開始轉變爲地主，可是不久仍如一般之過程一樣地走入蒙人土地被剝奪之道路，中國商業高利貸資本將家人宗族的土地取得之於自己掌握之中。

因爲蒙人被驅逐，而其土地轉入商人，高利貸者，官僚及軍閥手中，這些軍閥以後遂組織成立墾殖局。按通行規矩，以高價從王公處購得蒙民土地：購買價中百分之三十，王公取得之；百分之五十獻與墾殖局，而百分之二十則供墾殖局掘井之用。如土地無井，則難以出售或出租，掘井之於中國，乃一專門職業也。（註）

（註）見 a Village Life in China

最近十年以來，中國移民已侵入於內蒙古，若他們未帶來生產工具，則他爲一佃農。商人式地主，高利貸地主，官僚地主，以地出租，並備有器具及種子，佃農則付與他收成中百分之五十至六十。在這些地方的這種的耕種是常常有的。其在中國本部大半是看不見的，或正確些說，已完全是資本主義以前已經過去的一種剝削形式。(註一)設移民帶有生產工具(他在本地，先賣出他的土地)，則他可以較低之價格，購買較多之土地。不過他也不能完全耕種這些土地，因為他自己的工具，只適用於小經濟，而肥料又不足以供給全體土地之需要。故其只能耕作土地之一部分，搶劫的經營，乃使土地漸就貧瘠，遂又放棄其貧瘠地方而耕種於其所有地中之他塊。及至有大批移民之到來，他便把自己土地之大部分出租或出賣。移民中之小部分，有藉此而成為富農，成為土地投機者。至於滿洲里地價及地租之抬高，經濟(單位)之縮小，高利貸與商人之更加剝害，有肥料的耕作強度加力的過程的促成，以及剝削與驅逐蒙人的商業高利貸壓迫中國農民等，又於此處重演此同樣的過程。(註二)

(註一)：滿洲里還有幾個地方是這樣的。

(註二)有些墾殖過程的情形，著者是由哥爾加蘇聯領事克里摩夫取得的。

中國之土地關係，發現於內蒙古。凡人口愈密者，則其關係，便愈像中國本部的狀況。社會的壓迫與民族的壓迫，雙管齊下。中國人與蒙古人之人口，為五與一之比。城市之內，皆充滿了中國人。中國將軍們及官吏管轄其宗族關係，猶如中國商業高利貸資本之取得蒙人牧畜經濟之最高權一樣。

此外又兼以戰爭及軍閥之壓迫。戰爭之爲害，即苛稅，徵發，搶搭，地主及其牲畜之搬運的負擔，紙幣，軍用票，農民財產之侵襲等等的壓迫。但此等地方之貧困，尙有其他之原因，例如一九二六年中，墾殖局出賣土地於投機官吏，及商人，而此等人又轉賣於移民或租與他們。後來又有新來的督辦可以宣告舊替辦時代所訂之一切契約爲無效，重發登記，且强迫其重付價。（註）

（註）現在農民中有百之八十操於高利貸者之掌握中。這是中國土地私有地之神聖不可侵犯的了。

此種狀况，使土地日益貧瘠及生產之勞動力，益加荒廢。地主，高利貸，軍閥，商業及帝國主義者從生產者處不斷加以剝削，使其無改良生產之可能。即在滿洲之中國農民，亦不能有再生產自己的經濟之可能，此在內蒙古，亦復如是。

農民經濟之再生產，範圍日就縮小，勞動力再生產，亦在縮小之列。即以土匪（紅鬍子）之猖獗，即可爲明證。但這些墾殖區無窮之剝削，終身束縛，蹂躪及生產者之落後，帝國主義之層層宰制，却日就擴大。

我們對於墾殖區性質的敍述，也許比另外所考察的還要詳細精密些。自然，還有另外的主張；例如多數中國人及其他不止是中國人都以爲中國本部是『沒有地主』呀，『沒有彼此之分』呀，或說，『在實質上農業關係的意義上的土地問題，那裏是不成問題的』而『存在者祇不過是農業上移民問題，此問題之得解決，只有墾殖一道可走』等等。俄國立憲黨及自由黨之理論又再現於中國矣。俄國這些先生們是以爲『不是因需要農奴制之應取銷不是在地方人民之千百萬的農奴剝削，不是在於他的束縛及其生產力發展中之消耗，而是因爲目前無法使千百萬家族移殖於西伯利亞及土耳其斯坦』(註)至在中國，多數中國人便也以爲不必需要動搖地租關係，不必要毀傷『小地主』，而是必要把千百萬農民家族送往滿洲或內蒙古去。這些先生們只忘記了一點，即是中國的地基或不費資本的可以耕種自由買賣的田地，在相對上說，是不多的。固然，據最近官場統計，奉天有一三•六九五•〇〇〇畝，吉林省有三二•一六一，〇〇〇畝，黑龍江有八八•八四四•〇〇〇畝，合三四•六九八•〇〇〇畝，能爲耕田之用。在內蒙古之直轄區，據下列的統計在二•二三〇•〇〇〇地方，倘不及六百萬人。而空閒土地還很多，如有一定的技術水平，那末即有大部分土地，可以耕種，而不費資本。地基在絕對上是很大的。但對于中國，對于中國農民，他雖不若在土地飢荒的巨海中的一小點，——無濟于事，可是也大半不是救生的全能工具。中國農村經濟的改良，設水利，濬河，疏池沼，即將無用土地變爲有用土地所費之資本，或至兩倍或三倍于土地所值之本。但達到此目的之前提，厥爲推翻中國農業舊制度。因爲不管怎樣空想着，才可以把俄國土地由無用變爲有用，是無補于事的。但必須明白地認識俄國由經濟全部歷史所證明來的事實及其如何形成了俄國資產階級革命之大特徵。俄佔有偉大的墾殖地，但他能達到人煙稠密與高度文化者，不僅是一般地隨農業技術之逐步的發展而俱進，而且是緊隨俄國農民脫離農奴壓迫的解放運動之每步發展而發展的。」(註)

(註)見列甯全集，仝上。

列甯此言之在中國，亦是正確的。沒有推翻以前之亞洲式制度，則中國本部之土地關係，即要復現于新墾殖區。況該地還有終身束縛，地主壓迫，中國土地之威脅，無法權，軍閥以及千百萬農民之飢餓與死亡等。而帝國主義在此舞台上，又收其大成。日本早已宣言：要在滿洲及內蒙採用『積極政策』了。日本從滿洲所榨取的額外利潤，已日就減少。日本給東三省的統治，已處在財政的與經濟的危機之脅迫中。日本之中小企業家由減少而趨于破產，即大企業之額外利潤率，亦就低降。日本對滿洲之輸入縮小了。日本帝國主義因自己國內發生危機，故進行取得新的經濟區域。日本帝國主義不顧中國革命的前途，而提出自己對于全滿洲及內蒙之無理要求。

凡希望移滿華民之來殖那些空閒未墾的土地的人們，不僅是亞洲制度，而且是帝國主義。

此外應附帶說明者，卽在這幾個墾殖區域中，特別是滿洲，資本主義制度之發展，比之中國之任何地方，都特別快些。不管各該地方，日本之如何搜括積累，戰爭之如何引起破壞，不管土匪（紅鬍子）之如何橫行及苛捐雜稅，亦不管高利貸之如何像中國之一樣的利害，而資本主義之發展，總是實在在地繼續發生着，而農村經濟之發育，較之其他任何區域爲快，而資本主義之發展，有莫大的前途。

第八章　中國土地私有制的性質與形式

一　引言

當我們以生產背景與農業勞動的方法的觀點，分析了中國農業的特徵之後，我們要研究以下諸問題：在現有的勞動方法之下，存在着些什麼樣的社會關係，生產條件的佔有者與直接生產者中間的相互關係是怎樣的。若想答覆這些問題，我們應先決定中國土地佔有的性質。

根據英國憲法，英國一切土地都屬於英皇；匈牙利的一切土地都屬於神聖的史蒂芬；日本的封建主，於一八六九年上表於皇帝時還寫道：『普天之下，莫非王土；率土之濱，莫非王臣。』然而這幷不曾妨礙了英國和匈牙利的地主以及日本的封建諸侯佔有土地。

問題的實際，幷不在於憲法的形式，如果將『土地私有』與『國家爲土地的最高私有者』這兩個概念對立起來，便是極端的錯誤。

對於印度問題上，英國人的理論說：根據回教與印度古代的法律，一切土地盡屬於國家的統治者。是的，已經逝世的盧森堡對於此點曾有過爭論。她想證明回教與印度古代的法律絕沒有這樣一回事，此種理論只不過是大英帝國想來掩飾他的掠奪政策而已。她還說：『英國的學者及其法國的同僚們，現在對於中國還保持着他們同樣的語調，說一切土地在中國都是皇帝的私有。』（見盧森堡著：資本的積累）。

我們覺得這不一定是正確的，盧森堡將大英帝國對於印度的土地政策，未免太簡單化了。根據馬克思的話：英人在印度的某一地方創造了大的土地的私有，而在另一地方却又發展了小農的私有，在第三個地方破壞了古代的公社，在第四個地方就將公社變成他私有的滑稽解釋。大英帝國完全拋棄了一切古代法律的原則。他攫取印度的土地，徵集農民的貢稅，并非以古代法律的力量，而是以自己的大砲以及與印度的統治階級聯合的力量。他將土地讓與租稅租借人為私有，沒收先前拉得熱（印度領主侯爵的名稱——譯者）和租借人的土地，規定公社的佔有，贊助并發展農民的佔有，將地主掠奪得來的土地退還給農民，剝削舊的地主以助長新的地主，西巴（即英國所募的印度兵——譯者）暴動以後更同個別的領主和貴族結成協商，限制地主對農民的掠奪，鞏固一個等級之土地的佔有，而幷不鞏固其他的等級，所有這一切行動乃是受了土地租稅的搜括及其政治的利益的驅使的。英帝國主義很早就允許高利貸者對印度的農民甚至封建主之土地的搶掠，然而後來許多省份在法律的條文上却禁止賣土地與非農業的等級。英帝國主義在土地關係上，造成了如此混亂的局面，將土地關係行入於這樣一個死胡同中去了，直到現在他還留滯在這個死胡同中。土地的集中與動員，在印度進行得非常迅速；高利貸者，商人，地主都在往自己手裏集積土地，但是，對於土地的佔有完全還是存留在印度中世紀和英國的強力壓迫的庇護之下。在所有這些情形之下，土地國家私有的『理論』僅只起了輔助的作用。英帝國主義和印度的統治階級即在這種理論的掩飾之下，去從農民榨取剩餘生產品。英帝國主義在印度曾努力於現代土地私有制的創造，而勢必一方面去同先前的地租領受者辦妥協，另方面又去同注視着土地（亦即其生存的必要條件）的農民進行協商。英帝國主義在許多地方，為了先前和地租領受者曾鞏固了土地的佔有權，為了先前的生產者去鞏固土地的使用權。

在爪哇，高麗，馬萊羣島，菲律濱等處土地佔有的性質和形式以及土地關係發展的歷史，最皮相的研究便足以說明此種論斷的正確。帝國主義者曾努力的在這些國家中造成土地的私有（係指近代的），造成封建和半封建性質的佔有，使族長變爲地主和鄉村公社的社長，乃至成爲土地的佔有者等等，用商人，地主，外國的墾植者和殖民地的土人打開掠奪公社或國家土地的途徑，但同時却鞏固了寺院的佔有，而佃農對於土地的使用則是經常的和永遠的權利。帝國主義破壞舊的土地關係的方法完全與尋常不同，他永遠是具體的，曲線形的。帝國主義常常勢必去同殖民地的統治階級講協商，而有時亦同殖民地的農民妥協。

我們認爲：關於中國是否土地私有制或一切土地屬於皇帝之舊的爭論，其所以沒有結果者，因爲問題構成的方式卽是不正確的。古代社會他發展在光天曉日之下，幷不曉得土地的私有，而是在那種社會瓦解後以及其瓦解的結果，才出現土地的私有。但是古代社會的土地佔有，幷不卽是資產階級社會的土地佔有。東方的社會亦同樣不曉得土地私有，而只是在那種社會瓦解之後，才出現私人的土地領有，但是東方社會之土地的領有幷不卽是資產階級社會的土地佔有。土地的佔有幷不是永久的範疇。他是在整個社會的結構下，適應着此種結構而出現的形式。

東方各國，在帝國主義未侵入以前，對於土地正和習慣法及傳統相適合，曾認爲他是直接生產者生存的必要條件，東方人民對於土地稅和地租的認識彼此幷沒不同的觀念。但是此種傳統的觀念，是與資本主義之內在的規律相矛盾的，而且應該是在後者的打擊之下而消滅的。

馬克思認爲：在東方（他注意的是土耳其，波斯，印度。）整個土地制度的基礎係建築在那裏『并沒有私有制』的事實之上（註一）。恩格思認定：『沒有土地的佔有，即是實際了解整個東方的鎖鑰。』（註二）馬克思一般的認爲：『此種表解——關於自由的土地私有制之法律的表現——在古代社會中，只是出現於有機的社會結構瓦解的時期，而在現代社會中，則只是隨着資本主義生產的發展而出現。在亞洲僅僅是在幾個歐洲人所進口通商的地方……』『只有資本主義生產方法發生的本身創造了適合於他的形式，地主便隸屬於資本，因此，封建土地的佔有和氏族的佔有，以及帶有公社色彩的小農的佔有，他們的法律形式都毫無二致的要將經濟形式變成適合於此種的生產方法。』（註三）『在歐洲對於直接生產者之非經濟的壓迫，個人的依屬，個人奴役的不自由，以及他們對於土地之成爲封建主的附屬品的鞏固，這一切都會由封建主實現了。』然而，『如果沒有土地的私有者，而國家直接同他們對立，即在亞洲所看到的，帝王即兼有土地佔有者的性質，那末地租與地稅便要混而爲一，或確切言之，那時同那地租形式不同的任何地稅便都不存在。在此情形下便有這種可能：依屬的關係在政治上和經濟上，不過是一種嚴格的形式，這種形式也不過是敍述一切臣民對於那種國家的關係而已。這裏國家卽是最高的土地私有者。這裏國家之最高執政者卽是集中於民族範圍內的土地佔有者。因而，在這種情形下是沒有任何土地私有制的存在的，雖說私人以及公社的土地佔有和使用是存在的。』（註四）

這卽是馬克思對於亞洲土地的法律關係所給予之古典的簡略解釋。

但是，如果要認爲：土地領有者此種法律的形式曾留滯於一種靜止的狀態，因而好像是亞洲的國家都附屬於資本主義的國家，幷在這些國家中因帝國主義的侵入，致在這些國家中掀起了整個的社會革命，那便是對馬克思學說的汚蔑。

帝國主義和在亞洲各國資本主義的發展，過去和現在都是在努力的將私自的或公社的對於土地的獨佔和使用轉變爲私有制，使其適合於資本主義的生產方法。我們幷不是在這裏來闡釋帝國主義在亞里日尼，埃及，摩洛哥，南美諸國，爪哇，馬萊羣島以及所有一般殖民地和半殖民地的國家中流血的功績。在這些國家中的大部份還遠不曾完成此種轉變的過程。在有些國家中，這一過程幷不是伴着資產階級佔有制的創立，而是伴着封建的佔有制的創立而進行的。另方面農民或先前的地租領受者的反抗，强迫着帝國主義去鞏固土地領有權和土地使用權之舊的形式。簡單一句話，過程的此種進行法幷不是依照他純粹的形態（卽所謂抽象的形態），而是殖民地和半殖民地的國家的各個階級，一方面自己相互間，另方面同帝國主義之間妥協的結果或鬭爭的結果。所以我們在殖民地和半殖民地的國家中看到土地領有權和土地使用權之新的和舊的形式之各種色素的繪圖。

我們的任務是在於具體的研究某一國家的土地關係，以及隨着帝國主義侵入所喚起的變動，製成各種不同形式的比重，以決定：這些不同的形式，何者要起主要的作用，以及其發展的趨向如何。

（註一）一八六三年六月一日馬克思致恩格思信。

（註二）一八六三年六月六日恩格思致馬克思信。

（註三）馬克思『資本論』三卷第二册一五六——一五七頁。

（註四）馬克思『資本論』三卷第二册三二七頁。

二　非私人佔有的土地

土地佔有在中國存在着各種不同的形式。我們先開始敍述比重形式上之各不甚重要者：

1、侯地　淸朝奠定以後，皇帝便掠奪了中國大量的土地，充作皇室每年的用度。皇帝的親族亦同樣沒有除外。撒哈洛夫證明：一八四〇年侯爵的土地，佔有三五，七七二頃又七五畝之多（註一）。此外，皇帝并賜有各級侯爵和皇宮中的屬員的土地。

皇室的用度，每年要徵集中國農民一、〇五六、〇〇〇銀幣，除了此種朝貢之外，每個官吏并奉貢於皇朝。而且『除了國庫中和朝貢的貨幣之外，侯地的農民并奉贈許多經濟上需要的什物，所以北京皇朝的用費絲毫并不依賴於國家的收入。』（註二）淸朝的初期，侯地的農民曾被困守着土地。遠在十七世紀時不僅對於那私逃的奴隸給以死刑的威脅，而且還以此去威脅那允許他潛逃的人。滿洲的貴族很快的便將自己的土地浪費了許多。關於侯爵的土地，當淸朝滅亡以後，在直隸侯地的農民便不再繳納貢稅了。當奉張入主直隸時，從前的廢帝對他曾有恢復『秩序』的請求，并且強迫農民繳納地租。奉張也曾經頒佈過適當的命令（據伊鳳閣教授的通訊）。我們不曉得農民是否曾經繳納。據我推想他們是沒有繳納的，因爲留滯天津的廢帝仍感受着長期財政的据拮。廣佈於滿洲的族地還完全認爲是廢帝的私產。過去的侯地都係培植菜蔬，果樹，蜜蜂，甘蔗，木棉，花木，藍泛。此所以北京和天津直到現在比較中國其他城市，更得着菜園和藝園出產品的保障的原因。侯地的意義到現在已是完全沒有了。

2、旗地　滿洲的軍隊係由八旗所組成，軍庫的用度，每年要消費五、九五一、四七八元銀幣和三、〇二三、二六九口袋大米。過去駐防滿洲之中國最好的軍隊——綠旗的軍隊每年的消費要在一四、〇九六、九〇九元銀幣和一、六六六、二三九口袋大米之多（見楊開孚著：『中華帝國統計册』）。

此外，滿洲的貴族曾掠奪了大量的土地，而且在十九世紀中計算：『所有八旗吃糧的兵士和疆吏所佔有的土地，曾決定爲一四〇、一九一頃又七十畝。』（見撒哈洛夫著：『中國的土地佔有制』四五頁）。

旗地是禁止賣與旗外人的，但此種禁令久已不復存在了。滿洲的貴族曾浪費了自己的土地。皇室爲了贖回旗地曾耗費了不少的國庫的貨幣，但是滿洲軍人之出賣土地的過程是不可遏止的。在十九世紀後半葉，旗地的出賣曾表現是自由的。現在在直隸已經沒有旗地了。此種土地的佔有形式，在滿洲亦同樣差不多完全解體了。

蒙古的旗地則遭有另外的運命。蒙古曾是滿洲在征服中國之下的同盟者，且滿人曾以承認蒙古旗之土地的佔有，以酬謝蒙古的侯爵，中國人是不許取得和租借屬於蒙古遊牧的土地的，且政府『時常是武裝着以防止移民之屢次的侵襲』。然而，『移民的侵襲』，高利貸商業資本的發生，鐵路的建築便破壞了旗地的基礎。在拳匪之亂的壓迫以後，北京政府在財政困難的壓迫之下，於一九〇二年爲了蒙古旗地的買賣，曾自動的組織了一個『墾植局』。蒙古的土地便已開始由中國人墾植了。北京政府激倡此種墾植的原因，除了財政的計劃以外，亦是反對沙皇俄羅斯帝國主義的方法，俄國自從取得了滿洲以後，第一步便曾努力的征取蒙古的領域。

是的，我們看到，滿人征服了中國之後，對中國的某些部份（在京城四郊和直隸省）生活上曾喚起了類似封建的組織——王地和旗地形式的土地領有。在魏朝和元朝入主中原時，亦同樣有此類似的現象。在另一方面我們看到，在某種情形下商業高利貸資本，在政治關係中曾表現出革命化的影響，破壞了舊的佔有形式，並損壞了滿洲貴族一個勢力基礎，爲什麼蒙古的旗地，據我們所看到的現象，情形便有些不同呢？蒙古的族地並不是或有些不是蒙古侯爵的私有，而是那些牧畜民族之族的王公所有，或更確切言之，乃是民族的佔有，但是商業高利貸資本，爲了剝奪其土地的佔有起見，正在分解蒙古的族屬，並損壞民族佔有的基礎，而且事實上是時侯爵變成土地的私有者。在某種情形下，商業高利貸資本對於蒙古種族的影響是革命的，分解他並強迫他走向土著的地主。

3、寺院和教會的土地　在中國歷史上這一點是非常有趣的，即『死手』在中國並不曾能夠或多或少的繼續鞏固土地佔有的性質。佛教寺與特別的節慾並沒有區別。是的，當九世紀唐朝實行第一次沒收寺院的財產時，在佛教寺的領土和製造場中，曾發現出二十五萬七千個半自由的佃農和十五萬個奴隸；沒收了幾十萬萬頃的土地。到明末寺院的財產曾再度的被沒收，而沒收來的土地則被皇帝的親族所掠奪去了。孔教普通的對於一切宗教並不加蔑視。但是，當寺院開始企圖分割政權，以便努力大規模的剝削人民的時候，或者當寺院開始積壘了過多的財物，農民的騷亂亦比較平靜的時候，中國的地主和官僚地主便開始寺院的掠刼了。常常因爲這種掠奪而掠奪到農民。

不僅是大的寺院，即是小的分院亦同樣掠据土地，並將土地租於佃農，剝奪其每年收成的半數或過半數。培養未來官僚的學校（於其終結時則授以適合於個人程度的『學級』），在大的城市中亦擁有充作學校基金的土地。城市和鄉村的機關以及其公共的倉庫亦同樣据有土地。撒哈洛夫說：『租稅是用於公共的消費或幫助某種不幸的事件之上。』（我們已曉得『公共的消費』已落於官僚的衣袋中了）。撒哈洛夫同樣認定這三種形式土地的數量是很少的，約計二萬一千三百三十三頃又十三畝。（見同書）而我們認定著名的中國問題的研究家——撒哈洛夫有時候竟完全是胡說。

孔子的後代——孔族——在山東據有幾千畝土地，而在直隸則有一萬二千餘畝之多。孔子的門生孟子的後代，在山東亦同樣有幾千畝土地。孔子的其他門生顏子的後代，亦有同樣情形。鄒縣的孟廟據有五千畝土地。孔墓所據有的土地亦不在少數。一八八〇年譯米松發現：在江蘇的北部佛教寺最大的財產，根據中國的度量有三萬多畝。巴克教授考察的結果，在安徽只有百零二個經濟單位，而那裏教會的土地便佔有九百二十畝的比例。現在報紙上常揭載關於出賣塾地的消息。一九二七年初北京陸軍部貿賣關帝廟的土地的企圖，曾引起一個大的風潮。內務部曾經宣佈了將天地廟和孔廟的土地出賣於人民。但是所有這些廟產，比起湖南的寺院土地來眞的微乎其微。佛教寺的領土在湖南土地關係上起有極大的作用，每個寺院總佔有十畝甚至百畝千畝的土地。在廣東和廣西兩省則少有寺院的土地。在浙江的道士亦佔有幾千畝的土地。

我們不曉得其他省份的情形怎樣。總之，撒哈洛夫是直然將寺院，教會，機關和塾地的面積無標準的縮小了。而在所有研究家的一般印像則是這樣的：寺院在土地佔有的性質上，在中國並沒有大的作用。中國的官僚總是努力減低寺院的意義，甯肯使人民自相掠奪。教會，機關和熟地的殘餘都是在繼續的拍賣呢。『死手』土地佔有的殘餘終竟是要肅清的。在這一點上，中國是超過了歐洲，南美和回教諸國的，在那些國家中『死手』還完全是在壓搾着活的農民呢。

4、軍事的移民地　他的成立乃是為了抵禦遊牧民族的侵襲，同樣亦是為了同『內部敵人』的鬬爭。軍事移民的土地過去是不許出賣的。這些土地的佔有者不是過去曾負有軍事責任的軍官。在元朝和明朝時，軍事的移民地曾起了極大的作用。明朝奠定以後，所有耕地的七分之一屬於軍事的移民者。清朝同樣成立了軍事的移民地。但是，當行軍時該種經濟曾遭受了大的破壞，土地盡被軍事長官掠奪去了，軍事的移民竟陷於比尋常農民更壞的狀況。十七世紀末佔有四十萬頃的移民地的土地到十八世紀的中葉，統計則僅佔土地二十五萬九千四百一十六頃了。當開始企圖組織近代形式的軍隊時，軍事的移民早已變成尋常的農民了。過去他們的繳納土地稅，而現在則以贖買軍事服務的形式，搾取他們比較尋常農民更多的貢稅。軍事移民地於一八九八年曾經取消。中國喀薩克的歷史亦即如此終結了。

是的，此種土地的佔有形式，於二十世紀初便已經解體了，而根據一些報告，其可憐的殘餘只有在西藏還存在着。然而，我們還未能去證實那些報告。

5、血族的或氏族的土地　此種土地佔有的形式，我們在每個民族的歷史上都會找到證明，而且所有這些事實足以證明的是：中國之古遠的歷史亦同樣是從此種佔有形式開始的。馬克思亦曾指明此點。無疑義的，在中國同在印度完全一樣：公社曾是社會的基本單位。在中國民族公社的破壞遠在紀元前幾百年以前，其原因是他在生活範圍的其他部份（爭奪，軍事，灌漑的必要，公社內部職務的分工，公社之間的交換，公社內部的交換等等）已經走向解體了。鄉村公社，亦卽土地的佔有者卽在這些因子的影響之下而解體了。在紀元前三世紀，公社的佔有卽已破壞。在中國南方的幾省（廣東，福建，貴州，廣西和四川的一部）比較更爲顯著，氏族的佔有制完全還起有極大的作用，十足的保存着氏族組織的生活。在這些省份中氏族公社有時正同鄉村公社相適合。在另一方面，常常有在一個鄉村中住着三族，四族以及很多的族。但是一個氏族或血族時常是包括整個的鄉村。而且最明顯的是，我們在氏族佔有的本身卽看到私人的土地領有。氏族的佔有制同族員之土地的使用完全不相適合。氏族的土地租借與族員同租借與氏族員是一樣的，而只有氏族土地的收入認爲是氏族的公有，雖說是形式上的；下面我們便看到，亦卽發現此種公有制的眞實情形。

在中國氏族制度的殘餘，或更確切言之，氏族制度之思想的上層建築還完全是很有力的統治着人民羣衆。祖先的崇拜在各種形式上卽是所有中國的祭祀，中國的佛教，道教，孔教以及還沒有固定名稱的民衆之宗教的宇宙觀的基礎。在羣衆的意識上此種祭祀的力量和權威是很大的。中國的農民爲了葬埋自己的父親或兄弟於家族的塋地，而傾家當產，投於高利貸者的鞭笞之下，甚至將自己賣作永遠的奴隸。十九世紀中在福建，廣東（以及還保持氏族佔有制的一般的省份）燒，殺，掠奪，女人的拐帶，水利的破壞，血族塋地和祠堂的毀壞竟成了尋常的事情。因這些罪名而被政府所通緝之血族，便從其血族中提供出那負有全族責任的幾個族員，去坐牢去見官。遇此類似的事件血族則給金錢和土地與死者的家族。一九二三年——一九二六年在廣東還常有此種類似的現象，鄉村中的反動主要是依附在農民羣衆之血族的偏見之上。在清朝將近滅亡的時候，中國的法律曾承認血族和家族對於自己的族員之連環的保證，實質上此種的連環保現在只是紙面上取消了。

在中國的其他部份那裏已沒有氏族的佔有制的存在，或在祖先祠堂之佔有的形式中他起不了什麽作用，然而那鄉村本身的名稱便時常可以回想到關於他從氏族公社的發生。『李莊』，『張莊』，『王莊』等類似的名稱可以找到很多，但是全村的住民事實上都屬於同族的村莊便很少遇到了。在中國的書策中只存在有二百個姓的像形字，亦卽只存在有二百個家族的名字（姓）；換句話說，整個的中國人民是從二百個氏族或血族中繁殖來的。他如生活的，社會的和宗教的上層建築都腐蝕得非常之慢，特別是他的存在如果是適合於那國家的鼓勵，法律的關係，生活的儀式，宗教學說以及經濟之靜止的性質的時節。在滿洲以及在內蒙，社會思想的上層建築有時對於經濟表現着反影響，在土地廣闊的條件之下，可以找到百八十——二百以及更多人的家庭，雖說是很少。

在存在有極其廣闊的土地的新的移民的區域，是適合於各個家族的繁殖其氏族的發展的，所以這些家族有時經過三世，四世的時期，還保持着公有制。

家庭和親族的關係，在中國人民的思想中無論在任何情形下，要比在歐洲或美洲人民生活中起有不可比擬的極大作用。在資本主義已經腐化成爲帝國主義形式的日本，久已消失了的氏族制度之思想的上層建築仍有這樣大的勢力：在血族紀念節的時候，工人和佃農同那在工人罷工農民騷動時槍殺他們的同宗的總長或銀行家還坐在一把椅子上。此種思想的破壞近來在中國進行得非常迅速，因此中國的報張雜誌上却因爲『道德衰微』而充滿了不平的怨聲。

現在我們來看：目前中國的氏族公社同過去在其他國家發生過的氏族制度有什麼區別有

什麼相似。恩格思研究赫洛特之希臘的歷史，而歸結出亞芬氏族的特點是：

A、有共同的宗教祭日和族長有分配敬神之僧侶職任的特權。

B、有公共的塋地。

C、有相互繼承權。

D、有彼此幫助，保護和維持的責任。

E、在某種情形下——當遇到本族內女兒出嫁，孤兒或繼承者結婚的事件，都有相互幫助的權利和義務。

F、至少在某些情形下，自己的族長和會計處據有公共的財產（註三）。

而恩格思對於羅馬氏族所指出的特徵，更要近於中國氏族之基本特點，因為在羅馬已經是私有制的統治了。

「族員有相互承繼權……首先繼承的便是兒子，即同父不同母的後裔……據有公共的塋地；每族還據有特別葬埋入的墳地……有共同的宗教祭日……同族不許結婚……公共的土地領有……拉丁種族則土地為種族所有，每個氏族當他經濟上分成各個的家庭時，便成為各個經濟的單位。……然而，我們看到土地為氏族所有更要晚些……同宗有彼此保護和幫助的義務，有採用族性的權利』（註四）。

現在我們來研究廣東幾個血族的生活和組織，那裏血族的土地，佔有整個耕田的百分之三十至四十之多（註五）。我們現在舉幾個例證：

A、吳族居於龐玉的郝各屯鄉村。本族有五百八拜由一百家組成，這些家庭按照親族關係分爲七個大家族。全族有祖先的祠堂，在祠堂內去解決公衆的事件，紀念各種的節日，召集全血族的族長會議。族據有幾千元價值的土地。這些土地只有得到全族大多數人的同意才可以出賣。族的土地租出去。土地的收入照例是用於幫助族內之貧窮的族員，用於族的防禦的組織以及開消因全血族的祭祀所用去的消費之上。公衆的事件在血族委員會中處理之，血族委員會徵集地租，支配族的收入，解決族內的糾紛，管理全鄉村的事務，創辦學校，組織民團，代表全血族去參加政權以及注意關於道路和橋梁的修築。現在一切政權均操之於最富的族員——亦即民團的團長之手。百分之八十的族員係無土地的農民。他們租佃富庶族員的土地或血族的土地。租佃的條件與普通在旁的縣分僕役的條件，幷無差別。貧窮的族員係在普通高利貸的利息之下，去向富的族員借使金錢。族員間時常爲此而發生武裝的衝突。

B、孔族系發生自孔子。系由八家組成。有一百畝血族的田地和祖先的祠堂。六十五畝的收入需要開銷在祭典，血族的祭日和民團的花費之上。十畝的收入係用作幫助族員的結婚上。十畝的收入去幫助族員的學生(每年每人二元)。十畝的收入去用於新兒產生的贈物(每人二元)。五畝的收入則用以開消幫助孀婦的費用。血族的事務歸委員會解決，參加委員會的係六十歲的族員，家長以及該族的一切紳士。經過考試，及過去或現在任有國家的職任的便算紳士。富的族員於高利貸的利息之下，才借貸與貧的族員。

C、王族由二千人組成，并分三百家。有祖先的祠堂。血族內部之血族聯繫比較親近者，亦有個別的祖先的祠堂。約有四仟畝土地屬於血族，這些土地只有得到全族的同意，才可以出賣。土地是租出去的。八百畝的收入是這樣分配：教育，學校二仟元，族的祭祀一仟三百元，婚事的補助十五元，小兒生產的補助一元，對於老年人的幫助八元至十元，喪事的幫助四元，道路的開支一百元，民團的開支一千元，本族負債的利息一千四百元。其餘土地的收入，大概亦即如此分配。參加血族委員會的係四十五歲的族員，過去或現在凡任有國家的職任者，富的和有勢力的人以及家長等。實際上，政權和金錢的處理係操於二三個富豪和有勢力的族員的手中，委員會幾乎任何的意義都沒有。百分之七十至百分之八十的族員，均係無土地的農民，他們租佃土地要負極苛重的條件。高利借貸在血族中間乃是尋常的現象。

D、此種對於血族之『多數主義的』敍述之正確，是無從加以驚疑的，我們更可從所謂公正的美國人古里波對於『芬尼克斯』鄉村血族的特徵的著述中引證幾句話（註六）。血族有祖先的祠堂并据有土地，這些土地只有在得到全血族的同意才可以出賣。族的收入係用以彌補在同其他血族訴訟過程中的消費，用作對於喪事的補助，幫助學生，獎勵去考試的族員，幫助孀婦，開支對於祖先祠堂，墳墓，橋梁，道路的修理。血族的指導權係握於年老者的手中。『然而，柯魯波血族的首領是在促進鄉村人民的分化，并霸佔血族的基金，這還不算對於他應有苛責。現在血族的指導係握在兩個有學級的領袖的手中。』『血族中的協同一致是在破壞了……一部份的族員求助於外族比較求助於其本族領袖還要勇躍。』族員間的相互關係成了積極的敵對關係。血族內分成三個社會的集團，富農佔百分之十八，中農佔百分之三十一，貧農即普通純粹的族員佔百分之五十一。富農除了對於個人消費的需要之外，還有很多的糧食。他們去放利息的借貸。貧農自始至終是辛辛苦苦。古里波寫道：『在芬尼立斯鄉村中已經開始了兩個社會體系之間的鬥爭。雖說血族的領袖還沒有意識到敵對勢力的性質。』但是，血族的領袖已經了解農會的意義，并且開始幫助民團與流氓去槍殺自己血族的族員了，假如那民團與流氓是適合於地主的利益的話。他們已經了解，為要以流血政策消滅農民的暴動，勢必去殘殺自己的同族。他們已經了解：所謂血族的協同和一致久已飛到了九霄雲外，血族的內部久已就分出了兩個互相對立的階級。

從這些敍述中便很明顯，一方面最近希臘和羅馬的血族，另方面中國的血族，兩者間主要差別乃在於：公社佔有在希臘和羅馬已經瓦解，并曾創立了土地私有制，而在中國還在保持着公社的佔有制。如果以中國的氏族與西奧非利加或南洋羣島的原始的氏族相比較，那末便可證明：那裏公社的佔有同公社的土地使用權是相一致的，而在中國則已經不復存在了。公社的土地是租與血族的族員，或租與不屬於血族的個人。很明顯的，中國的氏族佔有制完全具有特殊之點。氏族佔有制怎樣採用了現代的形式，我們還不曉得。我們更不曉得在什麽樣的力量之下，血族中的『有勢力的人』不曾取得氏族的土地。即在現在血族內部各個紳士間的鬥爭和傳統，仍阻礙着血族的『有勢力的人』對於血族土地之直接的奪取。所以他們所爭取的是土地的收入，而并不是土地的本身。對於教育所預定的數目，乃是富的和有勢力的族員的兒子去受教育的數目。民團卽是富豪反對貧的同宗的武裝力量。祭祀費的一部份是要到紳士的腰包中去的。血族借貸的利息大半亦是要落到血族領袖的荷包中的。血族的基金則是爲了高利借貸的調劑，受用爲紳士們的流動資本。有時候紡織工場也屬於血族的工具。『往昔的血族則成了現代資本主義企業的股東。但是，得到紅利的幷不是那無知識的族員，而是那聰明的有勢力的紳士。到凶年當國際絲的市場的價格使着絲廠當年發生虧空的時候，則將虧空完全列入血族的『報告』中，幷將血族數目謄寫出來。』（約爾克寫道）。然而，在一切紀念節族員所得到的數目却微小的滑稽。

在這一點上便發生許多問題。爲什麼血族的土地還保存在南方的幾省？是否因爲中國南方幾省由中國人殖民化比較北部和中部更要晚些？是否因爲在這些省份中的士人依賴自己氏族的制度，對於中國移民者的反抗表現更激烈一些？是否因爲南方幾省所受到的騷擾，戰爭，自然的貧困要比較少些？由土地的氏族佔有轉變爲氏族土地的收入之氏族的佔有是怎樣發生的？農民和地主的土地是怎樣從氏族公社分配來的？我們可以說，對於這些問題僅能多少得出個模糊的臆說，詳盡的說明則仍須有待於中國馬克思主義者的後世人了。但是，如果不洞悉在過去氏族生活中久已廢掉的思想的上層建築之殘存的勢力和威權是不能夠了解中國的社會和中國的實際生活的。

譬如，統治階級爲要保障自己的統治，爲要消滅社會階級的分化，曾用盡肉體的和精神的壓迫的一切方法去拚命的鞏固社會思想的上層建築。商業高利貸資本——這種資本是中國資本統治的形式——商業化了那種民族的宗教，正好比加特力教和信奉正教的寺院曾商業化了自己的學說一樣。在貨幣經濟和零碎的土地使用權的條件之下，從此種社會思想的上層建築而發生出來的宗教儀式和生活習慣，是異常適合於高利借貸的壯麗之花的。一八八〇年英人菲里研究廣東農民的經濟，『認爲結婚的騰貴，二十年前需要三十元，現在則必須百元』的那一事實，乃是廣東農民最痛心的一件事（註七）。一九二六年四十三個被迫而出賣自己土地的農民，有九個係爲了償還高利貸者的債務而出賣土地，有四個係爲了喪事或嫁娶的消費而出賣土地（註八）。生活情形之一些自然的貧困卽是農民預算之均衡破壞和農民負債的主要原因。不久以前研究了印度一百九十二個農民經濟的單位曾證明：一百五十二個經濟單位對於高利貸者負有極重的債務，因爲家庭和血族的祭祀以及喪事和嫁娶的消費，而敗落於後者的鐵蹄之下（註九）。

如果在印度主要的是嫁娶，那末在中國特殊的喪事更易於將農民投於高利貸者的懷抱中了。死的是在統治着活的。而此種宗教的和生活的儀式之商業化便創造了走向他瓦解的前提。這種過程在鄉村中進行得非常之慢。巧妙的和愼重的促進這一過程乃是農民協會和鄉村學校的一個很重要的任務。這一任務乃是一件艱苦的工作。同祖先崇拜緊相聯繫的各種儀式，在人民的意識中已是根深蒂固。根據許多研究家的意見，中國有百分之一的耕地被墳墓所佔去了。在杭州市的每於出喪時爲平靜惡鬼而焚燒的所謂冥錢竟達一千五百萬元之多，這并非說笑話，而確係事實。統治階級的儀式和習慣卽是愚弄人民的一種奇異方式。當某一個時候皇妃將自己的脚包起來了，頂至現在七千萬中國的農婦還都在纏足。大的官僚必需將指甲修得很長，爲的是表明他并不參加勞動。然而一般小商人亦同樣喜歡將指甲修長。中國農民用自己的手足和牙齒固守着自己的土地，但是爲要適當的葬埋自己的父母，却在準備着出賣土地。

久已廢除了的制度思想的上層建築，儀式和習慣對於工人階級同樣還有極大的影響。中國的工業無產階級還沒有脫離鄉村的關係。因勞動力的異常參差而發生出來的城市無產階級成份的流動，婦女和從鄉村中出來的苦力對無產階級的不斷的補充，隨着所有這些情形便發生：僱主和工人間部份的衝突亦要圍繞着這些問題而爆發出來。我們若讀過了由革命的工會所締結的集體的協定，亦便充分的相信這些了。資本主義生產之不斷性同舊的習慣不相併存，而且企業主總在引導着無情的鬥爭，以反對工人在親屬出喪或嫁娶的時候，以及在血族，家族和鄉村的節日的時候出廠。工人甯願犧牲每週或每月的休息，而不願犧牲紀念『自己』家族紀念的權利。在大城市的資產階級和城市的無產階級中，傳統的上層建築的破壞比在任何地方都表現得迅速。然而，無疑義的，只有長期的革命的鬥爭和革命的掃蕩，一切社會關係和參加這些鬥爭的羣衆本身的意識，才能縮短那統治智力的老的威權的壽命。

在歐洲歷史的經驗中，說明這一事實幷非特別困難，即氏族土地佔有制亦同樣保持得很久。在愛爾蘭血族的佔有制，只是在十七世紀血族土地變爲英國國王之王家佔有時，才被消滅，幷且有些血族的土地還未及由血族的領袖變而爲自己的私有。在邵特蘭血族的『有勢力的人』只是到十九世紀一百年代末才完全從血族的土地中驅逐出去，而且蘇得爾蘭公爵夫人也只是到一八二五年才得用一十三萬一千個羊代替了血族土地中的一萬五千個農民（註十）。

在中國的北部和中部，此種由氏族佔有制轉變爲私自佔有的過程，很明顯的在幾千年以前即已終結了。在土地關係的一般體系中氏族土地的意義和作用已等於零。在浙江偶爾還遇到氏族的土地，但根據整個的特徵，他的比重已是極小。此所以撒哈洛夫，楊開孚，弗郎克及其他的研究家們認爲：北中國的土地關係幾乎說不上關於血族土地的原因。而在南方血族土地的比重却是很大的。

關於在廣東血族土地的比重和意義，我們有福林和約爾克所搜集的最有價值的材料。由省農民協會所宣佈的五十五個鄉村之研究的結果，血族的土地平均竟佔全耕地的百分之三十至四十之多。省農民協會擴大會代表所製成的調查中曾指出：在十一個縣分中血族的土地佔耕地中的百分之四十。更繼續特別研究了八十一個鄉村之後曾證明：在被研究的那些鄉村中百分之五十一又八的土地屬於私有，百分之三十七的土地係屬於血族的土地佔有，而在其餘的鄉村中私有和血族的土地佔有的比率亦是同樣的。現在可以斷定根本上不同的是：在廣東血族的土地佔有全耕地的百分之三十至四十，而租借這些土地的借金要佔一萬萬至一萬萬五千萬元之多（見福林和約爾克著：『論廣東的農民運動』）。

搭爾哈諾夫在研究了廣西八縣的情形中曾得出：農民之土地的佔有中農佔全耕地的百分之二一、四，地主佔百分之五二、一，氏族的土地和宗教會社的土地佔百分之二〇、七，國家的佔有佔百分之五、八。（見搭爾哈諾夫：廣西社會經濟的結構概論）。

關於福建我們沒統計的材料，但外國領事館，農民協會和我們的同志的通訊中都證明：在這一省血族的土地在土地關係的一般體系中所起的作用，如果不是大於廣東，至少也和廣東一樣。

在貴州和四川血族土地的意義和作用亦是很大的。然而我們并不用大概的和約略的根據去相對的處理這些省份。

血族土地的收入，在任何地方都是統治階級的額外收入。血族土地的收入便給予血族的有勢力者以高利借貸的活動和組織民團的工具。商業高利貸資本將生活和宗教儀式都商業化了。地主和紳士從氏族的土地中取得了收入。

無疑的，土地革命消滅此種土地佔有的形式，較之紳士們在形式上將此種佔有形式轉變爲私自的領有更要早些。但是，在革命的第一個階段需要十分的愼重、革命的政權必須要估計到農民之生活和宗教的偏見。

北方祖先祠堂之土地的佔有亦歸於此種同樣的範疇，所以并沒有保存他的特徵的必要。那裏已沒有血族，而各個家族之祖先的祠堂則有小部份的土地；散在於南方諸省和被中國人驅逐於荒山之上的半原始的種族，如苗，猺，猺，等等，那裏中國人還不曾掠奪了他們的土地，或許還存在着氏族的佔有制。論及這些種族，我們一點也不曉得，并且我們相信，即中國人本身曉得關於這些種族的也不很多。因此，更談不到較好的研究，這些問題之詳盡的說明也只有待諸將來了。

根據上面的分析而得出的結論，可以十分確信的說：血族和祠堂的土地在廣東和福建起有極大的作用，在廣西亦起有相當的作用。在揚子江流域亦還遇到血族的土地（註）。而在北方却已經幾乎沒有任何的意義了。僅只是個別富足的家庭有祖先的祠堂和這些祠堂佔有土地。

6、**公地**。凡山坡和荒蕪的土地而未被任何人佔據者，即謂之公地。人民在這些地帶都有鋤草和拔樹根草根的權利。雨水從這些十分荒蕪的山坡中流得格外激急，雨和風摧襲肥沃的山田，完全將土層冲壞幷增加河水汎濫的危險。

7、**廟宇或公社的土地**。幾乎每個鄉村都有自己『鄉村的祠堂』而且時常是有二個三個四個這樣的祠堂或廟宇。常常是一個廟宇係供奉的軍神，而另外一個廟宇則係供奉的土地神。廟宇的建築，一般的規矩是由鄉村負担。在回教的區域廟宇是沒有的。在大的鄉村中廟宇裏還養着白吃乾俸的傳道師。但是廟宇同普通加特力教，佛教或正教的寺院絲毫不同。那裏還保存着未出殯的死人的棺材，那裏幷蓄存着冥錢，顯貴家族的家譜和所謂鄉村『偉人』以及所謂鄉村富豪的名册，亦即當考試時爭得了學級或認爲官僚的那些人們的名册。在某種神紀念的日子，在廟裏便大設祭宴，但普通的廟宇是比較適合於樸素和節儉的目的的。那裏有過宿的行人，那裏有做生意的小販和商人，那裏幷有保護地面的衞警和鄉勇，那裏有過宿的乞丐。廟宇的周圍陳設着市場，行藝者的戲場等等。廟宇要從那在市場上擺攤的小販和商人去徵收租錢。此種租錢從出賣牲畜的徵集得數目特別之大。軍隊同樣首先駐紮於廟內，如果從縣城中來有收稅的官吏，那他也是住在廟內。所有一般鄉村中的社會和商業的生活都集中在廟宇的周圍。

廟會的意義和作用，近來特別增大了。土匪勢力的增長亦必須擴充警備。衞警卽居住在廟中。在北方則發展了紅槍會的組織。夜間紅槍會必須是在廟裏，因爲第一個號召卽是在攻打土匪和逃兵。當南方的農民協會還沒有被逐於祕密狀態之下的時候，他們時常是住在廟裏。在城市中同樣亦有廟宇，但那裏的廟宇是在各種的商人經營之下，而其作用亦便有些不同。

鄉村的廟宇必然據有土地。我們不曉得，廟宇的土地是否卽是血族的或公社的土地的殘留。在十九世紀爲重修廟宇的土地都被買去了，收買土地的金錢是從鄉村的貴族買者中間搜集起來的，幷且是以地方稅的名義從農民中搜刮來的，廟宇的土地租出去，而得到的租金與從市租的收入一樣，是開消廟宇用度的一切開支。如果有公社用於學校，道路和橋梁的費用，亦是從這些收入中去開支的。但是中國的諺語很早就已斷定：鄉村中的廟宇愈多，這個鄉村便愈窮。廟宇土地的收入只是落到紳士的荷包之中，且有時亦落到鄉村中的有知識的人手裏去了。

關於此種佔有形式的運命是否卽是固定的，尙難說起，但是在我們却構成這樣的印像：廟宇的土地都逐漸的出賣着。苛捐，雜稅，土匪的綁票，軍隊的給養已經是非常繁重，而我們還時常遇到許多的這種情形，卽鄉村中爲了開支臨時的消費而出賣廟宇的土地。無論如何，在南方廟宇的土地比其血族的土地來則起有不甚重要的作用。他只是在那一個鄉村中居住着幾個血族的人的地方存在。在合鄉村的居民都屬於一個血族的鄉村中，廟宇便用祖先的祠堂所代替。在北方廟宇的作用——幷非在土地關係中，而是在鄉村的社會生活中——則比較特別的大。革命將來應該極愼重的和巧妙的將廟宇的土地變爲眞正公社的土地。

在中國的鄉村結構中或許能夠表現出一些原始鄉村公社的特徵。鄉村公社的佔有制很早就被肅清了，同樣普通的邑地（牧場，牲畜場等）亦被那有勢力的人搶去了，鄉村公社所表現的特權卽如財政的行政機關一樣，且整個鄉村完全還是用連環保的方法以保證地稅的徵集。鄉村公社對於其他鄉村的關係，他卽是整個鄉村的代表（對於灌漑和其他問題）。

鄉村的公社很泰然的經歷了：偉大帝國的破壞，最野蠻民族的罪惡，整個城市居民的滅亡。這種情形卽是他們『在經過幾千年的最粗暴的國家形式——東方的專制主義的基礎中所造成的』。但中國的高利借貸在這些田園的公社中却大放光彩，這些公社一引入於商業，他便逐漸的表現爲貢稅的徵集者了。帝國主義的侵入終於破壞了鄉村公社那一僅存的基礎，——農業同農民的紡紗車以及同農民的紡織機的聯合。隨着公社的解體那種建基於公社的生產方法，那種公社用以計劃關於社會勞動的國家亦便破壞。

以下要說明：在帝國主義還未侵入以前的中國，商業高利貸資本，地主的壓迫，亞洲或暴政的官僚主義對於氏族和鄉村公社的破壞，比較亞洲其他任何的國家還要堅强有力。英國的資產階級在印度曾引導過社會革命。帝國主義之在中國只是促進了他，將中國的鄉村牽入於世界商品的流通，破壞農業生產之狹隘的基礎，將工業從農業中劃分出來，用自己的機械摧壞中國那建築在手的勞動之上的手工業；中國的鄉村從亞洲或專制主義的基礎上便變成了此種專制之破壞的一種動力。

上面歷述之土地佔有形式，亦遠不似近代的土地佔有形式。

以下要說的土地佔有的範疇卽是：

8、國有的土地　國有的土地可以分爲以下的範疇：

A、荒地。　凡未經開墾的土地，過去和現在都認爲是國家的所有。在以前的朝代是將土地分配給農民，因而土地的分配亦由參政者，卽所謂官吏來執行的。在清朝奠定之後，此種土地分配的法則仍然是原始的。那時候一方面中國的地主，官僚和商業高利貸資本同另方面滿洲人之間還存在有政治的聯盟，當此種聯盟破裂之後，滿人勢必要在農民中去尋找支柱。滿人爲便於促進移民的過程便禁止官吏對於荒地分配和移民問題的一切干涉。一七二四年曾下令與農民說：在沒有政府方面任何的決定，而農民自動開墾土地者，只需要通知政府知道耕種了某些土地，看土地的性質而決定於最初三年五年六年至十年完全免稅。

在滿人統治之初，對於土地之國家的佔有亦曾說明：凡未被佔去的和未被變爲私有的大量土地卽算作國家佔有，并曾指明：國家之土地的佔有并不是對於農民勞動參加土地的障礙。繼續將近五十年的國內戰爭和征討之後的國家秩序，經過此種說明特別迅速的恢復起來。但是滿人的墮落及其與中國的地主，官僚和商業高利貸資本之勾結的結果，便變更了這一原則，且在太平天國的暴動以後，他更在實際上給以大的修改。太平天國以後在安徽南部游歷的利赫侯芬曾說道：鄉村中最大部的住民乃是從貴州，四川和湖南遷來的移民。那些土地經過兩年的耕作之後，移民便成了土地的所有者了。因而他們什麼也不曾向政府交納，而先前的居民却每畝繳納從〇、八〇到四元的土地稅，因爲土地曾認爲是家族或血族或鄉村公社某種形式的佔有了（註十一）。官僚，財閥，商人和高利貸者對於荒地的掠奪，對於植墾基金的掠奪，於義和團暴動以後才大規模的開始了。『墾植局』一開始創立，便由財閥們以賤價將閒散的土地買去，而以很高的價格再重新將土地轉賣，或以奴役的條件將土地租佃出去。我們已經看到在滿洲和內蒙此種的掠奪已走到一種什麼樣的結果了。我們回想如果在這種情形之下，譬如：在江蘇的北部，『墾植局』以三千萬元購買三千萬畝的土地，即一塊錢購買一畝，照租借代價的形式便可直接從佃農得到收穫的百分之四十，那末在這些事實的基礎上，我們便得到一些印象：即國家對於土地的佔有和移民政策在中國已遭受了什麼樣的變動。

B、蘆地和葦地　撒哈洛夫分析此種國家佔有的形式如下：

『在江蘇，安徽，江西，湖北，湖南諸省大江沿岸，時常被大水淹沒的土地，不能夠有固定的領主和課稅；在這些土地上准許分別播種蘆葦，有時如果那些土地幷未遭受水災亦向國家納稅而種植稻麥。這樣的土地計有十萬零一千五百八十六頃又十一畝之多。』（見撒哈洛夫：『中國的土地佔有制』四十六頁）

簡單說來，中國的官吏也了解因爲他的管理而招來的貧困。此種的貢稅便名之曰蘆草稅，幷按蘆草價格百分之十的標準徵收。中國農民很曉得利用一切原料的價值。他由蘆草製造亞鉛幷編製箱籠，直到現在在中國還用以充作裝載棉花及其他笨重商品的包裹。在一九二一年的水災的時候，直隸的饑民卽在那漲水的地帶去捕魚。中國的農民曾學會了利用一切的可能去獲得生存的資料，中國的官吏亦曾學到了瞭解農民生活行爲的一切表現。蘆地和葦地的國家佔有卽是這樣發生的。

蘆地和葦地現在幾乎各省都有。革命的主要任務之一卽是將這些蘆地變爲耕田。

C、**砂土地或冲積地**　中國一般的，而特別是在黃土區域的河流，淤出大量的泥土和砂礫。由這些河灣裏的泥土和砂礫而構成新的地帶。這些土地，在官吏向農民不僅徵收了貢稅，而且還徵收了賺買土地的價格之後，農民便重新翻造這些土地。在崇明島對於此種土地，繼續了三年的農民騷亂，結果竟以殘酷的方法壓迫下去了。地主常常掠取冲積的土地幷向使用土地的人徵收地租。總之，研究冲積地之所以爲國家的佔有，因爲如此，政府（亦卽握有政權的官僚和軍閥）才能將那土地的收入歸到自己的腰包裏。

道路，橋梁，河堤等等亦都認爲是國家的私有，政府享有強迫割地的權利。而外國的鐵道公司為了割地則需要付償代價。中國政府一般的規矩，收買是不出錢的。

國家對於土地的佔有，用此種形式去說明，對於他『純粹的形態』便可描寫盡致。

（註一）撒哈洛夫著：『中國土地的佔有制』。

（註二）楊開孚著：『在公民的和道德的地位中之中國』二十二頁。

（註三）恩格思著：『家庭，私有財產和國家之起源』六六頁。

（註四）見同書。

（註五）此地我所用的係約爾克所搜集的材料，這些材料還未編入於約爾克和福林『論廣東的農民運動』的著作中去。由農民協會所搜集的關係湖北的材料亦是由約爾克所整理的。我們的目的是將這些有價值的材料充分的再給以大的剪裁。

（註六）古里坡著"Country Life in South China"紐約一九二五年版百零九頁。

（註七）任米蓀著"Land Tenure in China"一二一頁。

（註八）福林和約爾克共著"The Pesaant movement in Kwautung"一二五頁。

（註九）Despande and Ghuvye著"Some villag studies" Indian journal of Economics. 1927 T. Ⅲ. P. 47○—480.

（註十）馬克思著『資本論』一卷七二二三頁。

（註十一）"Richthofen's Letters" P74.

（註十二）"Chinese Economic Monthly" T. No, 2. 1924.

国家出版基金项目
NATIONAL PUBLICATION FOUNDATION

中國農村經濟研究

（中）

［匈牙利］馬札亞爾◎著
陳代青　彭桂秋◎譯

山西出版傳媒集團
山西人民出版社

第九章　中國土地私有制的性質與發展

——土地佔有之動員的形式——

在中國歷史上第一次所採用的著名的土地使用權的形式，要算所謂『井田制』了。中國鄉村中農業之『井田制』，主要的是：將九百畝土地的地段分作九個相等的方塊，八個家族居住八塊，第九塊他們則用共同的力量去耕作而作為官家的收入。九百畝適當俄國的五十畝。俄國中國問題研究會包伯夫即是這樣來說明『井田制』（註一）。『井田制』的採用是從周朝開始的（紀元前一一二二——一一二六年），當時中國已被分割於封建的或氏族的大小諸侯了，而這些諸侯即按照井田制分給農民以土地。此種制度直到秦朝還曾存在（紀元前二五六年），他是被當時的中國皇帝秦始皇所廢除的。

在歷史的整個時期，我們在中國任何地方都找不到井田制度，而且我們認為他乃是一般的傳說。周朝時的九百畝還沒有五十俄畝，僅只有一二、五俄畝，因為那時中國的一畝，比起現在來要小四倍。所以每戶授田百畝，適當一、五俄畝。認爲在當時農業技術和收穫的水平綫比較低下的情形之下，農家能夠在一、五俄畝的土地上過活，很明顯的是一件滑稽事。實際上，在周朝農民的割讓地是一百畝耕地加上五十畝城市附近的休田，一百畝好的土地和一百畝休田，或者是一百畝壞的土地和二百畝更偏僻地方的休田；此外幷按照土地的性質授與每個壯丁從十二畝到五十畝的土地。即孔孟自己亦說到研究井田制，即是研究那種稗史。孟子很惋惜：到自己的時代井田制已不復存在了，且追想井田制僅只是在周文王時存在過，於是他當時曾提議恢復那種過去曾經存在過的制度。而井田制既已不復存在，更無待於秦始皇去廢除他了。

在印度亦同樣有所謂井田制的傳說，因而亦曾將大的平原分割爲十塊或十二塊。總之，井田制包括着公共土地使用權之各種的形式，但是關於井田制的存在之科學上的證據，無論是在中國或是在印度都是沒有的。

在周朝時分封的諸侯——假如那是分封的諸侯，而不是氏族的族長——早已掠奪了農民田宅。傳說當文王時『文王之囿』，『芻蕘者往焉』，『雉兎者往焉』，『與民同之』。然而，孟子已經曉得：『郊關之內，有囿方四十里，殺其麋鹿者，如殺人之罪。』根據孟子這句話便很明顯：在孟子的時代已經存在有市場，商人，手工業者；諸侯徵收貢稅於商人，市場集聚了大量的人羣，利用江河運載大量的穀物并且國家之經濟的貯蓄都已運輸於諸侯的倉庫和市場中去了。但市場的發展是與當時諸侯的戰爭不能夠並存的，因之，代表商業資本利益的秦朝就消滅了諸侯。并造成統一的國家，統一的軍隊，用完善的交通連結起統一的市場。秦始皇的土地改良完全不在於久已不復存在的井田制度之廢除，而在於他增加了農民土地的割讓，并消滅了氏族的諸侯，將農民變爲國家的奴隸，因而貢稅和徭役比起諸侯時代，或更正確些說比起氏族諸侯的時代更要繁重。秦朝澈底完成了由公社土地到個別經濟的轉變，同時并開始確定了私人土地的佔有。

當秦朝因戰爭和對於農民之非常剝削而致滅亡以後，曾有恢復封建或氏族諸侯之企圖的發生，而那公社的土地佔有形式即在此封建或氏族諸侯之下存在過的。但是商業資本已有充分的力量，農業技術亦有充分的發展，因之在長期的內亂之後終於消滅了那種企圖。英俊的將軍漢武帝肅清了封建諸侯的殘餘，并給氏族諸侯之殘留以最後的打擊。因此武帝曾廢除了在中國曾經存在的世襲（長子承繼對於氏族的統治權）的權利。中央集權同官僚的國家機關以及較爲發展的國內和國外的商業，非常適合於同地主的土地佔有相併存，但同封建或氏族諸侯制度，以及這些諸侯間之經常的戰爭是不能併容的。

到明朝的時候皇帝的族屬及其他『有勢力的人』曾掠奪國家的土地，幷拘禁農民『充作』他宮院中的奴隸。用這種方法曾建立了廣大的所謂『宮殿』的領土。但是建立普魯士或俄羅斯式的廣闊領土的企圖，竟被全國民衆的暴動以及因滿人之征服中國所破壞了。韃靼和蒙古的勝利者，明朝和清朝，他們對於勝利者的民族或皇家的人員都曾企圖創立等級的或氏族的土地的佔有，但是此種企圖幷不曾鞏固了大規模的等級領土的制度。名門貴族的大的領土，有的曾被民衆的暴動消滅了，有的是被商業和高利貸的資本破壞了。此所以結果地主土地佔有之破碎，以及中國的土地關係得有中等的或小的地主形式之原因。沒有大的封建式的地主，而只是由高利貸，商人或官僚所變來的中等的和小的地主，乃是中國地主階級之中心形態。由此可以證明以下的事實：歐洲的以及有些蘇聯的中國問題研究家們都曾接受了關於『在中國鄉村中之社會的平衡』和關於在中國沒有地主階級的理論。同時譬如在廣東一千萬畝的土地，卽全耕地的四分之一強，握於地主之手，而且鄉村的統治階級還支配有佔全耕地百分之三十至四十的血族的土地。在湖北大概的計算，整個經濟單位的百分之四六、五佔有耕地的六分之一，而佔整個經濟單位約百分之十的大的領土則佔有耕地的三分之一。關於湖南毫無誇大的斷定：百分之七五的耕地係握於地主之手。我們不曉得在中國是否有三萬個或一萬個或十萬個據有萬畝以上的土地的大地主。但是我們曉得幾乎在每縣都存有一些千畝以上的地主。或許他們也沒有這樣多人，但是從這些研究中，便可看到就中有很多的中小地主。

在廣東，湖南，陝西，湖北以及其他省份便馬上證明了「社會平衡」的理論之不適合於實際。所有中國的軍閥沒有例外的都是地主，城市的資產階級同鄉村中的地主結有極密切的連繫，商人的和銀行的亦即主要是高利貸資本都「土地化」了，所有的大商人，官僚，軍官，高利貸者等等都有幾百畝的土地。當然，單純的將中國領地的範圍同歐洲的地主經濟的面積比較起來就會得出一種不正確的結論。在中國並沒有三耕制，沒有牧場，沒有森林，一切地主的財產都是極緻密的耕地。在中國某個耕場的收入是以由每畝收穫的次數對於總經濟區域的關係來決定的，而且我們已經曉得從一畝土地中可以收穫兩次。有時收穫三次，而在南方有些地方竟可收穫四次。但我們還不要忘記旱地和水地間的區別，以及旱地和水地在收穫上之大的差異。很可以說明，在中國的北部很少水田，主要的是：自耕農；而在南方多水田，鄉村中之主要形態便是佃農。中國的地主轄有好的土地，他們都掠奪了水田，而農民領有的土地，在全國範圍內（南北一樣）以及在個別的省份範圍內都被排擠於壞的土地，亦卽旱地裏去了。所以耕場面積之比較小，幷不能給予關於地主土地的收穫之正確的概念。譬如在廣西，在地主經濟耕場之較小的面積之下，時常每年有二萬五——五萬元的收入落到地主手裏。在廣西三八至五八的中等的農家，每年每個人的消費只四六——五二、五元，而每年的收入則在二萬五——五萬元的巨大數目。根據農民協會的統計，同樣在廣西百分之九十的地主所據有的土地每年的收入有一千二百五十元。這同樣超出中等農家個人消費之每年的開消的二十倍以上。

是的，中國歷史發展的特徵是走向大地主的財產分解爲較多的個別的耕場。在中國地主的家族中，土地佔有之世襲的分割在這一點上起有極大的作用。一般的講來，中國的地主比其他國家的地主生活程度高，在高利借貸強有力的發展之下更使得他們落後。因此爭奪土地的政治鬬爭在中國要特別加緊。此地所說的幷不是關於十五萬——二十萬大地主之任何的剝削。地主階級在中國比他在過去的俄國是要來得複雜些。地主同城市資產階級的聯繫則可說極其密切。商業的和高利貸的資本同土地的佔有密切到個人的兼倂。中國的地主在自己的周圍結合着比較在旁的國家更多數量的寄生階層。這一階級只有在革命的，不妥協的政治戰鬬中才能夠取得勝利。而且因此便不想得出這個結論：『土地改良』在中國有時亦相當的有可能。

地主之相當數量的階層在地主土地相當分散的情形之下，除掉加緊的政治鬭爭，是不能夠讓渡或些微讓渡一些土地的。俄國的地主，羅馬的貴族，普魯士的將校之能以很快的『讓渡』，是因爲他所有迴轉的基金。而中國的地主幷沒有貯存着迴轉的基金。因此那二五減租的企圖也被打消了。在中國對於土地問題永遠談不到百分之二五，永遠是百分之百。如果作出關於土地問題之革命的解決之不可避免的提綱，當然是可以的。在理論上也可以有另外的道路，然而在實際上他却很少可能。問題之最後的結束是要以政權的確立來解決的。

現在我們來研究關於隨着地主的土地佔有而發展的農民的土地佔有的問題。當漢朝的第一位皇帝時，由國家所『賦與的』農民的割讓地，還曾認爲是『家族的私有』。但我們看到：農民很快的就開始將自己的土地典當和出賣給地主，商人和官僚了。在紀元後六年和八年時王莽由上而下的土地國有化，沒收地主之大規模的土地佔有以及用改良的方法以避免農民暴動的種種企圖，曾完全失敗了。當以流血的方法鎭壓繼續不斷的農民暴動之後，才恢復了國家『秩序』，及至漢朝二世才完成廣大農民變爲佃農負債者的轉變過程。韃靼民族之征服中國，魏朝的奠定，才恢復將國家土地賦與農民的制度。當隋朝時那種制度曾普遍於全中國。而徹底的改革是發生於唐朝（西歷六一八——九〇五年）。是的，關於此點撒哈洛夫寫道：

「按這一朝代開始統治時之賦與土地的法律，完全沒有性別和年齡的區別——如果是獨立的門戶——而得到永遠佔有的地塊，特別是作事的和負有國家職任的個人，有時還有特別的單個個人的土地。分配於農民，商人和手工業者爲永久私產的土地，已打破魏朝的慣例，而能夠用出賣或質當的方法從某一據有者過渡到其他人的手中。除了這種民族的佔有之外，另外更由國家分配了更多數量的土地，即所謂單個個人的土地。一切成年的男子從十八歲起即可得到八十畝個人的土地；還未成年的青年，老年，殘廢者，孀婦等，如果他們都各立門戶過活，亦同樣得到個人的土地，不過只當前者的半數。當人年老而沒有能力去耕作這樣大量的土地和解除國家職任的時候，便要將分配於他個人的土地仍歸還國家。只有爲國禦敵在戰場上受傷和殘廢者，給予以終身據有個人土地的權利；兒子受傷或孫子被殺於戰場時，亦同樣有享用他個人土地的權利，雖說還不能享有終年。除了殘廢的兵士以外，其他任何人都無權擅自處理個人的土地，不僅是出賣，即是爲了某種貸價而質當或租讓與他人耕種亦所不許，任何人都應該是自己耕種所分得的田地。在法律上曾禁止用出賣或典當的方式變賣自己的土地，但是困難情形的力量竟有如此之大！雖說有對於違者處罪的威嚇，然而人們竟有時破壞了國家的規定。開始是典當土地，終至於出賣土地；當這種濫用已通行各地的時候，國家才直接決定在一定的規則上可以將個人的土地出賣於旁人，而成爲給於賣者私有之更安全的不動產的保證。』

中國的歷史家說：『實際上，唐朝政府幷不曾對於人民有什麼憐憫和愛惜，當時他已賦與了他們不僅出賣民族的土地，而且還出賣個人的田產以及遷居的自由意志了。』

是的，唐朝開始是創造民族土地佔有同個人土地佔有的結合，而結果是個人的土地佔有代替了農民的割讓土地。由國家所『授予的』土地的典當和出賣自行解決，在商業高利貸資本的壓榨之下便造成私人的土地佔有。

農民的土地私有，在商品經濟，地主統治和高利貸資本的條件之下，卽是否定農民的私有。農民在商業繁榮時期是要日在破壞，出賣自己的土地幷變而爲佃農負債者。在市場破壞，國家淩亂的情形之下，地主，官僚，富豪加緊的在掠奪農民的土地。強制的自由，苛捐雜稅的重徵逼迫着農民去向地主簽訂契約：作地主的佃戶，求幫助和保護於地主的面前。饑慌，自然的貧困，高利借貸是在加速這些過程。農民私有制的創立造成了一種將農民變爲半奴隸半農奴，佃農負債者的前提。在中國歷史上的各個時期，各個朝代，此種由全國巨大的暴動，紛擾，破壞所中斷的過程的進行，則具有各種完全不同的形式。但是撒哈洛夫，伏闢克以及其他的人認定：在中國『土地私有制之法律的內容，同歐洲和美洲任何國家完全相同』，是否正確呢？

關於土地私有制的性質問題，在理論上早已被幼年時期的馬克思說明了，馬克思在同蒲魯東論戰中同時於一八四六年十二月二十六致阿恩可夫的信中都曾寫道：

『在真實的世界中則恰恰相反：勞動的分工以及蒲魯東一切其餘的範疇即是社會關係，社會關係的綜合搆成所謂現在的私有制：超乎此種關係，資產階級的私有制便只是形而上學的或法律的騙局。其他任何時期的私有制，譬如封建的私有制則完全在不同的社會關係中發展着。蒲魯東斷定私有制是一種獨立的關係，這當不僅是方法的錯誤：他很坦然的證明，不抓住聯結資產階級生產之整個形式的連繫，便是沒有了解在一定時期生產形式之歷史的過渡的性質』（見馬克思：『哲學的貧困』）。

是的，私有制度並不是永久的範疇，且資產階級的私有制只有在一定的社會關係之下才存在。中國的實際是不能再比馬克思的綱領中所確定的更要好些的。地主土地私有權在中國曾受到了限制，但在資產階級社會關係之下，此種限制完全是不可能的和妄想不到的。照一般的規矩中國的地主是沒有破壞租借契約的權利的，且只是在最近十年來地主才開始爭取他此種權利。照一般的規矩，當佃農是嚴格的繳納地租的時候，地主則沒有從土地中驅逐佃農的權利。照中國的權利觀念來講，地主有收租權，而佃戶則有對於某塊土地之『永久』租借權。更有進者，佃戶之永久租佃權有時竟有私自和不得地主的同意而將自己租佃權出賣的權利。租佃之法律的名義在中國竟成了出賣的對象。兒子要繼承父親的某塊土地的『永久』租佃權。此地所說并不是關於某種偶然的租佃關係，因為『永久』租佃乃是中國租佃關係之極通行的形式。

還要指明的是：地主的土地佔有同佃戶之『永久』租佃權不僅是在中國存在，而且在印度的許多省份，在近東的回教區域，在土尼斯，在亞里日和摩洛哥都還存在。我們在意大利的南部亦同樣找到此種形式，意大利的南部約有一萬五千個『永久的』佃戶。在日本，高麗，西班牙和瑞典永久的租佃同樣曾起有極大的作用。

在整個江蘇南部（約四千六百萬畝）的調查中曾證明：被租佃出去的土地的百分之八〇、九係『永久的』租佃，租佃三年的佔百分之一七、八，租佃五年的佔百分之一、二。在廣西東部的七個縣分中，長期租佃的佔整個租佃關係的百分之一一、二，短期租佃的佔百分之一八、七，而『永久』租佃的佔百分之七〇、一。

在廣東『永久』租佃同樣起有極重要的作用，且關於此點曾有人說：『此種租佃形式係發生於幾百年以前。……佃戶時常是這種情形，即不經地主的許可私自將租佃來的土地重新租佃出去。』『永久的』租佃即是在所有中國本部諸省之統治的形式。在滿洲和蒙古，亦即在新的殖民區域，此種租佃關係的形式較少傳佈，那裏多係近代的租佃形式在統治着。

『永久』租佃的傳統竟如此有力：即便最野蠻的中國的警察亦不准將佃農從土地中驅逐出去，祇要他繳付地租。在直隸曾經發生過下列的事件：地主賣掉了自己的財產，而買者曾要驅逐先前的佃戶而租佃給新的佃戶。但是先前的佃戶并不曾離開土地。當時地主便陳明官廳，官廳却拒絕幫助他，并且說：講的是『永久的』租佃。很明顯的，即便在中國的民國的頭腦中現在并沒有包藏着土地私有制之無限制的資產階級的法律，他站在社會關係的立場上（此種社會關係還不是資本主義的，而只是在向資本主義的方向發展）所採用的資產階級的法律觀念和法律關係比較伏蘭克博士思索的還要是辯證的。

根據中國的法律，土地可以分為兩部份：即地皮和地裏。依據中國的法律觀念，『永久的』佃戶有對於地皮收穫的權利，而地主則有私有地裏的權利。這兩種權利的結合便形成土地私有之完全的權利。地主可以出賣地裏；而在佃戶方面則可以背着地主出賣或重新租佃自己對於地皮收穫的權利。在中國這便叫作地主與佃戶『共同的土地領有』。照普通規矩，土地的購買價格亦係由兩部份構成：即所謂地皮收穫價格和地裏價格。第一部份歸先前的佃戶處理，第二部份則歸地主支配。這些價格的相互關係在每個具體的情形下而變動。假定，一畝土地值洋八十元。佃戶可以以五十元而出賣自己地皮的權利，而地主出賣地裏則得到三十元。但此種相互關係也許是相反的。

動搖與差別是由高利貸和商業資本以及在傳統的土地的法律關係上地主的剝削的影響來說明的。

如果佃戶對地主負欠地租或利息，他便將自己對於地皮之權利的名義的一部份佃當給地主或高利貸者。這一部份可以是等於六分之一，五分之一，三分之一，二分之一等等。同時這被佃當的部份即成了地主或高利貸者的私有。從佃戶分裂出去的地皮權利的一部份便屬於旁人，地主逐漸的，有時經過十年的光景即將地皮權和地裏權都操縱於自己的手中。地主在這種對於農民長期的慘酷的鬥爭中取得勝利之後，便將全部的私有都集中在自己的手中，在某種情形下便可以驅逐佃戶，如果後者以某種原因而不能按期付租時。『共同的土地領有』在江蘇和安徽曾得到完全法律的形式。

地皮和地裏之分離的權利并不是在所有的省份都完成過。但是卽便在沒有此種法律形式的地方，實際上『永久的』佃戶是可以轉租自己的耕地或出賣其租佃權的。有些省份，譬如在廣東，山西，『永久』租佃許多已經變爲長期的租佃了。只有在這種情形之下，土地可以出租五年十五年乃至二十年：卽如果佃戶完全執行了契約的條件，他有絕對權利調換佃戶。在江蘇的南部和廣西的東部百分之二十的租佃契約已經是短期的了。農民經濟之普遍的衰落，鄉村中貨幣勢力的增大，貢稅五倍十倍的增加，自然的貧困，高利貸者勢力的擴大等等更促進將土地私有的全部權利過渡到地主手裏的過程。在分析了租佃關係之後，我們看到：租佃關係之新的形式，在中國的鄉村中已在開闢自己的途徑。但是，『永久』租佃的傳統形式現在仍在通行，并且在中國的中部江蘇，安徽，福建仍是『共同的土地領有』在統治着。

不曉得或不了解這些法律的關係，便會作出荒謬絕倫的結論。一般學者們無論是外國人或中國人，他們研究了中國的土地關係，總是時常說：所投入於土地的資本非常之低，因此便有很不相同的收入。美國的大學教授派克憐惜中國的地主說：『在中國許多關於地主的利潤和關於貧窮的被壓迫的佃戶的傳聞。我們研究的結果證明：眞正狀況完全是另外一回事。在研究了十三個佃戶的經濟之後，曾證明：地主只能夠得到他所投入的資本的百分之二、五。』（註二）忘記了中國土地佔有之獨具的特性的派克的錯誤乃在於：他取土地的全部價格作爲他計算的基礎，而他却忘記了正是在蕪湖（卽巴克所研究的），佃戶對於地皮收穫權是在很堅固的規定着，幷且佃戶還可以出賣他的權利。現在蕪湖一畝地的價格達到八十元，但是地主僅能從中取得三十元，這正是說關於他的私有權，亦卽收租權的那樣多（註三）。地主的收入，所以幷不是根據八十元，而是根據三十元來計算。因此，他所得到的幷不是他所投入的資本的百分之二、五，而是百分之八、三。因此，關於土地的動員，農業居民流動的過程，關於農民的失掉土地，而不能得到多少正確概念的原因，卽由中國土地關係的此種特徵來說明。在中國還要從土地的買者和賣者徵收土地購買價格百分之三的特稅。實際上，官吏所徵收的幷不是百分之三，而是百分之九至十，因爲將收入的大部份都竊入私囊了。這幷不稀奇，土地買賣的契約多半幷不是完全登記的。在各省預算中全是從土地買賣契約的登記册中去計算收入。一九二三年在浙江此種收入佔八四七、七一九元，一九二一年在四川的收入佔一、九八七、二一〇元，一九二四年在雲南的收入佔三八〇、〇〇〇元。很明顯的關於省的預算，比較對於中國的統計更少確信。實際上收入還不只超過在預算中所公佈的數目那麽三倍，十倍。如果我們要注意到這種情形：所登記的只是實際締結契約的一部——不只三分之一，不只五分之一，那末我們便看到，在一年中，土地私有從這個人手裏轉到那個人手裏的市場價格，在直隸有二千八百萬元，在四川有六千五百萬元，在雲南有一千三百萬元。在廣東的二十八縣中從一九一六年到一九二五年曾經官廳所登記過的土地買賣的契約，根據非常不完全的統計，約計二十七萬個。而真正完全的契約的數目，至少要超過官廳統計的三倍。我們所得出的結論是：土地動員之浩大過程擺在我們面前。

然而此種論據并沒有給與在中國鄉村中進行的過程一個正確的圖解。地主常常將自己收租權出賣給旁人，而對於佃戶的地位毫無變動。是的，近來新的地主在企圖增加地租，而佃戶亦常常勢必去同意其新的地主『老子』的苛求。常常是佃戶賣出自己的租佃權，而他的後嗣還繳納從前的地租。而自耕農都漸次勢必將自己的土地出賣與軍閥，將領，地主，官僚和商人，他們在農民的面前是在起放債者和高利貸者的作用。現在這種過程在陝西，河南，山東以及部分的山西和直隸進行得異常迅速，在這些省份中每年要徵收二次三次五次六次的土地稅，不僅是在收穫之後，當農民手中還有些錢的時候要徵收，而當軍閥為了戰爭的佈置而需要的時候同樣要徵收。即是說預料不到的貢稅的繳付是不按定期的，這種貢稅常常是很簡單的特別肥大了該省的軍閥，而農民被迫去借債於高利貸者，無限制的徵發，兵士土匪的掠劫在破壞農民的經濟。農民的土地佔有者變爲自己的私有土地的佃戶，要比較繼續「自足的」經濟還有益得多。地主有勢力的人都曉得從貢稅中拯救出來，有時還知道從徵發的惡魔中去保護自己的佃戶。在陝西的貢稅，徵發，戰爭和土匪使着農民的土地價格已低落到平均從五十元到十八元一畝。富豪無代價的購買土地，而農民耕作這些土地却成爲負債者佃戶的性質。十五年至二十年以前在陝西曾是自足的農民經濟所統治，而租佃曾是極少的現象。現在在陝西的中部約計百分之四十至五十的農民係軍閥，官僚，商人和將領們的佃戶。英國的牧師巴荷拿一八八〇年在陝西偶爾遇到幾個佃戶，而現在整個農民經濟的百分之八十都成了對於高利貸者的債務者，約計整個農民的百分之二十都成了佃戶。在河南政局之迅速的變換和土匪的騷擾，竟至逼得都不願意購買土地，且無論在什麼時候，購買土地要經過中人。然而，自耕農轉變爲佃農的過程在河南同樣在發展。在北方自耕農轉變爲佃農的進行，乃是近代鄉村生活中一個重要現象，且農民的喪失土地在那裏是完成那種特殊的形式。是的，土地佔有之集中的過程是在進行，但是伴着此種過程進行的幷不是土地使用權的集中，恰恰相反，而是土地使用權的破碎，分散。

中國的鄉村存在着土地集中的一切恐怖，而同時土地使用權的分散致引起走向更低的技術，農業勞動之更低的生產力的過渡。土地佔有之舊的傳統形式破壞，而在他原來的位置上產生出那種新的，特殊的，有時亦類似近代土地私有制的形式。由帝國主義同中國商業高利貸資本的結合而產生出奇特的形態。

在法律形式中，土地佔有制的動員同樣帶有資本主義以前的性質同走向變爲資產階級形式的傾向。買賣之許多各種各樣的形式，可以歸結於出賣土地之基本的兩類：（一）土地之完全出賣，（二）地皮或地裏之完全出賣。

第一種形式幷沒有任何的困難。他適合於土地契約之近代的形式，且正是這種形式乃是最後發展的結果。但是，他還是被一切傳統的殘留和習慣的格式拘束着。簽訂契約開始必須是這樣：『余（賣者的姓名）因需錢正急，且於同族中幷無有意購買余之土地者，玆同意將余之土地出賣……』。大概這種格式還是從氏族割讓地存在的時候保留下來的，且農民個人割讓地的出賣，只有在同族間才能夠決定。而第二種形式對於我們同樣幷無困難。土地私有權既分解爲地皮權和地裏權，那末這些權利自然是可以分別的出賣的。在中國的中部以及部分的南方卽是這種土地契約形式在統治着。

土地典當的形式，可以歸納爲主要的三類：卽（一）將全部土地典當一定的時期，（二）將地皮或地裏典當一定的時期，（三）將全部土地或地皮或地裏無定期的典當，但必須有贖回權。

中國的法學家認爲此種典當土地的形式不是典當；而是出賣，不無理由。中國的典當制度同近代資產階級之抵押借貸的形式完全不同，當從前的土地佔有者執行他的義務的時候，土地還屬於他。在中國典當的情形中，土地便漸漸的過渡到放債者的手裏。土地收入卽作爲加附於借貸者的借貸利息。無容置疑，在中國所謂典當乃是土地私有從這個人手裏變轉到那個人手裏的原始形式，因爲將近唐朝時土地的出賣并不由法律的形式解決，且農民的割讓地曾認爲是不可分離的。商業高利貸資本并不曾破壞了此種障礙，而且是鞏固了他。他創立了在一定期間內有贖回權的出賣形式，隨後更創立了無定期的贖回權的出賣形式。這種土地普通還是租與債務者的本身。根據一切統計，原始的贖回權曾是無期限的。土地的佔有者，或更確切些說，家族或氏族的代表在任何時候都有權贖回土地，自然，此種權利曾是純粹形式的，因爲破產的農民只有在最少有的情形下才能夠贖回自己前先的土地。但是贖回權同樣是可以繼承的，農民的子孫同樣有贖回曾經典當了的土地的權利。因此便必然發生比較更確定的期限。一七一三年曾經公佈：贖回權只有在三十年的期間發生實效。現在則認爲十年卽是贖回土地之最大限度的期間了。

如果土地典當一定的期間（三年——五年），那末因爲過了期限，他便完全過渡到放債者的手中了，假設原前的土地佔有者不能將土地贖回。在這種情形下，借貸數目與土地購買價格的差別，以及放債者需要繳付那種差別與原前的負債的土地佔有者，便由私人的合同或由官廳的決定而成立。用不着詳細解釋，由官廳所成立的此種差別，是有利於放債者的。時常發生農民債務者同自己的家庭，遷移到某種地方去了，則亦完全不能再提出差數付償的要求。土地佔有的獲得是用以土地（非常有用的東西）作抵押才允許借貸的方法。

農民私產的典當，目前在中國的北方起有極重要的作用。在直隸，山東，河南，陝西，以及近年來的山西，此種過程是在加速率的進行。據東南大學研究雁山縣的農民經濟會指出：典當的土地佔了整個經濟的耕地的百分之十。

這種說明并不是無益的：即在近東的回教國家中，土地私有之動員的法律形式，是完全同中國的相同。歐洲中世紀的晚期，亦曾經歷過此種土地私有的動員形式。

根據我們的意見，從上面的分析中，當然是很明顯的和無可爭論的：中國的土地佔有形式以及其動員和典當的形式，都帶有非資本主義的，非資產階級的性質。商業高利貸資本對於破壞土地佔有制之公社的或氏族的形式，曾有充分的力量，但是只有在中國資本主義生產方法的發展，才開始將土地佔有制轉變爲適合於該種生產方法的形式。這種發展是在走向比較近代資產階級土地私有權更要新穎的形式之創立。因爲我們抓住了目前在土地之法律關係中進行着的過程和傾向，我們才能夠確定：目前在中國進行着兩種併行的過程。一方面在進行着舊的佔有形式（王家的土地，旗地，寺院的土地，共同的土地佔有）之淘汰，肅清的過程；另方面在進行着轉變爲『永久』租佃形式之農民土地的出賣和典當以及租佃等等之更近代形式之創立的過程。我們可以很有幾分把握的斷定：在沿海諸省以及長江流域是走向於更近代形式之發展的傾向在佔優勢。在北方以及西北諸省是走向於農民的佔有轉變爲地主的佔有，農民轉變爲『永久的』佃戶的傾向佔優勢。在滿洲及內蒙的發展，比較更是近代的形式，但是貢稅的壓迫，高利借貸，土匪以及商人的欺騙方在開始，而且那裏是在重新產生土地關係之更落後的形式。

中國的地主并不比英國的大地主，他不能自由處理自己的土地。地主和佃戶之『共同的土地佔有』，『永久的租佃』，對於不曾繳付地租的佃戶的監禁，佃戶妻子的典當，對於佃戶的拷打，個人義務的殘餘，所有這些，都是資本主義以前的土地關係的實質。但是在中國的土地關係，除了那些被根據資產階級法律的觀點那種無用的和無稽的護符所掩蔽的以外，即是窮人在收穫以後之拾取麥穗的權利。中國有些地方窮人認爲收穫之後拾取麥穗乃是自己的權利，大地主對於這種普通的權利是不能夠反對的。中國的窮人總有多少百萬，他們專門是以拾取麥穗，到田裏去偸竊和請求放賑過生活。他們不僅搜拾麥穗，棉花和麥梗，而且還掘取麥根和很細心的搜拾紅薯葉和豆葉，用以取暖』（註四）或許瓦希涅爾是將那種風俗過於誇大了。無論如何『對於私有財產之中世紀的試圖』，在現在的中國是很普遍的演習着。土地佔有制還沒有從政治和社會的限制中解放出來。在整個中國的範圍內還沒有純粹的商品形式之近代資產階級的土地佔有制。但是，他是在產生和發展着。

（註一）見包伯夫：『孟子』二十八頁。

（註二）派克：“An Economic and Social Survey of 102 farm” P.15.

（註三）：“The Chinese Economic Bulletin” 1923, T. III. No.2.

（註四）瓦希涅爾：“Die chinesische landwirtschaft” P.276—287.

第十章　土地佔有制與土地水利的法律關係

馬克思和恩格思曾用農業勞動，即所謂人工的灌溉的方法說明了亞洲式土地關係之特徵。此種特徵，他們曾認為是建基於彼此沒有聯繫的小生產者的國家政權之物質的基礎之一。實際上，人工灌溉對於亞洲土地的法律關係有確定的影響。研究在亞洲，特別是在亞洲的遠東之土地的法律關係，普通是不能夠撇開他同水利的法律關係之聯繫的。在亞洲並沒有土地的法律關係，而却存在有土地水利的法律關係。蘇聯在蘇聯的近東之實際，即是對於此點之最好的證明。在蘇聯的近東之土地革命，所致力的不只是土地關係之根本的改造，而且是水利之根本的改造，蘇聯過去在土耳其斯坦所進行的並不是土地的改良，而是土地水利的改良。

北美合衆國土地私有權乃是其最純粹的形式，然同樣很難於用此種漂亮的例證來概括：在土地之個別佔有的制度中，水利之不可免的集體的享用的。一九一四年在卡里佛甯才開始大規模的稻子的培植。那裏落雨期主要的是在從十月到三月的期間，當時稻子已幷不特別需要雨水來潤澤了，計每年沈澱的水量幷不能超過二十英吋。因此，稻子的培植完全要靠人工的灌漑和對於稻田之人工的煉乾。灌漑制度是由個人，股份公司，且有些地方是由市政所管理。水的需要者每個阿克拉（等中國六里），且有時還不到一個阿克拉，須付洋一元至一元半（在中國用手的方法更要貴五倍至七倍）。井水灌漑幷不通行的。因為水的大的機器的生產和機器與特拉克道爾（農業機器名——譯者）在大塊土地中的採用，卡里佛甯的米，雖說有日本所規定的保護關稅和運輸的消費，而在日本比較日本米的價錢還要低廉。然則，在土地的法律關係的範圍內發生了些什麼呢？

『人工的灌漑，曾引起了對於稻田煉乾和排水的必要。然而，此種說明，不只是對於好的稻田的保護是必要的。且可用以防止那不曾經種植稻子的隣近田地之地層濕潤程度的增高的。在希林區曾經企圖解決植稻區域之法律限制的方法問題。但是，涸水池的設施乃是用防止水的低潮或他向隣近的田地中傾瀉的。類似的損失，損失的恐怖，虛搆的損失卽是整個過程之豐富的來源。根據水利和煉乾問題的過程在幾年間所培植的稻子，對於贊助者的收入比較任何人都多。關於煉乾問題一般的已經解決了，而對於水的權利問題還不會解決，在廣大

的範圍內現在還沒有構成水的權利的調劑。』（註一）

此種調劑對於北美合衆國的立法者將是一個古怪的問題，因爲很難於將對於水的集體的權利包括在無限制的土地私有制之中去的。水的權利關係之調劑，在土耳其斯坦過去幷不是個細小的問題，那裏地主和富農曾掠奪了水的來源，那裏還有這種情形：農民曾繼承着對於水的權利，但是土地已沒有了。在菲律賓土地已經過渡到私有制了，但是水還完全是公社的佔有。在印度的公社中過去曾有，卽現在部份的亦還存在水池的監督者，他們從公共的水池分配對於灌漑田地所必需的水。在普通的和整個的日本，在爪哇和中國習慣法和傳統調劑水的權利，正如他調劑土地關係一樣。在習慣法和傳統的本身，卽是農民和水淵霸佔者間之殘酷鬥爭的結果，在鄉村間，在各個農民的經濟單位間，時常發生殘酷的戰爭。福林和約爾克曾經確定：在廣東鄉村間，血族所發生之無窮的衝突，多半卽是因爲這種原因。搭爾哈諾夫在廣西亦曾找到：農民反對地主的鬥爭，亦常常是因爲水淵問題所引起。在直隸的邯鄲縣因爲水的鬥爭而走到商人和水手（一方面）同農民（另方面）間的鬥爭。『在福建的北部和西部，那裏的灌漑制度有很好的發展，尙少衝突。如果不是直接靠近溝渠的土地，農民可以經過自己隣家之灌漑的溝渠而得到水，但照例是要繳付隣家一定的金錢的。在福建的南部和東部，水的供給更較貧乏，且係用山中的小溪來灌溉土地。土地佔有者，如果有小的溪流是經過他的土地。他對於水便有一種特殊的權利，此爲地方習慣所承認。當大旱時，這些土地佔有者便建設水閘，阻滯水流，幷剝奪在溪的最下流的土地佔有者的水利。在這種情形下，便發生極其嚴重的衝突，其結果是要引起政府的干涉。法庭對於這類的事件，常常作不出個確定的判决，因爲對於這類的事件幷沒有確定的法律。』（註二）

在綏遠土地佔有者除了得到收穫的五分之二的地租之外，而佃戶需用灌溉百畝田地的水，則需繳付二元至八元的水錢（註三）。

在山東的東部，老的原始的灌溉的方法，已用地方工廠所設置的抽水機器所代替，『普通認爲：如果那裏沒有井，便是不值得耕作的地塊。但是貧農幷沒有掘井的能力，而他們在水的供給上勢必要依他隣家的井。在這種場合，他們是用金錢或其他勞役的報酬去向自己的隣家買水的。』（註四）

在山西灌溉的溝渠和水道乃是鄉村公社的佔有。如果溝渠穿經幾個鄉村，那末所有這些鄉村都依次享用水的供給。這些是由村長間的協議來商定。照一般的規矩，每個鄉村按其人口的密度或耕場的面積，而有其五天或十天對於水的供給的權利。在此期間每個農民便有適合於他的耕地面積的水的供給的使用權。每個農民水的享用的時間，并不是以鐘點來計算，因爲在山西的鄉村中就沒有鐘，而是燃燒祭典的臘燭來度量。每隻一尺長的臘燭可燃燒三十分鐘。據有十畝土地的農民A，可享用燃燒兩隻臘燭時間的水，而據有二十畝土地的農民B，則有享用燃燒四隻臘燭的權利。此種協定在一百年內是發生實效的，此種協定在有利害關係的鄉村的村誌中，都有公文形式的註釋。村長卽是這種文件的保管者，如果因爲水的供給而發生衝突時，有利害關係的鄉村之村長便在關帝廟中集會，用仲裁的形式者解決問題。』（註五）

這一詳盡的記載，給予我們關於在山西鄉村中權利關係的概念，比德國大學教授之巨册宏論或專爲研究亞洲問題的英國皇家委員會的十次講演，還要明顯得多。

在廣東有些地方是血族和公社來組織和調劑水的供給：在鄉紳方面，有的就在這上頭去實行對血族的收入之無恥的掠刼。血族間常常因爲水的問題，每年總要有武裝的衝突或到法庭起訴，而法庭的官吏和鄉紳却總是在挑撥農民去衝突和訴訟，因爲官吏在訴訟中才默使許多金錢，而鄉紳則正要利用這類的戰爭去搜刮農民。

在廣州的三角洲和上海的近郊，紳士，商人，地主都在創設股份的組合，建築灌漑的溝渠，并按章程中所規定的代價去賣水給農民。

因爲沒有趣味，我們不需要再詳細的分析了，并且我們也不再敍述：有的在山坡上有平原，有的在小的山澗的沿岸，靠近水淵的土地不僅有水，而且還有好的肥料，同時比較更偏僻的地方，則僅能從植物中取得可憐的一點水分等，而他們是怎樣調劑這些問題。用習慣來涵養農民，用習慣來禦防農民，或者用槍炮的力量，官吏和法庭的欺騙以及地主的暴力來壓榨農民。從公共佔有制直到幾乎近代資本主義的契約，在中國水的權利中存在着各種不同的法律關係。而水的法律關係同土地的法律關係有不可分離的密切連繫。此所以馬克思和恩格思指明此點乃是了解東方土地關係之鎖鑰的原因。帝國主義者對於此點已有很好的了解，他們現在已在努力攫取那耕植經濟佔統治的地方的灌溉事業（如在爪哇，印度，高麗，安南，埃及，蘇丹）。中國的統治階級對於此點亦有很好的了解，他們現在正在向農民進攻，即是霸佔水的供給，杜絕水的來源而轉變牠爲自己的私有財產。

英國的社會自由派霍布森，在其論帝國主義的著作中認爲：『法律的許多條文和習慣都是在預防土地的掠奪和壟斷的形成的。在中國是不可能的，因爲富豪掠取了井，并用抽水管子將井裏的水引向自己的貯水池中，在他所穿過的地方是不能拋開而不灌溉的。水對於人的生活，同空氣和土地一樣是必需的。任何人都沒有權利說：『這是我的，這屬於我。』此種觀念在中國已是根深蒂固』。霍布森此種論斷純粹是無稽之談。中國一切過去和現在的歷史可以這樣說：富人不僅霸佔了井和溝渠，而且還霸佔了整個的江河湖沼。霍布森在他反抗英帝國主義的法則中，竟妙想天開的想來理想化中國的壓制者，他發明：『中國在實質上，卽是許多小的自由的獨自經營的，從純潔的平等精神出發之生氣勃勃的公社之莫大窠穴。』（註六）且中國的官吏對於勞動是表示敬意和其他更好的性質的。但是所有這些，同斷定富人幷不是在掠奪井是同樣的正確。反之，他們却正是在攫取水淵，因爲水之對於農民正如空氣和土地一樣同樣是必需的。但是這同中國的農民所了解的是不同的，他們發動鬥爭，幷不是爲的要將水利供給的制度變爲農民的私有，——農民曉得水的供給之調劑和組織不是用強力對付他們——而是變爲工農的中國之公共的或地方的或國家的私有。

這一點卽是中國革命走向非資本主義發展的道路之一個最重要的前提，最重要的保證。農業勞動的方法中，蘊藏着合作社和社會勞動的因素。這裏便是遠東的農民同歐洲的或美洲的農民所不同的一個最重要的區別點。

（註一）可波雷德：『論米』（"Rice"）一六七—一六八頁。

（註二）"Chinese Economic Monthly" 1926, T,III. No. 10. P. 434.

（註三）"Chinese Economic Tournal" 1927. T.I. No. 2. P. 297.

（註四）"Chinese Economic Monthly" 1926. T.II. No. 12.

（註五）"Chinese Economic Monthly" 1928. T.II. No. 11.

（註六）霍布森：『帝國主義』二四〇頁。

第十一章　土地稅

在印度，日本，爪哇，中國和高麗，國家在鄉村人民的生活中，比在所謂歐洲的國家，有時竟起有完全另外一種作用。國家對於人民不僅是社會勞動之組織者，而且是在某種限度內注意自然貧困事件（旱災，水災，地震，蝗災等）之社會救濟的特別形式；此種災荒有時係由於自然條件的影響，有時則係社會條件之結果，他總是經常的在畏嚇着這些國家的居民。對於自然的貧困，在中國之不曾記載的習慣法上，是應歸皇帝負責的，并且在一再發生自然的貧困時，習慣法承認人民有推翻那不受天命的皇帝的權利。個別的農民經濟是沒有力量來防止自然的貧困的。那係屬於國家或地方政府的公共事業。但是國家和地方政府之能以防範自然的貧困者，也只是用千百萬農民勞動服務的方法。因而勞動的服務——用於公益或國家的利益上——在這些國家中實有莫大作用。

防止由自然貧困所發生的饑荒，個別的農民經濟之所以不能夠執行的原因，是由於殘酷剝削之結果，遠東的農民經濟久已是無儲蓄的經濟，一切儲蓄都由公社，省政府，民族或國家搜集去了。在爪哇過去亦同樣是公社收藏儲蓄。在印度過去的倉庫制度，亦同樣起有極大的作用。『日本的縣政府從早就強迫農民施行稻米的借貸，且此種習慣溯自上古時代即已存在。』（註一）在很早的時期縣長即按照稻米的借貸徵收百分之五十——一百的貢稅，這只是說明：統治階級和商業高利貸資本來利用此種社會保險的形式而已。

在這些國家中還都認爲：國家的一個最重要的任務是：在市場關係已經發展的地方，對於米價的調劑，以及米之適當的供給之保障。當世界大戰時，日本曾發生過米的騷亂，政府不得已而採取了對於米價調劑的方法。一九二一年在國會中曾通過關於國家調劑米的供給的法律，且在當年政府就在國內購買了一萬萬零五百萬可古的米，并在國外市場上，主要的是在卡里佛甯購買了五十萬可古。然而，此種法律所豫示的，不僅是反對米價抬高的方法，而且是反對對於農民特別降低米價的工具。一九二三年政府爲要防止米價降落，在國內市場上曾購買了三五〇、〇〇〇可古。一九二六年曾再度歉收，政府便取消了米的進口稅并大向國外購米。一九二七年曾有豐收，而田中內閣便買了一百萬可古以制止米價的降落。法律上七大分配的條款，實質上是倉庫制度在新的形式中的復活。國家又重新取得了他穀物市場之調劑者的作用。

荷蘭人在爪哇大的鄉村中亦在組織所謂『米業銀行』，因此農民則必需繳付貨幣稅，另外還要繳付自己收穫的生產品之一部份，并依次履行勞動的服務。米業銀行向農民出放米的借貸，當農民收穫之後則必須歸還自然品的百分之五十（五十！）。在爪哇的中國高利貸者則徵收的更多，要從百分之百到百分之二百。

在中國由國家調劑穀物市場，其由來極爲久遠。孔子開始他的政治活動，卽是任穀物市場的監督。『因他母親的促使，他才接了管理粮食分配和買賣的官吏屬下的官職。每天清早他就到出買米的地方去了。他有極好而又不圖利的（！）專門家。這些專門家幫助他辨別各種性質的糧食，并規定那種爲買者所滿意而又不招怨於賣者的價格……壟斷和操縱很快的就肅清了……他之離開京都只是爲的去檢察那保藏米和其他糧食的倉庫……』（此段不知著者係從何處引來故只就原文譯出——譯者）。

此種傳記便足以證明：當紀元前六世紀時，國家，更確切些說，各個諸侯便已有了倉庫，他支配了穀物市場，并調劑市場價格，——米麥的買賣在普遍的國內市場中都已存在了，孟子同樣不只一次的述及關於市場，關於諸侯倉庫之豐富的糧食，關於昔日好的諸侯，每當兇年他們要將其倉庫中的糧食散分給人民。很明顯的，農民在他未得到此種幫助以前，早已繳納糧食與倉庫了。倉庫制度當周朝時即已存在了。遠在紀元前一世紀的漢朝，以及西歷第七世紀的唐朝，都曾企圖禁止米商的貪得無厭，用法令製定米的價格，除去建立儲蓄的倉庫以外還規定了許多仁慈的和公道的價格。幷徵收茶稅以充實那倉庫，根據過去所行的『貨集』制度，亦即『均等』或『穀物交換』制度，農民除了土地稅以外，每當豐年還要將收穫的糧食的一定數量繳付與倉庫，備值兇年能以用作周濟農民。

常常是由總的倉庫來給養軍隊。此種倉庫亦往往是據有土地。有時此種倉庫曾起有儲蓄的作用，且農民有任意繳存其貯蓄於倉庫，以備兇年取用的權利。當元朝時，整個蒙人的民族公社即曾由倉庫所給養，而中國的農民為了皇室的給養，永遠要繳付極大的粮稅。土地稅之貨幣形式係發生於三世紀的初葉，但是國家財富掠奪制度的基礎仍歸保留着自然品的繳納，因而農民不僅是用米麥雜糧繳納，而且還用蠶絲以及作坊和家庭工業的手製品去繳納。為了往北京運輸貢稅，元朝乃至繼續到明朝曾建築了大的皇帝的運河。所以這些大量的出產品都保藏在總的倉庫之中了，此外，每省，每縣乃至每個鄉村都有自己公共的『倉庫』（註一）。二十世紀初，當時商品經濟的發展和國家機關的瓦解，當時向皇帝所納的土地稅已變爲用貨幣繳納，但在公共倉庫中却還有約近一萬萬一千萬普特的糧食。一九一一年革命後，倉庫制度已根本瓦解。國家之總的倉庫或各省的倉庫已經沒有了。只是個別的鄉村和個別的城市直到現在還有（註二）。中國經濟已完全不是有貯蓄的經濟。

現代的土地稅，其發生的由來：第一，是自然租；第二，是勞動的服務變爲自然租，而後者又變爲貨幣稅；第三，是農民向征服者滿人所納的朝貢；第四，是爲贖買軍役的贖金；第五，即是農民對於國家倉庫之自然品的繳納。于此需要注意的是：勞役——勞動的和運輸的——在中國比在歐洲曾起有非常之大的作用。當紀元前三世紀，奴役的農民建築萬里長城和走遍全國的大道，并以每年三十天至五十天爲國家作工，而代替了從前三天的勞役。漢朝曾恢復了舊的制度，并宣佈每年農民對於國家只需工作三日。但同時地主則強迫佃農每年要爲地主家裏做幾天的工作，此種習慣在大多數的省份直到現在還很有力的保存着。在漢朝并澈底的製定了常備軍的制度。農民可以用解除軍役的特別稅以代替軍事的服務。很顯然的，勞動服務的減輕所保留的只不過是紙上的空文，并且在唐朝時曾再度調節關於勞動服務的問題，每年勞動服務的標準決定爲二十日，如果農民做了三十天的工作，那末他便可以免納戶口稅，因此，在一般的原則上是禁止強迫農民在強迫的服務的範圍內作五十天以上的工作的。

變態的勞動服務和運輸服務，直到我們現在還保存着。楊開孚曾說：在十九世紀的中葉，『鄉村中的居民多半都是執行村落的服務，即如：鄉村道路，村莊和耕地附近之河流的河堤與河岸之不甚重要的修補等。由村長所派的車輛和工作之金錢的報酬，是由法律來決定的。』（註三）一八七〇年希特霍芬曾指明：遞送官吏，軍官等之運輸的服務，曾加農民以極重的担負。但是，一般國家的，各省的或公社的勞役，漸次在轉變為課稅，此種糧稅的繳納，開始是用自然品，最後則改用貨幣了。

中國目前農民的服務又達到了駭人聽聞的程度。以前的許多朝代，至少曾建築了萬里長城和許多的大道。而現代的軍閥什麼也不興築，却徵派千百萬的苦力和農民，徵集全縣的牲畜，乃是為了他們發狂的和罪惡的戰爭。所有直接的掠奪與課稅，這些政令的服務正在摧殘各省的農民經濟。

在對於農民之國家行政的剝削範圍內，中國的官吏曾有這樣的發明，這些發明即用多少卷書還不能夠將各種各樣的課稅制度解釋清楚。但是，在每個朝代之東方式專政的『原則』，即是建築在課稅制度的基礎之中，『普天之下莫非王土』，農民從國家得到土地，課稅即是對租土地所徵收地租。

中國所有各朝代之取得政權，不是用國家征服的方法，便是當其他國家在歷史上之空前的瓦解和破壞之後，用全民暴動的方法。清朝是在同農民暴動的鬥爭中而取得的政權，當時的農民暴動曾繼續了十四年之久，所謂當時的政權，乃是滿洲的軍事貴族同那不曾被農民暴動所剷除的明朝的封建遺老的殘餘之聯盟。但是，這一聯盟，因爲中國的地主，商人和官僚反對滿人之暴動的結果，很快的便破裂了，幷且滿人不得已而突然改變自己的土地政策，——破壞農民暴動後所遺留下來的中國的采地，幷採用各種方法，以防止中國的官僚和貴族重新得到土地，將農民變爲自己的佃農負債者，因此，便創造了新的中國地主貴族產生的前提，而同時亦卽創造了反對滿人之新的暴動的前提。另方面，農民的暴動和中國地主的暴動便轉向於不曾移民的廣大區域裏去了。清朝的第一任皇帝，曾採用內地移民的政策，幷防止中國富豪之可能的騷動，而努力的創造只需向皇家納貢的『獨立的』農民階級。一七二八年第一次的諭告說明：『人民咸畏於耕植荒地，誠以官吏（自省吏以至縣官）妄徵雜稅，因而荒地墾植之消費，恆超出於該土地之價格。此非足以憐憫乎？今後各省人民墾植荒地槪由自決，只需事後呈報政府可也。禁止地方官吏妄徵民稅，且不得與徵集年貢混爲一說。地稅徵收，水田可於墾植六年之後，旱地則需十年之後。』（註四）禁止官吏在其任職的省份購買土地。總之，中國的國家那時還努力的給予農民以土地，並從那強暴世界（即為自己的利益而剝削農民的）的試圖中拯救農民。

所有上面所講的這些情形，即是：由國家從上至下的分配土地，對於倉庫的一切課稅即是防止饑饉的保障，將各種各樣的勞役變為貨幣稅，對於征服者之自然品的貢稅變為貨幣的土地稅，軍役的贖買，——所有這些乃是說明：在中國，亦即如在遠東的其他國家，土地稅並不認為是地稅，而是土地所有者向國家所納的地租，國家即是土地的佔有者。在中國土地稅的繳納，便算為土地佔有的證據，地主將一切地方稅都加於佃戶身上，縱使他們並不企圖將土地稅都加於佃戶，而此種地方稅即已超出土地稅的許多倍了。土地稅的徵收還不曾脫掉他東方式中世紀的本色，並不曾採用資產階級的形式。

但同時在軍閥制度和帝國主義統治中國的情形之下，土地稅之經濟的內容便採用了一種新的形式，得到一種新的意義。直到漢朝，中國的農民還是用自然品繳納土地稅和其他的課稅。漢朝曾實現了將用生產品繳納人頭稅變為貨幣稅的企圖；每個十五歲以上的居民要徵收二十——六十個銅錢。同樣對於勞動的服務亦曾發生過：用徵收三百銅錢去代替三天的強制勞動的企圖。戶口稅之生產品的繳納，亦便由繳付二百銅錢所代替。此種企圖，當二世紀時硬強迫的從根本上將自然的農民經濟變為貨幣經濟了。但商業和高利貸資本的發展，并不曾完全得到勝利。農民不能夠用貨幣付稅，而『那種奴役契約的法律便開始了，此種奴役契約直到現在還存在。且為政府所允許，因為窮民階級會出賣或典當自己的兒子。』（註五）甚至殺害自己的兒子。因而便又恢復用自然品納稅了。當八世紀唐朝時曾再度企圖施行用貨幣稅，而史策的記載是：各省收得的課稅為二仟萬捲蠶絲和四百萬石大米，而中央政府則有三百萬捲蠶絲和六百萬石大米。宋朝貨幣稅對於土地買賣和不動產之繼承稅的調節，曾給官家納有四百萬至五百萬捲蠶絲。貨幣稅曾給了中國官僚攫取支配貨幣市場的可能。直至十二世紀，中國的銀行業，實質上都係操之於政府之手，亦即操之於同農業，商人和高利貸者有密切聯繫的官僚之手。『租借商人搜刮課稅，而政府（亦即官僚）則霸佔了銀行事業』（亦即高利借貸）。『借貸的經營（亦即高利借貸）成了官僚的主要公幹』。『地方官吏利用稅收，以進行銀行事業和金錢借貸』。『直至一九一一年省長和縣長還會將國家的基金借貸與地方銀行縱使連保證的影子都沒有』。（註六）很顯然的，現在的軍閥自己的腰包與官庫間已沒有任何的區別了。

經濟的衰落和國內市場的破壞，常常走到農民經濟之自然品付稅的復活。但是，城市的納稅——對於房屋，對於商人，對於商業流通——和國內的稅卡，著名的厘金，久已保持着貨幣的形式了。讀過馬克保羅美麗的記述之後，便很足以令我們相信。在貨幣收入的關係上，那時歐洲的君主同古伯勒漢比較起來還是貧民呢。

最初採用貨幣形式的，只是土地稅及與其相混合的人頭稅；而農民的朝貢仍是繳付大米。太平天國暴動以後，一切自然稅變爲貨幣付稅的過程，才開始繳進。帝國主義者已很好的了解到：此種轉變即是農民經濟商品化的有力中軸，而且海關的組織者哈爾特及其同類的中國的『救主們』，用一切關於土地稅『改良』的各種函電轟擊皇宮，亦非偶然。

軍閥制度時代即已確定了土地稅之貨幣制，而且軍閥們幷曾普遍的利用了此種制度。土地稅每年要徵收三次五次十次之多。對於基本稅上曾增加了各種的外加稅，附加稅，特加稅等等。一九二六——一九二七年在山東的土地稅曾超過了農民經濟的總收入；在河南和四川已預徵了十年至二十年的餞粮。貨幣的，亦即課稅的近代形式，已與中國中世紀的課稅制相結合。租借人，官僚以及課稅徵收者都盡可能的去剝取農民。瓦希湼爾統計：山東的農民十六畝（一個赫克達爾）土地要繳付八兩銀子或二十四個馬克（十二個盧布）的土地稅，因此，中國的農民所繳付的土地稅，實質上比一八六六年前普魯士的農民要多過十五倍。』（註七一）自從山東出現了張宗昌以後，增加了五六倍捐稅。在直隸於三年間土地稅增長了五倍。在卡里汗（譯音）區域曾存在有八十三種的捐稅，其中還包含對於娼妓的捐稅，而那些捐稅的大部份則加負於農民了。關於在各省之捐稅的剝奪竟可寫出一大册專書，而且就是一大册專書還不見得將對於民衆剝削的一切形式完全描述盡淨呢。

對於農民羣衆之增加捐稅的剝削即是農民經濟商品化的有力中軸。農民勢必不僅出賣其商品的『剩餘』，而且還要將一部份對於自己給養之必需的生產品出賣。國內和國外的商業日益發展，所有大量的商品都堆聚於市場，但并不是因爲生產之一般的擴大，而實由於農民之窮困部份的降低。在鄉村經濟衰落的一般趨勢之下，而中國部份的對外商業却在發展，便可以此來說明。中國的商人很懂得，并努力的將自己的購買去適合於鄉收稅時期，他們早已曉得，在這一時期，貧農和中農勢必要將自己的產品出賣的，無論當時中國的市場價格如何。大的土地佔有者——地主，商人，高利貸者，官僚——他們是接近衙門（官廳）且與衙門有連繫的，所以比較少受土地稅的煩擾。他們擺脫土地稅的繳付，而將此種捐稅的担負都加之於農民。

在那些自耕農經濟佔優勢的區域之內，因爲捐稅和徵派之增加，便助長起『紅槍會』及其他農民組織的運動那種發展與激進。此種原始的運動正是在反對過分捐稅的鬥爭的基礎之上而發生的，幷且是隨着捐稅增大的程度而日在發展。開始他與鄉村中的階級分化幷無連繫，只是伊文教授的玄想發明出：『大刀』同『小刀』之間，『紅槍』同其他色的槍之間政治鬥爭。只是在最近『紅槍會』在黃河沿岸和山東的南部，才開始反高利貸者的鬥爭，但在此種運動中，政治意識還不會深入，而僅僅是在某些地方表現出來。當一九二七年的五六月間，在河南有些共產黨向『紅槍會』提出關於鄉村中階級鬥爭的口號的時候，除了宣傳員被打破了頭以外，那種演講幷不會發生其他積極的效果。目前的『紅槍會』的運動，照一般的說來，現在——不僅是現在而且是永久幷不是爲重分土地而鬬爭，而是反對捐稅，派遣，官僚和兵士的橫行與土匪。在共產黨方面要很巧妙很謹愼的將『紅槍會』糊塗的引上階級的路，在很多的地方那共產黨當然難取得了運動的領導。

在租佃佔優勢的區域，關於捐稅問題亦很銳利。但一切捐稅卽是自耕農的主要鞭笞。根據傳統，佃戶是不納土地稅的。土地稅係由地主繳納。但有些地方此種傳統被消滅。此外，地方的鄉村的捐稅係由佃戶繳納。在這些區域地主因爲捐稅的增加，便用抬高租價來彌補。

課稅加強農民經濟商品化的過程，加強農民經濟之貨幣的性質，幫助了國內市場的擴大，資本主義不僅是創造國內市場，而且還破壞國內市場，同樣的，軍閥制度和帝國主義的課稅政策也是在破壞中國的農民經濟。在一九二七年對外貿易的縮減中，此種過程即已表現出來了（註八）。

中國的土地稅不僅有礙於資本的集壘，而且他本身即是在分裂經濟。不僅是在掠取部份的收入和部份的利潤，而且是在掠取全部的收入和全部的利潤，甚至中國農民之工資的部份都要掠去，將土地稅則變爲貢稅。所以中國的土地稅，按其政治的和經濟的內容，并沒有帶有近代資產階級的性質，而是資本主義以前的亞洲式的實質，雖說他純粹是貨幣的，超資產階級的形式。

（註一）俄國的僧侶楊開爭在其『在國民和道德地位中的中國』著作中，特別用力說明在中國倉庫制度的歷史。

（註二）沿津浦路的趙州有二百萬的居民，到現在還有倉庫。每年將收穫的一部份繳於倉庫，農民得到四個至五個月的米穀借貸，要付百分之二十的利息。

（註三）楊開爭：『論中國之國民的和道德的地位』卷一，三十八頁。

（註四）一七二三年世祖皇帝的諭諭。

（註五）撤哈洛夫：『中國國民之歷史的觀察』一五三頁。

（註六）溫德瑞爾：“Curency and Banking in China” P, 149-151.

（註七）瓦希涅爾：“Die chinesische Land Wirtschft” P, 48.

（註八）一九二七年中國對外貿易曾縮減百分之二十。

第十二章　租佃形式和性質與農業中的僱傭勞動

土地佔有和土地稅之形式及性質，表現着帶有往資本主義關係的方面發展之傾向的資本主義以前的關係。我們更要申明的是：在中國鄉村中租佃關係的性質和形式以及其社會的和經濟的內容。在這些問題的分析中，會重新遇到這樣大的困難，即在各省甚至各個縣份租佃關係恆有各種不同的形式。在農民之各個階層的狀況中的此種不同的形式，即是資本主義以前的土地關係一般的特徵之一，但是在中國他竟達到了這樣出乎意料之外的程度。每省都有很多傳統形式的租佃關係。我們幷不將所有各省租佃關係之一切形式都去加以說明，而只限於說明在某些省份之一些最重要的形式。這些形式在不同的組合中，在變更的形態中，其他省份都是重複的。

因此，我們開始來研究材料比較豐富的省份。首先便是廣東。

在廣東有以下的租佃形式：

（一）『永久』租佃　地主和佃戶，他們中間收穫分配的比例是四十與六十之比，或五十與五十之比，或六十與四十之比，且有時甚至七十與三十之比。每種的比例都係依據於幾百年前所規定的傳統。在歉收的時候便可減低，或佃戶完全不納地租。在這種情形之下，常常是均分藁桿。是否是只分一次，即所謂主要的收穫（秋收），或所有兩次或三次收穫都分，係依據於傳統。照規矩後者的收穫（野蔬，白菜，馬茶薯，總之不是米）是不分的。有時地主要取去收穫的百分之八十，但是在這種情形下他只有一次收穫得到他的股分。照普通規矩，地主平均要取得全收穫的百分之四十至六十。佃戶必需按節給地主送禮（鵝，魚，菜蔬等）。佃戶付租同時還帶着請席。有的地方是地主自己去收租，有的是地主用有收租的代理人，第三種是佃戶將地租送到地主的家裏。佃戶必需經常的到地主家裏作工。當佃戶繳付地租的時候，是不准從土地中驅逐他的。佃戶有轉租其耕地的權利。

（二）長期的租佃　地主將土地租出五年十年十五年或二十年。佃戶必需注意關於土地的肥料。按照一定的比例分配收穫。

（三）短期的租佃　土地租出一年至三年，租佃的條件，即與長期的租佃相同。

（四）用生產品繳付之固定的地租　在關於租佃合同上規定着一定數量的生產品，即地租。生產品數量之規定，是依據土地的性質，靠近水源，地方位置以及其他條件。

（五）**用貨幣繳付之固定的地租**　其條件同用生產品繳付之固定的地租相同，但地租係用貨幣繳納。依據租佃的是否是水田或旱田，而一畝地的地租，在某一縣份係搖擺於七元至二五元之間，而在另一縣份則搖擺於二元至八元之間。但有的是在同一縣份中，地租卽搖擺於於二元和三十元之間。

（六）**質當租佃**　佃戶在租佃締結的契約之下，每畝質當性質的土地要繳納一定數目的租金。如果他不繳付地租，地主便有權從質當中扣去適當的數目。質當的分量，要看各縣的情形，依據土地的地位和收穫搖擺於五元至五十元之間。在經常發生水患的土地繳付的比較少些。

而固定的租金和質當租佃亦可以是短期的，長期的甚至無期限的。地主只是供給土地和住屋。地主還供給種子，鄉村經濟的用具或牲畜，這在廣東是很少有的。

租佃關係之最普遍的形式，都纏雜着用生產品繳付地租。書面的契約仍是極少。口頭的協定是在佔優勢。當某一地主將土地出賣於新的地主，照例是要增高地租。

最近曾發生一種新的租佃形式，卽所謂副租。地主將土地租與所謂『總佃戶』。後者再將他轉租與副佃戶。在此種情形之下，往往總佃戶和地主所得部分要佔全收穫的百分之七十五。而副佃戶所得的部分僅佔百分之二十五。此地所謂新亦是種形式。在廣東，有時血族的土地租與總佃戶，要經過幾層的副佃戶，才落到佃戶生產者手裏。且已經有一種股分組合，他將土地租來而再轉租出去。寺院的土地多半是租與總代理人，後者再轉租與副代理人，而此種副代理人卽是農民。在江蘇的北部，海水冲壞了鹽礦，幷將他變爲池澤了。省政府卽將這些土地去賣與由商人，官僚，高利貸者等所組織的股分組合了，他們照例幷不再有資本的消費，便將土地租佃與農民了。在墾植區域的墾植基金，亦同樣是由紳士的組合所買去。當然，如果在地主的地位上有土地的投機商人的組合出現，租佃關係幷不改變的。在全中國不過有三四個著名的組合，他們是直接或多或少的大規模的用雇傭工人經營經濟。這些組合有兩個係設在海南島，一個在廣東，一個在福建。然而，這些稀少的燕子卽現示着在中國農業中他資本主義的新春。

血族土地的出租，比較地主的土地，有時有好的條件，有時也有壞的條件。而副租在血族的土地中比在地主的土地中更較普遍。

各種不同的租佃形式都相互纏雜着。貨當的永久租佃，貨幣的長期租佃，自然品的短期租佃等等都會遇到。在許多縣份中，地租并不是按農場的面積計算，而是按播種的面積來計算。照一般的規矩，地主繳付土地稅，而佃戶則繳付地方稅。

在廣西亦存在有這些租佃的形式。搭爾哈諾夫根據農民協會的材料，研究廣西七個東方的縣份，而得出下列關於租佃契約的時期，地租分量和貨幣分量的統計（註一）：

縣份	地租					
	中等性質的土地之地租量	租佃期限			地租的形式	
		長期的	短期的	無定期的	自然品的	貨幣的
	百分比					
梧州	六〇%	一〇	二〇	七〇	八五	一五
湘潭	六〇	—	—	—	九〇	一〇
雲仙	七〇	〇	〇	一〇〇	九五	五
北流	七〇	一〇	一〇	八〇	九〇	一〇
楡林	六〇	一〇	一五	七五	九〇	一〇
新野	五〇	一五	一〇	七五	九〇	一〇
古湘	五〇	—	—	—	八五	一五
平均	六〇	一一·二	一三·七	八〇	八九·三	一〇·七

打一石糧食之中等性質的土地所質當的數目
五〇元
五〇
一〇〇
六〇
五〇
四〇
一
八五·三

在福建亦是這些租佃形式在統治着。有固定的租額，但是同旁的纏雜着的。租佃契約的期限從十年到二十年。『永久』租佃還存在。在土地出賣的情形下，新的地主有變更契約條件的權利，如果是短期的或長期的租佃。溝渠算爲公有，但地主正在開始奪取對於灌溉溝渠的佔有權。在這些地方常常發生衝突和訴訟。

在廣東所有 的各種租佃形式，在湖南都存在。新的（荒蕪的）土地的開墾，地租比尋常低。在土地開發十年之後，便算是老的土地，并且享用此種土地便要按着地租的普通率例。按一般的規矩，佃戶沒有轉租土地的權利。菜園子是用貨幣繳租；種稻子的土地，普通是用生產品繳付。但 在稻田貨幣地租亦 還存在。根據農民 協會的統計，大多數的佃戶必須去典當。共同的土地佔有，很明顯的，在湖南是沒有的。至少是我們還沒有發現出那種土地關係的形式。

上面所述的租佃關係，在湖北和江西都有多少顯著的變動。

在浙江，安徽和江蘇諸省，都是共同的土地佔有及與其相連繫的永久租佃在佔優勢。那裏地主在收穫中的部份，是在隨着他在土地關係中的部份而變動。收穫是由各種不同的比例來分配。但短期的和長期的租佃，亦同此種租佃關係同時併存的。譬如在浙江，那些有定期的租佃，地主在收穫中所取得的部份，是看收穫如何而由省長命令來規定。地主聯盟在收穫以前，即遣派自己的代理人去調查大概的收穫情形，并向督軍呈遞關於地主和佃戶間分配收穫比例的提議。督軍便確定該種提議，將地主聯盟的意志作為法律。

在安徽共同的土地佔有和永久租佃，曾如此的根深蒂固：縱使在這種情形之下，——即如果佃戶因為某種原因而不能繳付地租，地主也沒有權利驅逐佃戶。類似的衝突都係由地方法庭來排解，并且大多數的事件都係用仲裁的方式來解決。在定期租佃的情形之下，常常是徵收兩年的地租量的抵押。

在江蘇的北部，地主不僅供給佃戶的土地和住屋，而且還供給牲畜，種子，農村經濟的用具甚至貨幣。即如中國人所說，佃戶除了鞭笞之外，毫無所有。但還有的這樣：佃戶有牲畜和農具，而地主只是供給種子等等。很明顯的，變化是無窮的。在此種情形下，地主與佃戶間分配收穫的比例是從五五與四五之比至七五與二五之比。有時佃戶還要分給地主一部份藁桿，如果地主供給牲畜，那末還要分給地主一部份糞料。地主可以依據自己的意志解雇此種佃戶。這類的佃農實質上卽是雇傭工人。他們的法律地位便很足以追憶起奴隸。

此種租佃形式曾普遍於中國的北部。

在直隸租佃傳播的比較弱。同永久租佃相併存的租佃關係，主要的有下列幾種：

(一)佃戶有農具，種子和牲畜，而只是向地主租佃土地。在此種情形下，是按照一定的比例分配收穫，或根據土地的性質和地位繳納從二元至六元，八元，十元的貨幣租金。租佃期限從三年至五年十年。

(二)活的和死的農具，一部份由地主設置，一部份由佃戶自備。平分收穫。此種租佃關係只是偶爾才遇到。

(三)地主供給活的和死的農具，種子以及肥料，而地主與佃戶間分配收穫的比例爲七十與三十之比。

在中國的中部，地租常常只是根據米的收穫計算，而第二次的收穫則全部屬於佃戶。在直隸的地租常常是兩次收穫都要繳納，譬如在邯鄲縣，如果地主供給農具，種子等，那末他便得到春秋兩季收穫的百分之七十。租佃期限是一年。

在山東我們亦找得到像在直隸那樣租佃關係的基本形式。

在山西是永久租佃和長期租佃在佔優勢。在永久租佃的情形下，地主與佃戶間普通是以三十與七十之比的比例分配收穫。同樣有固定租額和貨幣形式以及用生產品繳納。貨幣繳納的租額每畝係搖擺於三元至四元之間。棉田則每畝徵收十元。如果地主設備農具，牲畜等等，地主與佃戶間普通是按六十與四十之比的比例來分配收穫。長期佃租係締結十年十二年至二十年。

即從陝西及河南可憐的統計中亦可判定：那裏亦存在有類似的租佃關係。

在內蒙（綏遠，察哈爾，熱河），根據南滿鐵路地產部研究的統計，租佃關係主要的有以下幾種：

（一）『永久』租佃　主要的是在國家的，公共的，八旗的和荒蕪的土地，他們都是直接出租。租佃名義是繼承的：佃戶可以出賣或質當其租佃權等等。

（二）短期租佃　地租規定用固定貨幣或自然品繳納。契約是書面的。每商（約等十畝）土地的貨幣租金搖擺於二五至三十元之間。如果契約是締結一年，便不要抵押。如果契約是締結二年至六年，每商土地便要三百元至五百元的抵押。

『永久的』和短期的租佃，比較不甚通行。

(三)雇傭的佃奴　僱農組合在組合的首領領導之下在春季時去招雇於地主。地主用借貸的方法，供給每個農奴兩袋到三袋高粱或黍稷，同樣還供給活的和死的農具，種子，牲畜等等。地主與勞働組合間平分收穫。地主從工人的股份中去扣留借貸。按照工力供給增加的程度，農奴所分得的股份而降低。

(四)合股的長期租佃　地主供給土地，住屋和部份的農具，或種子和牲畜，總之，一切佃戶所不足的東西。收穫係照先前所規定的比例來分配。此種租佃形式有很多的形態。在長玉(譯音)普通的佃農必須爲地主做十五天的工作，平分收穫。在泰南縣(譯音)收穫分配係按六十與四十之比的比例，一切藁桿屬於佃戶。在單漢縣(譯音)即藁桿亦是按六十與四十之比的比例來分配。在哈拉化紹縣(譯音)佃戶要付農具和牲畜價值的百分之三，并平分收穫。壞的土地地主與佃戶間對於收穫的分配係按七十與三十之比的比例。在契約中常常看到關於這樣的一點，即佃戶必須完成這樣多的工作日，即這些天他應得的工資等於六十元。工作日的多少係由『相互間』的合同來規定。如果地主供給農具和土地性質特別好，那末地主與佃戶間即按七十與三十之比來分配收穫。在城市近郊的菜園，棉田，種植桑樹和其他機器培植的地方，貨幣租額特別之高。

在爪哇的囘教區域，那裏是禁止養猪的，農民即在稻田中去養魚，同時魚在那裏即是唯一的肉食品，在中國同樣通行在稻田中養魚，不過是最小限度的而已。在植桑的地方，那裏係由小湖來施行灌溉，很普遍的通行養魚。但是中國的地主，在亞丹斯密以前就發明了關於地租應用到水上的規律，向佃戶要求自己對於魚的股分。

帶贖囘權的土地出賣，以及共同的土地佔有，在滿洲都沒有。『永久的』租佃，即便那最主要的，在奉天很早殖民的一部份，都很少看到。貨幣付租亦非常罕見。大概所常見的是按比例的股份租佃，地主與佃戶間分配收穫的比例，恆是搖擺於三十與七十之比到六十與四十之比之間。土地稅係地主繳付，只有很少的是地主與佃戶均攤。對於學校村莊的警察和鄉村的武裝的用度，或者是均攤，或者只由佃戶繳納，因爲此種用度永遠是多過於土地稅的。在滿洲亦同樣有佃奴的雇傭。佃農實質上只是一種農奴。在這種情形下往往看到整工。佃戶在收穫時期必須去給地主做二十天至三十天的工作，收穫後者的糧食。在滿洲，即如過去我們曾經講過的：地租亦同土地價格一樣，都在激進的增長着。

這即是在中國各省租佃關係之主要形式（註二）。我們幷不敢說在上面的研究中即完全瞭解了租佃關係之主要形式。關於有些省份——四川，貴州，雲南，西藏——我們完全不曾說到。我們感覺到，在這些省份土地關係的範圍內現在的實際狀況，我們還不曉得。我們幷不敢說我們上面所分析的關於在各個省份係那種租佃關係在佔優勢的論斷毫無錯誤。

佃農經濟之具體形式，我將移於下章敍述。但我們可以說：在上面簡短的敍述中已經描寫出租佃關係之意想不到的奴役性質。

歐洲地主的貪慾亦曾是同樣的大法，然而，譬如在十四世紀，當時租佃在英國曾得到有力的傳播，佃戶的數目已大大的超過了十萬以上，佃戶所繳付的地租，是從生產品——貨幣或自然品——的十二分之一至十五分之一。到十六世紀，當時在英國租佃契約締結的期限，甚至往往到九十九年，貨幣價格的降落，穀物，羊毛，肉類等價格的增高，致使當時『資本主義的農家』之富足階級形成。在羅馬吉謝列夫將軍治下之著名的規律時代，農民曾從農作年之二一〇個工作日中，去給地主做五六天的工作，如果是按季節計算，而不是按年，那末奴役勞動對於私人經濟的勞動之關係則等於五六與八四之比。而在中國地租是擺擺於從全生產品百分之四十至八十的限度以內，甚至在永久租佃的情形下生產品價格的擡高還不足以補償農民所出的利潤呢，因為地主的『度量』是在漸次增長的。

地租，在這個字的現代意義上，卽是農業利潤超出平均利潤的一種剩餘。但是，在中國還沒完成那種：『完全由生產之一定的歷史的關係所產生的社會生活過程的創造，此種生產關係普通卽是創造平均利潤的。』資本已經統治了中國，但『需嚴格的將這兩種概念分清：一般的資本統治和狹義的資本統治，——亦卽『純粹的』或『幾乎純粹的』資本主義的實質。』（註三）資本已經統治了南亞菲利加和奧達利亞民族之半原始的經濟，已經統治了中國，印度，爪哇和高麗的經濟，但是這並不是說，這些經濟的本身都已成了資本主義的了。在那商業，工業和國家還未能從土著的和外國的高利借貸解放出來的地方，在那利息之中等例率還沒有確定的地方，在那高利貸者『還能夠在利息的形式下吞食一切的剩餘（此種剩餘結果是搆成利潤和地租）的地方，在那沒有利潤率來調節利息率的地方，那裏是不能夠講到關於中等利潤的，那裏是不能夠講到關於地租這個字的現代意義的。』（註四）『在資本還不曾統治了社會勞動，或僅僅統治了某個地方的社會勞動，一般的是不能夠說關於地租這個字的現代意義的，關於地租卽是超出中等利潤以上的剩餘。』（註五）在那照一般的規矩，地租不僅是包括着絕對地租和各種形式的等差地租，不僅是包括着『資本』的利潤，或更確切說，佃戶生產工具的利潤，而且還包括着佃農及其家庭之工資的極大部份的地方，那裏是不能夠說：

關於租佃關係是資本主義的租佃關係的。

馬克思在資本主義的地租的分析之下，曾經警誡：『將適應於生產的社會過程之發展的各種不同階級的各種地租形式相混雜』的那種錯誤（註六）。馬克思曾認爲：是不能夠將資本主義以前時期或將近封建制度的時期地租，同資本主義時期的地租相混雜的，當資本主義以前的時期，『地租曾是一般剩餘價值的標準形式』，當資本主義的時期，『那種地租很早很早就已經是剩餘價值之特殊部份或特別形式了』（註七），他不僅是超出工資以上的剩餘，而且還是超出工業利潤以上的剩餘。『在類似愛爾蘭那樣的國家中，土地佔有者的收入是從工資中取得，地租便不能夠存在。』（註八）

然而，在中國『第一，農業居民要佔人民的絕大部份；第二，土地的佔有者還是那些享有土地佔有之壟斷的人，他們首先就是攫取直接生產者之剩餘（不只是剩餘，而且還可以附加）勞動』，在中國自然形式的地租已進到一種新的時期，卽用舊的習慣，傳統和契約所維繫不朽的奇特關係。在中國佔統治地位的卽所謂用生產品付租，此種地租并不與生產品的價格相適應的，他是多於實際地租這個字的資產階級的意義的，他不只是由利潤來計算，而且是包括一切利潤，甚至生產者工資的一部份。他是在幾百年來長期的經濟之靜滯狀態之結果，并且他是建築在農業之靜滯狀況的基礎之上。是的，在中國還存在有貨幣地租，而且從德任米孫所作的調查，我們曉得：遠在前世紀的八十年代，在滿洲即曾發生過貨幣地租的事，在海州（山東）百分之二十五的佃戶曾是繳付貨幣地租，而在武強（直隸）則曾是百分之四十五，而山西和甘肅的城市附近，有時甚至在江蘇，湖北亦同樣曾有貨幣地租。但是，中國的貨幣地租乃是生產品地租的一個簡單的轉變，而不是超出中等利潤之上的剩餘，且按一般的規矩他是包括後者的。類似的生產品地租，在中國已達到這種程度：也即是『給予勞動——本身即是生產工具——條件的再生產之嚴重威脅，致使生產的擴大或多或少的沒有可能，并且降低直接生產者取得肉體的最低限度的生存滋料。』（註九）因此，貨幣地租的本身還不即是資本主義的關係。在印度莫古爾的統治時代，貨幣地租亦已經存在了，但資本主義還不曾有。

　　馬克思所最注意的，是在印度的用生產品付租，當他敘述東方式地租那種古典的特徵的時候，因而他還補充的說：『尤其在這種情形之下常常發生，即當商業的民族——征服者，如英人之在印度——在準備和開始利用那種形式的時候。』但是這句話還可引用到中國，還可引用到中國的用生產品付租，還可引用到由自然品地租到貨幣地租的轉變。貨幣地租并不必須是資本主義的地租，且與資本主義以前的關係完全不相矛盾。他可以是簡單的生產品地租的轉變形式。這裏是數量來決定質量，資本主義以前的貨幣地租，可以在社會的和生產的關係之發展的進程中轉變爲資本主義的貨幣地租。當地租已不是利潤的界限，恰恰相反，佃農的利潤卽是私有者地租的界限的時候，那時那種變態便完成了。中國還沒有發展到這種水平。在城市的近郊，那裏對於生產者要實現生產品的市場價格，那裏農民容易找到自己生產品的市場，在那所看到的貨幣地租，只不過是生產品地租的轉變形式而已，而前者在中國租佃關係之一般體系中的比重是不大的。在一些商業的農作區域之內——在廣東以及東南諸省，可以走到貨幣地租的新的形式，合乎時代性質的形式，只有當這時候卽當時已經完成那種：從地租卽是利潤的界限的狀態變到利潤卽是地租的界限的狀態之過渡了，那裏的佃農卽是企業者，而不是因爲貧困而租佃土地的貧苦農民了。

但是此種租佃形式的比重是不能夠增大的。於此還要注意：在中國恰同在印度一樣，在許多情形下，地主本身對於由生產品地租變爲貨幣地租，卽表示頑強的反抗。農業生產品價格之大的跳動，收前收後價格間之剪刀形式，對於地主收生產品地租，比收貨幣地租要有更多的利益。貨幣在中國是非常不固定的東西，在過去和現在貨幣從這一收穫到那一收穫的期間可以增大兩三倍，而當歉收或自然貧困的情形之下則可增大五倍至六倍。這一問題，亦和中國的整個經濟問題一樣，是同高利借貸相連繫的。地主本身卽兼高利貸者。此種個人的兼併是不可分離的。收穫前用高利出借米或其他的生產品，當價格最高的時候；是按照高的市場價格來計算生產品的價格，而當收後收回利息借貸的時候，則按照低的市場價格來計算生產品的價格，——這是最有益的事情。所以廣東的農民在收穫前借到一口袋米，結果要償還一口袋半，甚至兩口袋。生產品價格之不堪想像的跳動——是中國歷史上經常的現象——高利貸資本之精妙的傳統，實際的阻滯着生產品地租轉變爲貨幣地租的轉變過程，恰與一般的經濟狀況相同，隨着社會的條件，他在實際的阻滯着：資本主義以前的貨幣地租（生產品地租之簡單轉變形式）轉變爲資本主義的地租之轉變過程。

生產品的地租，各種經濟以及其落後的地租形式，在某種條件下，縱使在高度發展的資本主義國家中，亦可於殘廢了的生產方法之殘餘的性質中生長着。一九一〇年在北美合衆國曾有百萬以上的黑奴佃農。南美黑奴佃農的形式是廢除農奴的結果發生的，但結果農奴幷沒有完全廢除。此種黑奴佃農曾是發展於『俄國式的，眞正俄國式的，完工的制度，卽所謂佃奴的基礎之上。』（註十）

『在美國以及在俄國，佃奴的區域卽是最閉塞，勞動羣衆最卑賤最受壓迫的區域。』且此種制度同北美合衆國的資本主義在長期併存着。在加里佛甯，在魯易辭和訥蒙思諸洲在稻田裏作工的是日本和中國的移民。他們已經在採用機器，但是依照『自由的』美國的法律，他們幷沒有權利取得土地的私有，所以他們便是耕作大的灌溉股份公司土地的佃農，同佃奴一樣，也是用生產品繳付地租，佃農之不平均的法律的地位，變成土地所有者之眞實的貨幣的利益。在經濟的思想上還深刻的保持着那已經消滅了的地租形式。『在研究瓦咀·米西西毗八七八個佃農經濟中曾證明：在佃戶繳付貨幣地租的地方，地主得到自己資本的百分之六至七。……即是說明：一般土地的所有者，當他將自己的土地在用生產品付租的條件下出租時，要得到較多的收入。地主對於自己資本所得到的平均利息，在佃奴條件下的佔百分之一三、六，在用生產品繳付之固定地租條件下的佔百分之一一、八，而貨幣地租則佔百分之六、六。』（註十一）同樣在這些區域商人以百分之二十甚至有時百分之四十至五十的年息出放農民借貸，即爲北美合衆國的保險公司出放土地的抵押借債，是按百分之五、五的中等年息。擺在我們面前的，在歐洲的文明的近代資本主義的意義上，完全不是佃農。擺在我們面前的，主要的是半封建的，半奴隸的佃奴』（註十二），列甯關於黑奴佃農所敍述的，引用於在美國的和遠東的佃農亦是很正確的。

但是，所謂半封建的，以及在經濟關係上之半奴隸的，非歐洲式的，不文明的，非近代資本主義的，而是亞洲式的那種租佃關係的形式，在中國（同樣在日本，在高麗等處）最爲普遍，而在此種形式中還結合了只有在自然品地租的情形下才能發生的蒙蔽，欺騙之一切形式。如果在美國的條件之下，佃奴制不會走向半封建的租佃關係，那末在中國的條件之下，他便創造出完全亞洲式的，完全奴隸的關係。

在廣東對於不付租的地租繳付者曾設有牢獄，幷且常常地主有『自己』對付自己的佃戶和『拘禁他們』的牢獄（註十三）。在浙江不按期繳付地租的佃農同樣是要關到牢裏去，因而在那一期間便解放他田地裏的工作，也卽是說他幷不是在牢裏休息，而是給地主去作苦工（註十四）。地主幷霸佔不付租的佃農的女人和小孩；或者強迫他出賣他們爲奴隸，幷且很仁慈的這樣誇獎他：『你是個很忠厚的人。將兒子賣掉對於你是一舉兩得：第一，你償還自己的債務，這證明你是個極忠厚的人，所以我將來要將我的土地租給你。第二，賣掉自己的兒子，你便可以脫掉給養他的一切負担。』（註十五）民團用拷打來強迫農民付租，如果農民一點也不繳付，地主便霸佔他的牲畜和農具。但是我們幷不去注意所有已經存在的這些現象，——當時佃戶不繳租的情形。幷且我們也幷不直接去注意在中國亦同樣存在的那種幾乎沒有遮蓋的奴隸關係。

一九二七年六月這一問題的鑒賞家考特斯在國際聯盟委員會中曾斷定：在阿比西尼以後中國的奴隸最多了。他斷定在中國女婢的數目達二百萬之多。我們不曉得此種統計是否正確，但是女婢在中國是常常看到的。當饑荒的時期，城市的和鄉村的貧民將自己的孩子即賣予富貴人家，因爲這樣他的孩子便不致因凍餓而死，并且老子還可得到幾元錢，以苟延苦命而免於餓死。當一九二三年冬我們留止北京時，年在三歲到九歲的小女孩的價格，按年齡及其他的性質而搖擺於三元至五十元之間。報紙上曾公開的揭載關於那種彰明較著的事實。一九二七年上海的臨時法院曾處罪過出賣女兒的母親，一九二六年廣州曾特別下令「解放」「女婢」。不過，此種奴隸形式并無關於土地關係。正如常常將男孩子賣給工匠，工匠教之以技能，并以學徒的性質來剝削他，隨後再升爲工頭一樣。但是，這亦係關係於作坊的範圍，而并無涉於租佃關係。

然而在中國的土地關係中，亦同樣有奴隸的存在。關於此點，幾年前在山東住過的德人師坦茲曾有這樣的通訊（註十六）：

『奴隸有兩種：（一）家人　地主硬強迫佃戶居住於特別爲他們所建築的房子中。此種佃戶即是奴隸或農奴。他們同眞正奴隸的區別只在於，當他們償還了自己的債務以後，還能夠是自由的。這些人完全是依靠他的主人過活。如果他們沒有私自的土地，那末他們便不能用租佃土地取得收入而過活，且勢必去借債。主人待遇他們非常之苛薄，并卑視他們。譬如，他們是沒權利穿過主人的房門的；如果主人同他講話的時侯，他們須跪在地上等等（從師坦茲的描寫中已非常明顯：即是說關於不付地租和賴債的佃農都是要關在債務者的牢獄之中。此種牢獄絲毫沒有特殊的，即是說，都是在地主指揮下之私人的牢獄。）。

（二）門家人　父母將自己尙在幼年的兒子即出賣給富人，或由富人使用他教養他。對於生存在所最必需的即是他的主人。主人并爲他結婚，但是他以及他的家庭，必須是終身服務與主人。

一九二六年在廣東曾發現：在一些縣份中還有奴隸佃農的存在。此種奴隸形式的起源即是孩子的出賣。奴隸佃農耕作土地，而地主則在肉體的最低限度內維持他們生存的滋料。如果地主給奴隸結了婚，那末後者新生的兒子便成爲地主的私有。廣東的奴隸之經濟地位在這一點上是比山東的奴隸之經濟地位要好些的，即他們每月還可得到三分錢的個人零用。但是政府并不曾解放這些奴隸。他沒有勇氣來觸犯土地關係和侮凌地主。

此種『租佃關係』的形式，并不是中國的特殊現象。馬克思曾寫道：『在某些國家，特別在墨西哥（當美國的哈日丹戰爭前在墨西哥所征服的地方，而實際上亦同樣在庫茲政變以前的頓奶依省）奴隸是在隱祕的形式下存在着，卽所謂借貸下的"Peonage"（僱農負債奴隸），這種借貸更使其轉變到完成，因此便過渡到因世相傳的義務。不僅是各個工人，而且連所有他的全家，便成了另外人及其家庭之世襲的財產。華萊人曾經解釋過"Peonage"。此所謂馬克西米梁皇帝所重新頒佈過的命令，此種命令在華盛頓的議會中的代表們曾很正確的解釋過，認爲卽是在墨西哥恢復奴隸的命令（註十七）。

我們不曾希望給讀者以這種印像：奴隸關係在中國有極大的意義和普遍。根據我們所得到的材料，我們便可直然作出這樣的結論：奴隸在中國歷史上并不曾起過怎樣大的作用。直至明朝滅亡時，在大的帝王的銀銅幣製造廠裏還是奴隸在做工，但是緊張的農業是與奴隸制度不相適合的。全工不過僅僅在吉林和黑龍江的某些縣份以及在內蒙新被墾植的區域內（那裏有相當大的經濟單位和工力相當的缺乏），起有某種的作用：這一事實便可以此來說明。此種奴隸的現象，比起社會的經濟的大的比重的範疇來，不過是迅速流逝的曇花一現而已。緊張的農業曾將中國的農民從奴隸的等級法律的形式中拯救出來，正好比貨幣商品經濟將中國從像印度那種等級制度的過程中拯救出來一樣。在印度英國官廳的統計認爲有六百萬負債的奴隸，而在智利，士尼斯，南美諸國和菲律賓等處亦存在有類似的情形。

但是，中國的佃奴不能同奴隸和酋長封建的特點相混雜，他是亞洲式的和在經濟上之半奴隸式的關係。很顯然，此地并不是說：在許多地方佃農對地主稱作父親，他必須按照節氣給地主送雞鴨，菜蔬等禮物，在繳付地租的時候他要大設酒宴，在許多的情形下他必須給地主家裏作幾天工。那同樣是老的殘跡，而不是確定的範疇，雖說對於佃戶是非常之重的負担。但是在中國租佃是普遍的，在租佃之下地主供給佃農以住屋，種子，牲畜，甚至農村經濟的用具，因而後者在實質上便只是一種雇傭工人，但是非資本主義的雇傭關係，因之，此種僱傭關係是與債權和債務關係相交纏着的。此種租佃關係在滿洲，在內蒙，以及在中國的北部特別風行。實際上佃農永遠是出賣自己的勞動力與地主，而地主却可隨時棄掉他。在滿洲和內蒙勞動力的缺乏，更容另有那種永久僱農的情形。但在山東此種佃農便走到半奴隸的地位，且有時在不能濟償借貸的情形下，竟變而爲眞正的負債奴隸。在滿洲很容易成爲地主，佃農的地位亦同樣容易，但在那裏以及在內蒙，他們常常是必須耕地主的土地。在這些區域內，入稠地險的情形是沒有的，那裏土地價格是相當的低廉。那種帶有分部土地的僱農，在好的環境之下，可以變爲分種的佃戶，甚至變爲佃農企業者，最後變爲土地佔有者。

在江蘇的北部和江陰一帶同實際歐洲中世紀的租佃關係間，表現有以下類似之點：(一)佃戶不僅必須繳納地租，而且還有一定的個人的勞役，此種勞役是與歐洲的「柯爾威」相適合的；(二)無條件的服從地主成爲佃農的義務，伴着繳付地租而同時併行的，還有個人的勞役。這些義務普通是規定於書面的契約中，而契約係由地主所保存。這些契約類似歐洲中世紀的農奴契約，與其所不同的只是，在這些契約中只說到關於佃戶的義務，而不會敍述到後者的權利。(三)地主不承認佃戶對所租佃的土地之形式的權利，幷且在任何時候都可驅逐佃戶(註十八)。在廣東所通行的是非書面契約的租佃，而僅是在一種口頭協定的基礎之上。

但是市場即便在中國閉關自守時代即已形成，而貨幣的力量還不能抵抗住中國的租佃關係。在最近十年來已表現出新的租佃形式，而此種新的租佃形式，只是在市場擴大，農民經濟商品性質的加強的基礎上才發生出來的。特別是在墾植區域以及中國的中部和南部，常常遇到這種制度，即佃農設置經濟行爲的工具之部份，而土地佔有者則供給另一部份，生產品即由他們來分配，如果佃戶是富裕的，他能夠履行一切條件，在這種情形下，地主便不能將一切剩餘生產品都掠爲己有了。就是這樣來創造「從原始的地租形式到資本主義的地租之過渡形式』(馬克思語)。

近來在廣東曾發生了租佃關係之新的形式。佃戶已用貨幣形式向地主繳納地租，因而地主便不去干與經濟管理，不關心於收穫，且沒有權利驅逐佃戶。此種先付的貨幣地租雖說現在還相當的稀少，但他在中國租佃關係中乃是整個的革命，中國正和在其他東方的國家一樣，自然品的地租形式以及收穫之後繳付地租乃是生產關係的結果，此種生產關係『即在那種死的形式，即自然關係中，進行再生產』，但是，那裏『那種形式的繳付方法之反影響其本身即在維持着舊的生產形式』。在中國一切償付都適合於收穫後的時期，土地稅，高利貸利息和地租都是在收穫後繳納，甚至在商業和銀行事業的範圍之內，每年三個償付時期中的一個時期即是適合於收穫後的節日，地租之提前繳納即是走向佃農從半亞洲式的傳統的壓迫之下解放出來的大的進步。很顯然的，只有富裕的佃戶提倡此種租佃形式。而且即便富裕的佃戶先期付租也要小部份的減低對於農業的投資。不能夠只注意那種進步及其比重之增長的。『租佃關係之半封建的性質便可由自然品地租的統治來說明，貨幣地租只是在不久以前才開始發明，而且他的進步是很慢的。現在貨幣地租僅只在技術文明的區域以內存在。在產米區域——那裏米佔有耕場的最大部份——很少看到貨幣地租』(註十九)。而先期繳納的貨幣地租尤屬罕見。此種形式的租佃關係同樣在東南諸省我們是找得到的。

從亞洲式的勞役地租到資本主義的地租之第二種過渡形式，即是所謂「固定地租」。地租在事前即規定爲生產品的一定數量，并且不管收穫的情形如何，佃戶應該繳付該種數量的生產品。此種地租形式同樣是在東方租佃關係中之整個的革命。這同樣是同半奴隸的，亞洲酋長式的中國的佃奴相背馳的，在佃奴的情形下，地主當歉收時，依照傳統與習慣則必須完全解除佃農之地租的繳納或揩揩的享用，而在地主方面，國家便解放其土地稅。在固定地租的情形下，已經沒有佃戶同「地主老子」的對立（他常常是跪着同地主對立），而是契約方面。所不幸的只在於在此種地租形上所協定的佃農，在地主的壓迫之下，因爲當歉年要繳付規定的地租，常常不能處理豐富的財源。在此種情形下，地主便要從土地中驅逐佃農，或者佃農便陷於高利貸者之手，并從「企業家」又重新一變而爲半奴隸，半農奴的地位。廣東的農民協會在其議決案中，總是提出反對固定地租，而擁護股份地租，當歉收時有降低租額的權利。他們曾不只一次的於血戰之後強迫地主於歉收時減低租額。而在地主方面，到處都在努力於固定地租的規定。

從老的租佃關係進向更近代的第三種過渡形式係表現於「質當」制度之中。在契約締結之下，佃戶預付與地主確實繳付地租之保證性質的貨幣。普通對於租佃的每畝土地須繳付一定數目的貨幣。地主有權利從此數目中扣除不曾付清的地租。每畝所需的數目恆是搖擺於從五元至五十元的限度以內。此種佃農已不是跪着同地主對立了，而同地主談話幾乎是站在同等權利方面。地主不能在未到期以前驅逐佃戶，地主沒有任意增加地租的權利。關於上面所敍述的那裏還存在有半奴隸關係的江蘇北部的江陰縣的通訊曾指出：『然而在江陰的土地關係中已在開始根本的變革。在不久以前，遭受財政困難的地主，已開始爲了貨幣將土地租佃與新的佃戶。這些貨幣是由佃農以無利息的借貸的形式來供給地主，幷按照租佃契約的期間來歸還。此種債主佃農的範疇，雖說在佃戶中佔的百分數還非常之少，他已不似舊式佃農那樣馴從了，但是對於收穫的分配仍和舊式的一樣，百分之五十五屬於地主，百分之四十五屬於佃戶。』（註二十）此種租佃關係的形式，在廣東已在開始傳播，並爲湖南所注意；關於牠的問題在廣西農民協會全省代表大會上亦曾起有極大的作用；他在湖北以及在浙江都存在，並且農民到處都曾提出反對新的制度。

這些租佃關係之新的形式的存在，在危及田的慣例的租佃形式。到處的地主都在希冀得到『質當』，並致力於舊的契約的破壞，『永久』租佃的廢除，『永久』租佃變爲短期的質當，或股分地租變爲固定地租。而固定地租則給予地主以從土地中驅逐佃農的可能。質當同樣是種非常冒險的東西，因爲當部份的歉收時（在中國是常有的）還可從其質當中去剝削佃農。此外，質當的情形只是給與更多付償能力的佃戶。但相當貧困的情形下，縱使更多付償能力的佃戶，質當制度亦要剝削他的流動資本和改良經濟的可能的。那末土地價格和地租在經濟學上，既不是農業的固定資本，也不是農業的流動資本。他只是生產者爲了投資於農業而繳付與土地所有者的一種貢稅。質當亦同樣只是此種的貢稅。這一部份的貨幣在他未能參加生產以前，即已被排出於生產範圍以外了。在廣東作工的同志們，根據農民協會的材料曾作出這樣的結論：在一個廣東以質當形式而排除於生產的貨幣資本有幾千萬元之多。此種貨幣資本離開了農業的生產範圍，便又重新以高利貸資本出現於鄉村。

租佃關係之新的形式，在他的實質上即是一種進化，從資本主義以前的舊的租佃形式到資本主義的形式之過渡。在此種新的租佃關係的形式之下，即所謂在用生產品繳付的固定地租之下，在貨幣地租之下，在質當的地租的形式之下，老的傳統的法律關係在開始轉變爲契約的，純粹貨幣的關係。新的形式是在證明着：關於在一些地方的佃農，他本身已是不用地主的中介而與市場接觸了。農民從預定義務的佃戶在開始轉變爲商品生產者。隨着租佃關係之新的形式相併行的，不僅是鄉村經濟僱傭工人之剝削，並且可以推想到僱農階級的存在以及比較富裕的佃戶對於他的剝削。隨着租佃關係之新的形式相併行的，不僅是農民的破產及其向各種不同的社會範疇的分化，而且可以推想到鄉村中傳統關係的那種破產和分化。此種由舊的形式轉變到新的形式的轉變過程，在各個不同的省份以及各省之各個不同的區域，按照某一區域農業的性質，他近於城市，近於水路交通，近於市場以及他的地位等等，而完成各種不同的種類。

根據福林和約爾克在豐富的材料和深刻的研究的基礎上所得出的廣東土地關係之特徵，可以作出以下的結論：在廣東新的形式的傳播比較的，比較最有力的是在河北諸縣。那裏已經有書面契約同傳統的自然品地租相併存，普遍的通行質當，在某些縣份好地每畝可質當到十五元至二十元，有時甚至到三十元，並且是在施行先期付租。在東江沿岸諸縣，質當制度傳播的相當普遍，固定地租在那裏亦同樣流行着。因而在東江諸縣，租佃關係之新的形式完全起有極微的作用。

在廣西的東部，商業的農業曾有很有力的發展，在塔爾哈洛夫所研究了的七縣中，打一石糧食之中等性質的土地，質當的數目要從四十元至百元，平均要五八、三元。『是的，譬

如在楡林一縣，每年質當的總數要佔從一百八十萬到三百萬元。』（註二十一）

在東南諸省。在浙江，江蘇和安徽，我們相當的可以確定：質當制度在商業的農業區域傳播的相當迅速。湖北，江蘇，主要的是湖南，農民協會的材料曾指明：在揚子江流域此種租佃形式，恰似固定地租一樣，同樣是在向前進的，而在城市近郊並且是貨幣地租。但同時隨着租佃關係之新的形式的發生和緩慢的發展，而土地價格和地租亦在不可遏止的增長着。所以租佃關係之新的形式由新的內容在漸次的充實起來。地主所攫取的不只是地租，並且是資本的全部利潤和部份的工資。地租的界限並不全是利潤，而地租却是利潤的界限。質當制度常常逼得窮苦的佃戶轉求於高利貸者，高利貸者來付質當。在這種情形下，新的形式即掩蓋着比以前更壞的半奴隸的關係。這些租佃關係之新的形式『增加有非歐洲的，不文明的，半封建的，以及在經濟關係上半奴隸的剝削形式。』在這些新的租佃形式之下，亦正如在舊的租佃形式之下一樣，彼此相對立的方面，不只是佃農對地主，而且是債務者對債權利者。

租佃關係之新的形式在顯示他對於舊的僱傭勞動的形式的影響，于此我們便要求來述明：在中國鄉村經濟中僱傭勞動的表現，常常是種虛僞的掠奪，將近代資本主義的概念搬運於這種概念所不適用的社會和生產關係中去，在理論上完全是錯誤的。手工業工頭的手工業組合，在這個字的資產階級和無產階級的意義上，並不曾是資本主義工場的僱傭工人。遠在封建制度時期，比較富裕的依屬的農民，他本身即曾用有奴僕，但此種奴僕在這個字的近代意義上，並不是鄉村經濟的工人。所以研究關於在中國鄉村經濟中的僱傭勞動問題，便需具有相當的慎重，因為在相反的情形之下，便能夠作出完全虛偽的結論，從派克或台洛爾的研究中便可相信，中國的羽毛未豐的佃農和小塊土地的農民已在使用相當多的僱傭勞動，用於僱傭工人之工資的消費，在自己的預算上，比美國的農家，英國的佃農，甚至普魯士的地主，還要佔相當多的部份。近代的家庭工業，除掉名稱以外，同舊式的家庭工業沒有絲毫的共同點，同樣中國農業中的僱傭勞動，在許多的情形下，同在美國或普魯士的農業中所採用的僱傭勞動亦沒有半點相同。

即便在歐洲的農業中，『鄉村工人永遠是對於農業之平均的需要，表現着過多。而對於特殊的或臨時的需要則表現着過少。』此種現象的發生不只是在資本主義時代。法國的貴族和資產階級的地主，在大革命以前即曾哭泣過關於農業中勞動力的缺乏，更不必再拿英國的地主對於發展工業的憤恨去說明他了。但遠東的農業在收穫期所需要的勞動力遠過於歐洲的或美洲的農業。在稻子的插秧時期，在極小一塊土地上，菲律賓的，日本的或中國的農民要有六——八——十農婦來做工。而羽毛未豐的農佃則僱用六——八——十的「僱傭工人」。在爪哇和菲律賓割刈收穫並不是用大鐮，甚至還不是用鐮刀，而是用剪刀，一個穗子一個穗子的割，當收穫的時期同樣要僱傭大量的「僱傭工人」。在中國有一種轆轤爲要發動他，則需要四個工人，而另外的一種則需要三個工人的脚的勞動。在此種農業技術的立場之上，普遍的發展了「隣家互助」，此種「隣家互助」即是勞動集體組織之老的形式。在菲律賓以及在爪哇稻子的插秧和收穫，還都認爲是公共的責任，雖說那裏亦在開始過渡到此種勞動形式之貨幣的工資。同樣在中國亦通行的極爲廣汎。福林和約爾克曾根據僱傭勞動之採用的觀點很仔細的研究了四十八個廣東的經濟單位。曾證明縱使是小農亦在使用「僱傭工人」。但是此種農民的本身亦同是做的「僱傭工人」性質的工作。在所研究過的四十八個經濟單位中（這些經濟單位中沒有一個超過一四三畝的），百分之百的經濟單位都曾使用了「僱傭勞動」，而百分之七十五的農民是做的「僱傭工人」性質的工作。總之，百分之百的農民經濟單位多半幷沒有超過六——七畝，他們「剝削僱傭勞動」，而他本身亦在受剝削。『他們之對待工人，如同對待朋友一樣，因爲僱用工人者和僱傭工人二者都是佃農。』只有在極少的情形下才用相互的服務作酬償，而多半是用貨幣。老的形式的隣家互助是在崩潰，然而，將此種瓦解了的形式引用於近代僱傭勞動的範疇之下，即等於將羅馬的奴隸主強拉於『資本家』的範疇之下一樣。隣家互助此種瓦解的轉變的形式的本身即顯示着貨幣對於鄉村的統治，即是行向資本主義的僱傭關係之傾向的第一步。當僱主轉變爲企業家的時候，隣家互助便轉變爲僱傭勞動了。

比較富裕的經濟實際上是在採用僱傭勞動。常年的雇農是吃主人的，并且除了滋養料之外，每年還可得到十元至二十元。大多數的情形，他們給主人作工是沒有期限的。他們就同『永久的佃農』一樣，他們是『永久的雇農』。用酋長式的關係之甲殼包藏着如同組合工頭之中世紀的剝削一樣的殘酷的剝削。這類的雇農，按他的地位置於奴僕，或農民的依屬已進到的農奴，比較置於近代的鄉村工人更較相像。是的，類似的雇農在比較進步的國家，如波蘭，匈牙利，捷克斯拉夫，墨西哥等，都還存在。但是，無疑義的，那裏我們所看到的已經是資本主義的僱傭關係了。

第二種的雇農，只是在收穫時期雇用一個月或幾天。在滿洲從直隸和山東來的千百萬的移民都是作從春天到秋天半年的工作。在中國的北部當田裏工作的時候，在許多鄉村中於一定的日子即有農村勞動力的市場出現（註二十二）。幫口，組合制度亦都存在。『組合的頭目』統率着十五——二十，有的一百——一百五十個工人，春天即派出去尋找工作。在南方中等的和富裕的經濟單位都雇用有兩個至三個常期的雇農，而到收穫的時候則雇用八個到十個工人。此地所說的已經不是關於隣家互助。已經是說到開展形式中的雇傭勞動之個人的採用。稻子的插秧，棉花，茶葉和桑葉的採摘最好是採用婦女勞動。男子的雇用只是爲的田裏的工作，肥料的鋪施，以及收穫等等。田的灌漑，或者以「永久的雇農」的幫助，或者採用隣家互助的制度。貧農爲要解决享用水，農村經濟的工具，打穀的場所，或牲畜供給的報酬去給富裕的農民工作，用工作來償還自己的「債務」。特別在勞動廣大的文明區域——棉花和煙草的區域，已經感到收穫時期勞動力不足的苦處。工人在經濟的地位上，我們現在還不去確定。里赫特霍芬對於此點曾寫道：最受貧困所壓迫的人，我們還不會看到。然而這幷不完全是正確的。最低等的佃農和農民比那些工人生活還要壞些。

在中國的北部，即如我們所曾看到的，雇農佃戶的形式是在存在着。地主供給雇農以活的和死的農具，種子等等，而後者得到一定部份的收穫。在直隸還有這樣一種雇傭勞動的形式：即雇農只在收穫時期作工，而得到百分之十的收穫。至關於有割讓地的雇農前面我們已經講過了。

在整個經濟的體系中雇農的比重怎樣？在中國雇農即是「被雇傭的農民」的意思。但是，這一階級是同另外一個社會範疇——苦力相混雜的。福林在仔細考研的基礎上認定：在河南整個農村居民的百分之十三是無土地的。而搭爾哈諾夫依據自己的研究則斷定：在廣西一省無土地的農民佔農村居民的百分之五——六。在台伊洛爾所研究的四個不同的省份中之二百四十二個鄉村，幾乎百分之九十的居民整個時期或部份時期忙於農業，但從他所研究的七千零九十七個家庭中百分之十四是沒有土地和不曾租佃土地的，而有土地的——農民和佃農——家庭中從百分之三十到百分之四十是耕種五畝以下的土地。

然而，如果認爲所有這些無土地的農村居民都係雇農，便是錯誤的想像。無土地的農村居民之巨大的百分數幷不是雇農，而是苦力。這特別對於南方和西南諸省是正確的，那裏在陸路交通的範圍 苦力已代替了牲畜。在廣西，『對於農民勞動需求最高的唯一範圍卽是交通，因爲山路迤曲和沒有車路——火車，汽車和馬車——的結果，一切交通都由苦力勞動所代替。』（註二十三）這兩個範疇——雇農和苦力——除掉『永久的雇農』以外，他們是相互交纏着的。無土地的農村居民，今天被雇爲傭農，而明天就又被雇爲苦力了。土地使用權的分散以及其所引起的對於農業勞動力經常需求的缺乏之結果，破產的和無土地的農民在許多的情形下幷不是成爲雇農，而是成爲苦力。最低等的佃農和農民私有者亦同樣於空閒的時間，要離開農業的工作而去作苦力勞動。

很顯然的，苦力不只是個鄉村的階級。苦力是要從鄉村到城市中去的。他可以作工場中的苦力工人，他可以作聽差之類的苦工，他可以作軍閥的雇傭兵士，他可以作碼頭的脚行和運夫，他可以作雇農，他流蕩於鄉村，他可以作土匪，他可以作建築工人，他可以去拉黃包車。所有這些可以說，在於有遠東的和歐洲的文字中，都名之爲苦力。他是遠東的鄉村破產之產物。將此種在中國一國佔有幾仟萬人的社會範疇總以確切的定義是不可能的。但中國的命名的本身即可確定此種範疇。中國文中的『苦』字即是苦痛的意思，而『力』字即是力量，勞動意義的力量。苦力即是苦痛的力量，苦痛的勞動。苦力——苦痛勞動之執行者或支持者即是無土地的農村居民之中心形態。在城市中苦力的數量要超過工場的工人和手工業的工人二者的總數。苦力同西方的苦力工人只有那樣一點相似，只有像中國的社會和生產關係同英國的和美國的相類似的那樣一點相似。馬克思敍述到關於苦力即與奴隸相併列。但苦力并不是超歷史的階級。他們曾成千的死亡於加里佛甯的金礦之中。香港的海上富商曾將他們成萬的出賣過。他們曾成仟的死亡於斯特萊——賽特曼的錫礦。他們在馬來羣島的橡皮植物中在作工。他們在建築菲律賓羣島的黃金世界。他們即是帝國主義和在中國之亞洲式的軍閥制度之集體的奴隸。在日本，印度和中國，在他們的骷髏上正在建築作坊，工場呢。不認識此種社會的範疇，便不能夠了解中國的鄉村，中國的城市，中國的革命及其巨大的發動和自發的力量的。因爲工人階級卽是鄉村農民的領導者，而在市城中近代工人無產者卽是苦力的哥哥。工業無產者之絕對的和相對的不多數量的階級，在上海的進攻時，在繼續九個月的省港罷工時曾經領導了苦力。當上海工人三次實行武裝暴動時，工業無產階級曾領導過苦力之巨大的海濤。并且苦力曾經以赤手空拳而佔領了武漢大不列帝國的租界。中國的苦力已成了在工業無產階級指導之下的歷史的階級。而對於他在工人指導之下所完全的勳業的記述却一字無提。工人階級卽是中國革命中之覺悟的部份。苦力卽是洶湧的海濤，自發的不可抵抗的，猛烈的狂潮，革命之苦痛的力量。

在鄉村中的苦力，并不是雇農，雇農係限於雇傭勞動的性質。

在這一章中所牽涉的問題的解釋，或者是過於廣汎了，這是我們要求讀者原諒的。但關於在中國的鄉村中資本主義的或資本主義以前的關係是否存在的問題，不只是有理論上的意義，而同樣有政治的，實際和策略上的深厚意義。并且問題并不是說當紀元前三世紀時封建的和氏族的諸侯卽已消滅了，便可解决的。但是在舊的制度上的遺跡：地主，商業高利貸資本以及其政權的支持者——中國的官僚，他們曾建立起東方式的專制之特殊形式。帝國主義的侵入和資本主義的質當，曾喚起了在農業中土地的佔有，租佃關係，土地稅和雇傭勞動過渡到新的更歐洲的，更文明的，少亞洲的，少半奴隸的形式之傾向。隔絕，閉塞，社會範疇中的劃分，生活的壓迫，貨幣的昂貴和稀少，高利貸者之奇大的作用，經濟的奴屬，直接的和商人的欺騙，半封建形式的剝削，技術的停滯，殘廢的社會關係，奇低的文化水平，所有這些即是資本主義以前的鄉村之特徵。列甯在『俄國資本主義的發展』一書中即是這樣來說明他這些特點亦即是對於中國鄉村之說明。俄國的鄉村從惡化的環境中所爆發出來那些關係，不是用的『普魯士的』方法，也不是用的『美國式的』方法。俄國的鄉村是走的『俄國式』的蘇維埃式的發展道路。在中國的鄉村中是否能夠經過普魯士式或美國式的近代土地關係發展的道路，而產生一種土地關係之新的形式——這一問題即便在『常態』的情形下，亦是由鄉村外的條件來決定。因爲平均利潤率和平均利息率的構成是由于鄉村外部——城市的商業和製造場的範疇之歷史發展的步驟，是工業和銀行事業活動的結果。適合於城市中此種的社會關係而決定全國經濟的和社會的制度之性質，并顯示着對於鄉村社會關係之確定的影響。當然，這并不是排除在城市中以及在鄉村中生產關係和社會關係間之不可分離的互動，恰恰相反，而是肯定他的存在。

但關於中國的鄉村是否是依照普魯士的，美國的或俄國的道路發展的問題，係由政治鬥爭來決定。國家所據有的經濟條件是這樣：普魯士的和美國的道路在目前的歷史時期極少發展的可能。中國的政治鬥爭已進到這種程度，中國的鄉村只有用自國的道路去發展才能將從亞洲式的和帝國主義的壓迫之惡化的環境中拯拔出來。旁的，資本主義的道路即是成千萬人的餓死，流落，帝國主義國家的壓迫，戰爭，土匪，破壞，一切白色恐怖的威嚇。

但是這一道路很少可能。

（註一）搭爾哈諾：『關於廣西經濟的和社會構結的概論』八二頁。

（註二）上面所引證的係取材於農民協會的材料，已經幾次所引證的參攷書，我們的職員和著作的研究，國家政治局對於經濟報告的材料等。

（註三）布哈林：『帝國主義與資本積累』一二四頁。

（註四）馬克思：『資本論』三卷二册三一九頁。

（註五）馬克思：『資本論』三卷二册一七四頁。

（註六）見同書三二二頁。

（註七）見同書三二頁。

（註八）馬克思：『哲學的貧困』一二五頁。

（註九）馬克思：『資本論』三卷二册三三一頁。

（註十）列甯全集九卷一九二頁。

（註十一）E. G. Nourse "Agriculture Economics" 1916. P. 615.

（註十二）列甯全集九卷一九二頁。

（註十三）福林和約爾克："The Peasant Movement in kwantung" P. 127.

（註十四）Chinese Economic Journal 1927. №1. P. 17.

（註十五）福林和約爾克："The Peasant Movement in kwantung" P. 109.

（註十六）T. M. 師坦玆 "Der Baet in Shantung," 根據瓦赫涅爾 "Die chinesishe Landwirlschaft" P. 132 引文。

（註十七）馬克思：『資本論』一卷第四十條註釋。

（註十八）"Chines Economic Journal." 1927. №4. P. 370—371.

（註十九）福林和約爾克："The Peasant Mouement kwantung" P. 130.

（註二十）Chinese Economic Journal 1927. T. 3/4 P. 372.

（註二十一）搭爾哈諾：『廣西社會經濟結構概論』一九二七第十期『廣州』雜誌九二頁。

（註二十二）"Chines Economoc Bulletm" T. IX. №. 286. 1926.

（註二十三）搭爾哈諾夫：『廣西新社會經濟結構概論』九七頁。

第十三章　各社會集團間耕場的分配

因爲確實的官廳方面的材料之缺乏以及各省間之大的差異，我們不能將全中國範疇內之耕場的分配給以詳盡的敍述。我們所搜集到的材料，只能夠認爲是相當可靠的，同時亦是對於中國各省之特殊的。這些材料係出自各種不同的來源，根據各種不同的方法之撰選的調查得來的，當然，這樣將更要增多固有的困難。但是，我們可以說，這類的方法比那根據從縣長手中所取得的官廳的統計材料來創造理論，是要正確得多。

可惜的是：多半都不會用中國的農業方法之特徵作詳細的調查，且不會講明究竟說的是旱地或是水田。因爲這點卽是決定生產量之最重要的因子之一，那末便需要警惕從此所要發生的錯誤。其次，只有南京大學之不多的調查，是指明豐收之畝對於普通數量的畝之相互關係的。這種情形，卽如我們上面所曾講到的，在決定生產量上，同樣有極重要的意義。耕場的面積，只是其因子中的一個，而且在許多情形下，只是經濟力的一個不甚重要的因子，關於活的和死的農具，肥料，雇傭勞動的採用，經濟的性質等這些因子更不必說了。這些調查同樣亦很少顧及到各種文化的相互關係以及在現存的經濟生產中技術文化的比重。租佃關係中之大的差別，土地佔有之各種各樣的形式，同樣也增加我們研究的困難。任何的統計都不能夠很確然的表現出小的土地佔有者經濟條件之惡劣，破產。此種過程可以延長幾年和幾十年。『這種惡劣，在小的土地佔有者之非常的勞動或壞的滋養中，在他債務的負擔中，在食料和一般牲畜的用度中，在對於土地用費，耕作及其肥料等條件中，在經濟之靜滯的技術中，都在表現着。』（註一）高利借貸久已即在排除經濟合理經營之一切可能。捐稅，徵派，自然的貧困，歉收等等，在中國更是難以計算。任何的統計都未計算到在中國那些壞人所造成的荒涼。同時在一九二五——二六年，譬如在南京近郊，麥子收穫的百分之二十一，大麥的百分之二十五，豆子的百分之二十九，馬苓薯的百分之十八和茄子的百分之五十三都被壞人所掠去或毀壞了，而在安徽和江蘇壞人亦曾毀壞了高粱收穫的百分之二十四和黍稷收穫的百分之二十（註二）。土匪搶掠多少，或農民爲贖買治安給土匪要納多少貢俸，都是不能夠計算的。我們還要注意的是在一年間各種生產品價格之上下的跳動。企圖在統計上來看到價格搖擺之對於各種經濟範疇的影響，簡直走徒勞無功的。總之，農民間之可疑的關係，即便仔細的去研究也是非常之困難的。

我們要求讀者在估計我們所引證的材料時，要顧及到所有這些情形。於此便要注意：所有這些情形都是在促進鄉村的階級分化。自然的貧困，首先在瓦解農民之貧窮的階層，因為此種農民的經濟是非儲蓄的，而富農，地主和高利貸者都正是所謂繁榮之年。地主有好地（水田），對於這點我們已經講過了。高利貸利息之大小是與經濟的經濟力量成反比例的。愈是富裕的經濟，利息便愈低，愈是貧窮的農民，利息便愈高。愈是貧窮的佃戶，租佃的條件便愈重，反之，愈是富裕的佃戶，他便愈容易能夠得到更有利的條件。中國的土地稅亦同樣是反累進的，并且這種反累進性在日益增大。土地佔有愈富的，愈接近鄉村的統治階層的，便要對於他少徵地稅，反之則相反。商業資本方面的剝削亦同樣是與經濟的能力成反比例的。貧窮的農民必須於收穫之後，當價格很低的時候，馬上出賣自己的產生品，而地主和富農便能夠保存自己的糧食，直到下次收穫以前農業生產品價格高漲的時候。富農和地主無論怎樣都可以直接達到市場，而貧窮的農民只有經過中間人的方法去接近市場，更不必說他常常不得已將自己的收穫質當或很早以前就出賣的情形了。小塊土地的農民和小農常常是將牲畜都被剝奪了，甚至將必需的農村經濟的工具都被剝奪了，并且向比較富裕的土地佔有者去借用活的或死的農具必須出錢或服務。

以下我們要根據我們有材料的省份來作個別的研究。

一　廣東土地的分配

廣東耕場的分配，我們比較在中國任何省份都清楚。根據農民協會所搜集的材料，根據各種撰選的調查，可以作出廣東耕場分配一個大概的說明。可惜關於各個社會集團間旱地和水地的分配，縱使是大概的統計我們都沒有，但是却有重要的根據來斷定：水田主要是握於地主之手。關於普通的耕場與『豐收之畝』的數量間之相互關係怎樣，同樣甚至大概的材料我們都沒有，然而這一問題在廣東却有極大的意義。稻田普通是收穫兩次大米，有時且收穫三次，此外還有一次菜蔬的收穫；至於桑夫所耕植的田地（此種田地在廣東幷不少），於一年間他可有七次桑葉的收穫，且有的地方甚至八次。總之，關於生產量的統計我們是沒有的，卽廣東農民的本身亦很了解：耕場的面積也只不過是決定生產量的因子之一。所以農民自己普通的幷不常說某種經濟的廣場如何，而是在說該種經濟的收穫量怎樣，而在農民協會的材料中，普通所指明的也是地主土地的收入，而不是地主土地的面積。所有這些情形，在估計關於廣東的統計的必須加以注意。

關於耕場的分配，據官廳的統計是如此：

耕場的畝數	經濟單位數	%%
一〇畝以下者	二・〇八三・二五二	五三・〇
一〇至三〇畝以下者	九六二・一〇七	二四・五
三〇至五〇畝以下者	五三三・二二一	一四・一
五〇至一〇〇畝以下者	二四六・〇四〇	六・二
一〇〇畝以上者	八三・五八七	二・二
總數	三・九二五・二〇七	一〇〇・〇

這一統計沒有一點用處，因爲我們卽便從每個集團耕場之最低限度的率例出發，便得出廣東的耕場要佔五七、一一四、六九〇畝。同時全省的耕場最多也不過三五、〇〇〇、〇〇〇至四〇、〇〇〇、〇〇〇畝，其中血族的土地，國家的土地等就佔有一〇、〇〇〇、〇〇〇到一三、〇〇〇、〇〇〇畝之多，而歸於私人佔有的耕場幷不能超過二五、〇〇〇、〇〇〇

○到三○、○○○、○○○畝。

以下我們要依據福林和約爾克的統計。

關於在廣東各縣現存的大地主，曾搜集到非常有趣味的材料。在順德縣約有十五個佔有仟畝以上的土地的地主。在潘越縣從五仟畝到一萬畝土地的地主有兩三個，從仟畝至三仟畝的地主有十個，五百畝以上的地主約有二十個。在辛辛縣一個地主是五十萬元土地價值的私有者，有兩個地主是三十萬元土地價值的私有者，十萬元土地價值的地主有六七個。在徐祺縣有十個佔有三萬元土地價值的地主。在五花縣有十二個據有七百畝至一仟畝的大地主。在節勤縣一個有四仟畝土地的地主，一仟五百畝的有六七個，從五百畝到一仟五百畝的有二十個。在南海縣全耕場的百分之二十握於大地主之手。在冉化縣二仟畝土地的地主有七個，千畝以上的有十個。在廣甯縣有五個——七個地主據有從仟畝到三仟畝的土地等等。

這是我們所不願有的這樣的『社會的平等』。於此便要注意，我們所講的純粹的是大地主。福林根據已有的材料曾作出這樣的結論：在廣東從一百萬畝到一百五十萬畝的土地係握於大地主之手。

關於中小地主，要想搜集到比較正確些材料更要困難一些。但是農民協會的材料亦給予我們說明某些縣份的情形之可能。是的，在普甯縣大地主和中小地主，佔鄉村及居民的百分之五，而佔有全耕地的百分之四十五，此外，三萬畝血族的和其他的土地的收入亦要歸入他們的荷包。在五花縣總計地主和紳士據有一一八、〇〇〇畝，而同時全縣的耕場至多也不得超過三〇〇、〇〇〇畝 。在保安縣，地主佔鄉村居民的百分之六 ，而據有耕場的百分之十八。在海豐縣地主據有全耕田的百分之二十七， 建遠縣的地主據有全耕田的百分之三十，冉海縣的地主據有全耕田的百分之二十。然而，從此便足以證明：小地主要佔全鄉村居民之相當大的百分數。是的，在順德縣小地主在某些鄉村中卽佔有全居民的百分之十到百分之三十，在屯渾縣卽佔有百分之三十。農民協會的職員，將一切出租土地的人都包括於地主範疇以內，也是可能的。

福林和約爾克對照所有的材料會得出結論，卽廣東耕場的分配有如下表：

種類	全居民的百分比	人數	平均面積	全耕場
大地主 中等地主 小地主	二——三%	—	—	約10·000·000

富農	二—三%	八〇·〇〇〇·〇〇〇至一〇〇·〇〇〇·〇〇〇	五〇	從四·〇〇〇·〇〇〇至五·〇〇〇·〇〇〇
中農	一二—一五%	四八〇·〇〇〇·〇〇〇至六〇〇·〇〇〇·〇〇〇	一五	從七·〇〇〇·〇〇〇至八·〇〇〇·〇〇〇
小的和小塊土地的私有者	八〇%	二·〇〇〇·〇〇〇至三·〇〇〇·〇〇〇	五	從七·〇〇〇·〇〇〇至八·〇〇〇·〇〇〇
總數	一〇〇%	四·〇〇〇·〇〇〇	—	從二八·〇〇〇·〇〇〇至三〇·〇〇〇·〇〇〇

根據各方面撰選的調查和農民協會的材料所製定的這一統計，確定佔有小塊土地的和小的經濟單位係佔整個經濟單位的百分之八十。於此便描寫出廣東土地使用權之異常的分散。大地主，大的土地佔有者可以發生，但是大的經濟是沒有的。照一般的規矩可以斷定：廣東的經濟在土地使用權的意義上只有很少的是超過百畝到百五十畝的。

關於按照佔有者，佃農和半佃農的範疇之農民的劃計，官廳的統計認爲：佃農和半佃農佔全農民的百分之六六、五，而農民私有者佔全農民的百分之三三、五（很顯然的，佃農中，特別是半佃農民還有一小部份的小康之農，但是這一部份是不甚大的）。這一統計完全與近年來各個單獨考察之結果相同的。關於佃農和半佃農範疇之階級分化的材料我們是沒有的。

但是廣東的農民運動，證明佃農和半佃農佔有全省農民的最大多數這一點，比一切研究都要好些。廣東的農民運動會說明了：佔有小塊土地的和小的經濟單位係佔農民經濟的最大多數。一九二七年九月——十月廣東農民之武裝暴動的狂潮，完全確切的證明了：大多數農民之經濟的和政治的地位之艱難困苦。

如果根據福林和約爾克的著作中所搜集的和整理的這些寶貴的材料，而來研究廣東農民之各個社會的集團，那末便得出以下的說明。

極少土地的農民 照一般規矩，他沒有工作獸，并出錢或用勞動的服務去向富農借用。常常有幾個農民共同購買牲畜。更有些農民簡直就不用犂去耕種他那塊小小的地，而是以鋤去墾掘。他沒有完備的死的農具。比較貴的工具，譬如水車，他須去借用。他既沒有打穀的地方，又沒有打穀的工具。他常常是不用水車灌溉土地，而是簡單的用水筒。他培植土地只是用他的家庭所製成的那樣最低限度的一點肥料。在他的預算上，常常是工資比從農業中所得的收入還要起更重要的作用。他自己去作雇傭的工作，且自己家庭的人亦同樣要分派以工作。他們去除草和捕魚，他們去作叫賣和苦力，於收穫時期則去作雇農；他們去養蠶，去作日工，去到城市作苦力；婦女則以很少的工資去給富農採桑，去幫助插秧，採茶，打柴，除草以及糞料性質的廢物等柴薪。家中的人更時常到馬來羣島，沙面，安南等地去作工作，將其所得的工資一部份寄還家中。佔有小塊土地的農民的收入，通普比他最貧困的生活需要還要少，致逼得他去乞助於借貸。高利貸者對於他的搾取特別殘酷。如果說這一部份農民是以少吃和全家努力勞作的方法來符合他的預算，那末極小的變故便會破壞他這不堅固的平衡。疾病，死亡，婚姻，歉收，土匪的侵襲，新的捐稅，地主之新的壓搾，使所有這些佔有極少土地的農民勢必要轉求於高利貸者。借貸之『常態的』利息每月從百分之三到百分之十。往往他不得已而出賣自己的小孩子，甚至有時竟出賣自己。他所吃的是馬苓薯或稀粥。甚至大米對於他還是奢侈品呢。他不僅在縮小的範圍內複生產他的經濟，并且是在縮小的範圍內來恢復他的勞動力，而定期的流於餓死的境地，不然卽變爲土匪或苦力。

小農。　在他的經濟技術上，同佔有極少土地的農民很少差異。有時他有工作獸，多半是牝牛，而很少好的水牛。有時他可購買肥料。在農具上，他所有的要比佔有極少土地的農民所有的稍許好些。但貴的農村經濟用具他同樣沒有，并且在播種前或收穫前，他必須乞助於借貸。在平時，他可以維持到底，但偶爾極小的不期然的事件發生，便逼得他要挨餓和轉求於高利貸者。小農往往要作生意：賣米粥，菜油等等。當田忙的時期他們要僱用工人，但他們自己亦卽是被僱用者。小農要養禽，常常養猪。比佔有極少土地的農民吃的要好些。

中農。他的死的農具是完備的。他有工作獸，多半是水牛，而不是牝牛。他培養自己的土地，比極小土地的農民和小農要特別好。普通他所採用的技術，亦卽如貧的和最貧的農民所採用的，但因爲有好的肥料和耕作，他的收穫常常是要高些。然而也不是普遍的如此，因爲貧農很細心的耕作自己小塊的土地，有時恰恰適合於最低等的農民經濟，收穫量反比中農和富農的經濟要高。中農常常要租佃一塊與自己土地之附近的地，但也常常將自己的土地租出一部份去。將土地租出對於經營經濟的農民常常是比較自己耕種是有益的。他從佃農所搾取的那種地租，卽便是大塊土地經濟之最合理的經營，也不能得到像佃農的剝削那樣大的收入。以此便可說明隨着土地佔有權集中的過程，而同時存在的土地使用權分散的過程。中農有相當的流動資本。他很少去借貸貨幣，或是由比較低的利息去借貸，甚至可以完全不出利息。在自己的豫算上他可以完整無缺，且時常還有積累。除種稻之外，他還要經營些技術的培植。飼猪養禽乃是其經濟之不可少的部份。中農更時常有經營商業者。他自己很可去作雇用工人，而在田忙時他還要雇用兩三個月的工人。此外，到插秧和其他工作加多時他雇用幾個女人。自然的貧困和歉收能夠逼他到小農和極少土地的農民的範疇之中，但在順利的條件之下，他也能夠昇於富農之列。

富農　他有很好的活的和死的農具。出租牲畜和農村經濟的工具。他購買肥料，很好的培養自己的土地，因而他土地的收穫常常是要高於中農和小農。有時他不僅有灌溉的水車，甚至還有抽水機。經營商業更是常事。他賣肉賣柴，賣菜油等，而購買鹽鹵和木料。他有二個三個，有時甚至六個經常的雇傭工人。此外，他還雇用季候工人。他飼豬幷養禽。他的經濟是積累的。有些關於富農經濟狀況的報告中說，富農的收入要超過消費的六七培，他每年要有從二千元到四千元的積累。富農幾乎永遠是高利貸者。他不只是出借貨幣，幷且還出借米或種子。他偶爾租佃附加的土地，但出租土地的時候更要多。往往有這種事，即富農將土地租來，而將這些土地重新又租出去。

關於農業的工具，在敘述各種社會集團的特徵之時，已經看到：中農和富農有水牛，置備有相當好的灌溉工具，且特別重要的是購買肥料。在中國運往市場的那比較不多數量的肥料，主要的係由富裕的經濟所購去。在農業生產之慣用的技術上，技術上的設置較大的經濟單位，比小的經濟單位一切都要好些。但是，這些技術上的優勢，仍舊甚小，還未能阻擋住土地使用權的分散。

在租佃的情形下，必須計算到，農佃除了自耕農的一切消費之外，還必須給地主納租，但照普通規矩他是不必納土地稅的。佃農隨租佃條件之不同，需有多過自耕農百分之六十至百分之百的土地，才能達到與自耕農同樣的情形，如果佃租的條件特別苛重，那便要更多。

當然，所有這些農民的集團并不是留滯在一種靜止的狀態，且他們彼此間并不曾由中國的長城相隔開。過渡的和中間形式的經濟是存在的。譬如，在歉收或其他自然貧困的情形之下，往往是很銳利的和突然的由這一集團過渡到另一集團。在廣東亦如中國其他省份一樣，常常遇到此種完全沒有這些農民經濟的範疇的鄉村。常常遇見一些鄉村，這些鄉村實際上眞正都是『社會的平等』，所有的農民均屬於小農極少土地的農民集團，亦即所有的鄉村都是由可憐的茅廬所組成。地主和高利貸者都係住在城市，由他們的代理人去徵收地租和利息，且整個的鄉村都是他們的經濟奴隸。但亦正是在廣東常常遇到這樣的鄉村，在鄉村中有上面所歷述的一切社會集團的代表。帶有砲台幷備有民團的地主之堅固的堡壘，紳士和富農之高樓大廈，中農之堅固的房舍，與這些幷存的還有貧農之可憐的茅廬。廣東的土地關係的特徵，也正是在於該處鄉村中的階級化分已經進行得很久了。

二　廣西階級的劃分

關於廣西我們幷沒有像對於廣東那樣豐富的材料。此地農民運動比廣東開始較晚，且沒有達到那樣洶湧。搭爾哈諾夫的研究：『廣西省的社會經濟結構概論』，曾指出在這一省中的土地關係有以下的特徵。

根據撰選調査的統計，在廣西東部潮梧一帶七縣耕場之分配有如下的形式：農民的土地佔所有已經開墾的農場之百分之二一、四，地主土地佔百之五二、一，氏族的和祠堂的土地佔百分之二〇、七，國家的土地佔百分之五、八。這些縣份中的居民係由以下的幾個社會集團所組成：雇農（一部份的手工業者亦包括在內）佔百分之二〇、五，佃農佔百分之五二、一，半佃農佔百分之一五、七，農民私有者佔百分之一九、四，地主佔百分之二、二。

因此，大部份耕種的土地係地主所佔有。而氏族的，祠堂的，大概還有國家的土地，實際上亦同樣是由紳士和地主所支配，他們搜括土地的全部收入，幷當農民佃戸墾植這些土地時卽由他們毫無限制的支配。因而，土地的最好部份都落於地主和紳士之手，而這卽是說，他們幾乎掌握着整個農村經濟生產品之商品的部份。實際上，如果整個耕場的百分之七

八、六不是農民的佔有，如果平均地租是按收穫的百分之六十計算，租佃這些土地的農民僅得到百分之四十，那末在收穫之後，鄉村中不同的社會集團間對於農村經濟生產品的分配便應是下列的形式：農民私有者分得收穫的百分之二一，農民佃戶百分之三二，地主和紳士百分之四七。

潮梧一帶大多數的地主應該是列於小的地主裏邊，但是也有大的地主。屬於私人佔有之最好的地塊，每年的收穫要有一二百萬中國斤的糧食。這些地塊係用貨幣繳租，每年的收入係搖擺於二五、〇〇〇至五〇、〇〇〇元之間。當然這樣的地主爲數甚少：在北流和楡林二縣總共不過幾個人(十五個)，但是此種土地佔有集中之可能的事實，可以講出許多。

根據地方的認識，所謂中等地主應該是：那些據有土地，每年可收得從八萬到三十萬中國斤的糧食者；小地主每年收得從四萬到九萬斤(按縣分)，關於最小的地主(半地主)每年收得從五千到三萬斤，關於農民私有者每年收得從二千到一萬斤。

有時卽將那無用的地塊租佃出去，這些土地每年的收穫總共不過從二千斤到一萬斤，這卽是說，土地的佔有者每年所取得的收入是從五十元到二百五十元。然而很明顯的，他既出租去，總要比他自己耕種這些土地要有更多的利益。幷且實際上，假設有二千斤收穫的地塊的主人，自己來耕種這些土地，那末他的收入不是四十到五十元的地租，但至多也不過得到七十元而已，但因此他却被困鎖於土地上了。在地租高度的水平之下，將這些土地租出對於他是比較有益的，并且解除對於此種土地之必要的工作，便可隨便去尋找其他事務。以此即說明現存的巨大數量的小地主，多半還不能稱之爲地主。國民黨省黨部農民部的張君曾認爲：全廣西的地主據有土地之百分之九十，其收穫不能超過五〇、〇〇〇斤，即是說所取得的每年的收入不能超過一、二五〇元。

農民的土地佔有當然是最分散的，每年的取入八十元到四百元，其中農民私有者之基本羣衆所據有的地塊，每年收入也不過百元（同時英國的統計即得出此種數字）。當然，這樣的經濟，在經濟學上看來是非常薄弱的，且這些羽毛未豐的農民多數的運命是失掉自己土地的佔有，而漸漸的變爲佃農。

至於廣西的西部，那裏是農民的佔有者在佔優勢。在杜南，劉湘和南甯一帶，耕場的大部份係屬於農民佔有者，他們係用自己的勞動來耕種這些土地。地主在那裏簡直是稀有的例外，而相當著名的大地主普通是沒有的。農民的土地佔有具有非常分散的性質，這可用對於整個中國之一般的原因——財產由子孫均分來說明。但是，在廣西對於此種整個中國的習慣之採用曾有些修正：即分與長子的要比分與次子的爲多。土地之不斷的分散，而且是不均等的分散，當然已是在農民經濟的經濟能力上之參差的原因之一。自然這還不是原因中之最主要者。隨着此種分散而同時併進一些旁的原因即是：雇傭勞動的採用，與市場的連繫等等促成農民私有者羣衆中所進行着的分化。

譬如在南甯縣，佔有農村經濟的居民之百分之八十五的農民私有者，即可分爲三個主要的集團：即貧農，中農和富農。

貧農。 普通有三十至五十苦別爾（一苦別爾等中國十六斤）的收穫。他們沒自備的工作獸。他們有非常可憐的農村經濟的用具。肥料必須購買，但總是沒有錢的結果，不能充分的培植土地。他和他合家庭的一年用費，從農村經濟中僅能得到一半。所以他們必須去尋找某種副業。他們抱着這樣的目的去給富農作雇農，到建築期的時候去到城市裏作建築工作，打柴，運載，在路上作小生意等等。這一集團的農民要佔全農村經濟居民的百分之二十五。

中農。 普通每年有二百苦別爾亦即三、二〇〇斤的收穫。他們有兩頭牝牛以耕種土地。農村經濟不僅供給這些農民以最貧苦生存的滋料，而在豐收之下，每年繳納地稅之後他還可餘剩百元至百二十元，以給養自己家庭的生活。這一集團的農民，除了飼猪和養禽之外，很少經營輔業，因爲他們的經濟比貧農的經濟已進於很高的階段，需要將全家庭人員的勞動完全利用。這一集團的農民要佔全縣農村經濟居民的百分之六十，亦即是全縣農民的基本羣衆。

富農　每年有三百到一仟苦別爾，亦即四、八〇〇到一六、〇〇〇斤的收穫。雖說富農的家庭普通要比貧農的家庭人口繁衆，但是他們完全不能夠不用雇傭工人的。普通他們有一個常年的雇農，而到收穫時期再用二個到四個作日工的工人。富農有三頭到五頭牝牛。他們的經濟每年的收入在六百元以上，除掉經濟的消費和納稅的費用之外，每年約有四百元的餘剩。此種農民佔居民的百分之二——三。

雇農　這一集團常常甚至沒有自己固定的住所，而從這一鄉村遊蕩於那一鄉村。在南甯縣佃農的工資每年三十元，而收穫時期日工每天三十——四十個銅板。作日工的雇農是吃自己的，而作長工的則是吃主人的。雇農大概佔農村經濟居民的百分之五至六。

農民之主要的社會集團即如此劃分。根據南甯縣的材料所製成的此種劃分，對於那農民的土地佔有佔支配勢力的區域，大概都是正確的，所要訂正的是：第一區域的經濟帶有商品的性質愈少，貧窮的集團的比重亦愈少，中農羣衆的數量及其意義便愈高。這特別係對灌溉條件和土地性質特別順利的縣份而言，反之，在遭受了自然的貧困（大部份是水災）的縣份便有些大的變化。

三　關於湖北的材料

關於湖北土地關係和鄉村分化，我們有一九二七年三月湖北的農民代表大會的代表們所製成的統計調查。這些材料係由約爾克所搜集和整理的。這一調查係由省農民協會的職員，依據各個區域的代表之證明以及其書面回答而完成的。幷曾詢問過洞悉十九個縣份四十六個鄉村情形的四十五個代表的。

（一）**大地主**。　什麽樣的人叫作大地主？對於這一問題，其中兩個代表幷不會給以任何的回答，而十個代表則認爲在他們的鄉村中，大地主是沒有的。三十四個代表曾回答有大地主。根據這三十四個答案，大地主佔有土地的面積，係搖擺於七千畝（最大限度）到二十畝（最小限度）的限度以內，而三十四種情形的平均面積爲一、三五二畝。

大地主在農村經濟的居民中佔多少？握於大地主手中的耕場佔多少？

對於這些問題之四十六個答案中，能夠用的僅有二十二個。根據這二十二個答案，大地主平均佔鄉村居民的百分之五、三，據有耕場的百分之三一、五。

(二)**什麼樣的人叫作中等地主？**　在被詢問過的四十六個代表中，有五個代表曾囘答：在他們的鄉村中幷沒有中等地主，而四個代表則不曾給以任何的解答。其餘三十七個答案則確定中等地主土地佔有之平均面積爲一九五、八畝，其中最多的爲八百畝，最少的爲三十畝。

(三)**什麼樣的人叫作小地主？**　對於這一問題，二十九個調查曾得了囘答。在四個囘答中曾認爲幷沒有小地主。其餘二十五個鄉村小地主土地佔有的平均面積爲八五、七畝，最多的六百畝，最少的六畝。

(四)**祖先的土地**　在四十六個鄉村中二十一個鄉村幷沒有這樣的土地。五個調查表則對於此點沒有囘答。其餘二十個鄉村血族的土地或祖先的土地之面積，係搖擺於三千畝（最大限度）到二十畝（最小限度）的限度以內。平均爲四一〇畝。

(五)**其他形式的社會土地**　除了血族的土地之外，還遇到：在六個鄉村中有國家的土地（面積從十畝到千畝），在八個鄉村中有廟宇的土地（佔二畝到百畝），在四個鄉村中有墊地（從二十畝到三百畝），在三個鄉村中有村莊的公地（從二十畝到八十畝），在一個鄉村中有軍地（二百畝）。

（六）**毫無土地的農民經濟**　在四十五個鄉村中（一個調查表不曾給任何回答）我們計有五、九四七個農戶。其中佃農佔二、二八一戶（百分之三八、三），半佃農佔二、二九五八（百分之三八、五）。假定，半佃農自己耕種的土地一半是租佃的，我們便可將半佃農亦計算於純粹的佃農，這樣四十五個鄉村中便得到三、四二八個『完全的』佃農，亦卽佔農戶的百分之五七、六。

四　江蘇南部的土地分配

關於其他省份農民協會的材料，可惜因爲農民協會過渡到祕密狀態，有一部份竟被喪失，有一部份則完全並未得到。

所以以下我們要看中國資產階級研究家工作的結果。這些工作中曾簡單的敍述到關於江蘇南部的調查，此種調查係由南京大學所製成的。這一調查共計包括江蘇南部三十五縣耕地四〇、四八六、二五九畝。他主要的是依據官廳的統計，但有一部份材料係由該校學生在鄉村中所搜集的，時常有一部份是根據這些鄉村中的居民的統計，因此，這一調查的結果，是比較普通官廳的統計曾費過較多的注意。

根據調查，各個經濟範疇間耕場的分配有如下的形式：從一畝到五畝的經濟單位總計佔全耕場的百分之二二、一，從五畝到十五畝的經濟單位佔全耕場的百分之四一、二，從十五畝到五十畝的佔百分之二八．六，五十畝以上的佔八、一。在江蘇南部旱地佔全耕場的百分之一六、四，水田佔百分之五三、四，而僅只收穫一次稻子的最低的平原則佔百分之一八、七。顯然的，隨着土地的性質和土地的收穫，土地價格和地租而變動。關於此點是不能夠忘掉的，因爲如果要忽略得此點便會作出荒謬的結論。如果我們撇開此種大的差別而只去計算耕場，那末極少土地的農民和小農經濟（十五畝以下）佔全經濟單位的百分之六三、三，中農（從十五畝到五十畝）佔全經濟單位的百分之二八、六，而富農則佔全經濟單位的百分之八、一。如果我們對此加以注意，在江蘇南部佃農佔農民的百分之三九、七，半佃農佔百分之二七、二，而土地私有者佔百分之三三、一，那末便很明顯的擺在我們的面前，在江蘇的南部亦無所謂『社會平等』的情形（註三）。

除了上面所引證的以外，我們幷沒有得到中國重要區域據有多少正確的統計。亞士腦夫所作的關於北滿的統計，對於讀者已很明顯。我們已經很簡單的分析過亞士腦夫那種統計。但在此很簡單的分析中我們便確定該種統計之不正確性和不確實性，無疑義的，愈要詳細的分析便愈證明其無用。

我們有關於各個鄉村或鄉村的各個集團之撰選的調查。此種調查須加以特別的注意，因爲他是用非常公正和愼重的方法所製成的。也許在所有這些考察的本身還不充分的情形之下，比較關於所有省份的統計，還要更善於表現出中國鄉村的生活。

我們現在要開始來分析這些考察。

（註一）列甯全集九卷二三二頁。

（註二）Twelfth Ana al Report of the College of Agriculture and Forestry 1925-26. University of Nanking Bulletin vol. VII. Ng 8. 53-62頁。

（註三）"Chinese Economic Honthly"一九二四年二卷一，三號。

第十四章　階級分化與饑寒的程度．撰選調查的統計

在我們的分析中，根據已有的撰選調查的材料，我們規定我們所要解釋的只是在那包括整個的鄉村或整個的鎮市的材料。根據我們的觀點，偶然的點綴以不同的縣份或鎮市的經濟，只能夠混亂說明，而幷不能予以解釋，同時整個鄉村的研究亦卽是給以關於他的經濟的和社會的狀况的概念。

國際賑災委員會曾依據此種觀點作了很有價值的工作，將中國的四省二四〇個鄉村作了相當正確的和確實的考察（註一）。爲了解釋明顯起見，我們來分別研究各省調查的結果。

在**直隸省**所考察到的有八十五個鄉村，居民總數爲二五、八八五八。暫時的或經常的不住在鄉村的有五九九八，但是這些人是在家裏寄錢的。全部時間參與農業者佔居民全壯丁的百分之九十一，部份的時間參與農業者佔全居民的百分之三、五。只有全居民的百分之五、五是經營商業，手工業，交通或者是教員，兵士，官吏等等。整個家庭的百分之一七（三、

五三二中之五九二）是沒有土地的。在這一集團中包容有雇農，同樣有商人，手工業者等等，所以牠所包含的不只是一個最貧窮的階層。

曾經調查過的經濟單位的數量為二、九四〇。如果在標明各個土地佔有者之經濟能力時，我們將認為經營五畝以下之耕場的經濟，是極少土地的農民，從五畝到二十五畝的是小農，從二十五畝到五十畝的是中農，五十畝以上的是富農或地主經濟，那末擺在我們面前鄉村的階級劃分便應是以下的形式：極少土地的農民佔經濟單位的總數之百分之三二、九，而據有的土地為全耕場的百分之四、三，小農佔全經濟單位的百分之四四、七，而據有耕地的百分之二三、二，中農佔全經濟單位的百分之一一、四，而據有耕地的百分之一八、五，富農和地主佔全經濟單位的百分之一〇、九，而據有全耕地的百分之五四、九。

美國的研究者是說不上有布爾塞維克的嫌疑的，但他們亦同樣這樣說：整個農民的百分之七七、六是極少土地的農民和小私有者，而其所據有的土地則只有全耕地的百分之二七、五，同時亦即佔百分之一〇、九的富農和地主，而却據有全耕地的百分之五四、九。

至於經濟單位對於私有者，佃農和半佃農的分配，則全耕地的百分之八九、三係由私有者所耕種，其中百分之七二、八係由土地佔有者本身及其家庭所耕種，而耕地的百分之一

九、五係由土地佔有者在雇傭工人的幫助之下耕種的。只有耕地的百分之一〇、七是租佃出去的。此種現象對於直隸是相當普遍的。

美國人曾經企圖用貨幣來表現所調查的家庭的收入。此種企圖是不能夠認為有多大成功的，因為那些研究者不會計算到農民的家庭工業，商人，手工業者，雇農，叫賣商人，兵士等之收入。然而也可得到一個深刻有益的圖解：

每年收入的元數	有一定收入之家庭的數目	有一定收入之家庭的百分比	某個集團在收入之總數中的百分比
一五〇元以下者	三、〇六二	八二、五	一九、七
從一五〇到一、〇〇〇元者	四九〇	一六、六	五〇、二
一、〇〇〇元以上者	三一	一、九	三〇、一

我們喚起讀者對於這一圖表要特別注意，因為乾燥的數目字他便會道出關於千百萬的勞動者之非常的貧困和苦痛來的。搜集這些材料的美國人——他不是布爾塞維克的煽動家，不是革命家不是『現存制度』的敵人，而是非常適合的顯貴紳士，完全不期望破壞中國現存的制

度的。但是這些紳士們曾經確定：當他們在作考察時，在直隸普通家庭生活的最低用費，根據當時的價值確定每年百八十七元。我們要注意的是：所謂對於普通家庭是從四個人到五個人的家庭，而不是對於普通的個人。這一生活之最低限度的規定，當然是最儉樸不過的了。其所用的食品中更說不上肉，鷄蛋，魚等奢侈品了。他們所用的「菜單」只是包含有高粱，稷黍，麵粉，豆子，野菜，菜油，鹽，茶，其價值全家規定爲百五十元至百六十元。全家的置裝費規定爲二十元。柴薪幷不計算在內，因爲那係由家裏的人所採伐的。每年的房屋用費規定爲五元，教育費五元，一切其他雜費七元。總計普通家庭的用費爲百八十七元。但是因爲貧窮的家庭有時僅有三四口人，其生活的最底限度則規定爲百五十元。

我們回頭再來研究上面所引的數字。讀者看到三、〇六二個家庭，亦即是說，家庭總數的百分之八二、五是生活在貧窮的最低限度以下。這些家庭總數百分之八二、五的家庭，只得該鄉村全收入的百分之一九、七，而同時三十一個家庭，亦即家庭總數的百分之一、九而却得到全收入的百分之三〇、一。

台遜爾先生對此統計曾有以下的註釋：

『自然，在我們的統計表上便可一目瞭然，事實上在中國的北部，農業幷不需要那樣多數量食品（注意是最低限度的數量）。除了最豐年之外，他照例的是不夠吃的。實際上，在冬天幾個月中他便『冬蟄』，節省一切不必需的操作，因而亦便減少他所用的食品。因此，一到春天，他便重新要注意將自己作到眞能夠操作的的地步……鄉村中此種被壓迫的貧農之廢除，乃是改善中國經濟狀況之全盤計劃的終極目的。』（註二）

北京大學社會學系中國統計學教授陳達所考察的結果，同美國人的這個統計正相符合。陳達教授研究了陳伏和胡卡兩個鄉村（而這兩個鄉村是不曾包括於國際賑災委員會的考察範圍之內的），幷曾作出以下的結論（註三）：對于五口之家的生活最低限度，在陳伏村每年爲百三十五元，而在胡卡村爲百五十七元。在陳伏村百分之八十以上的居民生活在此種貧困的最低限度以下，平均全家每年的工資爲九三、一二元，而對於窮苦的平均還差四一、八八元。在胡卡村，在百五十七元的生活的最低限度之下，八十一個人中有六十五個，亦即百分之八十以上都是百二十元以下的工資。平均全家的工資爲八八、八〇元，平均還差六八、二〇元。在三百六十元以上的收入的四個人中，有三個是當舖的老板。

在中國的外國領使，常常說中國一切都是模糊的，在中國有許多不解之謎等等。我們認爲在中國已沒有那樣多的不解之謎，軍閥與政客之意外的轉變，突變，叛變和倒戈，是非常顯然，明瞭和易於說明的。在我們看來，中國只有一個不解之謎。怎麼能夠每年有那樣大的數量的家庭生活在生活最低限度以下之經常饑饉狀態之中呢？我們曉得關於農民的饑饉，但所有經常苦痛以及廣大人羣之勞動的剝削，亦可以普通人的理智來了解的。

然而，還可以反駁說：在直隸過去所作的考察，恰恰是在大的自然貧困之後，當時的鄉村還不能以饑饉的恐慌來辨明的。因此，以下我們要看在其他省份所考察的結果是怎樣。

在山東省調查了一個具有二十個鄉村的鎮市。所有居民的總數爲五、八五九八。暫時的或經常的除掉二五三壯丁和二六〇個小孩子。所除去的或者是移住滿洲，或者是暫時的去作工而將其工資的一部份寄還家中。居民壯丁的百分之九七、二是專門經營農業，百分之一、三係部份的參加農業；經營其他職業的佔全居民的百分之一、五。有一九七個無土地的家庭。考察中所包括的一、〇六五個經濟單位，據有一一、八六七本地畝的耕場。其耕場的分配如下：極少土地的農民（五畝以下者）佔土地私有者的全數之百分之三四、四，而據有全耕場百分一〇、一的土地；

小農（五——二十五畝者）佔土地私有者之百分之六十，而據耕場的百分之六六、九；

中農（二十五——五十畝者）佔全土地私有者的百分之五、二，而支配百分之一八、四的耕場。

富農和地主（五十畝以上者）佔土地私有者之百分之〇、四，而據有百分之四、六的耕場。

很明顯的，在耕場分配的意義上，這些鄉村是最平衡的情形，但是佔有全土地所有者百分之九四、四的兩個最低的範疇，據有耕地的百分之七七，而佔有土地所有者百分之五、六的兩個最高的範疇，却據有耕地的百分之二三。

耕場的百分之九六、三係由土地私有者及其家庭所耕種，耕地的百分之三、三係由雇用雇傭勞動的私有者所耕種，而只有全耕地的百分之〇、四係由佃農所耕種。然而，這在山東完全不是普通的現象，那裏租佃的傳播比較在直隸，山西以及中國北方的其他省份要更為有力。我們這樣斷定是不至於錯誤的：即在山東佃農要佔全農民的二五——三十。

山東的鄉村每年收入的數量，在考察中幷不曾說明。

在江蘇調查了具有六、八七〇個居民的四十二個鄉村。這些鄉村中要暫時的或經常的除掉一四九個壯丁和三十八個婦女和小孩。有五十一家沒有土地的。一、三〇八個土地佔有者據有二三、四四五畝的耕場。可惜，沒有計算旱地與水地間的相互關係，而這一點在江蘇却有莫大的意義。成年男子的百分之八七、四只是經營農業，百分之八、七經營農業幷兼顧其他工作，百分之三、九營其他職業。

江蘇通常是收穫兩次，且租佃特別發展，六畝以下的土地佔有者可稱爲極少土地的農民，從六畝到十畝的爲小農，從十畝到二十五畝的爲中農，從二十畝到五十畝的爲富農，五十畝以上的爲地主。顯然的，如果依據這一普通特徵的基礎，那末便指明：

極少土地的農民佔有全私有者百分之六七、八，而據有全耕地的百分之二一、一；

小農佔私有者的百分之二三、二，而據有耕地的百分之二〇、六；

中農佔私有者的百分之六、一，而據有耕地的百分之一一、七；

富農佔私有者的百分之一、五，而據有耕地的百分之五、一；

地主佔私有者的百分之一、四，而據有耕地的百分之四一、五。

這裏很顯然的租佃已在盛行。全耕場的百分之二九、一係由私有者所耕種，百分之三、五係由私有者雇用雇傭工人來耕種，百分之六七、四係由佃農所耕種。

全鄉村居民每年收入的分配卽如下表：

每年收入的洋數	有一定收入之家庭的數目	有一定收入之家庭的百分例	在收入總數中某一集團所佔的百分例
一五〇元以下者	九四八	五二、一	二五、一
從一五〇到一、〇〇〇元者	四四〇	四六、四	六二、一
一、〇〇〇元以上者	一五	一、五	一二、八

在中國東南諸省，特別是在江蘇，生產品的價格要高過於中國的北部。然而，我們只要每年有百五十元便足供普通家庭一年的用度。即便在這種情形之下，亦證明全家庭數量的百分之五二、一是生活在貧困的最低限度以下。然而在江蘇無論在考察時，或在考察以前，自然的貧困都不曾發生過的。

在安徽考察過的有具有三、四七八個居民的十二個鄉村。除掉去作長工和短工的八十三個男子和二十二個婦女和小孩。有一一一家無土地。五〇四個土地佔有者有耕場二八、八四四畝。只是經營農業的佔壯丁的百分五八、三；百分之一七、三的男子部份的經營農業，百分之二四、四營商及其他職業。所考察的鄉村是靠近重要商業的城市徐州，并可以此來說明非農業居民之相當高的百分比例。無土地的農民和三十畝以下的小塊土地的農民，主要的是仗着工資過活；將近二十畝以下的農民經濟，其收入的半數係來自工資的形式。

如果認爲土地佔有超過百畝者爲地主，那末便證明：佔有整個土地佔有者百分之一二、一的六十一個地主，佔有全耕地的百分之六三、六，而佔有整個土地佔有者百分之七四、七的極少土地的農民，小農和中農，則僅分得耕地的百分之一八、二。佔整個土地佔有者百分之一三、一的富農，有耕地的百分之一八、二。只有耕地的百分三二、六係由私有者所耕種，而百分之六七、四係由佃農所耕種。

居民對於每年收入的分配如下：

每年收入的洋數	有一定收入之家庭的數目	有一定收入之家庭的百分比	在收入總數中某一集團所分的百分比
一五〇元以下者	二九〇	五二、一	一七、四
從一五〇到一、〇〇〇元者	二五六	四五、九	五〇、八
一、〇〇〇元以上者	一二	二、	三一、八

是的，百五十元認爲是窮困的最低限度，我們於此便已十分瞭然：全數家庭的百分之五二、一甚至連此最低限度都被剝削了。十七個富足之家，幾乎比四百個貧窮之家有兩倍以上

的收入。

我們再來看一看對於浙江狀況的估計，浙江同江蘇都是號稱爲中國最富庶的省份。

在浙江考察過具有一、四四四個居民的六個鄉村。耕場爲六、四八二本地畝。僅僅除掉一個女子。全部時間經營農業的佔壯丁的百分之七五、七，部份時間經營農業的佔百分之一、八；男子的百分之二二、五經營國民經濟的其他部門和其他職業。無土地者百有五家。

各個社會集團間土地的分配是這樣：地主佔全土地佔有者的百分之五、四，據有全耕地的百分之二七、一；富農佔全土地佔有者的百分之一六、三，據有耕地的百分之三三、一，最下層的農民集團佔全土地佔有者的百分之七八、三，據有全耕地的百分之三九、九。只有全耕地的百分之二七係由土地佔有者及其家庭所耕種，百分之五、六係由土地佔有者雇用雇傭工人耕種，百分之六七、四係由佃農所耕種，在佃農所耕種的這些土地中有百分之三五、三是由非地主所借佃出去的。

居民對於每年收入的分配如下：

每年收入的元數	有一定收入的家庭的數目	有一定收入的家庭之百分比	在收入總數中某一集團所佔的百分比
一五〇元以下者	二七一	六四、三	二五、九
從一五〇到一、〇〇〇元者	八六	三三、五	六七、〇
一、〇〇〇元以上者	八	二、二	一七、一

是的，在『富庶』的浙江，鄉村居民的百分之六四、三係生活在窮困的水平線以下。八個富足之家竟有百八十個貧窮之家總收入之多。

正公的美國紳士所作的詳細考察之結果，却在隱蔽這一事實：卽農民和雇農的家庭的百分之五二至六四係生活在貧困的水平線以下，而在遭遇自然的貧困的區域甚至到百分之八十。

根據上面的統計可以確定我們的論斷：在南方是租佃形式佔優勢，而在北方則是獨立的極少土地的和小農經濟佔優勢。

農民協會所搜集的關於廣東和廣西的材料竟描繪出這樣一種苦痛的圖畫。考察廣東四十二個家庭的預算會指明：二十二家，亦卽整個所考察過的家庭的百分之五二、四，生活在窮困的最低限度以下，七家，亦卽整個所考察過的家庭的百分之一六、七，生活在窮困的境域，只有十三家，亦卽百分之三九、九係生活在窮困的水平線之上；在所考察的這些家庭中還有租佃血族土地的佃農，這些佃農則繳付較低的地租——農業收入的百分之三三、三，而在廣東普通的地租則係農業收入的百分之五十——七五。對於廣西撰選調查的結果曾指明：極少土地的和小的佃農，在開支了一切經濟上的消費和地租之後，僅餘四十六元至五十二元之譜以供全家之需用。同時在廣西生活的最低限度爲百二十元至百五十元，而工人的工資每年爲百二十五元至百三十元。同樣在廣西本部農民私有者之最低的範疇，全家之現實的需要每年要有百十五——百二十元。總之，農民私有者的大多數都同樣是生活在窮困的水平線以下。

我們認爲拿中國的農家之消費的預算同美國農家之預算相比較，在方法上完全是錯誤。每個國家的生活程度卽是一定的歷史過程，一定的社會和生產關係的過程，一定的社會勞動之生產力的過程之結果。但是，將上面所引證的統計卽由南京大學所考察的結果，以之同關於美國農家生活水平的統計相比較，亦并不是無益的。

將派克教授所作的中國八九九個農家預算的考察之結果，同考察四七二個貧窮的美國的農家的預算之結果相比較，我們便得出以下的圖表：

消費的項目	中國八九九個農家		美國四七二個農家（註四）	
	中國洋	%	美金	%
食品	一二三·三八	五五·一	一一九·一一	三七·三
衣服	二〇·八〇	九·三	四三六·五五	一四·五
房租	一五·〇〇	六·六	四六一·〇〇	一五·三
傢具	〇·五五	一一·一	六三·〇〇	一四·一
燈火和柴薪	二五·〇〇	〇·二	四二四·〇〇	二·一
偶然的疾病	一·三二	〇·六（註五）	一五三·〇〇	五·一
娛樂	二四·〇〇	一〇·六	一九四·〇〇	六·五
個人消費	一三·〇〇	五·〇	四八·〇〇	一·六
保險費	—	—	一〇四·〇〇	三·五
雜費	一·五〇	〇·七	〇·六一	—
	二二四·五五	一〇〇%	三·〇〇三·二七	一〇〇%

必須指明的是：這一統計係中等數字，并且美國的考察乃係在約沃州所作的，那裏農家的生活程度係在北美合衆國的中等程度以下。其次同樣不要忘記美金一元適當中國洋二元。對於這些數字的註釋完全是多餘的。赤貧的事實即充分的辯明，并且這些事實即確定，中國農民多半係生活在窮困的水平線以下。

然而如果要認爲擺在我們面前的是中國所特有的現象，那便是錯誤。地主對於農民之非常的剝削，在日本亦同樣存在。根據日本的農林部之官場的統計，在日本平均一漕土地的地租是：好地佔收穫的百分之四五、七，中等性質的土地佔收穫的百分之五三，壞地佔百分之五二。

日本的農林部，無論如何都不能夠叱他爲布爾塞維主義的，他考察一仟二百個佃農經濟曾規定，這些經濟以農業和雇傭勞動之總合中有一、三一六、二四〇野湼的總收入，而其用於地租，用於經濟的經營以及現時的需要上的開消則須一、三六〇、三四〇野湼。相差四四、一〇〇野湼，而這一仟二百個佃農所繳納的地租竟佔五〇四、三〇〇野湼。雖說有養蠶業，紡織業和雇傭勞動的發展，而佃農經濟仍是虧空的，並且日本的農民大部份係生活在生活的最低限度以下。

在印度的情形還要壞些。考察了印度的農民狀況曾指明：約有百分之五十——六十的農家係生活在窮困的最低限度以下。在爪哇以及在安南農民的狀況也絲毫不好。修正派和改良派否認一方面資本的積累要引起另方面羣衆的窮困，他們說西方工人的生活程度提高了。但改良派却忘記了在遠東所進行着的千百萬農民經常饑饉的窮困過程，在他們却忘記了西方工人貴族之少數階層的『生活程度提高』是建築在這些窮苦農民的骷髏之上的。

（註一）馬倫與台伊洛爾著：“The Study of chinese Rural Economy.” china international Relief commissions Publications. 1924.北京。

（註二）同書一八七，四二—四三頁。

（註三）“Chines Economic Monthly”一九二五年十一卷五號一一—一三頁。

（註四）此統計係從馬倫的著作：New China 一卷二頁所引。

（註五）此項消費的數目包括中國的新年及家族的紀念等消費。

第十五章　以資本主義的觀點來估量中國的農民經濟

中國的農民經濟係建基於直接生產者饑餓之上。死亡和小兒殀殺百分比率之增高，使着農民最低範疇的家庭只有兩三口八。很顯然的，土地的分配卽如僧侶和牧師所說，完全不是按照家庭八口數量的比例，根據台伊湼爾的統計，卽充分的指出：在江蘇，有三畝以下的農家，平均有四口八，六畝以下的五口，五十畝的有六、四口，，百畝的有七、三口。在直隸三畝以下的農家平均有二、七口八，五十的有一〇、八口，千畝以上的有二十一口。用土地佔有直接按照農家數目的比例來分配的想像而消滅階級分化，無論如何是不可能的。事實是反對這種想像的，而事實乃是確定的東西。

根據耕場和收入的觀點，分析關於鄉村中階級劃分的問題，我們應該說明鄉村中的階級劃分，同耕場相對照的還有其他生產的因子——如牲畜，農村經濟的用具，肥料等等。同時我們還企圖用經濟合理經營的觀點，來說明在小的和比較大的經濟之勞動的生產力，以及中國農民經濟之一般的性質。可惜此地並沒有可用的數字，但我們希望讀者注意在這些數字中所隱蔽着的事實，因爲他可以給予我們了解一般遠東農民經濟的鎖鑰。在這一點上，日本，高麗，爪哇，安南，菲律賓羣島，亦卽整個的遠東，分散性卽是土地使用權之主要的特點，同中國很少差別。顯然的，我們只應該依據詳細的調查，因爲整個中國的統計是沒有的。

在我們看來，南京大學所作的兩種調查是最有趣味的：一個是在租佃佔優勢的安徽，一個是在農民私有者佔優勢的直隸（註一）。

一　租佃的土地使用

第一個調查係包括蕪湖近郊的百有二個經濟單位。這一城市是一個大的商業中心，是米商的中心之一，因此，我們要研究到在商業關係發展的區域的經濟問題。在所調查過的經濟單位的百分之五五，係由私有者所經營，百分之三五係由半佃農所經營，百分之一三係由佃農所經營。在這些鄉村中普通的借貸利息每年百分之三五。土地非常之貴：從六十元到百三十——百四十元一畝。經濟單位愈少，土地的平均價格便愈高。極少土地的農民和小農必須比地主出有更高的價格才買得到土地。如果認爲土地價格卽是土地佔有者工具的構成部，那末這些工具的分配卽是如下的形式：土地佔百分之八七、九，建築佔百分之七、三，樹木，湖沼佔百分之〇、一，農村經濟用具佔百分之二、八，種子，柴薪等佔百分之〇、二，牲畜佔百分之一、七。因此，土地價格幾乎佔全工具的十分之九，而農村經濟的用具和牲畜僅佔百分之四、五。溝渠和灌溉制度的一般建築是屬於社會的工具，而土地佔有者則照章必須有此項開支。四十五個租佃契約中有三十個是締結的無期限契約，八個締結的五年，六個締結的三年，一個締結的一年，佃農之最小的經濟爲七畝，最大的經濟爲三十畝，平均數量爲十五畝。半佃農的經濟範圍係搖擺於九畝至百二十畝的限度以內，平均數量爲三七、九畝。農民私有者之最小經濟單位爲五畝，最大的爲百一十畝，平均爲十九畝。全耕場的百分之八四、一每年收穫兩次。這即是說有十畝土地的農民，實際上可以得到一八、四畝土地的收穫。對於這種情形需要特別注意，因爲不然便無法了解，最低範疇的農民一般的怎樣能夠生活。

這些經濟之貨幣的和自然品的收入以如下的形式平均分配：農業生產品的出賣佔百分之五一、八，飼猪和養禽生產品的出賣佔百分之三、八，其他的收入佔百分之一、七，農業生產品，飼猪和養禽之自己的需要佔百分之四二、九。可惜所考察的只是中等的統計，並沒有指出對於各個不同的社會範疇之收入的分配。我們所知道的只是：私有者自己所需要佔全生產品的百分之四八，佃農需要其全生產品的百分之四七、七，而半佃農則需要其全生產品的百分之三七、八。

擺在我們眼前是這樣的事實：農業之貨幣的和自然品的收入佔總收入的百分之九三、八，而豬和家禽的收入佔百分之三、六。但是，這一統計沒有計算到家裏的人檢拾充作肥料和柴薪性質的廢物，而這工作有時却正可得到比較很大數量的收入。調查者自己即敍明：農民的家庭工業和隱祕的手工業僅佔農家收入之極少部份。

至於消費，那些研究家們同樣將運用於美國農家經濟的方法，而運用到中國的經濟之中，他們計算農民直接生產者家庭人員的勞動，並沒有去注意到極少土地的和小農的經濟家庭人員的勞動並不付償金的那些『小事』。如果將家庭人員的勞動亦計算在內，那末在整個經濟中用於雇傭勞動的消費平均要佔消費總數的百分之七六、三，沒有報酬的家庭人員的勞動力佔百分之一八、八。而且後者的數字，大概亦是非常誇大的，因爲他並沒有計算到在小的和極少土地的經濟中，有一部份的工作是用隣家互助的方法進行的。對於肥料的購買僅佔全收入的百分之〇、三：農民及其家庭本身即是糞料的供給人。用於農村經濟的用具以及土地的開墾之上的消費佔消費總數的百分之三、七。其餘的消費即是住屋的修補，種子，捐稅等等。用於灌溉的消費卽包括於勞動力的報酬項內。

這些數字卽證明人類勞動在農民經濟中之巨大作用，而用於人類勞動之上的消費要超過全消費的四分之三。

按着社會範疇來研究活的農具，我們便得到以下的圖表：

	經濟單位的數目	耕場中等面積的畝數	豐收之畝的數量
沒有牲畜的經濟……	二二	一〇・三	一六・九
有牝牛或牡牛的經濟……	二一	一七・三	二九・九
有水牛的經濟……	四六	二四・六	四二・四
有水牛和牝牛或牡牛的經濟……	一三	六三・五	一一八・二

經濟單位愈小，其所用的活的農具便愈少。小的和極少土地的經濟則完全沒有工作獸。

爲要比較各個不同的經濟範疇，便須注意以下幾點：

1 人類勞動的效力，卽是看每個成年工人於十點鐘內勞動的生產力；

2 牲畜使用的效力，卽是以牡牛在十點鐘內勞動的生產力作基礎；

3 農村經濟的工具之效力，即是以二十元價值的工具之生產力作基礎，

4 一畝土地的收入；

5 對於一畝土地全工的消費；

6 一畝土地的純利潤，即收入減去生產的消費和對於資本百分之八的利息便叫作純利潤（在這些鄉村中普通利息的標準係每年百分之三五）。

於此我們便得以下的圖表：

	經濟範圍			
	十畝以下的	一一—二〇畝的	二一—三〇畝的	三一畝以上的
	每個集團一個經濟單位的中等統計			
經濟單位的數目	一四	五一	一七	二〇
耕場的畝數	七·九〇	一五·九〇	二五·一〇	五九·八〇
豐收之畝的數量	一三·〇〇	二七·九〇	四四·八〇	一〇七·七〇
八耕作需要多少十點鐘的工作日	五八·一〇	七七·五〇	八八·九〇	一一〇·八〇

一個所耕種的畝數……	五·三〇	七·三〇	八·一〇	一〇·〇〇
牲畜的數目……	·一一	〇·六九	一·〇六	二·〇五
牲畜耕種需要多少個十點鐘的工作日……	一四·〇〇	二一·四〇	二四·九〇	三〇·三〇
農村經濟用具的價值（洋）……	三九·六〇	六一·五八	七六·〇〇	一六五·六三
每畝用具的價值（洋）……	四·九五	三·八五	三·一六	二·八一
值廿元的用具可耕種多少畝……	四·〇〇	五·二〇	六·三〇	七·一〇
每一畝收入的洋數……	二〇·二五	一八·一五	一八·二四	一八·五八
完成一畝的耕作勞動力的消費（洋）……	一四·〇一	一〇·三一	八·八五	七·三五
其他消費對於土地價格的百分比（洋）	一二·四六	一一·四五	一二·六九	一一·五八
耕種一畝土地所得的純利潤……	六·二五	三·二一	三·三一	〇·三五

在這一圖表中之赤裸裸的數字中，卽揭示出遠東千百萬的農民之貧困存在的原因。我們希望讀者注意下列幾點：

1　在極少土地的經濟單位中，成年工人經營農業每年有五三個工作日，而在大的經濟單位中則每年有百十一個工作日。因此，土地使用的分散，剝削了生產者參加自己勞動力的可能。在生產條件（氣候條件，每年收穫兩次）之下，農作時期在中國要比歐洲長些。假設在北俄農作時期爲一三〇——一五〇天，在德國爲一七〇——二一五大，在羅馬尼亞爲二一〇天以上，那末在中國的中部農作時期便決定爲二五〇——二八〇天，而在中國的南部甚至在三百天以上。然而，中國的農民無論他怎樣期望，也不能夠平均每年作八五、五天以上的純粹農業的勞動，于此特別銳利的感覺到耕場面積所發生出來的差別。這一問題卽是遠東農民生活的主要問題之一。

2　在極少土地的和小的經濟單位中不能夠合理的使用牲畜。十畝以下的經濟單位每年只有十四天能以使用牲畜，甚至在三十畝以上的經濟也只能使用三〇、三天。所有比較大的經濟使用牲畜要經濟兩倍以上。工作獸平均每年工作二四、一天，而牲畜的用度每年要在二五——三〇元，因此牲畜之零星的使用是絕對不經濟的。如果馬克思認爲『生產工具之無限制的分散和生產者本身之無限制的獨立』以及『人類勞動力之浩大浪費』卽是極少土地佔有制的特性，那末這種特性在中國已得到了極端的發展。愈貧窮的農民，他的懶惰性必然便愈大，因爲他沒有地方去使用自己的勞動力。對於牲畜亦同樣如此。因此，中國的農業中工作獸之極小的作用便可以此來說明。按照土地使用分散的程度，牲畜的意義隨之而減少。

3　土地使用的分散在排斥着農村經濟用具之合理的運用。小的和極少土地的經濟購置用具要比三十畝以上的經濟（每畝需二、八一元）多費相當多的金錢（每畝需四、九五元）。同時相等價値的農村經濟的用具，在極少士地的經濟中耕種四畝，而在較大的經濟中則可耕種七、一畝。

4　在各種不同數量的經濟單位中每畝的收入幾乎是相等的。然而，如果將資本主義的佃農來估量中國的農民經濟，如果認爲農民本身及其家庭人員的勞動都付有報酬，如果認爲在中國的條件之下他應當得他工具所應有的利息（每年百分之八），那便是說經濟是在虧空中進行的。在理論上，極少士地的農民耕作一畝士地的工資爲一四、〇四元，而在較大的農民則只有七、三五元。很顯的，小農和極少士地的農民是不能夠從自己的經濟中取得這多的工資的。這裏已非常明顯，極少士地和小農的經濟是維繫在直接生產者無付的勞動之上的。同樣很明顯的，極少士地的農民和小農是不能得到他可憐的工具之利息的。依據純粹資本主義的估量之觀點，經濟單位愈小，他的虧空便愈大。如果依據純粹資本主義的估量之觀點，農民私有者的收入，應該是地租加資本的利息，加企業者的收入，加工資，而佃農的收入則應該是資本的利息，企業者的收入與工資三數之和，那末依據上面所引證的材料便很顯然：極少士地的經濟單位耕種一畝士地要虧空六、二五元，小農經濟耕種一畝士地要虧空三、二一元，中農經濟耕種一畝要虧空三、三一元，而富農經濟耕種一畝則虧空〇、三五元。我們更加確信馬克思關於這一問題的綱領之十分正確，馬克思曾說道：『對於極少土地的農民之剝削的範圍，並不是資本的平均利潤，一方面，牠本身卽是個小資本家，而沒有地租的負担，另方面，他本身卽是土地的私有者。對於他之絕對的界限，卽如對於小資本家一樣，只是工資，依據特有的消費來計算，他要付工資與他自己。當生產品的價格能包含他的工資時，他便繼續耕種自己的土地，并且他常常將工資置於維持體力的最低限度。』（註二）

生產條件在土地使用異常分散以及其他原因（土地稅，地租和土地價格的抬高，高利借貸，商業的欺騙等等）的情形之下，使得極少土地的和小農經濟走向這種地步，卽中國的生產者不僅將工資置於維持體力的最低限度，而且卽如我們前章所述，還置於體力工資的最低限度以下。

二　農民的土地佔有

南京大學在直隸的調查（那裏農民的土地佔有在佔優勢），所注意到的不僅是一個很少的表面的中等數字，而且還依照社會的集團曾作有經濟的分析。此種研究是於一九二一——一九二二年所作的，當時農民經濟之捐稅的掠奪在直隸還不曾達到現今的程度。此種調查並沒有注意到高利貸資本的作用，且少發揮商業資本對於農民之剝奪。但是，除了這些缺點之外，可說是中國北方農民經濟之比較慎重和周全的調查。

曾經調查過的有直隸鹽山縣三個鄉中二百五十個經濟單位。以下要注意的是當地的一畝適當普通的一、三一畝。灌溉在這一縣分僅起不甚重要的作用，所以並沒有注意旱地與水地間的差別之必要。經濟的經營以無定形的劃分爲其特徵。百五十個經濟單位支配有六百四十五塊土地，這些地塊係散在於距農家所在地的半哩至二哩。地塊的中等面積爲五、四畝。地塊的離散及其距離住處的遙遠，致使勞動力之不必要的浪費。當農民本身沒有感覺到割裂耕地之反面時，則認爲割裂耕地乃是保證好壞性質的土地之平均分配的。在所調查的百五十個經濟單位的耕場爲三、六七一畝。最小的經濟單位爲三畝，最大的經濟單位爲一一六和一七一或一七三畝。所有經濟農業者都是土地私有者。佃農在這些鄉村是沒有的（租佃在直隸傳播的比較差）。在這些鄉村亦正如在整個的北方一樣，土地包含有：整個經濟單位的耕場百分之九〇、八是私有的，百分之九、二是質當的土地。很明顯的，在質當的情形下，放債者便以債務者不付借貸利息而取得他已開墾好了的土地。

很大部份的強有力的經濟除了支配其特有的土地之外，同樣還支配有質當的土地。但

懸；更要說明的是，甚至小部份極少土地的農民亦同樣據有質當的土地。很明顯的，在中國並沒有這樣的貧農，並沒有那不能夠再貧的農民。

在三、六七一畝之經濟的整個場所中耕田要佔三、四二二畝。其餘場所乃係不會開墾的。各個社會集團間耕田的分配如下表：

畝數	經濟單位數	經濟單位的百分數	某個集團耕田之總面積	中等農場的畝數	豐收之畝的中等農場
一〇畝以下的	三三	二二・〇	二五〇	七・六	一二・六
一一——二〇	四八	三二・〇	七一七	一四・九	二二・八
二一——三〇	三四	二二・七	八〇三	二三・六	三六・五
三〇畝以上的	三五	二三・三	一・六五七	四七・二	七一・四

此地只有全耕田的百分之五三每年收穫兩次，同時在安徽全耕田的百分之八十是收穫兩次。

如果認為土地價格和建築及樹木價值是土地佔有者之工具的組成部份，那末後者的分配在比例關係上是這樣：

	一〇畝以下的	一一—二〇畝	二一—三〇畝	三一畝以上的	平均數
土地價格……	五二·六	五四·八	五九·三	五九·九	五八·一
建築…………	三四·〇	二七·七	二四·〇	二一·〇	二四·二
牲畜…………	一·〇	四·〇	四·三	五·七	四·六
樹木…………	三·九	四·〇	四·一	四·五	四·三
儲蓄和燃料…	五·七	五·四	三·九	三·六	四·二
種子…………	一·六	二·三	二·二	二·五	二·三
用具…………	一·二	一·八	二·二	二·八	二·三
總　數	一〇〇·〇	一〇〇·〇	一〇〇·〇	一〇〇·〇	一〇〇·〇

是的，土地價格，建築和樹木價格卽佔有土地佔有者工具的百分之八六、六。小的經濟單位在建築上勢必要比大的經濟單位有更多的浪費。小的經濟單位保養牲畜比大的經濟單位要相當的壞些。

在農村經濟用具的關係上亦可得如此的說明。經濟單位愈小，在完成一畝土地的用具中所投入的資本便愈大。在極少土地的農民經濟中一畝土地所用的用具值三八、八九元，小農經濟爲三二、六八元，中農經濟爲三三、一元，大農經濟爲二八、六元。

貨幣收入佔全收入的百分之五三、三，自然品的收入佔百分之四六、七。農業生產品要出賣百分之四九、六，飼猪養禽的生產品佔百分之二、四，其他來源佔百分一、三。農業，飼猪和養禽之生產品的百分之四一、八則用於生產者及其家庭的消費之上。整個經濟的資本每年平均增大百分之五、九。

如果要認爲家庭人員的勞動同樣都付報酬，那末各個社會集團農業消費的分配，其比例關係是這樣。

	一〇畝以下的	一一—二〇畝	二一—三〇畝	三一畝以上的	平均數
家庭人員的勞動……	二五・一	二八・〇	二九・一	三・〇	二八・五
肥料…………	九・二	一五・三	一四・五	一四・七	一五・〇
牲畜食料………	八・四	七・七	一一・八	一〇・一	一〇・〇
建築與修補費……	七・〇	一一・〇	一三・五	一三・八	一二・八
雇傭勞動………	一四・五	一〇・七	五・五	七・四	八・〇
牲畜和食品的購買………	・四	三・七	四・七	六・二	五・〇

農村經濟的用具……	三·四	四·六	四·九	四·五	四·六
種子…………	六·一	五·〇	四·三	四·〇	四·三
地租…………	五·二	四·〇	三·一	二·八	三·二
地方稅………	一·四	一·六	一·一	一·〇	一·二
家庭工業……	一六·四	一·八	—	·二	一·四
其他…………	二·九	六·六	八·八	五·三	六·〇
總計	一〇〇·〇	一〇〇·〇	一〇〇·〇	一〇〇·〇	一〇〇·〇

從這些數目字中已很明顯，整個貨幣消費之相當大的部份係消費在肥料之上。經濟單位愈小，則用於雇傭勞動之上的消費的分量便愈多。這是說明在大的經濟單位中，普通的家庭中有較多的人口，大的經濟單位對於家庭人員的勞動的工資，在理論上要比小的經濟單位消費爲多。其次要注意，對於小的經濟單位特別要談及關於隣家互助以及他們還有從出賣家庭人員勞動力的收入。擺在我眼前的是：小的經濟單位之捐稅的負担比大的經濟單位要重些。

如果根據對於一畝土地之收入，消費，土地價格的利息和其他消費的觀點，來作各個社會集團的比較，那便得出以下的圖表（以元計）：

面積	一畝土地的收入	墾植一畝土地勞動的消費	土地價格的利息及其他消費	一畝地的平均利潤
一〇畝以下者	五·三八	二·二二	三·一六	三·〇三
一一—二〇畝	四·九八	一·七九	三·一九	二·七二
二一—三〇畝	四·七〇	一·四〇	三·三〇	三·〇〇
三〇畝以上者	四·六九	一·一九	三·五〇	三·〇五
平均	四·八一	一·四四	三·三七	二·九七

我們看到所得到的也只是紙面上的一點點『利潤』。問題乃在於：派克教授在土地價格之利息的基礎上而得出了年息百分之八，恰合在這一區域內普通利息的幾倍以上。此種虛構的『利潤』實係取償於農民的少吃之上。派克教授曾很精確的計算了所有農家之個人的消費，其結果中農所消費的比他所要求的生活的最低限度：澱粉要少百分之一六、八，脂肪要少百分之二一、四，炭酸要少百分之一四、九。

如果就各個社會集團人類勞動的效能作比較，那便證明在大的經濟單位中比在極少土地的經濟單位中，每個人要多耕種兩倍以上的土地。在大的經濟單位中比在極少土地的經濟單位中，每個人每年能夠多作兩倍以上的工作日。所有農民平均每年有九二、六天被農業勞動所佔據，而極少土地的農民每年則只有五五、八天。土地使用權的分散以致不能夠將勞動力大量的投入到經濟中去。牲畜之使用的估計亦可得到同樣的說明。縱使在大的經濟單位，牲畜每年平均也只能夠作六十二天的工作，而在極少土地的經濟則僅作四六、六天。並不奇怪，極少土地的經濟的百分之八八以及小農經濟的百分之二七就完全沒有工作獸，而使用工作獸的是比較富裕的農民。在農村經濟用具的關係上，大的經濟單位同樣具有較好的條件。

調查的結果並證明：在小的經濟單位中比在大的經濟單位中家庭的人數要少。極少土地的農民普通只有一個兒子。但是經濟的範圍完全不以家庭的人數作比的。一口人的富農經濟比極少土地的農民經濟要有兩倍多的土地。

雖說農民爲純粹的農業勞動所佔據的，平均每年只不過九十多天，然而家庭工業和隱在的手工業却發展得非常之微弱。百五十個農民經濟中只有三三個，除了農業之外有其他來源的收入。此種收入的總數每年爲二仟三百元，同時百五十個經濟單位從和農業和牧畜業的收入爲二五、一七〇元。非農業的收入之最大部份係由於暫時的或長期的移住滿洲的家庭的人所寄回的（百分之四八、一），其中還有高利貸利息（百分之一四、九）和商業利息（百分之一

四、二）。家庭工業（百分之六、二），基石的探製（百分之一三、一）和雇傭勞動（百分之三、五）僅佔非農業收入的一小部份。各個社會集團間非農業的收入之分配卽如下表：

	有非農業收入之家庭的數目	這些家庭在某一集團中的百分比	收入的平均數（洋）
一〇畝以上的……	一四	四二・四	六六・五〇
一一—二〇畝……	一二	二五・〇	四二・〇〇
二一—三〇畝……	四	一一・八	八四・五〇
三〇畝以上的……	六	一七・一	八七・八三

極少土地的經濟的百分之四二和小農經濟的百分之二五，其從非農業的來源之收入比農業本身的收入還要多。這些經濟單位係由家裏的人從滿洲寄回去的錢來維持。但是那靠近城市的鄉村也是很難抓到錢的。

百五十個經濟單位的調查，已明顯的指示出中國土地關係中目前所進行着的過程。現在說到土地佔有是否是在集中的問題。南京大學的調查所公佈的有如此重要的情形（此地所指係中等的數字）：

面積	當農民開始經營時係由若干畝所構成的經濟	現在由若干畝所構成	經濟耕場的縮小或增大的百分比
一〇畝以下的⋯	一六・二	七・六	—五三・一
一一—二〇畝⋯	二二・六	一五・六	—三一・〇
二一—三〇畝⋯	二七・六	二四・六	—一〇・九
三〇畝以上的⋯	四九・七	五二・五	十五・六

這一數字便揭示出極少土地的農民和小農土地佔有之分散的比較迅速的過程，中農經濟的分散之緩慢的過程，以及富農土地佔有集中之緩慢的過程，在一世生活的期間，極少土地的農民經濟之平均面積要縮小一半以上，小農經濟幾乎要縮小三分之一，而中農經濟則縮小百分之十。富農經濟却增大自己土地的百分之五、六。在小的經濟單位中活的和死的農具之經濟的利用已成了完全不可能的了。關係積累，技術改善，生產力提高等，在這些經濟單位中更無法說起了。反之，隨着經濟的分散在加強潰解這些經濟的因子。而後者在生產者及其家庭人員之無報酬的勞動上，在生產者之少吃上，在生產之極壞的條件上，才能以苟延殘喘。

（註一）這些調查的結果曾公佈於南京大學所出版："An Economic and Social Sarocy of 102 Farms Near Wuhu, Anhioci, China."

"An Economic and Social Surocy of 105 Farms, Yensban County, chili province, China."

（註二）馬克思著：『資本論』三卷二冊三四二頁。

第十六章　中國農民經濟的現狀及其發展的趨勢

根據上面研究中國農民經濟的結果，得出以下的結論。

1. 土地價格與建築價格，總之，那部份實質上並未參加到生產中去的農民生產者的『資本』，佔全資本之百分之八十至九十；而且經濟的單位愈小，則此部份資本所佔的分量亦愈大。在滿洲那些土地價格比較低的地方，此部份資本降低到百分之七十至八十，但在南方的水田此部份資本則又達到百分之八五。在水田地帶，土地的價値還要參加上長期投在排水渠，灌漑經營，平地與掘井等資本。此部份列入固定資本範疇的資本，是由農民生產者的自家人的勞働創造而成，但是此種加在土地中的特殊資本却歸到土地私有者的手中去了，而且由此部份資本所得到的利息，也包含在佃農所付的地租中了。因此，土地物變成了土地資本，而『土地資本』較之其他任何的資本都不甚穩固。

此處我們曾經講過。我們曾將中國的農民經濟與普魯士的農民經濟，中國的地主同英國的地主作過比較，其次還比較了中國的農民經濟與英國的農民經濟，我們採用了這些術語，如等差地租，資本等等。顯然的，此種方法在理論上與方法上都是不可靠的，而且在許多場合中要引起如馬克思所說的『荒謬的對立』。在中國的農民經濟中是否可以採用此種範疇，此問題的決定乃在于看國家的社會關係是否已達到構成平均利潤率與平均利息率的程度。此問題之解決，不在乎農業，或者說不只是在乎農業，主要的還是在工業範圍，城市的商業等等。我們並不企圖現在來答覆關于中國的此種問題，我們只是在說明：作此種一定的對照只是爲了更顯明的標明某一些時期而已。

2. 土地是『固定資本，但是『固定』資本和流通資本一樣，也是要消耗的。』在水田帶農民的生產者還要掛念着復生產以及對于已投入於土地中之資本的保障。由此看來，卽便在良好的土地之中，農民生產者也要在優良的田地上花費許多錢財以購買土地與建築，因此，其所餘之資本可供經營經濟者，必至爲數甚少。

3. 因爲改良土地的用費也包含在土地價格之中，地租也包含了結合在土地中之一切資本的利息，所以，水田的地租是特別的高。中國地主的思想家說道：地主的收穫還未超過其購買土地時所消耗之資本之百分之五。地主從農民手中取得土地，許多的是因爲高利貸的結果，即使我們撇開此點不講，地主思想家之此種說話也是完全不與實際相符的。對于此種問題根本的研究之後，美人派克教授深信：如果以土地價格為基礎，那末在金山（譯音——位在江蘇之南部）地主由好的土地中可以取得百分之十又六，中等土地中百分之十二又六，壞土地中百分之十三又四；南屯地主的收入是：好地為百分之四又二，中等地與壞地為百分之四又六；蘇仙（安徽）：好地為百分之九，中等地為百分之一二又五，壞地為百分之一五。（註一）根據瓦希涅爾的調查，山東地主有時除徵收地稅之外，還徵收到佔土地價格百分之一八又五的地租，普魯士國家土地的租佃者所付之地租佔土地價格之百分之三又五至三又七，（註二）英國地主普通每年的地租當土地價格之百分之四至五。廣東因縣份之不同，地主所收到之地租亦不同，從百分之五，至百分之二一，其中大多數的地租是超過了土地購買價格之百分之十，而佔百分之十二至十五者亦甚多（註三）。中國地主在五年至十年中可以從佃農壓榨出土地的價格來。中國地主雖浮華奢侈，而其地位猶甚穩固有利者，此即其一原因也。孫中山先生在他那三民主義的講演中，則說『中國小地主的政權不甚廣大，因此現在解決農民問題亦不甚困難，然我們如錯過此良好機會，則此問題之解決必感困難。』（註四）孫先生固且說農民問題是容易解決。

中國地租之所以高，自然是由于等差地租以及投在土地中之資本的利息（如果是可以用這些術語于中國農民經濟中）都歸入土地私有者手裏去了。然也不僅因此，農業資本（投置在耕種上的，而不是購買土地的資本）迴轉之迅速也是增加地主地租的原因。中國北部百分之三十至四十的耕場在兩年中可以收穫三次。中國中部百分之六十至七十的耕場每年可以收穫兩次，而在南部則每年可收穫三次。地主很清楚的計算了這些，並且根據着這不同的情形增加了地租。最有趣的是，以前中國中部的佃農只付一次地租，但是現在已漸漸的改爲兩次了。在南方也是有此同樣的情形。土地價格高的原因，除去由以上的情形來解釋外，而小農土地使用制的國家較之其他土地使用形式的國家的土地價格一般的都要高。這也是可以拿來解釋中國土地價格高的原因的。

4.　『在幾千年的過程中，中國工商業很緩慢的發展着，因此，土地的價格在數世中也只有很少的變動。』孫中山先生曾這樣說過。在滿洲土地的價格在三十年的過程中增加了百分之六十，直隸許多地方增加了百分之百，在全中國看來從一八六四至一九一四年土地的價格差不多增加了兩倍，從一九一四至一九二三增加了百分之一百五十。廣東從一九一六至一九二六年土地的價格漲了百分之六十至三。自然，此種過程隨省份之不同其表現亦各異，而且有些地方土地的價格還有多少降低的現象。自然的貧困，土匪，戰爭，這一切時常引起土地價格的衰落，在湖南與陝西卽可看到有此種情形。而農民運動之發展與此也有關係，如廣東，湖南，湖北等省。但一般的趨勢，土地的價格毫無疑義的是在提高，並且此種過程還進行得相當的迅速。無論在何種場合之下，中國土地的價格也是高于美國。例如，在北美合衆國之奧海州土地每畝只値一九至四十個美金。直隸省土地價格則搖擺于一八至二五元墨西哥洋之間，而平均則等八〇至一〇〇墨洋。在加里佛甯每畝土地値美金七五至一〇〇，在廣東則每畝價格搖擺于一八〇至二〇〇墨洋之間。此種現象亦常見于日本，印度，高麗。此種現象亦可列入其他原因之中，部份的解釋出日本的地主政黨（秀開）準備要施行『土地改良』，其改良原則的基礎就是購買土地以使某部份佃農轉變爲土地私有的農民。

由此看來，毫無疑義的，中國的土地特別貴于美國。雖然，單純的對照還未能給我們以關于現在眞實狀況的澈底概念。在加里佛甯，好米田每畝的價格很少有超過農村工人之二五至二六日之工資者。在菲律賓，每畝米田的價格等于一年的工資（註五）。在廣東傭農每年的工資除用主人食品外沒有超過五十墨洋以上者，而日工每日不過銅元五十枚。日工作了一年，縱使自己不消耗一個銅板，他也不能夠購買一畝土地。滿洲與蒙古土地的價格的較低，工資相對的高，工資與地價間的關係也比較好些。那邊常有雇農與小佃農轉變爲土地私有的農民的事情。中國本部此種情形當然是不會有的。土地價格與勞働力價格間之此種畸形的關係，早已使那些從上而下以購買土地的方法施行農業的改良變爲不可能了。地租特別的高使佃農不能夠大批的轉變爲土地私有者。土地價格的高使僱農不能大批的轉變爲土地私有者。中國，印度，高麗，國家只能夠取償于農民以購買土地，然農民絕無能力以付償此特高的價格。可以確定的說，在這些國家之中，統治階級也決不怎樣有力的企圖以購買土地的方法解決農業問題。日本的地主大概還企圖重演斯淘雷賓的計劃（一九〇五年俄國革命失敗之後，一九〇七年所施行之土地改革——譯者），數量上增加農民私有者。在土地價格較高的情形下，此種新的私有者的階層數量上只能是很少的。

我們對于此最主要的問題上，不要墮在純經濟主義與革命的浪漫主義的錯誤之中。土地改良或土地革命等問題，是由政治鬥爭來解決。當統治階級感覺到革命羣衆的壓迫之時，他們也可有某種改良的嘗試。我們不要說此種發展少有可能。

土地價格高，地租高，土地價格與工資間有大的懸殊，這是遠東農民經濟之一般的特徵。

由此而造成參加生產之資本構成特別的低。如果將資本主義的範疇應用到中國農民經濟間去，如果將農民的勞働及其家庭的人員都計算入隸屬的支付，那末，工資就佔去了全生產消耗之百分之四〇至七〇了。于此我們還要注意，我們這個數目字還是很縮小的了，如果以可變資本與參加到生產的固定資本（即將土地的價格與建築不計算在內）比較起來，則可變資本的作用愈益誇大了。活的與死的用具以及其他之農業固定資本，只是佔全資本之極小的一部份。機器，農業機以及其他現代改良的用具，都沒有。在農業上需要大量的人類勞働，即由此而來。

現在我們還要講一講。美國的研究者將家庭人員的勞働也包含在經濟消耗之中，列入付償勞働之類，這也是勞働力的消耗佔偉大作用的原因。然而這在方法上是錯誤的。中國農民家庭人員的勞働大多數是無付償的勞働，而且他們的消耗很快的也可以列入消費基金之內。在四川的非商品經濟的山區，貨幣式的工資只佔百分之七，商品經濟發展的成都附近佔百分之一七，陰山周圍佔百分之八。以社會的觀點看來，統計的中心絕沒有說勞働的消耗與家庭人員的消費基金加在一起就佔百分之七五。這只表示說中國農業生產工具的有機構成很低，關于貨幣工資的統計，並未曾表露了那些事實：經濟單位愈大所消耗的僱用勞働力亦愈大。

5，由農業工具之低度有機構成，而產生了農業中徒手勞働的優勢。大概只有在運輸上資本之有機構成比農業還低（自然此地所講的只是那舊式的運輸而不是鐵路）。農業資本之低度有機構成的結果就是勞働生產力的低落以及人類勞働力的大量消耗。如果拿南京大學所研究之一、五三四個經濟單位之農民勞働生產力同美國的農民比較一下，那末情形就是這樣的：經營一畝地的麥子，在中國需二十四個十五點的工作日，而在美國則只需要兩天。

在蕪湖的產米區，每個人可以經營二畝半地，在陰山附近產麥區每人可經營四、六畝，在中國南部則更少。在北美合衆國每個農民平均要經營一〇至一二倍的土地。

由此看來，北美合衆國在農業上的人類勞働生產力，比之中國，要大一〇至一二倍。加里佛甯的米可以在東京，上海與日本，中國的米相競爭，雖然還有運輸與進口稅的消耗，雖然加里佛甯的鄉村工人之所得爲三至五美金，而中國的傭農爲五至三〇個銅板，女人爲一至三〇個銅板（縱然是食主人的飯），而日本的傭農每日平均爲二五至三〇分。

6。雖然中國的鄉村經濟主要的是手工勞働，然土地使用權的分散反使農民的生產者不能完全將勞働力投在農業上。雖然中國本部的農業期比歐美都要長，中國農民因經濟範圍之大小，每年的工作日（按十時計）則從五三至一一〇（蕪湖），或五五至一一七（陰山）。考察山東渭縣二四個經濟單位的結果，發現了農民每年有四個月是完全不作農業勞働的，一個月是完全務農的，其餘的月份隨經濟範圍之大小，其工作日每月由一〇日至一五日。比較消耗時間較多者還是拾柴，集糞等勞働，因爲土地使用權的分散，使農民感到無事做。另外的職業也佔不了農民多少勞働時間。爲了明顯起見，我們且舉出幾個格蘭姆線來看，這是表明農民在一年過程中的勞働，第一表是表明渭縣（山東）的平均勞働，第二表是關于陰山（直隸）。

此種問題不只是在中國的鄉村生活中成爲主要問題之一，在日本，印度，高麗，爪哇，菲律賓，以及土地使用權分散爲土地關係之基本特徵之遠東各地，亦都是很重要的。

渭縣農民每年中的操作，以十小時工作日爲基礎。

羅馬字目表示月份。

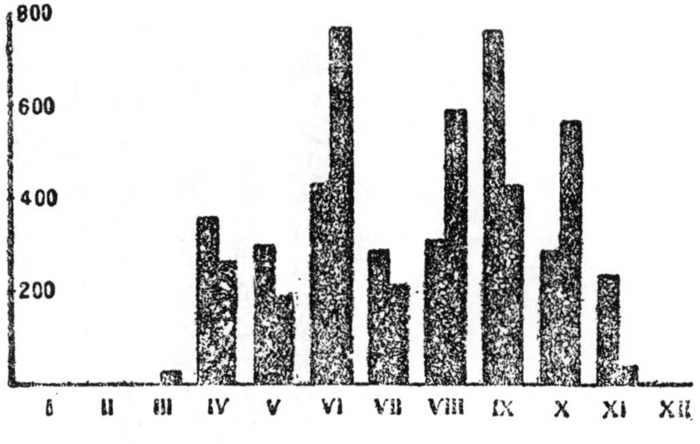

7。土地使用權的分散更使完全不能合理的利用牲畜。因經濟單位之不同，牲畜每年的勞働日從一四至三〇（蕪湖），或四六至六二（陰山）。為了明顯起見，我們再舉兩個格蘭姆線表，由此我們可以看出工作獸在中國的鄉村經濟中形成怎樣小的作用。

陰山縣農民每年的操作，以十小時工作日為基礎。

羅馬字目表月份。

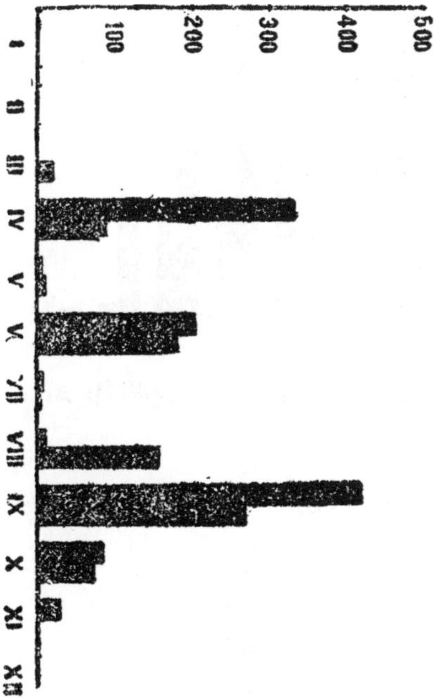

渭縣牲畜每年在農村經濟中的勞作，以十小時工作日為基礎。

羅馬字目指明月份。

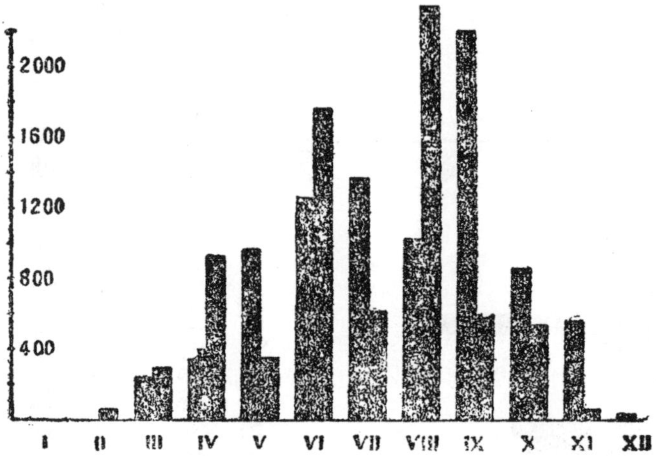

陰山縣牲畜每年在農村經濟中的勞作，以十小時工作日為基礎。

羅馬字目指明月份。

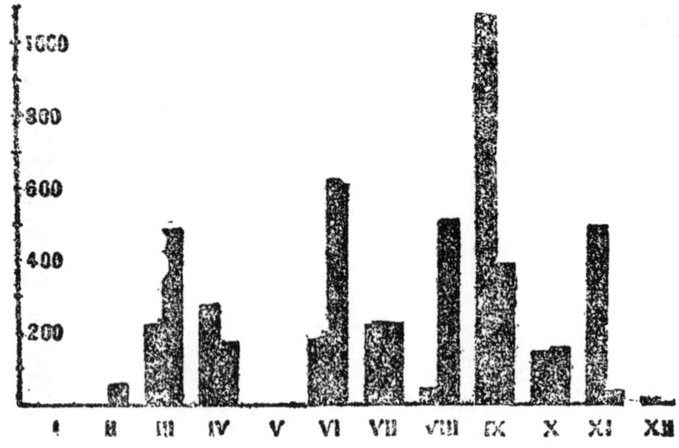

8．由此看來：土地使用的分散更引起了農民本身的失業。此種現象應用到歐洲農業中間去則稱爲：『農民之季候失業』，誰都知道，列甯是怎樣看重這些農民的意義。他認爲：『土地改革以前，俄國農民之冬季失業，不僅是由于資本主義的發展，而且是由于資本主義發展之不足。』列甯認爲這個時期以鄉村農業工人的觀點看來，實在有特別重大的意義。徒手勞働，農業勞働的方法，土地使用的分散，勞働市場之不發展，這一切造成在中國同一省中而工資則搖擺于一二至一五六元之間（廣東），同一縣中則搖擺于四二至一五六元之間。在年工與日工之工資間也存在有絕大的懸殊。此種懸殊竟達到百分之二〇〇至一、〇〇〇，由此即可顯然：嚴格講來勞働市場還沒有，手工業家庭工業還不甚發展，而城市的工業與手工業還不能容納這相對的剩餘的勞働力。

9．小經濟者以少食與不付自家勞働工資的辦法來維持。百分之五至八的農家還不能得到最低的生活資料。小農從自己的經濟中還不得收到其維持生活的最低工資，自然更說不上什麼自己工具的利息以及企業收入等等了。研究中國各省一、五三四個農民經濟的結果，確切的證明了我們上面的論斷。如果是在這些經濟中應用資本主義的計算方法，那末，隨其經濟範圍之大小，各經濟單位之收入則搖擺于六四至二八七墨洋之間。研究一九二二年（當時美入的鄉村經濟還是正處在窘困的地步）北美合衆國六、〇九四經濟單位的結果，指明：這些經濟的收入是搖擺于一九八至一、〇三二美金之間。

中國鄉村之靜止的一般特徵，即盡于此。然而我們還要解釋在中國農村中所進行的過程，——解釋此種所謂農民經濟的動力學。這裏我們遇到了大的困難。在各省中都進行着各種不同的過程。這是第一種困難。關于報告中國鄉村變化過程的精確的統計，我們手下只有很少數。這是第二種困難。但是，如果我們是很愼重的精細的來比較我們所有的那些統計，而且以農民協會與外國研究者之考察與經驗爲基礎，來檢驗這些統計，那末我們也有相當的把握可以確定出中國鄉村現在所進行的過程：

1. 在地主，商人，紳士，軍官，高利貸者，富農手中的土地私有的集中過程，比較迅速。
2. 在富農的鄉村中土地使用的集中過程之遲緩。富農土地私有的集中，時常並不能造成土地使用的集中，因爲富農要將土地出租出去。
3. 小農民私有者轉變爲佃農的過程的相對迅速。
4. 小土地私有者與小經濟之土地使用分散過程之迅速。

因為我們曾研究過遠東各主要國之鄉村經濟之靜態與動力，我們現在可以說：他們的基本特徵，在相當的變動之下是適應着中國農村經濟之靜態與動力的。

日本最佔優勢的是小的土地私有者與小的土地使用者，並且其分散的過程比中國為尤甚。一九二一年據官場統計，農民土地私有者與半佃戶的全經濟的百分之七四，佔有的耕場皆不到一曹(尚不及俄一畝)；百分之二五是佔有一至五曹者，只有百分之一的農民所佔有的耕場是超過五曹者。

在高麗，據一九二三年的統計，佃農經濟的中等數量為一、三六曹，即等於一、二俄畝，高麗南部主要的是水田，平均為〇、九四至一、六曹，在北部主要為旱地，平均為一、五八至二、三二曹。從一九一六年至一九二四年八年的過程中，小土地私有者的數量從二六二、九一四減至二五三、三二九，而半佃農則從六〇〇、二五一減至四九七、九一九；同時佃農則從五九二、六五一增至七一九、四一七。勃克洛夫斯基完全正確的說：『租佃與出租的經濟的增長，主要的是由於小土地私有者與半佃農的破產。小農解體，失掉了土地，轉入佃農的隊伍裏去。土地則落入出租土地的大土地私有者手裏。』(註六)土地佔有的集中，土地使用的分散，將土地私有者變為佃農，——這是在高麗鄉村中正在進行的基本過程。而且由灌溉與排水的方法所新增加的一五一、九五五曹耕場，完全爲大土地私有者所利用。沒有什麼奇怪的，高麗的農民都遷移到滿洲，日本等地，或則跑到城市的工廠裏去，或則集聚在考夫德（譯音，此地在高麗與滿洲的邊界），以與起反帝國主義的農民戰爭。

在印度，土地使用的分散已達到這種程度：報紙上已經在討論以法律的力量來禁止土地的分割了。孟買的近畿，農民中的一半所經營的經濟耕場還不到五畝，而在這經濟單位中耕場的平均大小等於二、三畝，還不及俄一畝。在阿芝爾附近，農業經濟的平均範圍，水田爲一、三畝，旱地爲八、八二畝。在賓加省，百分之一七又九的經濟單位的耕場還不及一畝，全經濟之百分之四〇又四還不及五畝；全經濟單位之百分之五八又三只佔有全耕場之百分一二（註七）。不相似的大小是不能拿來作較的，但是我們舉出以下的事實來也是頗有趣味的：英國的中等經濟單位等於六二畝，丹麥等於四七畝，德國等於二一畝。

農民經濟飛躍式的分散，這是歷史過程的結果，在蒲恩的周圍，當一七七一年時平均的經濟單位的大小還有四〇畝，一八一八年一爲七、五畝，一八四〇年爲一四畝，一九一五年爲七畝（註八）。

我們不能太相信了中國的統計，但是如果鄭重的拿中國年鑑的統計來看，那末就看到：

一七一一年每一經濟單位爲九九畝，一七二二年爲二六畝，一八一二年爲二一畝，一八一四年爲五畝（註九）。關於一七一一年的數目字在那不甚確實的中國統計中是更不可靠的，因爲那正是在人頭稅的時代，當時命令權還擴張到無限大。但是後來關於土地稅時代的統計，已指明出各經濟單位之耕場的迅速的減少。當然這些數目字本身就不甚可靠，但我們知道：十七世紀之末小土地私有者經濟的耕場，在北方佔二五至三〇畝，現在北方此等農民的耕場還不到一〇畝，在南方則平均還不及五畝（註十）。當英國的領事約米森與其職員等在一八八〇年第一次研究中國的土地關係時，南滿農民經濟的最小耕場爲三畝，而現在則爲一至一、六畝。在直隸省，根據約米森的統計當時認爲維持一人的生計需要土地十畝，現在根據塔萊的統計每人平均需要四畝以下，根據南京大學的調查，則爲四、二五畝。利黑特郭芬在一八七一年指明出中國的農民經濟不能容納所有人與牲畜的勞働時間。約米森在一八八〇年關於江蘇也曾敍述到：『在經濟中沒有充分的工作，以容納所有的農民正年的勞働力。』然而，他認爲：八畝土地在豐收之年如無其他剝削可以養活五六人。但是我們從南京大學所考察的統計可以知道：江蘇的南部現在全經濟單位之百分之二二，其所有的耕場都還不及五畝（註十一）。所有的歷史的統計指示出土地使用細小化的急速過程，而此種過程在現在其速度更急進起來，農民經濟的衰落，世襲財產的分割，地主之盡量的對於佃農的剝削，高利貸者，——這一切都助長着加速此種過程。

從農民的土地私有者轉變爲佃農的過程，我們舉出下面的事實也不是沒有趣味的：一八八一年英國領事在江蘇宣佈道：江蘇之江北區域百分之七十至八十的耕地爲出租，而江南（因太平天國之亂消滅了該地的地主）則百分之九〇的土地是在土地私有者的農民手中。現在江蘇之南部也只有百分之三三、一個耕場是爲土地私有者所耕種，百分之三九、七爲佃農所經營，百分之二七、二爲半佃農所經營（註十二）。如果是大概的認爲，半佃農半土地私有者的全土地的一半是屬於他自有的，而另外的一半是租佃得來的，那末我們的所得就是：地主，官僚，商人，與高利貸者在六十年的過程中將江蘇南部全耕場之百分之三五，從農民的私有變爲地主的私有了。我們不再需要此類的歷史證明了。在山西，河南，山東與遼甯等省，此種由土地的私有者變爲佃農的過程之進展是我們一眼即可看到的事實。

至于土地佔有的集中過程，那末我們舉出中國的一些的將領也就夠了，我們已經看到他們已成爲地主了。

每一縣中都有其自己的高利貸者，紳士，商人，他們都在追求爭奪農民的土地，在鄉村本身富農的私有的擴展很慢。此種新的地主階層大多數不是自己經營經濟，而是將土地分爲小的地塊租佃出去。

所以，縱使沒有確實的統計，亦可以肯定的說：中國鄉村土地關係的流動的特徵就是：土地私有的集中過程，富農經濟中土地使用集中過程的緩慢，變土地私有者爲佃農的過程，以及土地使用的分散過程。因爲這些過程的結果，農業生產的條件不能不每況愈下。當然，我們不能以統計的形式來整理敍述此種過程，但是所有的統計與攷察，都證明出我們所敍述的發展之一般趨勢的正確。無疑義的此處在我們面前擺着一個土地關係發展史的主要現象。蒲列哈諾夫，考茨基，列甯，同樣的指明出：在轉向資本主義的過程中，大封建主的財產要漸次的減少下去，而那些比較有力的農民階層鞏固起自己的土地使用權來。在中國則恰恰相反，我們已看到土地佔有的集中，而土地使用權的分散過程。此種事實卽可以國家之半封建性質來解釋。工業的發展進行的很慢，而在商業與高利貸的範圍中只能夠有一定數量資本的活動。因此，資本都走向土地佔有的方面去了。

商人，高利貸者，官僚以及軍閥等，都變成地主了。

（註一）"Vuwersity of Nanking Bulletin" Vol. VIII. 27頁。對於地主好地比壞地的收入還少的那種情形，或者由地方的行市的條件來說明，或者用在這些區域土地佔有的特點，卽所謂共同的土地佔有來說明，在共同的土地佔有下，地主據有『地裏』，而佃農則據有『土地之肥沃的表層』。

（註二）瓦希涅爾："Die chinesische Landwistschaft" p. 461.

（註三）福林與約爾克："The Peasant Movement in Kwantung" P. 227-23o.

（註四）引自英譯一九二七年十月十五日"North china Daily News"。

（註五）可波雷德："Rice"三三五頁。

（註六）勃考洛夫斯基：『高麗農民之破產』。載『滿洲通訊』一九二六年第八號十七頁。

（註七）穆開爾德："Rural Ewnomy of India" p. 36-45.

（註八）同書三五頁。

（註九）M李："the Economic History of china"

（註十）英國領使任米蓀於一八八〇年所作的調查幷以"Land tenure and tse conditions of rural population in china"題名所公佈的統計。

（註十一）約米森的統計。

（註十二）南京大學調查的統計，載於一九二四年十月和十一月之"chinese Economic Monthly"

第十七章　高利貸資本商業資本與中國農村經濟

一八五五年三月八日馬克思致恩格爾斯信中說：『渥大維時代以前的古羅馬史，我已涉獵一過。此全部歷史，簡單只是大小農間的鬥爭史吧了，自然，這個鬥爭的特點，就是解放奴隸制度的鬥爭。至於借貸關係，羅馬自有史以來，即佔有莫大的作用，然此亦祇是小農經濟之不可避免的結果。』（註一）

馬克思在資本論中論及此問題說：『古代之階級鬥爭，主要的形式，是債權及債務者之鬥爭，其在羅馬，負債平民，根本絕跡，而奴隸乃代之而起。中世紀時，此種的鬥爭，及封建主之政權，隨其經濟基礎之崩壞而俱消滅。自然，貨幣形式一開始，則債權與債務間的關係，亦就是貨幣關係的形式，——然此亦祇是深刻的生活的經濟條件之反映。』（註二）

假若吾人上下古今中國內部的歷史，則顯見此全部歷史亦是一部大小農間之鬥爭史，且此種鬥爭，還引起了並加劇了小生產者之不斷的鬥爭，同時這種鬥爭還常是農民反對高利貸商業資本的鬥爭。如果沒有懂得高利貸資本之性質與作用，則中國經濟以及一般遠東的經濟，便無從了解。

在資本主義生產方法統治的國家中，高利貸在其純粹形式中，只有在最落後的生產部門，才起相當的作用。它只是在分散的及小農的經濟中，才有最大的比重，因為『信用一般規例，是和農民沒有關係的，他們的生產者是資本家』。資本主義之發展，引起了利息低降和寄生階級增多之傾向，信用制度之發達，更加強了此種的傾向，而高利貸者能以生存之範圍，乃日益縮小。

『我們現在是利潤率調節了利息率，可是當時（中世紀）利息率卻調節了利潤率。』（註三）然利潤率在我們時代，是有逐漸低降之傾向。故『利潤率的高度，是與資本主義生產之發展成反比例，所以一國利息水準之高或低，是與工業發展的程度成反比例。』（註四）隨帝國主義之發展，世界貨幣市場之影響，是助長了殖民地中或半殖民地中利息之低降。此影響之範圍，是以該國資本之深入如何，其侵入于各生產部門之情況如何，及其所侵入者是何部門諸情況為轉移。

（註一）馬克思，恩格爾斯書信集P.100

（註二）資本論第一卷，P.104

（註三）馬克思著：資本論第三卷第二部一五一頁。

（註四）馬克思：資本論第三卷第一部三四四頁。

財政資本將銀行制度隸屬在它之下，而操縱殖民地或半殖民地的交通，對外貿易，貨幣本位制，航行及開採工業等之最高權，然而它不侵入于小農經濟中。因為土著高利貸資本之貪暴以農民經濟的完全破產，亦就是用政治上壓迫來威嚇，因為土著高利貸資本之欲集中最大多數的剩餘生產品甚至農民之必要生產品，都到自己的手裏來的希求，則帝國主義有時也有操縱高利貸資本之企圖。

英帝國主義之在印度，荷帝國主義之在爪哇，吾人都已見過此種的企圖。自然，以我們的觀點，對於財政資本影響之深入程度和他的影響形式，都不能有過份的估量，無論在殖民地或半殖民地一般利息率的成立的意義上，無論是在殖民地或半殖民地利息率之下降的意義上，都是一樣的。有些馬克思主義的理論家，在這一點，就做過很大的錯誤，就是對于亞洲殖民地或半殖民地資本之發生，加以過份的估量，而其主要者，就是對於此等國家經濟的資本之直接的隸屬及其取得，加以過份的估量。在帝國主義的遠東殖民地或半殖民地高利貸資本之統治鄉村，幾於是不可分離的。而居於農村中的人民，約佔此等國家中百分之九十。至於此等國家之生產，農業經濟，也佔了百分之八十至九十。印度英國銀行之利息，放之于英國商人者，利率只百分之七至八，放之于土著的殷實的城市商人者百分之十五。農村高利貸每年利息，常徘徊于百分之二十五至百分之三十，中以每年百分之三十的利息算是標準。一般的利率是沒有的。整個經濟百分之七十至八十，都操在高利貸之中。『農村高利貸者（除農民外）是印度最主要的階級（按數量而言）。自由職業都不能與之比擬。工業階級是不多的，即商人，亦不過佔次等之位置。』（註一）全印度三百二十八個農民經濟中有一個高利貸者。在農民經濟之縮小，達到最高程度的澎拉地方，一百個農民經濟中有一個。此種猛烈的發展，祇是英國殖民政策和英國帝國主義所給與高利貸的。然即在英人未侵服印度以前，每個農村公村亦幾爲高利貸者——即其村長所統治。一切的小貪狠的寄生階級，都是在吸取鄉村中生活的血汗。因而英國財政資本得藉以獲取印度之最高權，而深入於農業中，創造了廣大的種植園經濟。

菲力賓羣島是爲美利堅帝國主義所統治，高利貸資本的勢力，在過去好像是較少的。到了現在，『如果有一沒有家庭的農民，借來一卡瓦米，在收成之後，則要還以二卡瓦，鄉村

中之借貸契約，一般皆在此種條件之下舉行之。』（註二）

（註一）穆克里：Rural Economy of India, P. 26

（註二）Ropland: Rice P. 249.

非力賓亦如一般遠東各地一樣，中國高利貸形成爲一特殊現象。中國高利貸商業資本之統治，遍及印度支那，爪哇，非力賓，馬來聯邦，婆羅洲，暹羅，甚至及於加魯比羣島及亞瑪加諸處。凡此各國所統治之帝國主義均幫助中國高利貸者，而中國高利貸者之在此數國者，亦擁護帝國主義。財政資本與土著及國外之高利貸者，互爲勾結，並使國內外高利貸者附屬在財政資本影響之下。而現在已是開始共同剝削殖民地及半殖民地的鄉村了。遠東殖民地或半殖民地之經驗，已充分證明：隨遠東各國資本主義成份之發展而俱起者，厥爲高利貸之擴張與深入。帝國主義在遠東各國之初步行動，是發現於高利貸資本及商業高利貸資本的勢力發展之中。

吾人本以爲土著高利貸資本與外國財政資本之間，隔有深邃之鴻溝，而其實此種之界限，並無存在。殖民地中之財政資本，常拋棄銀行資本及商業資本之形式，以便轉變成爲高利貸資本。外國銀行在殖民地之財政行爲，不僅是對外貿易，所經營者不僅是貨幣價額投機，交易借貸，租借地之收入，工業之財政化等等而已，而其所經營者，還有經過本國銀行業及商人的高利貸事業，在形式上是借與本國銀行業及商人之借款。然財政資本與土著高利貸資本之結合，尚有第二條之途徑。此方法卽是本國高利貸者存款於外國銀行中，中國之商人與軍閥之安置財產，以放入外國銀行爲最妥。張作霖在郭松齡未倒戈以前，存款於日本銀行計有二千萬日金，張宗昌有四百萬至五百萬日金，孫傳芳有一千三百萬日金。雲南前督辦唐繼堯在十五年內存於匯豐銀行及印度支那法國銀行中，計有五千萬元。匯豐銀行存款之全數在500，000，000元以上，大部分都是屬於中國富翁。卽是此故，匯豐銀行之剝削中國，都是借助於中國資本。

外國貿易的商業資本是經過借與中國商人的借款性質，而其作用，是當作商業高利貸資本。中國絲茶之輸出，卽以此爲開始組織。印度，爪哇，菲力賓及印度支那等處，對外貿易之組織，亦以是爲開始。這卽是外國財政資本與土著高利貸資本結合之第三個道路。

財政資本在殖民地及半殖民地設立股份公司，以剝削殖民地及半殖民地各國。中國資本家不信任把自已資本投入中國非私人的股份公司，因爲中國股份公司甚屬危險，而存款之遺失，不是沒有可能。中國資本家選擇親屬朋友五個至八個股份，成立一共同會社。現在中國銀行家的股票，亦是操在少數集團，一二親屬政客及軍閥之掌握中。小資本家之空閒資本，爭相投入外國股份公司，因爲如此可以避免納稅，可防止這些錢被中國的軍閥及官僚們搶了去。廣大的創業利潤，都入於外國創業者荷包中，這些創業者操縱股份公司之管理權，而支配土著股東之資本。此種股份公司資本之作用，大半是當爲商業資本或高利貸資本。例如中國有四十三個外國銀行，一百四十一個中國銀行，此外許多中外合辦的銀行。在外國的股份的公司及銀行中，中國資本常運出中國，到馬來，爪哇等地，去獵取更多的壟斷利潤。這是外國資本與中國資本，主要是與商業高利貸資本結合之第四條道路。中國的資本及商業高利貸經過了外國銀行，其結果可以作爲工業資本。

中國一部外債史，已足爲證明殖民地及半殖民地之財政資本所吸取者不僅是額外利潤，且有額外利息之證據。借貸資本之輸出，國家借款，都不是工業企業中之資本。列甯認爲帝國主義表現之特殊形態。並且說：『法國在和英國殖民地帝國主義有區別中，可稱之爲高利貸的帝國主義（著者加圈）（註一）他又說：因此『國家寄生者』（Rentnerstaat）或國家高利貸者，是經濟學論帝國主義著述中通用之概念』。（註二）中國已老早知道反對外債了。卽是至愚的官僚，也知道可愛的借款葫蘆裏是買什麼藥。在一八九四至九五年中日戰爭之後，中國第一次被迫訂立二萬萬三千萬兩的賠款條約。拳匪亂後，中國又被迫賠款至四二五，〇〇〇，〇〇〇兩。一九一一年至一九一二年中國革命之失敗，雖有孫中山之抗議，各列強仍借與袁世凱約達二五，〇〇〇，〇〇〇金鎊，此款之大部分，都用作內戰的戰費，以保證反革命的勝利。當歐戰時，日本借與段祺瑞，是一八〇，〇〇〇，〇〇〇日金還是二〇〇，〇〇〇，〇〇〇日金，借款的數目，當時完全是不知道的。此借款之大部分，非用以提高國內生產力，乃用爲償還強盜（賠款）及幫同反革命以壓迫民衆，即此二者，均用爲促成國家之破產。因此，我們看到：強列所輸入中國之資本，往往是用爲高利貸資本，而國家高利貸則陷國家爲負債者（外債）。吾人又看到：輸入中國的財政資本，亦是作爲高利貸資本之用。且吾人還看見了：外國資本之大部分，在中國還是用爲商業資本。而商業與手工業是依賴于高利貸者，即是中國大工業，大多數在所應用之原則，性質上還是走向高利貸資本方面，而非爲資本主義的計算。中國資本之用於工業者，不是平均利潤率決定平均利息率，而是適得其反。中國自已的股份會社，在每一經濟年終時，預支股東資本之一定利息，不以企業中給與利潤與否爲斷定。其結果，如果企業在一年中經營損失，這個企業即要更換業主。『中國過去之絲業史之特徵，即是許多工廠管理者，屢屢易主。中國中部一百二十六個絲廠總數量中，上海佔有九十一個紡織絲廠，這些工廠之四分之一，每年必更換新主。此種不持久之原因，乃在於流通資本不足所致。若一旦絲之價格低落，馬上就沒有後備資本，以維持危機，廠主之更換，遂成為不可避免之結果。』（註三）在紡織業中，其情形略為好些。當在大戰期內，中國紡織業吸取極豐富之利潤，此時期中之工廠，即無更換之現象。然在戰後危機之崩壞中，紡織業中亦開始工廠主迅速之變換。此種現象之基礎，乃在於工業資本之缺乏，工業資本在流通上之依賴銀行及中國支付利息不以利潤為標準之習慣或為企業上之損失等等。在對外貿易方面，中國商品流通之網，都是依賴于本國高利貸銀行。商人大半在實質上只是高利貸銀行之經紀人或買辦吧了。固然，商人本身常是這些小高利貸機關之股東，他們的資本在各省都市中，為五，〇〇〇元或二〇，〇〇〇元，即在大城市中心，亦不超過一〇〇，〇〇〇至二〇〇，〇〇〇元。凡在此種情形之下，商人企業者，是與高利貸者相對立着。

（註一）列甯。帝國主義P.50

（註二）列甯。帝國主義P.82

（註三）P. K: Wang. —— "The way to stablilisl China's silk induirty," China Courier 1924十一月23

至于中國手工業，老早是隸屬于商業資本，而商業資本本身，則又仰高利貸資本之鼻息。

對于中國土著銀行，吾人尚須詳論之，然現在吾人已可指出，中國銀行資本與眞正財政資本間界限之接近，亦好像銀行家與高利貸者之區別一樣。利息的大小使借貸資本帶有高利貸之性質，因爲和中國企業家一同經營的，還有利用廉價借貸的外國企業家。

我們此地所說的利息大小，是說城市工商業的利息的大小，而絕不是說小手工業者及農民的小生產中之利息大小如何。在那些地方的條件，適是高利息發達之特殊有利的環境。本來，中國即是城市經濟中，都沒有全國一般之利息率。這個利息率是隨各省各地而變動，而利息高度之隨不同經濟部門及經濟範疇間的差別，至爲巨大。一九二七年十一月，利息在各城市之情況爲：在香港一千元的短期借款，每日利息一角五至兩角；上海一百元短期存款日息三分至一角二；奉天的年息百份之十五；在天津，大借款自百分之十至百分之十四，商業借款則每年自百分之三十至百份之三十六。大連則年息自百份之七至百分之十五。

此種統計，是美國領事報告的。這個統計，是關于中國的銀行與中國商人及企業家間之大連結形式之下的，並與大的財政中心與商業中心有關。實際上中國工商業方面的利息，是徘徊在每年百份之十二至三六的範圍以內，此可從中國商人之個人借貸（係短期借貸）觀察之。中國的信用事業之特點，是在于中國之使用信用者，非某一企業，而只是商人或企業家之私人借貸。信用之物品保證，祇是在廿世紀初期，才開始發展。信用而有不動產保證者，現在不過于數省份中實行之。商品信用在一九一二年——當時銀行成爲商業之柱石——以後，即早已開始廣大之發展。

『一方面不能濫發紙幣，一方面又缺乏工業放款的市場，這種情形之下，銀行遂因而找到了其他的貨幣投放之出路。銀行只簡單從事于操縱商品價格之投機。生絲，麵包，紡絲，及一切生產物是無良心的本國銀行投機之對象，但其以金之投機爲尤甚。（建築股份，貨幣價額，國家債務等）』（註）窮困之所以至于窮困，實大半因土著銀行之『無良心』也』。

（註）D. K. Lu.——"China's udustriss and Finances"

與此高利貸資本之上層組織——『本國銀行』同時並存者，尚有高利貸資本之最下層的組織形式——當鋪，極爲發達。日本，高麗，及中國，當鋪算是普及全國的制度。舍此機關以外，則人民生活，即無以實現。此種錢莊，不但是城市的機關，且是深入于鄉村之中。中國當鋪，在其數量上，在其分散上，都達到最高度之發展。歐洲之高利貸者，是爲衆矢之的，而共起鳴鼓攻之，引起過極劇烈之鬥爭。隨資本積累之發展程度若何，工業，商業及國家，都聯成一致，共同對此可惡高利貸者，下總攻擊。然而中國不但上自土著銀行家——大高利貸者，而且下至當鋪老版——小高利貸者，都是受『高等』社會之尊敬。錢莊之在中國，有其歷史的傳統，而其在中國歷史上之由來，亦甚久遠矣。然當鋪之特殊的，廣大的發展，乃開始于清代初葉。當時有個安徽省之小銀當鋪，才開始有系統之當鋪事業。後由安徽一省，如迅雷閃電般，普遍了全中國。當鋪老版之職業，遂成可以尊崇之高尙職業了。自將領，高等官僚地主，以至中國社會之『各色人民』皆願投資於當鋪事業中。土著銀行在流通意外迅速發展時，都喜歡借款給當鋪。然而中國農民及城市貧民因此都未得到此種感想，民間俚諺，稱當鋪之『中國之罪人』（註一）。各省之預算案中，對于錢莊之納稅，各地都是成爲收入中之獨立的一大部分。

當鋪借款之利息若干呢？國家經濟報告中，有云『大城市中每月利息之中等標準，是百分之二，這是官定之利息。自然，在那些小城市及鄉間，是有高過此種利息率之傾向。』（註二）政府之此種的經濟報告局，算是中國國家機關中稍公正的機關中之一個了。然對此高利貸問題，則是很壞的。短期借款是索取百分之二十五於中國政府，而不是被迫在當鋪中貸農。實際上，當鋪中的利息，常有每月1 1/2或2%者，然在此情形之下，當鋪付出抵押品價值30—50%他並且預先知道這抵押品是不會贖出的。若在飢饉年份，則提高利息，常提高至每年百分之百者。當鋪常以紙幣借款，並聲言此紙幣可以換成現銀。最近北京之研究，說每月取利，達百分之四十。（註三）

至于官吏方面的法律及管理，是沒有的，因爲官吏本身，常就是當鋪中的股東。

中國當鋪之利息和英國銀行的利息，自不可相提並論。相提來比較，是極無意義的。馬克思以爲把英國家庭工業的小生產者租借小機器時所付的利息似乎是可以同中國的利息比較了。然此種比較，是證明了「黃河是中國的禍水，而『當鋪是中國之罪人。』」這一民間俚諺，是對的。

自然，我們還要致敬禮於當鋪，因爲當鋪是一切高利貸之最高形式。私人的高利貸者，比他還要糟得多。印度之高利貸，是一種專門職業。至于中國，則幾有剩餘金錢或剩餘生產品的人都可做高利貸者。私人高利貸者亦爲城市生活之極普遍之現象，然因城市資本相當的充足，所以限制了私人高利貸的活動。至于那些資本極感缺乏而高利貸者間競爭較弱之鄉村中，則是私人高利貸活動有利之環境。但是在城市中也有很利於高利貸的條件。因此在上海，漢口，天津，北京等處，都可常常看到印度的，阿拉伯的及猶太的高利貸者。印度，巴格達，士耳其都有高利貸資本輸入中國，很明顯地，中國高利貸，有『額外利息』可取，上海之所以由一個小小的荒涼的漁村，而轉變爲世界商業中心，不僅因爲有商業與偷運商，並且因爲有高利貸　上海有一條馬路之所以得了全遠東最出名的高利貸者哈同的名字也算不得什麼奇怪事情了。

私人高利貸在城市中，是很發達，然其主要之根據地，乃在中國鄉村之活動。在佃租方面，地主將高利貸集中于自已手中來。佃農在窮困時，首先是向本『大人』借貸。而地主遂乃接濟它的窮困『子弟』以短期借款，每年利息自百分之廿四至一〇〇—五〇〇%，地主之壓迫是與高利貸的剝削，聯爲一致。在小農方面，高利貸之主要形式，是爲商人。糧食商人常兼爲商人與高利貸二種作用。糧商借與農民米與穀種，農民不僅應還它本與息，而且還是賣給它所有的收成。有時農民在收成前，即將米穀出買與高利貸者。高利貸常借錢與農民，而要農民在收成後以廉價自然生產品，用爲還債。高利貸者籍此以積累米穀等，以成爲商人。除商人及地主外，還有紳士及包稅者，充爲高利貸者。鄉中之富有者，亦常經營高利貸。其混合之過程，至爲複雜，熔地主，官吏，商業資本及高利貸資本爲一爐，其情形甚爲錯綜。

鄉村高利貸之壞處，在于許多地方，高利貸都不是用貨幣形式。貸借都是用米高粱黍之類的形式。在借自然物時，則在收成前，其價格甚高，然在還債時則是在收成以後，其價格極廉。自然形式的借貸，則必有極高之利息，隨之而至。例如一斗穀，償還高利貸者多至半斗利息，有時本利竟至二斗者，亦是極尋常事。至于貨幣借貸，廣東省徵取每月利息百分之二至四。此種情形不但是農會的材料，是如此描寫；即資產階級方面，也是如此講法。據華洋賑災委員會之統計，每年之利息率如下：

省別	高等	低等	中等
浙江	六〇—七〇% 有時一〇〇%	一二%	二四—三六%
江蘇	二四%	一二%	一八%
山東	六〇%	一八%	三六%
直隸	三六%	一二%	二四%

即是這個統計，並不會把實際反映出來，金陵大學會調查得某一鄉村，每年經常的利息率，爲九六%。一切均視何人，何時，在何處及在何種條件之下借得金錢，爲轉移。此外，中國亦好像印度一樣，鄉村高利貸者四五月之借款，而利息却是以年徵收。這個即可說明：

上表中之所以把一二％、列爲低等利息的原因了。至于自然物的借貸達三月——五月者利息即以年徵收。

中國高利貸，也可以說遠東高利貸之特點，一般說來，乃在于鄉村中的借貸，多半都不是借來用以改良生產條件及保證良好的再生產過程。在印度則多爲貧困，畜牧傳染病，婚嫁等因，使農民不得不趨附於高利貸者，至于中國，則半因天災，死亡，嫁娶及租稅，使農民輾轉于高利貸者懷抱中。故在多數情況之下，高利借貸，都是用爲補償因天災，生產工具，租稅，訴訟等而來的損失。利息從經濟中不斷被剝取，自然就是破壞了順利的再生產行程。此種經濟，都是無積貯之經濟。一旦有事故發生，天災，新租稅，家庭變故，疾病，搶刼，強制徵發，則農民卽無支付利息之能力。自然，高利貸只知道複利息，由這個複利的方法，在他所坐的支柱，尙未破裂的時候，高利貸是由此愈增愈高的。然而有時常常有破產的負債者脫逃或墮入綠林，高利貸者遂連本連息，一齊損失了。如果這個負債者，是有農業財產，則高利貸者便沒收他的土地。關于這一點，是極有趣的，而且是極重要的，就是一方面土地私有的形成（印度），另一方面土地價格之提高（印度，中國高麗等國），都是無限制地擴張高利貸活動之地域。自然，這不是說，土地價格之提高，是高利貸活動之範圍，在印度，借貸常提高了土地價格至于數倍。複利息及其他的欺詐取巧，常引起此種『無理』之現象。

一般的高利貸及其普遍的自然形式，是在商品經濟中很重要的結果。高利貸者遮蔽了直接生產者和市場間的道路。在佃租方面，自然物的收入，在這一點上和高利貸比較起來，還要利害。直接生產者不是自己去出賣的生產品。或且只是出賣他的商品之一小部分于鄉間市場上，至於城市更無論了。直接生產者遂迫而將生產品交給高利貸，而高利貸遂以出賣者資格出現于市場上。這是說明：高利貸商業資本及商業高利貸資本在農村貿易中，表現得特別有力之傾向和他企圖用高利貸方法將技術及原料的貿易抓到自己手裏來，並完全割斷直接生產者與市場間之關係，這一個特徵現象，是達到了最高的階段。

據印度總督的農業或棉業委員會考察之結果，得有如下之結論：小農民生產者，一般說來，沒有出現在城市市場上過，因爲在農民與市場之間，常隔有地主及高利貸者之陰影。日本絲業危機主要原因之一，即爲農民被迫賣繭于農村商人，其結果這個引導商品之綱，吸收了利潤之大部分，這樣造成了絲業危機之主要原因。

廣東農業貿易中最主要部門之一——烟草業，是爲最富利潤之經營。然而對于農民方面說來，則完全不是這樣。因爲生產者要準備資本，必須向有錢人去借款，並付了極的高利息。且時常此種借債，是以約定以低于一般價格（平常都是眞正市場價格百分之五十）出賣烟草爲條件。這樣一來，烟草業所得之利潤，取得者不是栽種烟草的『農民』，而是『資本家』了。』（註一）他在山東，湖南，湖北等六個烟草中心地，都具有此同樣之現象。

中國經營絲業者，約計有四百萬農家。農民生產者在養殖繭子時，經過好幾手，才轉到市場。美國教授荷瓦爾丁及巴塞里的著作，甚有價値，（註二）由這些著作中可以看到：高利貸明顯地在生產過程中，都是吸去其中的一部，而囊括剩餘生產物到自己的荷包中去。

中國棉業在其耕地之劃爲種棉的面積方面說來，是中國農業貿易中，佔有最主要的地位的。中國紡織業約百分之七十五，皆集中于上海。上海附近之太倉，棉業之狀況如下：『當棉收成時，在廉價情形之下，農民將自己的棉，都押在當鋪中，若價格高漲時，棉業者即贖出自己的棉，在當地市場發售，若價格仍維持其原來低廉之狀況，或愈趨愈下，他就不付利息，而棉仍藏于當鋪中。各地方的當鋪，凡每一擔實棉，可以墊出五元至六元而收月息百分之二，（註三）太倉棉價在最近三年以來，每担實棉都起落在二十五元至五十元以內。其中不少中國農民時常因爲五六元，而迫而放棄了自己不潔的棉花。

甘蔗之栽殖，在中國不甚發達，因爲中國小生產，不能與古巴，爪哇等之大規模栽殖相競爭。自然，甘蔗之在廣東，是最主要的園藝了。農民多半都是從城市商人借來金錢，因而被迫將生產物出賣給商人高利貸者。借款利息，每月百分之二至百分之三。有一個鄉村，只有二十四個農民，經營甘蔗，其中卽有十三個農民是從商人借款的，而十一個則是從其他的高利貸者借來的。（註四）

（註一）福林及約克：“A ReFort of the investigation of the Conitions of Agriculturc,” P. 188

（註二）荷瓦爾丁及巴塞里：A urvey of the silk in dustryin South China”. P. 257.

（註三）The Chinese Economic Bulletin 1927 No 125. P 211.

（註四）福林及約克：——“The Peasant Movement in Kwantung.” P. 214.

商業高利貸資本常直接停止小農轉種工業原料的種植，然同時高利貸資本從這貿易農業中坐收其一切的利益。由工業原料的農業到貿易的農業之轉變，是加緊了鄉村中商業資本與高利貸資本之結合過誑，亦好像對外貿易之發展，是加緊城市中此種結合過程一樣。一方面是土著銀行發生于商業中，並操縱商業，另一方面，是富有商人創立自己的銀行，以便在抵押形式中放發紙幣，以擴張自己商品之流通。高利貸變成商人，而商人變成高利貸者。

高利貸資本在小資產階級及小農生產所統治，而且它是佔一種主要作用的那種國家經濟中，它的影響和行動是怎樣呢？

『高利貸不會改變生產方法，然而是和牠結合並使牠腐化，消磨以至於完全破壞。高利貸是吸其汗，吮其血，使再生產入于極困難條件之中。

『在一切資本主義以前的生產方法中，高利貸之能起革命作用，只是在于它破壞並消滅了私有財產的形式，國家的政治制度在它國一形式中，是奠定在這個堅固和不斷再生產基礎之上，它在亞洲形式中，高利貸可以長久存在，除開經濟的衰落和政治的解體，別的什麼也不會引起的。』

『高利貸亦如商業一樣，是剝削已往的生產方法，而不是創造牠，和牠只是外表的關係。高利貸是希望把牠保持着，以便有重新剝削之可能。牠之反動，是只在於破壞現存的生產方法。』

『因此，高利貸盡了二重作用：第一是牠和商業資本共同創造了獨立的貨幣私有制；第二，牠是得到勞働的條件，亦即是破壞了舊的生產條件。當它起了這個作用的時候，牠在工業資本的前提過程中，成爲有力的桿杆。』（註一）

全部的中國史，是證明了：高利貸在亞細亞的形式中，高利貸是可以長久存在。同時，牠之存在，已數千年於茲，除了經濟再生產的衰落及政治解體外，除了財產關係變動以外，什麽也不引起的。中國的實際，是證明了：『商業資本之獨立發展是和資本主義生產方法的發展程度成反比例，商業及高利貸資本愈強，則工業資本的發展（資本主義生產的發展）即愈弱。反之亦然。』（註二）

中國高利貸資本之深刻的經濟基礎，是在于土地關係上面。小土地私有權及小土地使用權，是高利貸發展之根源。然當他剝削到最落後的經濟及最落後的經濟機關，商業高利貸資本，才肆其眞正的狂放。在對蒙貿易中，有經驗之描述。

（註一）馬克思：資本論，第三卷，第二篇，P. 137. 150.151.

（註二）列甯：列甯全第三卷 P 198-139.

山西是中國高利貸及商業資本之搖籃。山西及綏遠把對蒙貿易及對新疆的貿易，都集中到自己的掌握來。輸出商品，都是運到天津，天津本身是用外國輸入商品，以爲調節。約有百分之九十從蒙古輸出的絨毛及皮革，約有百分之六十至七十輸出的毛皮，是經過天津的。中國輸出畜牧之所有部分，其中最好部分，皆出自蒙古。然而這些商品如何達到于世界市場上呢？玆試看中國政治經濟報告中之客觀觀察所得的話如下：

「山西的他種商人所經營的，主要是借貸。它們在張家口及綏遠都有辦事處，派遣自己的經紀人和土人接洽。它的經紀人亦兼任商業事務，然它的主要工作，便是借貸的事情。至于借貸，它的當事人（Client）都常是蒙古王公，官吏及有錢富翁。借貸或是金錢，或是商品，至于商品價格，則以金錢計算。還債或是金錢，或是牲畜；如係牲畜，則牲畜的價格，亦照金錢計算，要便宜些。利息都是高利貸的利息，隨借款條件而有不同。例如，期限是以兩年爲限者，則每年入息百分之五十，而三年爲限者，則每年入息爲百分之七十。借貸抗而不還或不付利息者是極少的，因爲借貸都是王公及官吏，而它們還債的錢，都是蒙人的租稅或入貢的東西。當付款期近，債權者卽到債務者那裏，這些債務者，都是蒙古王公及軍人領袖，它們都記着他是欠了債的。債務者遂與以一紙命令，予債權者以全權，向各蒙人幕帳，按戶收所應收囘之若干款項。操在債權者手中的憑據，很少引起蒙人的不平（？）。蒙人可以皮革或牲畜之類，以代金錢。這些商品，常以廉價計算。這樣一來，債權者不僅收囘了利息，而且得到商業利潤。（註一）

這個商品——皮革和牲畜。是如何計算呢？

「對蒙貿易，常是用最原始欺騙辦法，中國商人，常得到極豐厚利潤。蒙人之唯一的財產，是在于牲畜，並以此牲畜，交換中國商品，例如以一匹馬交換一件棉織的衣服，或以一首羊換來二三匣焙好的茶葉。有時，狡猾商人，把鄉間的頭髮梳，換成綿羊。』（註二）

（註一）Chinese Economic Bulletin, 1925 No 326. P122.

（註二）見同書P. 123.

蒙古人民共和國已從中國高利貸資本的，蒙古王公及佛教僧侶的政權之下解放出來了。內蒙古還仍全在中國高利貸資本壓迫之下，然中國高利貸者，則又遇著日本，英僑及白俄的商人之有力的競爭。在內蒙古一帶，卽土地也是低廉的。按列甯的話來說，『落後國家的高度利潤，是爲和資本缺乏，廉價工資及廉價原料同時並存的低廉的土地價格所決定的。』（註）所以，日本帝國主義之在滿洲及蒙古，較之深入中國南部和中部的英國帝國主義，是得有更鞏固之發達，中國南部及中部，昂貴的地價，是帝國主義在農業基礎之最嚴重的障礙。

（註）列甯，——帝國主義

中國對西藏的貿易，其掠奪形式，更加兇猛，中國高利貸者用鹽，鴉片及茶葉所換來的，不只是皮革與牲畜，且得到黃金。

外蒙古的革命、強盜式貿易及帝國主義競爭之消沉，給與中國在蒙古及德別特的高利貸資本以當頭的打擊。此種搶盜，隨着在新疆亦殺其勢力。此外中國高利貸資本遂發現于台灣，暹羅，南洋羣島，印度支那，馬來半島，菲律賓羣島，亞馬加及加魯伊拍羣島。中國的商人及高利貸者，使這些國的原始經濟隸屬在自己統治之下，執行國際帝國主義之走狗的作用。同時，國際財政資本和中國高利貸資本共同取得額外利潤，而取得其領導權。可惜現在沒有可能去描述這些地方世界財政資本與中國高利貸資本之結合的功績。南洋羣島的共產黨員，當能指出此隱存在歐美原始積累陰影之下的怪物來。

因為帝國主義統治了中國，剝削了中國經濟，發生了勞働力向中國以外的各地方輸出；同時發生了中國商業高利貸資本也向中國以外各地方流出。

中國的對外貿易，隨着帝國主義之力量，以及一切舊生產形式，手工業及農民經濟之崩壞，其入超一天比一天增大。中國經濟中資本主義成份之發展，較之舊生產之崩壞為慢。在中國小生產破壞之後，發展的不是中國的工業，而是英，日，美的工業。因為中國工業之帶有近代資本主義形式者，其主要的都是操在外國帝國主義之掌握中，而其所積累的資本，亦向外輸出。外國投資工業的資本之輸入，中國民族大機器工業之發展，完全迅速形式資本主義工廠之發達，家庭資本主義工程之日成工廠附屬物，和農村經濟之崩壞，農民家庭工業手工業之式微及帝國主義用賠款，出賣鴉片，國家貨幣之跌落，即銀價跌落等方法之直接掠奪，兩方面是不能相平行的。

此從數字上卽很易加以證明。中國顯著的出入口商業之經常成爲入超的，是從一八八五年始。自一八七一年至一九二一年間輸入之超過輸出，在總數上是二，九四〇，〇〇〇，〇〇〇兩（註一），及至一九二六年對外貿易之入超，總額已達到了四，〇七八，〇〇〇，〇〇〇兩。然據魯米爾（Rimer）的計算，在一八七一年至一八九一年這一期間內入超二，三一二，〇〇〇，〇〇〇兩（註二）。這個差額是從何抵補呢？這是從中國僑外移民由外國輸送來資本來抵補。按魯氏的計算，華僑金錢的輸入中國在這時期是爲二，〇五四，〇〇〇，〇〇〇兩，這個數目，以後很多人以爲太縮小了。據海關的統計說，中國移民每年輸入二〇〇，〇〇〇，〇〇〇美金到中國來。

（註一）Rimer ——Foreign Trade of China P 209

（註二）這個數字是不正確的，然魯氏計算到支付入超各部分之急速減少方面。他並沒有計算到，例如外國向中國的移植。總之，魯氏的統計，是指出一般的方向來了。

（註三）The Maritime Customs "Forlign Trade of China 1926. P 47

至於中國殖民數量之正確的統計，我們尚未得到，然就中國移民最多的國家考查的結果，我們可有如下之結論：一八七六年生息于外國者約有二，三〇〇，〇〇〇中國人，而于一九二一年則有八，六〇〇，〇〇〇人。華僑之大部分，都是苦力。在一八五〇及一九七五年間，約有五十萬苦力，從香港及澳門『契約式』工人的性質被遣送出去。所謂『契約工作』者，卽有期限的奴隸。在形式上，這個以猪仔的貿易，是已廢止的，然在實際上，是繼續着，不過改變牠的外形就是了。福建和廣東，供給這種猪仔的苦力于一切遠東市場上。大多數的苦力，只做季候工，然而也有許多留而爲華僑。其中之小部分，尚有做小買賣者，小工業者，有時還有做高利貸者。自然，他們多半是做苦力，因爲在遠東方面，中國苦力可算是日本後面之最好的工人。它們的勞働的生產力，較歐美工人爲低，然較之印度及爪哇的工人，則超過之。

我們說每年由中國南部每年遣送的季候工人，是在五十萬以上，這遷居移民，在此同樣時期中，是超過十萬人，並不是誇大之言。『好像在民族經濟範圍以內，勞働力在各生產部門之分配，是調節高貴的工資，而使它趨于一致一樣，在世界經濟中也發生這個工資均衡之調節過程，這個過程是用移民方法來解決的。』（註一）中國在勞働力之移轉方面，在遠東是佔了第一個的位置。中國苦力向美洲及澳洲移民之禁止，是一方面加強移民於他國之趨勢，另一方面是增多了本國土匪之橫行。

自然，從中國輸出的，還不僅僅是中國的勞働力而已，同時還有資本。商人和高利貸者移居時，即將自己的資本一併帶去。

中國人在馬來羣島者都有經營銀行事業，航海，採錫，種殖橡樹等。他們成爲大企業之領導者，他們在新嘉坡及馬來羣島，操縱當地的商業。爪哇有許多大規模的種植業，都落在中國人的手裏來。中國人是荷屬東印度中之主要的份子。他們壟斷了小貿易而成爲荷蘭輸入與輸出之中間人：一方面是本地的生產者，另一方面是消費者。在暹羅大半的石匠，機器匠，五金工人，運輸，都是中國人。在菲律賓，中國人取得了大小主要商業。他們是中間人，沒有他們，則東方與西方間之貿易，將大爲減低。日本，高麗，及西伯利亞等處，中間人都是在那裏做商人。（註二）

（註一）布哈林：世界經濟與帝國主義。

（註二）Rimer——"Foreiga Trage of China"

中國之留外僑民，在中國工業初期發展中的比重至爲重大。他們都是許多大工業之企業主，他們都是上海大商店之始創者。他們都是外國帶來了資本主義制度的渴望與計劃。他們從外國所積下的資本，都投入工業中去，他們在這一點上，是有進步之作用的。

自然，很常有些從海外回來的中國企業家，他們沒有可能把資本投入工業，因此他們就去經營高利貸了。廉價商品充斥于中國市場，帝國主義使得幼稚的中國工業，無關稅保護之可能。軍閥混戰，阻礙商品之流通，而縮小了中國市場。在現存政治及經濟制度之下，留下許多不可解決之矛盾。帝國主義加強了中國經濟之貨幣的性質，創造了國內市場，然而也妨害了投資的重要區域之接近。資本自然是本來就帶有取得利潤及利息之性質。它既不能在生產界中起作用，則它也希望在流通界中起商業資本的作用，然在流通界中，如不在生產界中起作用，則它所能起的作用，只不過是有限的數量的資本，所以這種資本遂侵入于農業中，並成爲高利貸資本。隨着資本主義發展，建立新的工業企業要求之擴張，則需要有更多量的資本，而中國資本家及其相當的，不多的資本，和英日等國的財政資本相對立。這種情況在上述那點上，是有很不少重要的關係的。這卽是說明，卽在生產界中，中國資本仍侵入于工業部門中，——這種工業部門中，建立新企業的必需資本不很多，而資本之有機構成是很低的。例如紡織業，絲業等。這又是說明：資本主義工廠及家庭中資本主義工作之發達。至于需要大資本之生產工具的生產部門，中國資本是非常之弱。殖民地及半殖民地的帝國主義，在這一點上，是直接推動本國資本于高利貸的領域中去。

所以，土地使用權之分散，小農及手工業小生產，創造了高利貸資本如火如荼之發達的前提，而農地乃轉到高利貸者手中來。帝國主義是擴大並加深了高利貸資本。然而高利貸資本，並不能獨立生存，好像取得利息的資本不能獨立生存一樣。好像寄生動物無活的有機體不能存在一樣，寄生物是附着于這個有機體，並吸其活的血汗，高利貸也是這樣，它附着于生產並吸吮生產之活的血汗。中國農業現在無論如何仍是主要的生產部門，故高利貸資本，爭相趨附之。

當湖南革命高漲時，高利貸者及地主都避城市中來，那些小農，即無從耕地，因爲沒有高利貸可以借貸，那末，他就沒有必要的流通資本及穀種等。此種現象在長沙也發現過。

廣東，湖南及長沙之經驗，證明了，最大多數的小農是在高利貸權威之下。在這亦正是說明農民土地之速轉入高利貸手中的過程是如何。

第十八章　自然經濟還是商品經濟

——帝國主義是推動了中國的自然經濟嗎？——

爲要正確地決定中國農村經濟中商業資本之作用及其意義，則對於自然經濟在中國農村經濟中是否佔主要的地位，如其不是，則其對市場依賴之程度是若何這一個問題；必須在可能範圍以內，先予以解答。而此問題之正確解答，吾人必需對於舊式家庭工業在一般鄉村經濟制度中之意義及其作用，加以說明，而尤以紡與織在中國農村中之存在與否，爲說明之首要。蓋此爲農村家庭工業之基本形式，無此則不足以語農民自然經濟之存在與否也。至于舊式農村手工業，例如陶工，建築等類在農村生活中，以上述觀點言之，實亦具有很重要的意義。次之，對農村商品經濟之歷史發展這一問題，歷史上之正確的觀察，亦是有極大之關係。今試言之：如吾人以爲中國之由自然經濟轉變爲商品經濟，只是開始于帝國主義侵入以後，帝國主義促成了農村經濟與工業之分裂過程，則在此種估量之下，是一種的情形；如吾入以市場關係，在帝國主義侵入以前，已漸次有普遍之發展，則在此種估量之下，又是另一種的情形。盧森堡在其名著資本積累一書中，乃主張第一種之觀點，在其商品經濟導言一章中，指明了帝國主義之功績。然而中國即在帝國主義侵入以前，對內貿易，已極發達，此可無絲毫疑義。帝國主義不過使貨幣之權力及對市場之依賴，更加促進之，使其達于最尖銳之境地，使商品化之過程，有更迅速之形式，舊式農民紡績工業及手工業之破壞，相當地更快起來，同時並使此種舊式紡績，一部分變成大機器工業，一部分變成資本主義的家庭工業或資本主義的作坊。

在中國史上，農村經濟之大部分停滯于自然經濟中，雖有較長久之時期，然而在一般說來，農村經濟之依賴市場，即在古代，已甚利害。大道及運河之溝通與建築，海道及河道之航行，已極發達。對內貿易的課稅，在紀元前四世紀六世紀，已有百萬之收入。鹽，鐵製造品及魚類之貿易，在我們紀元前，已爲納稅之對象，當時官僚不僅想在糧食市場上，且在絲及紡績品等貿易中，都企圖取得統治之地位。漢代，即已有火油之壟斷。七八〇年時，茶稅已佔百分之十，及八百二十一年時，租稅增了百分之十五。亞拉伯歷史家說，在唐代覆亡後的紛亂時期，暴動農民曾將亞拉伯商人槍殺，計在一，二〇〇，〇〇〇或二〇〇，〇〇〇〇人。（凡此皆可證明當時商業之發達了）。

至于中國內地稅，祇是開始于太平天國時代，此在英國及中國歷史家，皆有此相同之論點，這是完全不對的。在元代時，內地稅之存在，好像如贖金之形式，此在 Marko 及 Polo 的著作中，都非常注意此點，並指出在西藏，成都之巨橋上及在杭州等處，都存在有征收內地商業稅的關卡，以爲證明。中國的儒者，——商業高利貸的代表，在他們自己著作中，常責難到內地各種稅卡，以爲它是防礙商業的。然而官僚們之預備征收商業稅收，並不是向各單個的商人去索取，而從大量主要商品必經之要津設立各種征收關卡征收之。厘金者，特不過舊內地稅制度之新名稱耳。其在實際上相差者，只在於前者于各省以內無厘卡之壓迫。而在厘金出現之後，（一八五三年），此厘卡卽在各省份以內，亦普遍發現。一九二五年時，據最可靠的統計，存在有六，〇七〇內地的常關。（註一）茶葉從漢口到張家口，要經過六三個的厘金分卡。福建省中，凡運樹木從省之上游到省之下游，要經過三三個厘金分卡。厘金之稅收，是由包稅人付與，此種包稅制度在廣東，亦是存在的。總之，內地稅之存在已久矣。軍閥更擴張之而密布常關之羅網于全國。現在正因爲此種制度之發達，所發生商稅之日益增加，而引起商業資產階級對于軍閥之敵對。

我們也不必以多所引證論述當時農村中的富有商人之中國的舊著作或許多論述中國市場關係發達狀況的歐洲旅行家的證明。然而我們已可找到了中國在遠古以前市場權力之證據了。譬如中國好久以前在絲之市場的壟斷，及華絲在中世紀之用金爲量度，而且當時與之競爭者，尙有波斯，意大利，及法蘭西。至于中國茶之貿易，在十九世紀下半期時，在國際市場，尙執一時壟斷之牛耳。中國商人在供給中亞煙草中，長期佔了操縱之地位。（註二）

（註一）D. K. Le: ——China's Jadustruies and Fionances"

（註二）Eertolled—— The Tobacco in Asia. 1924.. 17.

茶，絲，煙草爲農村經濟之出產品，若中國商業資本在國際市場上是以此種商品，而取得主要之地位，則其時商業之已甚發達，則是極顯然的。一八四八年時，已感覺到帝國主義之影響，而開放中國之競爭，亦于斯時開始了。俄國有一僧侶伊亞頓夫說道，『自然，中國對外貿易，和對內商業比較起來，是差得多的』。據它的統計，在批發商業中的批發商人，計有一七七，八七二八，並且他說：『商人中之資本家是很多的，且有和我們所稱爲富農相當的大資本家，』（註一）也是完全對的。（這可知中國內地商業之發達情況了）。

帝國主義在中國所推動的，不是自然經濟，而是市場關關係之相對發展，此種市場關係，不但是對內貿易，而且在對外貿易方面亦是一樣。我們從論述古中國對外貿易史的著作中，已經知道：在紀元前五世紀，廣東已存在有亞拉伯劃爲教堂的租界了，四四七年時，中國已有派出巡查隊去剿獲印度支那的海盜了。六〇七年時中國和暹羅已訂商約了，九世紀時廈門卽已和日本作極大之通商，十世紀時，廣東的對外貿易，已由國家壟斷了入口稅與出口稅之徵收，又云，有中國管理對外商業的監督，失去關于蘇門答臘，爪哇，巴格答，波斯等地中國商人在各該國之珍貴的紀述等，固然，一七九二年廣東之輸入者是五，〇六九，六五三兩，而輸出是七，四九〇，五二四兩。然而如果我們注意到俄國在十八世紀初期的對外貿易，是一百萬盧布，則這個數字已足驚人了。

中國商業資本之侵服農村經濟，並不借助於帝國主義。麵包剩餘之由農村流出，則是經過租稅，貢稅，佃租及高利貸，而商業品之輸出，則是經過商業及高利貸。自然經濟在好久以前，已經沒有，帝國主義沒有創立過商業機關于中國，帝國主義是提高了和擴張了舊之商業機關，而加強商業資本對農村經濟之威力，而達到了最高的程度。我們所看見帝國主義對中國之影響，是許多貿易的農作物之崩壞或低落（例如茶，洋藍，甘蔗）。並代以新之貿易的農作物，例如豆，花生，等，在歐戰時又發達了棉業並推動了烟草之種殖並鴉片贈與中國。

帝國主義在其企圖加深和擴張中國的商品經濟中，遂使它與中國內部制度相矛盾，卽與亞洲生產方法的殘餘相矛盾。帝國主義直到現在，還不能完全克服此種的矛盾。中國內部商業流通，是不大的。然此係與他國相較而言。固然，一八九一——一九一〇年時，輸入與輸出之增多是因爲銀價的低落，而價格的提高，乃超過了百分之百。然而一九二六年全部中國對外貿易爲一，九八八，〇〇〇兩，或美金一，五二〇，〇〇〇元。（註三）如果從中國三百萬萬人口計算，則每人至少收入五元。此種數目，若就高麗而言，則爲十五美金，就台灣而言，則爲四十五元美金。

（註一）伊亞傾夫——『中國之人民及其道德』

（註二）楚休君—— A Description of Barbarous Peoples. introduction by Hirth and Rockhill.

（註三）一八九一年時，一兩等于一，二七美金，一九一〇年時，等于〇，六六美金；一九二六年時等于〇，七六美金。

中國對外貿易，在一九一一年，一九一二年，及一九二三年，佔全世界對外貿易一，七%；及至一九二一年，則爲一，九%。然按人口的每人數目來算，比印度少二倍，比日本少十倍。對外貿易之全部流通的價格，以每一人計算等于一八五六年到一八六〇年落後俄國之四，五五盧布，而在一八七六年至一八八〇年則等于一一，二九盧布。

我們知道，在討論帝國主義對中國農村經濟之影響問題或中國農村經濟的商品特質問題，不能不注意這些數目字。否則很容易一方面對于中國在世界經濟之比重及作用，作了過份的估量，另一方面便是對于中國農民經經之商品特性，做了過分的估量和不了解了。

国家出版基金项目
NATIONAL PUBLICATION FOUNDATION

[匈牙利]馬札亞爾◎著
陳代青 彭桂秋◎譯

中國農村經濟研究

（下）

山西人民出版社
山西出版傳媒集團

第十九章　帝國主義對中國農村經濟之影響

——農村捲入世界商品流通之中——

通常我們是把市場關係，劃分爲二：農村內部市場及農村外部市場。農村經濟的生產物，在農村外部市場之商品流通，其趨向亦有三：曰城市（城市人民及軍隊之消費）曰工業中——用爲原料，曰外國市場。至中國農村經濟生產量之詳盡的至確的材料，甚不易得。而生產物之何部分，係供給生產者之私人消費，何部分供給于農村內部市場，何部分供于農村外部市場，吾人更不可能加以分別。所能加以指出其正確情況者，厥惟生產品之供給于國外市場這一部分而已。

然此已足以供我們研究帝國主義對中國農村經濟之影響如何，及其捲入于世界商品流通中是如何這一問題了。

試舉自一八九一至一九二六年這一期間爲例，作一比較。一八九一年時，帝國主義之侵入中國已甚深。除滿洲外，凡主要之商埠，皆開闢以供國際商品交換。帝國主義經濟範圍之擴大，中國不斷新闢爲世界商品流通區域之增加，在一八九一年以後，尙猛烈繼續下去，對于此點之忽略，是爲大錯。滿洲之變成帝國主義之經濟範圍，眞正開始，只在于廿世紀之首十年，中日戰爭之後。現在滿洲農產品輸出佔全中國二五%以上。輪船之航駛，只是在一八九八年，揚子江上游才開始有經常之航行。而鉄路之敷設，只是在廿世紀初，始有廣大之發達，鐵路在對中國對外貿易之發達中，有極大之意義。凡此在正確估量農產品在國外市場之發展如何時，都應顧到。

絲，茶，棉及鴉片，這四類貿易上及工業原料上的農作物，因帝國主義而起莫大之劇變。因此四種農作物對于中國經濟生活非常重要，故凡與此有關的問題，應從個別加以觀察，現在我們先就他種貿易上及工業原料上的農作物，加以分析。

據海關之統計，一八九二，一八九七，一九〇二，一九〇七，一九一二，一九一七及一九二七諸年份，農產品之主要輸出如下表（以千担爲單位）

	一八九二	一八九七	一九〇二	一九〇七	一九一二	一九一七	一九二一
大茴香	一二，九	五，九	一〇，三	一〇，四	一五，二	二四，二	九，四一

鬃毛	—	二四，三	三七，六	四二，一	四七，一	六四，一	四四、一
肉桂	九〇，九	五六，八	七一，三	六四，七	六九，八	五二，六	五三，六
羽毛	四三，八	七五，六	七一，九	八七，一	九一，四	五三•一	五三，六
花生	—	—	一三二，六	八五，七	八五七，六	一〇二，六	四〇九，七
大麻，苧麻，中國田麻	六一，五	九九，四	二二四，四	三〇〇，八	三〇六，三	五二二，八	三六三，五
毛皮	六二，九	二一大，五	二九五，二	二八〇，二	三二九，三	五二二，八	三六三，五
染色乾菓	三八，四	三三，六	四八，四	五八，四	五〇，二	四一，五	三四，三
桊油	四四，〇	二九四，九	四六七，三	四五四，六	一四一二，六	二七五六，一	二〇二九，四
大茴香油	三，一	三，五	二，六	一一，八	四，八	一〇，〇	一四，二
大黃	六，五	七，一	九，二	九，七	一一，八	九，〇二	六，一
胡麻	—	四四，八	八八二，三	七三四，七	一九九，七	二二九，二	一四八〇，五
桊臘	—	五一，四	一一七，三	一七四，三	二一四，三	一五七，三	六六，一
羊皮以百萬兩為單位	一，三一	三，〇八	五，二六	八，一〇	六，六七	一二，一	八，二
煙草	九二，一	一四一，八七	一六九，二	一五七，七	一九四，七	二二三，六	二六三，七
絨毛	一七三，四	二〇七，七	一九二，九	二六六，八	二六四，七	三三九，三	四六二，九
駱駝肉	—	二四，六	三三，〇	二二，二	二七，八	三三，七	二八，八

豆渣	—	—	三，八九二	四，一八二	一〇，九三四	一〇，〇〇八	一一，四五三
黃豆	—	—	二，二〇五	一，三三七	八，一六三	一五，五一三	二二，二八二

上表在研究上是極值得注意的。中國農業之最主要的特性，及中國——和在一般的遠東各地一樣——農村經濟中的菜油比世界上任何國家都佔有特別重要之作用這一事實，該表都指出來了，菜油栽植之普遍；亦卽是說明畜牧業之缺乏。肉類，牛油及牛乳，主要皆代替以菜油栽植之生產物。在帝國主義侵入以前，菜油亦爲燃燈之用，因石油輸入中國農村中，不過是十九世紀之下年期，方才開始的。

羅馬國際農業學院以爲『中國是植物油出產最富的國家之一。此不但就此類植物油種類繁多而言，且從栽種產油植物的面積來說的。』（註一）中國對外貿易在最近十年來，其彰彰較著的現象，乃爲豆類，豆油及豆餅輸出之進展。一九〇七年以前，豆類及其生產品在中國對外貿易中，其所起之作用，至爲微小。及至一九二一年，一躍而佔第一位置。至一九二六年時中國產豆計二二，六百萬担，豆餅二六，一百萬担及豆油二，六七百萬担。總價値爲一七五萬兩。豆及其出產物，佔全輸出中二〇，三四％。自一九〇一至一九二六年，計二十五年間豆之輸出，增加十倍。

（註一）國際農業學院：Oleaginous Pro ucts and Vegetable. 羅馬 1C2?, P 222

在中國手工榨油場上，豆油佔六〇—六五%；大作坊上，佔七〇%。在已榨油以後所剩下的豆餅，即供爲上等肥料之用。平均說來，在一百担中，豆油可得十担，而豆餅可得九十担。（註二），所以若是一九二六年，從中國輸出之豆油爲二，六七百萬担，那就是說，豆類生產之輸出，增加了十倍。

此種大宗商品之投入國際市場，乃在滿洲。長江流域在豆之輸出上，是相對的小，還不及滿洲輸出二十分之一。至於中國南部不僅沒有輸出，反而是由滿洲輸豆于南部。滿洲在國際市場上幾乎是處于壟斷之地位，豆及其出產物之出現于國際市場，約達七〇%。滿洲的豆不僅是中國及日本主要食品之一，而且遠銷歐美。日本農民皆以豆餅爲肥料，而德，比，荷，美化學及食品工業，皆使用滿洲之原料。近東及遠東，皆依靠滿洲輸出之豆油以爲用。一九二六年時，張作霖曾做過反對日本壟斷之競爭，而東三省銀行曾購買巨量大豆，以爲輸出品。

豆類輸出之發達，對于中國工業之發展，有過不少重要之影響。世界大戰時，因運費提高之結果，豆油之輸出，乃因之代替了豆之輸出。因此，油的大機器生產之擴充，乃成當務之急。從現在哈爾賓之已存在者，三十三個大製油廠中，有三十一個都是在一九一四年設立的。從大連八十四個工廠中，有四十個是在歐戰時，開設起來的。油之良好生產之半數，皆集中在大連。在一九二六年，全滿洲計算起來，約有四百五十個左右大製油廠，（註三）而天津只有七個，武漢十一個，上海十八個，青島九個。

（註二）Chinese Economic Journal 1927, 第一卷，第二號，P. 175

（註三）The Chinese Economic Bulletin No 259. P. 77

如以豆類發展，而急急地做出結論說，中國本部農業商品性質已極發達，則是莫大的粗忽。蓋豆類之發達，主要乃在滿洲故也；自然這不是說，中國中部及南部的豆類，在農業中無重大之作用。然它在北部者，其比重爲大過于南部；這是毫無疑義的。滿洲墾殖之日益發達，中國北部及高麗向北移民之日益增加，遂使豆之耕地，亦隨之日益擴充。

油麻在植物油中，好久以來亦是佔對外貿易之第二等重要地位。麻油是中國最好的菜油，稍有資財者，才來用的。油麻之成熟至速，常在四五月之內，即可長成。至在中國南部，則在七八月之內，可以收成兩次。油麻含油極爲豐富，從他的種子中，在油場上可以得到油百分之五十。

印度，或正確些說，印度的英國的輸出商人，在很久以來，多半都是在國際市場之油麻的壟斷者。中國之輸出，只是在一八九四年，才開始有廣大的範圍，而當時已是一一五，○○○担。一九○八年時，隴海鐵路築成，而油麻之輸出，遂從一九○七年之七三四，○○○担至一九○八年增至一，七九二，○○○担。及一九一九年，輸出達二，八三七，○○○担。自此以後，即有極大之衰落。一九二四年，輸出爲四三四，○○○担。一九二五年爲五二八，○○○担；一九二六年爲九○一，○○○担。印度在國際市場上，又佔麻油的壟斷地位。湖南之內戰，釐金之發展及交通之梗阻，使中國油麻不能與印度相競爭。油麻輸出之大部分，乃發現揚子江流域及漢口。

我們不再使讀者疲于注意到油種及其生產物輸出的發展問題的分析了。關于主要油種在三年來之輸出，由下表即可充分了解：(以千担爲單位)。

年別	一九二四	一九二五	一九二六
蕪菁種	四九八	七八四	一，七五四
木棉種	三八○	五八九	一，○九一

從茶，木棉，亞麻，蕪菁所製造的菜油的輸出，同時亦是發展的。

在豆種植物中，我們特別記憶到花生這一類，因為他是中國農業在市場上，最佔勢力的。中國在十五世紀時，即已發現花生了。（英文這一類花生，是叫做Groundnut。）舊種花生之輸出，一九〇二年是一三三千担。一九〇二年，美國傳教師湯姆生到上海時，帶來美國種的花生，叫做Peanuts。及至一九一一年，從中國輸出已有一，〇七三千担的花生，而一九二五年，則有二，九四九，〇〇〇担。花生油之輸出，已從一九一二年的三〇四千担至一九二五年增為八二三千担。

花生的栽種，雖有租稅，釐卡，昂貴之運輸費等，其發展仍極迅速。此種栽種之迅速發展，蓋因花生含油量甚富（水份僅佔六，三%），甚合于國際市場之需求，而同時此項藝植復無意外顛險，此亦一因：在半瘠地上種植花生，即過去種過米穀的農地亦漸漸多種起花生來，因為花生的藝植，可獲厚利。（註一）山東省除穀種之外，花生已佔為首要的地位（註二）。此種栽種，便從山東而擴張及於直隸，河南及滿洲。在揚子江沿岸，此種栽種，亦在湖北，安徽及江西等省佔有顯著之作用，不僅供給國外市場，而且供給漢口及上海的油廠。國際市場之要求，使中國舊式油廠轉變到新的技術基礎之上，並創造了菜油之機器的生產。

縣，改革其歷來之播種法。在花生短短廿五年的歷史中，已最足以證明了中國農民不僅是注目到它的牽頭，而且注意到市場上來了。即使他是不願意，則商人及高利貸者亦以國際市場之需要，推動他們。

（註一）The Chinese Economic Monthy 1927 十九卷 No 242.

（註二）同上，1925. No 225.

油種栽種之廣佈，及製油業之由舊式家庭的及工場的生產方法變爲大工廠的生產，此二者實爲市場之擴充及深入上之十分重要的結果。

以前城市中是禁止設立製油場，因爲據前人的見解看來，這是會引起惡濁的氣息。這亦即是製油場所以在鄉村中佔優勢的原因之一。豆渣及他種的渣滓，豆種榨後的殘餘，都是這一時期中鄉村內部貿易之對象，即成爲上等肥料。現在製油業搬到城市來了。豆渣及他種渣滓的貿易，遂亦從鄉村內部的貿易一變而成爲城市與鄉村間之貿易了。渣滓的輸出，使中國土地失去一部分之肥料。

以前是富農佔有製油場于鄉村中，而出賣其渣滓于中農或貧農。現在製油場既漸移到城市，于是城市商人乃出賣渣滓及豆渣於富農。商業資本遂將肥料貿易操在自己掌握來。

油種及菜油之輸出，不僅奪去了中國農村經濟的肥料，不僅使中國農民食品轉壞，而且還同時奪去了鄉村和城市主要之燃料（點燈用）。帝國主義以石油代替了菜油。從來沒有一種商品像石油那樣深入於農村中。美孚油創造了可驚的商品批發的羅網，幾遍全中國。商品之流通極速，上自大托辣斯，下至小農消費者，『莫不用之』。中國之溪河上之大小輪船，汽艇，莫不轉運美孚油，好多的中國鄉村，不知道孫逸仙是何許人，但都知道美孚油公司（Secony。）城市雖然都是用電，然牠還是不斷地發展，因爲牠是日益深入於鄉村中去。石油輸入於中國，自一八九二年的四〇，五百萬加倫。至一九二五年增至二五八，五百萬加倫。及至一九二六年，則達到二三三，九百萬加倫及一九二六年石油之輸入佔全中國輸入總數五，〇三%。自然很明顯的，石油無論如何廉價，都不能把菜油排斥在中國農民的油燈以外。運費及長期的轉運時間，使石油之擴張，有一定的範圍。然而在外國輸入商品方面言之，石油在農民經濟貨幣性質加強中，是仍佔有重要的作用。

與石油同時並出者，帝國主義與中國大工業的始創者，經過香煙需要的形式，而共同擴張了煙草的栽種。煙草在中國農民中的地位，日益增加。煙草業在美洲發現時，即已迅速地普遍于全中國。捲烟深入于廣大民衆中，中國商業資本早就知道利用這個需要。很明顯地，帝國主義到處都在企圖利用它，發展它。中國是不知道香煙的。二十餘年前，英美煙草公司還要畫一中國人，好像是活的廣告，遍貼街衢上，做一個吃煙的樣子。一九二六年，英美煙草公司，得到了六千萬的純利潤。南洋兄弟煙草公司，在二十年間，從一萬元基本金的小企業變爲一千五百萬基本金的中國大企業。中國約有五十左右的大烟草公司，及無數的小工廠。農村經濟在以原料供給煙草工業，已不甚發達了。一九二六年購入外國香煙，耗費七千五百萬了。一九二六年輸入香烟，約計一百萬萬香烟。嶺南大學說：廣東種烟草者有三，五〇〇，〇〇〇畝地。（註一）山東及湖北分配有三〇〇，〇〇〇担的香烟草，湖南及江西亦不見得很少。滿洲烟草的收穫，約有五〇〇，〇〇〇担。（註二）烟草公司的廠主說：中國烟草總收入約有三千萬元。（註三）國內生產者及消費者之不相適應，是顯而易見。

養鷄業在對外貿易中，亦佔有顯著之作用。中國鷄蛋，蛋白及雞蛋之一切生產物，即毛與羽等，都在國際市場上佔有相當的位置。世界大戰給與養雞業的生產物，以一有力的推動，而雞蛋之輸出，一時曾在國際市場上佔第一個的位置。近年以來。雞蛋輸出之減少，乃隨蛋黃及蛋白之輸出的增加而俱進。在我們目擊中，養鷄的工業，亦日就發展。其大工廠的數目，已達五十左右。蛋黃及蛋白之輸出，中國乃佔第一個的位置，中國雞之生產物的輸出，一九二三年爲二九，二百萬兩，一九二四年爲三一，百萬兩。一九二五年爲三三，四百萬兩，一九二六年爲四〇，三百萬兩。

（註一）福林及約克——Peasaat Movement in Kwantung. P.31

（註二）Manchuria Daily News. 14. 十月 1927.

（註三）Far Eastern Capital and Trade. 第七卷 No 20P309.

第二十章　農村外部的國內市場及其發展

在沒有可靠的統計情況之下，要來決定國內貿易之範圍及其發展，是極其困難的。現在只從間接的統計方面着手，首先是從洋海及內河航業之發展及範圍方面加以着手，因爲牠是經過海關的。然因一部分商品運輸航線不經過海關之登記，而經過釐金稅卡之登記，故下列所引之數目字只限于商品運輸經過中國河流及瀕海一帶的。茲先就海洋航行言之。

外國輪船之往來中國口岸者，三十年內是不斷增加的。自一八九二至一九二一年計從三七，九二七艘增至二一四，五六六艘，亦卽大概增至六倍。他的噸數，是隨着從二九，四四〇，五七五增至一一四，六一九，五四四噸，亦卽大概是增加了四倍。由此可知，現在海關所包括之範圍，不僅是中國與外洋各口岸間之外國輪船的航線，而且在中國各口岸間之外國輪船的航線，也包括在內。河海航行之大部分，皆操之外國輪船的手中。一九二一年中國口岸之外輪，有五七，三百萬噸。其中航行于外洋口岸者，有一五，九百萬噸；航行中國口岸者有四一，四百萬噸。故航行中國口岸之噸數，較之航行中國及外洋口岸間，超過了二三倍。在海關報告中，香港還算是外洋口岸，如果沒有這個事實，則其相差將益大了。

所引之根據，是外國輪船的噸數。帝國主義壟斷了外洋航業，一樣地也壟斷了河海航業之大部分。然上述輪船在運輸方面者，亦有中國民族資本的。一八九一年至一九二一年中國新式輪船之數目，增至十一倍，而其噸數，增至六倍。在此同樣時期中，中國在河海航業部分的噸數，自六三百萬噸增至二七，一百萬噸，即增加了四倍。

河海航業之進步，說明了中國無產階級之初次出現于階級鬥爭的舞台上，是與海員相連繫着。財政資本在落後國家中，並不企圖創立生產工具的工業，而企圖創立鐵路之敷設，水道運輸，開採工業，而其結果，他發展了消費品的生產，（註）中國工人運動之發展，完全證明了費爾斐丁的預料。

（註）費爾斐丁——財政資本P.91.

中國開始鬥爭是鐵路工人，而繼其後者爲它的礦山工人，而直至海員之最高階級，遂使紡織業有了階級鬥爭之廣大的範圍。同時，巨大海口及沿河各市場之開闢，使一部之苦力，碼頭工人由無產階級的前身變成爲近代的無產階級。

和中國新式輪船同時並存的，還有中國舊式的民船，舢舨，及小艇等亦在其內。他們要和近代巨大輪船相競爭，自然是不可能的。他們佔統治的地方，是在于那些大輪船不能通行的江河，即商品從鄉村及小城市入于大商業中心所經過的地方。一九〇四年海關登記往來之民船一二一，三八三艘，其噸數四，九八八，八一九噸，及至一九二一年——則爲八四，七〇三艘，其噸數爲四，七二八，〇九〇噸。此數目乃來自現有開關之港口及釐金稅卡之根據。此釐金稅卡，距離港口，約五十里。民船在中國航業中，其實際作用，仍極爲重大。然關于他的決定之確實證據是沒有的。而商品數量之到達於市場上及苦力之肩背上者，是一樣沒有的。自然，因爲苦力的數目，有二三千萬人，若是一個苦力能經常担起六〇——七〇啓羅克蘭姆的重量，則此商品之數量，將至爲巨大。運輸業在北滿仍有很大之作用。即與西北及諸地的通商中，尙有沙漠的道路，然其意義，已一落千丈。

至于外洋及海岸航業之根據，證明了伊亞項夫之見解：即中國對內貿易是超過對外貿易。關于一九二六年之數目，是這樣說：——

	來往輪船之數目	噸數
由各國輸入者	二〇，四九一	一九，七二三，六二一
輸出於各國者	一九，七三〇	一九，〇六二，七一四
入口的內河航行	五九，五六一	四八，九七二，八八五
出口的內河航行	五九，二一三	四七，八〇〇，三八六

自然，我們不是因而過分估量了這個數目字的意義，過分估量了中國市場關係之範圍及其發展。我們很是曉得：歐俄國內水路之運輸，在一八九三年已是一，一八一百萬普特的重量了。及至一八九六年，這個數目，已增至一，五五三百萬普特。

海關報告的指明中，主要是指出對外貿易，然對於對內貿易，亦有極有趣味之統計。試以上海貿易爲例。凡經過該港口者有對外貿易中百分之四十以上。其中，上海之對內貿易，若不是估最主要的意義，但也是很重要的。商品量之經過上海者中有四二二，百萬兩爲外國輸入商品，二七三百萬兩爲中國生產物，都是預定輸出的；約有四九五百萬兩中國生產的商品，預定出賣於國內市場。別口岸也有同樣關于一九二六的統計。（註一）在全中國的範圍內，中國生產的生產品，在各通商口岸者，在一九二三年有七五三百萬兩，在一九二四年有七七一百萬兩，一九二五年有七七六兩百萬兩。

比較經過通商口岸商品的數量和運到國外市場商品的數目，我們還會得到更有趣的統計來。所謂海關詳細報告，對於運往各商埠之總數量及中國輸出的商品總數量，都有說明的。此兩個數目的差異中，可以求得銷售於國內市場之商品的數量是多少。這是一九二三年的統計：（註二）（以担爲單位）

商品名稱	由各商埠運出者	輸出外洋者
樹油	一，二八四	八三六
蔴子	一〇一	一九
絹織品	三七	一四
糖	一，二二七	三六二
密蠟	六六	四七
草蠟	一九七	九六
商品名稱	由各商埠運出者	輸出外洋者
大茴香種	二八	一八
荳楂	三〇，八九六	二四，七八五
烏豆	五一三	一三八
綠荳	一，〇九六	六〇九
黃豆	二〇，一七九	一五，七三一
米	三，六七七	六三

黑茶	五一三	四五〇	中國陶器	三〇二	五六
綠茶	四四〇	二八四	香烟	四四四	八九
磚茶	一六	七	棉花	二，四〇九	九七四
茶葉(中國鎊)	一〇六	二	中國麻製衣服	四七	二一
建築木材	九三一	五〇五	花生渣	三三四	一五六
烟草(葉)	八八八	二二二	花生仁	三，二五一	一，三七四
烟草	一七九	五六	洋藍	五〇	一九
蔬菜	八七六	七二六	花生油	七五一	四六一
扣子	二，一七九	八九	麻油	二一	七
府綢	二二〇	七五	茶油	二九	一二
襪(以兩計)	一，七六四	二二二			

(註一) The Maritime Customs— "Forei gn Trade of Cuina."Part I

(註二) The Maritime Cnstoms— Foreign Trade of Cuina"Part II. Vol. II, Export Trade of China. 1925.

在上表中，我們應注意者如下：——

1紐扣，中國紡織品，織襪及絲織品，因爲這些都是中國出產的商品，其銷路主要都在中國本國，而運往輸出者，其數量相對是不大的。

2上表中指明了楂油企業之迅速發達，烏豆，黃豆及綠豆，都不是在各開闢口岸消費之，乃在大連，哈爾濱等處的榨油廠榨油，而以豆油之形式輸出之。至於花生，及大茴香，亦是同樣的有廣大的發展。

3米的統計，指明糧食的貿易，亦是有廣大的範圍。

4國內市場所要求的商品，例如中國麻製衣服，香烟，陶器，花生油，麻油，茶，樹油，糖，密蠟之類，在國內市場上，亦有很大的數量。

5至於中國現存各主要工業部門所需要之原料，如棉花，洋藍，繭子，烟草，大部分都留在國內。工業之發展，縮小向國外市場輸出之原料商品的數量，而使國內市場，更加深了。然僅僅開始發展工業，國內市場尙不能完全保證以原料供給工廠。此不僅絲業，榨油業及茶業是如此，且完全包括了紡織業，煙草業及精糖業，都是如此。我們很可以證明：因棉織業及煙草業之發展，而加深了棉花與煙草之輸入，試以下觀之。（以担爲單位）

年別	一九二三	一九二四	一九二五	一九二六	一九二七
棉花之輸入	一•六〇六•〇〇〇	一•〇八四•〇〇〇	一•一二九•〇八四	一•八〇七•四五〇	二•七四五•〇一七
棉花之輸出	九七四•〇〇〇	五七四•〇〇〇	一•〇八〇•〇一九	八〇〇•八三三	八七八•五一三
煙草之輸入	三七九•二五九	六七七•五七八	五六一•六八五	七四五•〇八三	—
煙草之輸出	三三三•七二四	三〇八•三三三	三〇六•三一三	三一七•〇〇〇	—

這是完全明白的：農村經濟已不能保證供給棉織業及煙草業以原料了，棉與煙草之輸出，已表現減少之趨向了，而輸入是增加了。很明顯的，在現在社會關係之下，在現在國內運輸形勢之下，在現在各國生產水平之下，中國主要農業貿易，是有限的。如果我們注意到中國絲茶在各國競爭之結果，亦陷於嚴重之危機中，則吾人對於純貿易及工業原料的生產的狀態，較之單用指明進步與發展之數目，所得到之觀念，還要正確些。好了，我們現在轉來研究國內市場之發展這一問題。

現說到鐵路之作用。

中國大鐵路之用爲運輸，只開始於廿世紀。諸大的一個國家，只有一一，〇〇〇英里的少數鐵路。而其中的大部分，還在滿洲方面。然此弱小的鐵路，（現在因內戰而陷于衰落）在國內之擴張上，尚起過極大之作用。運輸貨物重量及旅客在一九一一年及在一九二一年中國本部幾個鐵路中之比較，得如下表：

鐵路	旅客之數目		貨物之的噸數	
	一九一一	一九二一	一九一一	一九二一
平—漢	三，二三九，一五八	四，七一六，○○○	二，七五三，○○○	八，○○九，○○○
平—奉	二，一六五，八三七	三，五三一，七四四	二，五五○，一六一	五，三四四，○○○
滬—甯	四，四八九，○○○	八，七五四，○○○	—	一，三二一，一○○
汴—洛	一，八七七，○四八	九九四，一六一	一七，一六一	六四八，四四八
正—太	三三九，○○○	三五三，○○○	三二八，○○○	一，二七六，○○○

在墾殖區中貨物運輸之發展，亦是像美國式那動突飛猛進。一九○三年在中東鐵路之運輸爲六，九百萬普特，及至一九二六年則爲一三九，八百萬普特，即是超過了二十倍。在這些運輸中一九○三年預定輸出爲○，三百萬普特；一九二三年爲二三，七百萬普特。北滿之

對外貿易自一九一三年一九二五輸出者增加了三九〇%，輸入者增加了一八〇%，這不是沒有根據的。

一九二三年，即在軍閥混戰未開始前的一年的數目字中，鐵路之載旅客，約有六千五百到——七千萬人，而運貨約有四千五百到五百萬噸。若是我們留意到一八九六年的俄國，當是時鐵路已超過三〇，〇〇〇啓羅米突，旅客的數目只有六五百萬人，而運貨的數量却有六，一四五百萬普特，那末，和中國的統計對比起來，已是可驚的了。

中國郵局之發達，始自一八九六，是時在舊地建立郵局新的系統，由此亦可以表明出國內市場之發達。郵局之運繫，可于下表見之：——

	分局之數目	郵局運貨之數目	包裹之數目	匯錢（以兩計）
一九〇六	二，〇九六	三二，九四，一四三	四〇〇，一二六	七四九，七七三，六九（一九〇四）
一九一六	八，七九七	一三三，二三四，三七三	三，三一三，一〇〇	一五七，八六七，〇六九，九七（一九一六）
一九二二	一一，三〇六	四二六，三六三，六一六	三，七九一，四二〇	—

此地發展之迅速形式，不應使我們走入錯誤的認識。中國每人每年，還只有三個各種郵遞物品，印度有三，五，同時日本有四一，三，至於英國或美洲合衆國，更無論矣。

所以，這一切的統計，都指明了鄉村外部的國內市場之發展。而各種栽種之地方化及區的各種農作物培植之專門化，在國內市場發展上，有莫大的意義。

我們知道，這個專門化是早期交換發展之有力的彈力。大國內各區因自然氣候及地理上的條件的不同，自然在各地方農業生產上有巨大之作用。在過去農村的沉滯性質中，此種專門化結果成爲世襲的習慣的。中國之捲入世界商品流通，自然是加強了這個專門化之過程。帝國主義所需要的，主要是在于貿易的及工業原料的農作物，而最初取得者，主要是茶與絲。現在海關物品表中，在輸入方面，有各種商品八六八種；而在輸出方面，則爲五四三種。海關貨物名稱表之擴大，可以予吾人對于中國市場的革命，有一個正確的觀念。隨着國內市場，工業，資本主義製造及資本主義式的家庭工業之發展，主要的隨着對外貿易之發展，那個舊的，世襲的栽種按地方的分配，是破壞着。舊的地方所培植的栽種，就破壞了，而創造了新的栽種的地方來。

因德國染料之輸入的結果，我們眼看見了洋藍栽種的衰落。一八七五年山西運了洋藍，總數計九百萬元至一千萬元左右。而現在呢，少了二十萬元。此外于一九一九年只在山西的渾東一個地方，種棉的地方是四八九，三二〇畝，及至一九二四已有一，二一三，三七七畝了。（註一）在此山西省內，一九一〇年蠶絲之養殖者，計有一〇〇，〇〇〇農家，及至一九二一年，已約有一五五，〇〇〇農家，一九二三年，則約有一八〇，〇〇〇農家了。（註二）湖北之植桑樹者，眞正的只在漢口大絲廠創立之後，方才開始。

（註一）Chinese Economic Monthly 1925 第二卷 Nő 8. P. 11.

（註二）Chinese Economic Monthly 1925 第二卷 Nő 15. P. 11.

甘蔗是中國很久的生產。還在不久以前中國產糖約有二萬萬五千萬至三萬啓羅克蘭姆，其中最好的部分，出於四川。然而十五至二十年來，甘蔗之生產，有猛烈之衰落。甘蔗生產在中國小農經濟中，糖之製造，中國那種小工場，是不能和爪哇，古巴，台灣的大種植場及大糖廠相競爭的。一九〇四年至一九二五年廣東甘蔗之輸出，是從七千五百萬兩降至三千八百萬兩。在浙江，江蘇及湖北，各該地外國商品易于輸入，甘蔗之栽種，是等于零的。在福建，廣東，廣西及江西，亦爲大減。卽在四川，外國糖侵入較難，其生產之縮小，亦在三〇—三五％以上。（註一）中國精糖廠已開始從爪哇及古巴輸入了原料。一擔上等的台灣糖，一九二五年在廣東得價十四元，而廣東糖則賣二十元。糖之輸入，自一九一二年四千五百萬擔，至一九二一年增至七千五百萬擔，一九二六年增至一億二千一百萬担。

移民對于貿易的及工業原料的農作物新中心之創立亦是有相當之作用。山東之移民于滿州，以擴張了蠶蛾之養殖。日本之設絲廠，即以此原料，用爲製造。山西絲業之發展從浙江到山西的農民，都是專爲這個目的而來的。

因生產中心之轉移，及農業貿易區之擴大，國內市場亦隨之俱發展。各區域貿易的及工業原料的農作物之擴大，引起穀米運輸之必要，這樣一來，糧物貿易市場，亦發展了。

地之使用之分散，亦是交換發展之事實之一：製鹽者常集中幾個特別的地方，而漁業因天然條件的關係，常在濱海及沿江一帶。

一方面，在鄉村手工之消滅的意義上的手工業的衰落，另一方面，家庭工業之早期發展，都是利于鄉村外部的市場的發達。

凡上所枚舉，都充分足以證明：帝國主義擴張了對外貿易之發展，同時却使鄉村外部的國內市場，亦發展了。

現在應考究的問題，所剩下的是：鄉村市場之如何連結，中國農民之成爲商品生產者，是到了何種的程度及其經濟之依賴于市場是若何等。我們希望讀者記得列甯在考察渭魯列士斯基一縣中六六家農民經濟的預算表中，認爲：在各種的全體農民經濟中，有最大部分已變成商業的了，而依賴于市場，收支之貨幣的部分不能通行者，在百分之四十以下。列甯在這一點上說：『貨幣的收入與支出，（特別正當的支出）之百分比，增加了從中等農民而趨于貧乏的趨勢。』（註二）現在試看一看：中國各省農民經濟的商品性質是怎樣？

關于這個問題，我們得了較豐富的材料。由教授柏克對于附近大商業中心蕪湖一〇二家的經濟研究之結果，證明了平均有百分之五十六的農產穀物，是出買的。（註三）。在廣東省研究過三鄉村七五個農戶的經濟，每村二五農戶。研究所得，指明了在安湖一村中，有農家自己消費百分之五四，九，是從自己自然物的付出中，而百分之四五．一，是貨幣的付出。在州申村中的數目，自然物爲五八．二％，貨幣爲四一．八％；在來晉村中，自然物二三．四％，貨幣爲七六．七％。這後一個村中，貨幣的支出，是特別的多，是因爲該村是桑樹栽種及絲的貿易的中心。（註四）

至於北滿，亞敍諾夫非常注意地分析了七十五個的農民經濟。雖然他所搜集都是大家庭，而這些家庭，生產品之大部分，都是用爲自己消費，然而平均尚有八〇％的小麥與豆五五%及高粱四五%的工業原料農作物出賣於市場；農民不僅把穀種出賣了，而且粉與麥，也出賣了；而全部經濟之付出，自然物是有七四，一六六元，而貨幣則有一〇六，〇七一元。至於各社會成分經濟的貨幣性質，可如下表說明之。（註五）

經濟別	收入		付出	
	貨幣部分	自然的部分	貨幣部分	自然的部分
在十元以下者	六九．九%	三〇．一%	六七．二%	三二．八%
小農經濟	五三．七%	四六．三%	五四．二%	四五．八%
中農經濟	五八．一%	四一．九%	五九．七%	四〇．三%
大農經濟	六〇．一%	三九．八%	五五．三%	四四．七%

上表是指明了：中國北滿的經濟，按其商品性質而言，是和美洲合衆國的農民經濟相接近了。這樣，在這一點來說，北滿是是中國最進步的一省了。

至於直隸省，僅就中農經濟方面，一五〇個農民私有者的統計中，亦可見之。（註六）那裏農民以自己生產的自然物四四，四%為自己消費品，而五五，五%則出賣之。至於自己消費的支出方面，一五〇個的經濟藏自己消費自然物六九，八%，而三〇，二%則運到市場上，這樣，中國農民就是爲了滿足自己貧困的需要，也要走到市場上面來。

金陵大學以這個觀點，研究了中國各省一，五四三個的經濟，並在一九二四——一九二五的全年報告上說：『平均起來，農產品約有四〇%，都是出賣的，而這個是說明了中國農村經濟之爲商品經濟，是超過一般所想像的以外。』（註七）我們就認爲現在大半我們所述的，都是從已大半是捲入商品流通的縣城之中，而尙有許多商品性質表現還沒有這樣明顯的省份存在。然而其中，預算中的貨幣部分，總不會低過四〇%，這事實多少是存在的。此種統計，對於中國農民經濟是自然經濟，還是貨幣商品經濟，這一問題已給與了明顯的答覆。這個統計是證明了：中國農民經濟，在商品經濟上，各方面都是已達到了一八八九年的俄國農村經濟的程度了。

（註一）Chinese Ecouonci Monthly 1927. 第1卷 No. 10 P, 865-367

（註二）列甯：——列甯全集第三卷，P. 113.

（註三）An Economic and Social Survly of 102 Farms.

（註四）福林及約克著：The Peasant Movement in Kwantung P.184-186

（註五）亞紱諾夫：『北滿的中國農村經濟』

（註六）巴克：An Economic and Soceil Survej" P.38.

（註七）Elevelh Aunnal Report. 17

『商品流通先於商品生產，而爲後者發生條件之一（然而不是唯一的條件）。』（註一）自然，商品流通以及商品生產，自然還不是說這已是資本主義生產了。『商業破壞了舊的生產方法，然此分解過程，是向何方面走，即是何種新的生產方法，代替了舊的，這不是依於商業，而是依於舊的生產方法的本身的性質。商業資本之獨立的發展，是與資本主義生產的發展階段成反比例。商業及高利貸資本愈發展，則工業資本（資本主義生產）之發展就愈慢。反之亦然。（註二）

自馬克思提出警告過份估量商業對『資本主義前期生產方法的內部基礎及制度之破壞的影響，已五十餘年於玆。馬克思特別提出警告對於「生產方法的深造基礎是小農與家庭工業相結合的」中國和印度。馬克思以爲，舊生產方法之崩壞，在中國是比在印度的慢，在那裏直接的政治力量，也是無濟于事的。』五十年來，遠在東方的中國，也是大大變動了的。資本主義已進入他的發展的新階段，而帝國主義用大炮，金錢，賄賂的力量，使中國直接政治力量歸于已。然而所論商業資本及高利貸資本與資本主義成反比例的綱領，一直到現在，還是有力量的。

中國可爲馬克思上述一綱領之顯著的證據。工業資本之發展（資本主義生產之發展），在他的道路上，遇了兩個障害物：鬆弛了的，然而十分頑固亞洲生產方法殘餘的敵對以及在此基礎上的社會制度，這是一方面；而帝國主義，是第二方面。第一個障害物已經是分解了，破壞了，然而第二個障害物，還很利害呢！

（註一）列甯——列甯全集，第三卷，P.450

（註二）馬克思——資本論，第三卷第一部 P.318.

第二十一章　中國市場之性質

中國尙沒有民族市場，然中國市場已捲入國際市場之中，而爲國際市場之一部分。中國大商業中心，已列入國際市場，然而在中國農村之上的，還都是地方的，孤立的，而其間缺乏連繫的市場。

國家及農村經濟，在此矛盾之中，窒息沉滯了。農民日成爲商品生產者，貨幣之權力，統治他的經濟，亦日益加劇。然溝通城市之商場，則爲梗阻，卽鄉中之富有者，亦不能直達于城市之商場上面來。

吾人現在只就他的特點之影響中國農民經濟之程度若何這一方面，來對中國市場之性質，作一扼要的分析。

1，中國市場主要是帶有地方之性質。資本主義之發展，並沒有把中國形成整個兒之經濟。國內消費品之價格，各地大多半都是獨立的。而其主要者，是米穀貿易。上海，廣東，浙江，等處之米價的形成，多半是互不相關的。至于次要國內消費的生產物，更無論矣。帝國主義在民族市場之創立的工作上，亦有進行各地方的結合的傾向，然而同時亦在進行破壞以前的連繫很弱的統一的國家。滿州與日本之關係，較上海為密切。南中國與中國北部及中部之貿易，乃經過了香港。雲南與印度支那之關係，比對廣東的關係，密切得多。港口之開闢，鐵路之敷設，洋海及江河航業之發達，乃破壞舊之連繫，而創立新之連繫。帝國主義的海關政策還是加強去分裂國家之統一。滿州乃充斥了日本絲及其紡織品，而同時上海的絲及紡織品又由上海不斷輸入于印度。

2，中國沒有民族市場，然已入捲國際市場之中。中國已發生了中國市場及國際市場之結合，價格之形成及其經濟範圍，完全隨國際市場而轉移。在中國大商業中心，甚至卽在較落後的北京，價格的水準之變動，是和紐約的價格水準相平行着。國際市場之影響于米及麵包在國內市場上之價格，是最少的。因為米及麵包之輸入與輸出是國內消費品之小部分。並因為這些生產品的價格運輸費是佔了極大的部分。

3，中國在國際市場上，都是和社會勞働生產力數倍于中國的國家相競爭。而同時，在中國本國市場之上，外國商品又來和有機構成極低的中國資本所生產的商品相競爭。在此商品競爭之中，如果中國生產者的低廉工資，加上外國舶來商品，不及于外國商品的優點時，現在中國商品，必是失敗。

4，鄉村內部的市場，亦帶有地方之性質。自然，帝國主義及中國資本主義之發展，是擴大了各地方之間以及其與國際市場之連繫。然國家之分裂，戰爭，土匪，內地稅之增加，不僅僅是妨礙了各地方鞏固之連繫，然而同時還是破壞他的連繫。在這一點上，軍閥混戰及其中國的軍閥制度，是和帝國主義利益相衝突的。

5，閉塞的，地方的市場性質，可從他沒有統一的度量衡，及統一的貨幣制度這一點表現出來。因為沒有這些統一的民族市場的前提和結果，遂予商業資本及銀行高利貸欺騙之最大的可能。

6，國家在鄉村外部的市場上，沒有成為一個立法和調節的因子。此種立法及調節的作用，都是由有組織的商業資本來執行，此在一般東方，都是這樣。商業資本，亦如銀行資本一樣，都組織各業行商之中。這種行商便規定商業的物價及規則，以調停方法解決衝突。對于本行會員，則是共同負責，並對於國家政權及別種行商，而維護自己的利益，並對本會會員之社會保障上，亦有相當之作用。近年以來，各行商皆聯合而成商會，為商業資本之總代表，而一般說來，還是銀行資本的代表，行商及商會之政治的勢力，都是很大的。他們和國家機關，有密切之關係，他們和軍閥，常有財政之來往，經過他們，而成立借債，徵稅，軍需等。一九〇五年，他們因爲美國禁止華人入境，曾領導過排美運動。一九二五在上海屠殺之後，他們也和工人階級一起，參加了運動，不過他們之參加運動，是有自己的綱領和要求的。在開闢的各商埠中，他們之影響，遂爲外國資本所擠倒，然在各省縣城中，他的影響，仍是十分堅固。其對于賣主及買主的關係，行商是一個戰線的。他們不僅是調節了價格，而且還技巧地降低了需要，而促使生產者定自己商品的價格，比行商所定的價格要低些。有許多地方，行商調節了貨幣的流通，而建立各種貨幣的時價。他們很注意保持自己在國內市場上之外國輸出之中間人的地位。除西北方面幾個地方外，外人的「商館」，都不能侵犯固有的貯備機關。在繭子，棉花及煙草的貿易方面，行商的聯合戰線，已有一些的裂隙了。工廠要自爲一個購買者，是不成功的。自然，當行商在這方面的地位還很有力的候，農村生產者，如果他卽能夠和城市的市場發生連繫，那末，他就要碰到商業資本的聯合戰線。至在外國商品及工廠製造品所經營的商業方面，則行商之地位較弱。隨着輸入的發達，隨着從小規模的生產轉爲擴大的大製造生產，資本主義式家庭生產及資本主義作坊生產的發達，此行商之地位，卽隨之而日益難保。

7，一方面，交通之困難，或甚至于不通，另一方面運輸工業中的資本有機構成之低下，遂使運輸費佔商品價格中之最大部分。此在一般的落後國家中，都是有此特點，然以東方爲尤甚。

8，租稅，貢金，內地稅，市場費用以及行商的捐費等，亦佔商品價格中之最大的部分。

9，國內市場最要點之一，是農產品在一年中各季內價格之忽漲忽落，卽在無戰爭，無天災的平時狀況之下，亦是如此。例如，湖南省一九二七每担的米，在收成以前是十三元，而在收成以後，是値五元。除農村經濟一般特有的原因以外，此現象是因小農經濟佔了優勢，市場之閉塞的性質，運輸之不便，小農經濟中蓄畜之缺乏，並且各種耗費（租稅，佃租，高利貸的利息，穀種貸金，商人報酬）在收成以後，都已滿期。最大多數的小農，在收成以後，是以賣者資格出現于市場，而在收成以前，是以買者出現于市場。價格之劇變，在農村內部市場上，是特別感覺得利害。因爲國家的貯蓄主要都是積于城市，而其積累之方法，乃是地租，利息，租稅及商業利潤。另一方面，地主，富農，米商，高利貸者，——都是糧食貯蓄的主持者，他們是操縱了農村內部的市場之條件及價格。

10，中國市場尙有很重要之特點。卽是城市與農村間價格之懸殊。譬如茶，其間的差異，有時達到了一〇〇〇%。絲與棉在城市的價格，常兩倍于農村的價格。至于花生等，則城市和農村間的差異，爲一五〇——二〇〇%。此其故在于運輸費，釐金，苛捐雜稅，預防搶刼的商人保險費，軍需徵發等，這些都有很重要的關係。然其根本原因，還在于地方市場之閉塞的性質，運輸之不發達，農村生產者之破產，城市商業資本之聯合戰線，是和這個生產者相對立的。

11，最大多數的分散的小農，卽在鄉村內部市場上，也還是不能以直接出賣者的資格出現的。高利貸商人是站在市場及其負債農民之間。貧農之到市場來，只有經過高利貸者。此在貿易的及工業原料的農作物方面，這個現象，是特別感覺得利害。在這一點上，農民所受之痛苦，不僅是由于貨幣關係之加深與擴大，而且是由于這個關係的加深和擴大的不足。在農村內部的市場上，尙常有以生產物爲高利貸契約，而貿易常是自然物交換，因而物價之不定，對于高利貸者及商人，是有利的。

12，如果我們不把貨幣制在市場上的情況補充來說，則此落後的市場關係的狀況，就未完全了解。中國貨幣制是沒有一個統一的制度的。一省，一地，甚至一個沒有多大的商業中心，都有其各自的貨幣制，自己的銀元，兩等的單位。紙幣是由銀行各商行，銀行及商人團體，甚至各個軍閥，都可批發的。湖北中央銀行在五月之內，損失了其價值百分之八十，李濟琛的紙幣，在四月之內，就跌落了百分之六十，奉天省在一九二八正月，一百元日金可值一，二〇〇奉票，及至三月末，則只是四，五〇〇奉票了，這些都是沒有什麼奇怪的。自然，農村中的主要的本位制，還是銅元，紙幣之輸入農村，祇不過是近年來的事情。然紙幣的低落，和銀幣及銅元的不平衡，曲線式的跌價，同時跟着出現。農民不知道，並且也不了解銀行，商人及兩替人之複雜欺騙的內幕，故其所受損失，不僅是由于貨幣之跌落，且由騙局，錯算及欺詐。至于對外貿易，則已有外國的本位制。

13，民族市場之形成，因各地稅收，釐金徵稅等數目之日益增加，遂愈為困難。印度，爪哇，印度支那，高麗等地，在這一點上，總還有更好的條件，因為帝國主義在那裏創立了統一的貨幣制，而改變了內地稅。

這樣一來，中國帝國主義及資本主義成份之發展，跟着國家之分崩瓦解，在生活中所引起者，一方面，是閉塞的地方市場之一致結合的傾向的發展，另一方面，則是市場分裂之傾向，亦在進行。在這個矛盾中，國家是變成奄奄一息了。資產階級的企圖，是在四面楚歌包圍之中，而統一市場之建立，遂亦完全失敗。很明顯的，這個純資產階級任務之完成，只有是工人階級及農民才能解決！

第二十二章　帝國主義給與中國之贈品

——栽種鴉片與農民經濟——

毒物鴉片，在遠東算是人民愚昧及兇惡之主要的工具。遍種鴉片的事業，主要是英國帝國主義所手創的。最近有許多著作，企圖去洗雪此種可恥的罪名，此種思想是徒勞無益的。可憐的企圖，終爲鉄的事實所粉碎啊！

中國史紀，關于罌粟第一次之記載，是在十三世紀之初。及至十世紀時，中國醫生已論及鴉片可用爲醫病，十六世紀時，亞拉伯人開始散佈罌粟到印度來，而販賣之于暹羅及馬來半島，然當時中國之用鴉片，只是把牠當作醫藥而已。（註一）一五八九時，是開始徵收鴉片稅，直至十七世紀前，中國還沒有提及吃食鴉片煙的事情。

禁止吃食鴉片煙，第一次是在于一六二八，然而，不管是怎樣的禁止，鴉片廣佈于台灣，而入于廈門，以至於北京。鴉片之入中國，乃沿商務途徑而來，由爪哇而台灣，而入於福建。由印度而柏爾莫，而雲南，以入於四川。同時有由波斯及土耳其斯坦以入於新疆者，這也是可想而知的，中國政府曾調查得鴉片之影響，有滅種之禍，在一七二九時，卽有朝廷詔令，禁止販賣鴉片，放逐，及鞭笞一百——凡此一切刑罰，乃至於死刑，使栽種鴉片及販賣者，皆有懼心。英國歷史家，也被迫承認，此種禁令，當時曾可使中國之罌粟及鴉片，絕跡於中國。

自然，中國的官吏。是不願意不徵收鴉片之輸入稅。廣東及廈門，每年輸入鴉片，不斷繼續下去，尚不超過二〇〇箱。及一七六七年，則達到了一〇〇〇箱了。此時期中鴉片之主要批發人，是葡萄牙人，然而很快地英人就把他變爲東印度公司的形式了。

一六〇〇年時，爲要與印度通商的東印度公司，主要的注意力，就射到中國來，其原因有二：一方面，中國是產茶之區，另一方面，這是很重要的，就是因爲中國，亦如其他遠東各國一樣，可以發見富有利潤的貴金屬貿易。這是因爲遠東金價與銀價之比例，比在歐洲，是低得多。所以，從遠東各國輸出金以銀換之，遂成爲歐洲人之極有利的事業了。

金與銀兩者價値之差別，是殖民地政策所採用很重要事實之一，帝國主義藉此以剝削遠東各國（南美洲各國，亦是如此。）至於說到中國這一部分金之貯蓄，是比較快地消費了的，然因金之缺乏，銀之相對價値，遂增高起來。銀價與金價間之比例，中國在十八世紀時，是一：一〇，及至一七五〇年，則爲一：一六·五。中國銀之購賣力，和歐洲的水平比較起來，自十八世紀以來，藉重金屬商業方法繼續剝削中國，是不可能了。

此對於中國鴉片之廣佈，有極重大的關係。因爲十八世紀的中國對外貿易，是出超的。中國不需要歐洲的商品，中國在他成爲茶的市場之壟斷者，及爲輸出絲的主要國家時，他是很少去買英國商品，就是去買，其價格也是很低的。東印度公司在輸入這些商品，損失了一·五%至三三%。英國商人，便屈服於此種情況之下，一直到貴金屬的貿易，才給與他以廣大的利潤。當時金價對銀價之比例，和歐洲一致時，那時英法戰爭，使英國銀之貯蓄，發生空虛，那時東印度公司便極敏捷地提出着這樣的一個問題：怎樣和中國通商，能換得絲與茶呢？

東印度公司便決定從印度輸入鴉片於中國。東印度公司這樣做法，不是沒有危險的。因鴉片之輸入，可以引起北京政府禁止他的一切貿易。鴉片輸入之結果，是進行極快的，一七九〇年，輸入四，〇五四箱，然在一七九六年，朝廷詔令，以極刑禁止鴉片煙。鴉片貿易，遂成爲非法的貿易。然此非法貿易，藉廣東及各地鴉片商人比商人與中國官吏之勾結，得有極精密之組織。（註二）又因滿清官僚以及皇族，都以百萬金經營此非法貿易，上自皇帝及嬖幸，下至縣長，都由此鴉片的非法貿易中，得到巨大的收入。一八三〇年，鴉片之輸入，是一六，七七七箱，而一八三八年已達到二〇，六一九箱了。中國對外貿易，遂變爲入超了。一八三八年孔教會會長有上書於滿清皇朝說：『銀及銀幣既日益少，而日益貴，而銀價又提高至百分之六十，預算案之收入方面，遂因而混亂，而投機者益衆，商業亦循至不可收拾矣。外人思所以弱吾國，用鴉片以括吾財。……官吏每月之得賄賂，每一轉運鴉片之民船，可取三萬六千兩。前者，吾國非輸銀於國外，乃適得其反，每月反輸銀於國內，每年數達五〇〇〇〇〇兩，而今則輸銀於國外，數達一千萬兩。』（註三）。皇朝乃以此意見書爲根據，而禁止了鴉片之輸入。（我們可見，禁止鴉片並不是按着什麼道德的觀念來的，這種對於北京貴族，是感不了很多興趣的。）

（註一）恩狄肯斯——"opium, Historical Notes on the Poppy in China" P. 18.

（註二）Mopze——"The Chronicles of the East Company" P 156 Trading to China第一卷

（註三）拍爾克——Chinese Account of the opium War. P. 1——5.

一八三九年，廣東中國政府，焚毀價值五六百萬兩的鴉片。英國以軍事行動報復這次的行動。中國戰後，締結了一八四二年的和約，迫而允許『文明』的英國，可以把鴉片輸入於中國來。一八五〇年鴉片之輸入達到了五〇〇〇〇箱，而一八六〇年，爲八五〇〇〇箱。一八七九年達到了最高點，當時輸入了八二，九二七担的鴉片，此輸入的鴉片的價值，佔了中國總輸入中四六%。此外，尚有二〇，〇〇〇担是祕密運來的，這個貧瘠的國家，在那年中爲了鴉片的輸入，耗費了四千五百萬兩。

英人得自由輸入於中國的時候，因而發見了，鴉片之輸入，他們是妨礙了中國市場之發達，妨礙了工業品之輸入，特別是紡絲及紡織品。英人企圖攫取中國市場之失敗的主要原因，馬克思是認爲鴉片之輸入。

鴉片之需要，因而創造而引起了在中國本國的栽種鴉片。在一八七八年以後，鴉片之輸入中，漸漸減少，在一九二一年，輸入全部只是三二二一担，這是因爲中國本國也栽種了鴉片。鴉片之價格，也低落了，這是吃鴉片煙的人到最貧苦的下層人民中去。漢口海關總督霍布生，以爲一八七一年，西藏吃鴉片的，城市成人中佔七〇%，而鄉村中佔五〇%。雲南之情形更糟，在的英國領事斯賓士，報告本國政府，一八八一年，四川生產計有一七三，〇〇〇担；而雲南則生產計有三五，〇〇〇担，在每年有生產計有一〇〇〇〇担的鴉片。

一九〇六年中國已開始與栽種鴉片作堅决的鬥爭。一九一一年列強允許漸次禁止鴉片之輸入。在反對鴉片鬥爭之開始，得到了極光榮之結果，有許多省份，有完全肅清者。然以後國內混戰開始了。那軍閥們之需要，一方面鼓動鴉片之祕密非法輸入；另一方面，則慫恿農民去栽種罌花。一九二四至一九二五年，有好多地方，因農民不耕種罌花，都被槍殺了。

『在貴州及西安的將軍們，徵收所謂懶惰稅。這是凡不耕種罌花的農民，皆認懶惰的人，也應該納像栽種罌花的農民一樣去納租稅。』（註一）現在中國可以說沒有一塊不種鴉片的省分了。讀者也許可以看見：廣東政府在它改良的時候，幾乎一年收入，還靠在鴉片稅上面，『左派的』國民黨的武漢政府的大半收入，也是由於鴉片稅上面。在漢口的鴉片貿易，每月給與當時當權的將軍們，在二百萬元以上，或是一百萬元以上者，在廣州在三百萬元以上，……農民在這一點上，都不是同情於耕種鴉片的。農民之不願意耕栽鴉片，有好幾種原因，可以說明。其中之首要者，即鴉片價格之低廉。有些省份，農民被迫去出賣鴉片，每兩只値五十仙令，而這個價格，除去一畝土地稅自六元至十二元以外，在現在米價高漲之下，剩下利息是極少的。（註二）鴉片貿易之壟斷，所得利潤，不是農民生產者，而是將軍們及販買者。農民常用武器來反對栽種鴉片的命令，因爲這種栽種，是會把土地變爲瘠貧，需要豐富的原料，而所得利潤，結果都還是走入將軍們及商人的荷包中去。農民及習於富貴的人民間對於質好的鴉片需要的衝突，是外來輸入的鴉片所以興盛的原因。在外國密商中，日本及德國商人，佔主要地位。然而法國的"Banque de I' Lndo-China"及美國的"The national city Bank of newyork"他們是不幹這些事情的。在中國密商方面，北部及南部海軍主要作用，這些海軍，主要是藉鴉片祕密輸入的收入來維持的。

要決定栽種罌花的耕地的範圍，是不可能的，然熟悉者言，這個耕地，不及全耕地百分之一。許多佔主要的意見，是吃鴉片煙者，現在是遍及於下層社會中去。就是許多苦力，同時卽是那些貧農，也好像是在吃鴉片煙。

英國帝國主義『送與』中國這個鴉片，是主要商業的農產品之一，中國革命之能消滅這個滅種亡族的英國『贈品』，只是堅決的鬥爭，帝國主義之以鴉片束縛中國，比之用大炮，還要利害，中國的統治階級，是繼續了帝國主義的發端，軍閥是引導了鴉片的栽種，到最高發展的程度。

（註一）"Opium Cultivat on me Traffic in China. P. 2.及4.國際禁煙聯合會出版

（註二）仝上P.1-2.

第二十三章　茶業之衰敗

茶在歐洲，在一六六四年時就已有了，而有些說，是在於一六一〇年，現在，據羅馬國際農業學院的統計，在國際市場上，除產茶各國的消費不計外。平均是有三，三百萬公石國到四，二百萬公石（quintal）的茶。（註一）

在十九世紀上半期以前，中國茶在市場上，是佔壟斷之地位。自然，中國之爲壟斷者，不過是在生產方面吧了。茶之國際貿易，是操在英人的手中。倫敦在十九世紀下半期，大半是茶之國際貿易在市場上的壟斷者。十九世紀之初葉，英國與中國間之競爭，一部分是在英國及中國商業資本爲分配茶之貿易的利潤而競爭。在這個競爭中，中國直到鴉片戰爭前，都是由十三個商人的行商，而佔據與外人通商之壟斷權。在英國亦然，英國有東印度公司。中國輸出茶之最高點，是在一八八六年，當時各種茶之輸出，有二，二一七，二九五担。

在一八八六年以後，中國茶之輸出，就低降了。中國失去其壟斷的地位。中國之所以被擠出于國際市場，是由於印度茶及 Ceylon 茶所排斥。這個轉變，是英國資本有意去加緊破壞中國在茶種方面之壟斷。因有大量資本之投入，所用可以供給無代價或極低廉之土地，以用作大耕種場，茶之栽種及輸出，用租稅政策及海關政策去鼓勵，在印度，主要是在柏來瑪河之沿岸栽種之，而以後乃在 Ceylon 羣島，茶種之發展，亦迅速發達起來，印英政府以保護金保護栽種者，銀行借他們借款，在 Ceylon 好久以來，都有金錢的獎勵。此外，印度及 Ceylon 茶之耕種，還有三種和中國比較起來的優點。

1，在印度及 Ceylon（卽在爪哇，也是一樣），茶之耕種，是在于大耕種場中，而中國呢，是小農經濟。

印度茶之耕種，佔有五〇〇—五五〇盧比爲支出的固定資本，至于廣大的後備金，更無論了，他們取得土地多半都是無償的。此種公司在一九二二—一九二六年，給與紅利爲二五，五〇，八〇，而現在呢，爲固定資本一〇〇—一七五%（註二），自然，大生產，是會戰勝小生產的。

2，在印度，在Ceylon，在爪哇，在日本，茶之製造，是在于很好規模的工廠中，而在中國呢？主要的都是手工業的生產方法，而且其中最好的，也只是很小的舊式的用手用刀的製造中的生產方法。只是在十九世紀之末，俄國茶商，才開始了巨大的近代的製造廠，然中國卽在一九二五年，也只有十五個大工廠去製茶，而其中五個大工廠，還是在俄國茶商附屬之下的。印度茶之所以戰勝了中國，只是因爲在大生產中的生產費，比在小生產中的生產費爲小。只是因爲印度建立了無數的貯備商品，而中國呢，沒有無數的貯備的茶。只是因爲印度之製茶，是用資本主義的方法，而中國則是用亞細亞的，手工業的方法啊。

3，英國在他成爲茶貿易的壟斷者，（好久美國購茶，都是經過倫敦，只有俄國才創設過自己貿易的機關）便利用其壟斷的地位，以便印度茶及Ceylon 茶之擴張，中國的商業資本，毫無能力，只用抵抗的最下策，就是只去加緊地去剝削中國農民生產者。

凡此種種原因，積而使中國茶業之衰落。『中國在五十年前，有茶九〇%，供給大不列顚，而現在呢，只有一〇%。二十年前中國輸茶于美洲合衆國，有五千一百萬鎊，在一九一三年只有此數三分之一，僅爲全數中五分之一。加拿大需要每年尙不止四千萬鎊，而中國只是此數中二十分之一。』（註三）

（註一）"Internat onal Yearbook of Agrecultural Statestics" P 244.

（註二）見 Capital 雜誌，國家印行的

（註三）Chinese Commerce 1923 海關出版 P.563.

一八八六年後，中國茶之輸出之低落，可由下列表中指明之：—（以一千兩爲單位）

年份	黑茶	綠茶	磚茶
一八八五	一，六一八	二一四	四九五
一九〇〇	八五六	二〇〇	三二〇
一九一〇	六三三	二九六	六三一
一九一六	七七一	三〇六	六七四
一九二一	一三六	二六七	二三
一九二六	二九二	三二九	二九九

在同時，中國在茶之國際市場上的相對的意義是低落了的。一八六〇年中國茶之在國際市場上者，約佔全部茶九〇%，一八九六年印度及 Ceylon 茶，佔五八%，而中國呢，只是四二，一%。及一九二五年，印度茶及 Ceylon 茶已達於六九%，而中國呢，只有一〇，八%。（註一）

中國在國際市場上之地位，遂低落了，而各國在茶之輸出方面，其對比可如下表現之：

——(以公石為單位)。(註二)

國別	一九〇九—一九一三	一九二二
Ceylon	八五七，三五五	七七九，二九九
印度	一，一八六，〇九七	一，三五三，三七〇
中國	八〇三，〇二二	二八四，〇一六
台灣	一〇八，六四七	五〇，七九四
東印度	二三一，九五五	三二八，二〇九
爪哇	二三七，三一二	三四二，二四〇
日本	一七八，九〇四	一〇八，九九八

此表是證明了，不僅是中國，並且即在台灣，以及于日本，小農經濟，雖有國家的裁助，都不能和大規模耕種場相競爭。一八八五年，茶佔中國全部輸出四五%，及至一九二六年，只佔三，〇三%了。同時茶之價格，又低落了：一百斤的黑茶，一八七二年在中國，是值得三七，七九之美金，而在一八八二年，則值二二，一四之美金了，在一八九二年，則值

一八三五之美金了，一九〇二年，則值一一，〇九之美金。只是在大戰前夜及到大戰剛終了時，茶之價格，是提高了：一九一二年，一百斤值一八，二二元，一九二一則爲二〇，三一元了。

在三四年來，茶之輸出，又有若干之進步。這是因爲蘇聯購買華茶之特別現象而來。一九二六年，從中國輸茶入於蘇聯，有四八，二五五担的黑茶，一二，四七六担的綠茶，並有一三四，四二七担的磚茶。然蘇聯之出現，亦還不能改變中國茶之栽種的現狀。蘇聯他自己也有購買印度及 Ceylon 的茶了。而日本之競爭，也使自己感覺到。

輸出之減少，自然是影響了中國茶之栽培。農民放棄茶之耕種，或切去茶種，而代以他種的栽種。在福建，此種過程，是表現得特別尖刻，而領事的報告中，也指出了茶耕種之瓦解和低落。廣東，安徽，湖南，江蘇，及浙江，也同樣是免不了這個過程啊。

要來決定茶在國內消費之範圍，是極乎困難的。許多統計，都是互相矛盾的。而完全明白者，只是國內消費，比較輸出，是要超出幾倍的。根據茶商的茶行的統計報告，北京茶之消費，每年爲四〇，〇〇〇担。在一九二三年，例如，由各商埠送出者，有四四〇，〇〇〇担的綠茶。在這個數目裏面。運于外國市場者，只有二八四，〇〇〇担。托爾格斯說，中國每人消費茶之數量，有二，二俄磅。（註三）這個數目，在我們看來，明顯的是過于誇大，因爲每人茶之消費，在美國是一，八鎊，在蘇聯是一，二鎊，在日本是〇，五鎊。農商部以爲中國茶之全部收成，是五，五一九，五七四担，而茶樹佔有五，三五三，三五五畝。這種數目，也是一點也不能信的。這無條件是太看小了。而另一極端，是『英國百科全書』，他以爲中國茶在國內消費是一千六百萬担。托爾格斯，以台灣每年茶之平均消費爲出發，並假設中國人口有四二七，〇〇〇，〇〇〇人，而得出結論說：國內消費約爲六，三百萬担，而全部生產則爲七百萬担。這樣一來，那末，說到茶之製造，則一担做好的茶，需要三—三，五担的未做好的生茶葉了。如果以托爾格斯之計算爲可信，則吾人便可以做出這樣結論說：中國種茶的耕地，要佔三四千萬畝了。

我們以爲，托爾格斯是誇大中國茶之收成了，然而無論如何，茶在中國農業經濟中是佔有十分重要的作用，而其主要方面，是供給國內的要求，這都是很顯然的。所以去了解貿易之組織，考察在中國商品流通中之茶的流通，不是沒有意義的。托爾格斯之功績，卽在于他是企圖去考察這種工作。

中國茶之由生產者轉到消費者所經過的途徑，是極乎複雜而遲緩的。農民佈種了茶樹，收集了茶葉，然後賣此茶葉于製造的工場的代理人，或自己把它用到工場來。在焙茶工廠中，摘下了茶葉，加以醇酵加以焙製，而由此醇酵和焙製的方法，而製造出黑茶或綠茶。在中國的製造場上，這些過程，按以前茶葉之類別，皆由手或刀所製造的。茶之製造，常不是在于工場中，而在于農民的家裏。已焙好的茶，是出賣之于中國的茶商，這個是組織他的茶行之內的。中國茶商，（他都是在做輸出的工作），由各地商人收買到茶，而後各地商人派出自己的買辦，于生產者或委托各省茶商去經理茶之貯存。然茶商的流通資本，多半都是很窮的，因此，他們都是要輸出的外商去經理，而各外國商人則求助于各地銀行。（註四）所以，中國商業機關是由外國輸出商人所領導，而外國輸出商人是依賴于外國銀行。在中國茶商及外國輸出的中間人之間，還有外人買辦的集團。這樣，在茶運到市場之前，尚不止十手以上的經手，而其結果，『即是在茶的貿易非常興盛的年頭，生產者在茶的價格方面，也無所得，他沒有夢想到他能積蓄些什麼，並擴充或改良他的生產。中國茶之輸出，其對于直接生產者之影響極小，生產者在多年以來，自己工作所得，是一樣的是很小的收入。……』茶之到達市場，是一樁極複雜的事體，而達到于輸出商人，則常經過十次以上的經手……浪費常數倍于茶葉之最初價格，——所付給生產者的價格。達到市場，按一般的規例，比購買茶葉的價格常大，若是再加上厘金，租稅，各省的苛捐雜稅，無數中間人的代辦的非法的稅收，各地政府之高度的出口稅，（此稅之徵收還不久）那末，安徽一百斤茶，購買只要一個墨西哥銀元及五十仙，一到了上海，出賣却要十四元了，這件事也沒有什麽奇怪的，一切利潤都被中間人及出口商拿去了。』（註五）我們根據蘇聯在漢口及上海購茶的機關的經驗，我們可以說托爾格斯之計，並不十分誇大。租稅，厘金，內地稅及其他國家機關之苛捐新稅，約佔了茶出賣價格百分之三十至四十。在浙江省，茶從生產者來到上海，所經過比較還不很多的厘卡，然各種徵收，每百斤茶已達四—六元之譜，即佔茶價三分之一以上。如果價格低降，則租稅所佔部分，提高至茶價百分之六十至七十了。要來說明確實的浪費是多少，是不可能的，因爲中國商人，很注意去掩蔽自己的『商業上祕密』。而除此以外，則因各省之各具體情形之下，其欺騙之方法及範圍，又有變動。此外，茶商賣茶得到現銀，而他給農民生產者，都是些地方錢幣制，各地方的紙幣，或簡單是他們自己發出的紙幣，這一點也是有關係的。啊，這些都是『當商業資本佔主要統治的時候，到處都是搶刼的制度』及『當商人資本起了中間人作用的時候，在落後國家生產物的交換中，商業利潤，不僅是欺騙及錯算的結果，而且，他的大部分，實際都是從這當中發生的。』（註六）這兩句話之無上光榮的證明了，如邪士著商業資本爲外國資本所領導的時候，則其情形，非有所改良，而是更壞下去的。

這些都是中國茶種下落之深刻的原因了。外國及中國的商業資本與茶之生產之關係，是外部的。分散的小生產者，是無力抵抗商業上之欺騙，而商業資本奪去了小生產者剩餘生產品之大部分，而因之奪去了他改良生產之可能。

此所以中國的茶種，不能離中國社會關係所建立之根深蒂固的圈子，而走到新的生產方法之建立。中國商業資本之入於反革命的營壘，只是農民運動達到了極乎高漲的時候，其原因之一，也是因爲中國社會關係而來。商業資本對於徵收他的商品價格中百分之三十至四十的各種稅收的政府，也是取反對態度的，而企圖去壓倒軍閥之專橫。然而當鬥爭的戰場上，亦發現了生產者的時候，發現了生產者也要來推翻吸取他們商品價格百分之九十的機關，那時，商人和軍閥便連結同盟，以反對農民生產者了。現在的政府只以減少高度茶稅及廢除釐金爲滿足了，此外並不敢提，然而這最低限的辦法，也實行不了。

中國歷史經驗告訴我們：分散的小產生者，不能把商業資本服從了自己。在已發生過資本主義生產方法的國家中，只有大生產，只有工業資本，才能推倒商業資本，而使之走到次要的，輔助的生產作用。在農業經濟生產方面，此種過程，卽在英吉利及在美洲合衆國，都還沒有完成過，在那裏，商業及運輸資本，還都是割開與農業經濟的生產的混合一致。這裏最明顯的是：中國農民要是能夠推翻商業資本之統治，只有在中國無產階級幫助之下，才有辦法。

（註一）托爾格斯——"China as Tea Producer. P. 159.

（註二）International Yearbook of Agriecultural Slatisties" 1923, P.196,197.

（註三）托爾格斯——China as Tea Producer P 220.

（註四）The 220 Chinese Economic Bulletin 1927第十卷316號

（註五）托爾格斯——China as Tea Producer P.78——81.

（註六）馬克思——Capital 第三卷第一部P.314.

第二十四章　帝國主義與中國絲業

在中國古代絲是製造統治階級的服裳的材料。因此統治階級就盡力提倡養蠶，而且極力從各農家中收取更多的絲貨。在中國有一個時期專把農民一切土地來種植桑樹，而農民則以絲交自然地租，皇帝的詔書亦規定農民一定要『樹桑』。瓦格湼兒（Wogner）說絲業曾在中國發生過很大的作用，後來因爲棉的種植才使蠶絲大大的衰落，直到十七世紀因爲國外的需要才重新興旺起來。瓦格湼兒錯了。棉花並沒有能排擠了絲，他是排擠大麻，黃麻，及特殊的中國苧蔴（Chinese nettle）。棉之所以能戰勝諸麻者因爲『棉的生棉需要最少的勞動力，因此棉的價格最便易，最便易的價格往往可獲得最高限度的消費』。（馬克思哲學的貧困第六十頁）富裕之家用絲織品作服裳，這種國內消費並不因植棉而受到何打擊，只有英國的毛織物到了中國後才打擊了絲織品。但是富裕等級之拋棄絲貨而用毛織物，這種轉變是緩慢的。直到目前，中國的統治階級還是用絲貨的多。當然了，國外的需求給中國絲業一個很大的推動。因此帝國主義對中國農民經濟的影響是非常大的。種桑及養蠶的事業普遍全國。同時，在帝國主義影響之下造成了中國的大規模的機器生產的，製絲及絲織工業。這項工業的的確確是民族工業的一個部門。機器工業的發展雖然馬上不能毀滅家庭工業的絲業，然而給了他一個很大的打擊而撕破了他。在日本，家庭絲業毀滅過程經過了四十年。在一八九三年，百分之六十四的繅絲及紡絲還用手工方法。而且大部份都在家裏。在一九二〇年，繅絲，紡絲有百分之九十一是用機器了，只有百分之九還用手工的方法。在中國，這個過程還沒有日本走得遠。家庭工業還是根深蒂固不可搖撼。然而許多舊式的手工廠究竟換上了一些新機器。在鄉村中，在外縣的城市中設立了很多手工絲廠。在大的工業中心地建立了很多大規模的機器紡絲廠及大模模的機器織絲廠。把成千成萬的農民吸收到城市中，變成了現代的無產階級。為着在幾年中間可以拚命的吸吮他們的血，然後再把他們拋棄街頭。帝國主義及中國的資本主義絲工業把中國舊式的養蠶術及製絲法革命化了。

在一九二一年，日本的農田有百分之十是種了桑樹。有三分之一到四分之一的農家都從蠶業得到一大筆收入。（日本年書——一九二四年——一九二五年）無怪紐約絲價的動搖會引起日本農村經濟的嚴重恐慌。在中國，蠶絲業在全盤經濟系統中的相對作用及意義沒有在日本那樣重要。但據大概的估計差不多有四百萬到四百五十萬農家以蠶絲業過活。在日本，絲貨的出口佔出口總額百分之三十到百分之四十五。在一九二六年，絲的出口佔出口總額百分之十八又點四，約值一五六，〇〇〇，〇〇〇兩。但是不論如何，中國在世界上絲原料輸出者的地位，及蠶絲業在國內的相對作用都大大的減少了。

『有一個時期，中國對西方是個唯一的供給絲原料的國家。後來，過了五十年，中國在全世界的絲市上還佔有百分之五十。如果拿從一九〇二到一九〇四幾年的到西方平均出口來計算，則中國佔百分之二十七，日本——百分之二十八，意大利——百分之二十五，其餘各國百分之二十』。（莫爾斯——中國之商業與行政）

如果把國內的消費也都加上，則在一八八一到一八九〇年中國佔全世界繅絲百分之四十，一八九一到一九〇〇年佔百分之三十二，一九〇二到一九〇五年佔百分之四十。

由此可知，在這個時期中中國的產絲並未降低，不過出口減了而已。在一九〇五年日本從中國奪取了第一輸出國的地位，以後日本就逐日加強了他的地位。在一九二五年日本在全世界的絲市上佔百分之六十，爲第一位，而中國則僅佔其百分之三十坐在第二把椅子上。全世界絲的消費增加了，但是中國的絲貨出口並未增加，所增的銷路都被日本一手搶去了。同時日本的競爭把給意大利及法國一個很大的打擊。因爲勞動力價格低廉的關係，意法兩國的人民在放蠶方面不能與日本競爭，在紡絲工廠方面也不能與日本競爭。全世界絲市上最大的買主，美國並不願從事於植桑，養蠶及紡絲諸事業，因爲他曉得他無論如何不能同中國及日本的農民競賽，因爲他們的勞動力的價格太便易了。

日本打敗了中國奪取了中國，在世界市場的統治地位。這是因爲他們養蠶的方法較好，因爲日本農民的房屋更清潔一些，更便於養蠶，因爲政府能夠盡力改良生產，因爲他們能夠應用最新的科學方法以防止並除去蠶的傳染病的流行，因爲他們的工業是用最新的最進步的技術組織起來的，諸如此類。在中國呢，政府不但不能幫助生產，不但不能組織生產，反而破壞他。在兩個大的絲業中心上海與廣州的周圍已經發生過多年的軍閥戰爭。在一九二六年籌借了二千二百五十萬圓的借款以便吸收市場上過多的絲，借以穩定絲的價格。在一九二七年日本政府化費了差不多六千萬圓以拯救絲貨在人造絲競爭方面所受的致命打擊。同時在中國，絲上面却增加了新的捐稅。

『在中國一千個蠶子有三百個要在孵化期間死去，有四百個要飼養期間死去，其餘三百個也只能結成很壞的繭。意大利蠶及中國蠶生產能力之比例爲一〇〇：二五，死去的蠶所吃的桑葉的消費還沒有計算在內』。落後，無組織性，舊式的飼養程序，蠶室之惡劣，農家中調節溫度方法之不完備，等等條件使六個克羅格蘭姆中國繭只能作出一個克羅格蘭姆的生絲，而在意大利四個克羅格蘭姆繭便可抽出一個克羅格蘭姆的生絲。(見杜朗著生絲durant "Raw Silk")。這便是日本能夠戰勝中國奪得其世界場市統治地位的原因，雖然中國的氣候更適於養蠶，雖然中國南方的桑樹可以收採六次到八次的葉子而在日本只能採四五次，雖然中國繭的生產價格較日本為低廉，中國究竟敵不過日本。

在一七二四年東印度公司的經紀人用一百五十兩來買一担生絲，而當時銀一兩值七先令有奇。中國的市場地位之破壞，外國之競爭及中國出口之增加使中國絲在十九世紀下半紀大大跌了價格。在一八七二年，在上海，一担白絲值美金七八四元。在一八八二年只值得四一六元，到一九〇二年值三一五元，最後到一九二一年直落到三〇二元。而絲的生產及出口反日漸增多。中國在這種交易中所獲得的貨幣等值或外國貨品一天天減少了。在最近幾年，日本天天叫苦，說絲的生產費用已追上了市價，以後的生產快要成為賠錢虧本的事業了。在這裏我們不要忽略了，絲是個奢侈品，在絲貨貿易中有五光十色的投機組織。在美國，在法國，在意大利都有一些生絲掮客的組織，他們可給絲價以很強有力的壓迫。時髦新裝的動搖也有很大的作用，幾百萬中國與日本的農家的生計都繫於美國及歐洲的小姐太太們追逐新裝的心理。絲價動搖的厲害，遂使合理的生產成爲不可能的事。在一九〇六年絲價漲起百分之卅五，到一九〇七年便跌了百分之卅五。在一九一九年高價與低價之距離爲百分之七十五。在一九二〇年末的絲價比起同年初的絲價跌落百分之七十五。商人及工廠之把這些價格動搖的危險都加到繭的生產者身上，即歸根到底加到農民身上。在這個時候我們要注意到，農民一旦種了桑樹，他是沒法舍棄這種耕作的，因爲桑樹可以產生八年到十五年的葉子，而他的種植又需要特殊的土壤適應，需要肥料及灌溉，要掘許多池塘等等。同時養蠶者必需有相當的資本才能適應這種種情形，因此即使蠶業臨時沒有什麽利潤，他們也不得不去繼續着做。

帝國主義對中國絲業的影響是多方面的。

世界市場各方面的需求給絲的生產一個很大的推動。關於中國絲的出口我有下面的統計材料。在一八二八年到一八三三年東印度公司每年平均收買四，三十四担。在一八三三到一八三七年絲的出口每年平均爲九，九九八担。在一八三九到一八四四年（戰事時期）平均出口爲一，六六四担。在一八四五到一八五〇年，平均出口爲一四，九二三担。在一八六〇年爲六七，一二三担。在一八六七年爲三九，六二七担。在一八八六年爲六四，四八八担（包有生絲及各種絲貨綢緞之類）。以後的絲的出口可於下面的表中見之。

單位　一，〇〇〇担

年份	生絲	野絲	繭	絲織物	府綢（野絲的織物）
一八九二……	八四	一六	六	一三	二，七
一九〇一……	一〇七	二〇	八	一七	二，七
一九一一……	九五	三三	二〇	一六	一一，二
一九一六……	一〇三	一八	三〇	一四	二四，七
一九二一……	一一四	三六	三三	一六	二六，七
一九二五……	一三一	三四	二三	一四	一七，二
一九二六……	一三五	三〇	二一	—	—

為着使大家更明瞭這個表，對野絲需略加解釋。野絲不是在農民家裏養而是野地的桑樹或柘樹上養的。農民不過把繭收集來，繅紡之後出買生絲。野絲大都在中國及印度年在滿洲的柘樹很多，而此種養蠶的方法則傳自於山東的移民。煙台有專為製造此種野繭的工廠，成為府綢出口的中心。在看到繭的出口時要注意到，五担到七担中國繭只能出一担生絲。

曉得這些情形之後，我們可以做出下面的結論：在十九世紀中生絲的出口是增加的，在一九〇〇到一九一八年一個長時期都是維持原狀；在世界大戰之後，生絲的出口才重新慢慢增長起來。

我們已經說過中國的市場地位在最後數十年中被日本打倒了。下面的數目字可以證明這件事情。

年份	日本出口（單位千担）	增加百分數	中國出口（單位千担）	增加百分數
一九六五	七〇	一〇〇	一〇一	一〇〇
一九〇六—一〇	一一六	一六六	一二〇	一一九
一九一一—一六	一七三	二四八	一二七	一二六
一九一六—二〇	二三六	三三八	一一五	一一四

各種的野絲之出口增加了。在三十四年中出口的絲增加了兩倍。

繭的出口也增加。但是自從中國應用機器來製繭後，生繭的出口去漸次減少的傾向。

絲織品的出口一般的說來是維持原狀的，美國及法只需要生絲，至於以後的製造，最後到織綢，則這些國家都相當的高明。而中國的絲織業還是用家庭工業及手工廠的方式，因此在這個部門中，中國不能以大量的標準商品供給世界。

府綢的出口增加的很快。自一八九二年到一九二一年增加了十倍。

這些數目字告訴我們說絲業是發展的，在可耕地中種桑所佔的面積一天天擴大了，種桑樹和養蠶的農家一天天多起來。這可以確定一句，在許多外省，過去絲業的發展很弱，現在都大大發展廣佈起來。在廣西，絲業完全是個新實業，從一八六〇年才發生的。但是現在廣西的桑田已有九〇，〇〇〇畝，年產生絲約有五〇四〇担。在陝西省，在一九二〇年的時候，桑樹六六，〇〇〇，〇〇〇株，到了一九二二年增到了八〇，〇〇〇，〇〇〇株，而在這個時期中，生絲的生產從七五八担增至一二四〇担。因為繅絲工業的發展，所以湖南湖北的蠶絲業也發展起來。在這裏我們可以得一個很有根據的結論，說出口的增加只在很小很小一點上由於國內消費的減少。固然中國的統治階級已經開始穿用毛織物，但是如果你到上海天津漢口廣州及別的有外國影響的中心城市中的街道上去走一蹚看看，你就可以看到中國富人的服裝的根本衣料依然是絲織物。絲價的低落使中等人家也可以穿絲綢了。絲織襪手工廠及工業的發展，絲襪及絲料襯衣之出口擴大絲的應用範圍。

很多數目字的統計可以證明生產的增長。嶺南大學曾作過廣東省絲業的研究。這種研究告訴我們說廣東有二，二七八，〇〇〇人以蠶絲爲業，桑田有一，五五〇，〇〇〇畝，可產桑葉四，九八一，〇〇〇磅，可受繭六九，七〇〇，〇〇〇磅，在這些繭中可抽到一〇四，六四〇担生絲。而從一九一四年到一九二四年平均每年出口生絲只有三九，四四三担。這樣看來中國南部出口的絲約佔其總產額百分之卅八。

中國另外一個絲業大中心是揚子江流域連同上海。熟悉狀況的人說『中國的產絲揚子江流域及浙江與北方佔去百分之六十八，而南中國（指珠江流域—譯者）則僅佔百分之卅二。』（一九二五年中國年鑑）揚子江流域產絲之確實統計材料我們沒有。但是我們可以十分肯定的說中國中部及北部每年產繭的總額爲九〇〇，〇〇〇担到一，〇〇〇，〇〇〇担，而南部珠江流域則僅出產五〇〇，〇〇〇到六〇〇，〇〇〇担。

在廣東五六担生繭可抽出一担生絲，然而在揚子江流域則六，七或八担生繭才可抽出一担生絲。從一九一四年到一九二四年上海每年出口平均廠製絲三五，三〇三担，而手製白絲及黃絲一五五七〇担。其餘都供給了內部的需要。由此可見中國中部的絲供給國內的銷路要較珠江流域爲多。家庭中的絲織業及工廠中的絲織業中部亦較南部爲發達。

在一九二三年中國各通商口岸所運出絲織物約有三七，九七三担。這些運出的絲貨達到國外各地約有一四，五三三担。在一九二四年運出者有三〇，七〇〇担，而國外去路佔一三，三〇三担。在一九二五年運出絲貨三三，二〇四担，而國外去路佔去一四，〇七二担。

假若以廣東的情形作基礎來計算國外的銷路與國內的銷路，就是，假若承認出口為百分之卅八而國內市場則銷去百分之六十二；則可作一個大概粗糙的估計，則一九二六年生絲產額約為四一〇担，而繭的收穫量則應為二，一〇〇，〇〇〇担，到二，五〇〇，〇〇〇担。但須將野絲及府綢除外。

為着出產一担生絲平均要有二十畝桑田。由此可得一個結論，在中國有時只要八畝半到十畝的面積的桑田便可產生一担生絲。這種設計告訴我們中國所產的生絲還比日本所產的要多。從一九一三年到一九二三年中國產絲約合三九〇，〇〇〇担到四一〇，〇〇〇担，而日本則均產出三二五，〇〇〇担。然中國僅出口其百分之卅八到百分之四十，而日本則出口百分之七十二。

我們並不吹噓說我們的估量與計算是怎樣的正確，但是我們可以自信我們這些統計與材料可以使人對中國的絲業有個大概差不多的觀念。但是我們並不否認，我們想確定絲業在中國經濟總系統中的地位，這種企圖與嘗試還需要很多修正與補充。

這樣子，毫無疑義的，帝國主義對中國農村經濟的影響使中國的絲業有了相當的發展。然而這不過是盾牌的一面。

同時絲業的發展破壞了農民在家中製繭的方法。煮繭，繅絲，紡絲，及織綢都是中國最老最老的家庭工業。有一種很可靠的材料說中國現在鄉下農民用的紡織器還是三千年以前發明的。舊的用具，手足勞動的方法統治中國的生產一直到十九世紀的下半紀。第一個機器繅絲廠於一八六六年在廣東設立了。從一八九二年到一九〇二年在廣州建立了很多機器絲廠。據一九〇一年的海關報告書說『機器絲廠繁榮起來，其所產的絲之品質較舊式生產方法所產者要好得多了』（一八九二—一九〇一海關報告）。

同時製絲的機器生產亦萌芽於上海。第一個機器絲廠創設於一八八〇年。在一九〇一年海關監督已經可以作如下的報告：『十年之前只有三個近代式的絲廠。而現在已有二十八個絲廠。』（同上）

機器絲廠的資本並不需要很多。甚至上海最大的絲廠，其固定資本不過一五，〇〇〇到七五，〇〇〇元，而流動資本則貸之於土著銀行。因此製絲工業可以很快的發展起來。現在廣東已有二百九十九個現代式的絲廠，而平均每廠約有工人三百。工資動搖於兩角五分到九角之間，平均每日工資約爲四角。很有趣味的是工資只佔有生產費的百分之十。這就是廣東及全中國紡織業落後的原因。在上海的絲廠，一九〇二年有二十八個到一九二六年已增至八十一個。在上海的各絲廠中大概有四七〇〇〇到五〇〇〇〇女工作工，而男工及監工工頭約有五〇〇〇到七〇〇〇。

在二十年前的無錫，完全用舊式的紡絲器在農民家中來紡絲。到了一九二七年已經有二十二個新式絲廠有女工一三〇〇〇到一四〇〇〇人。在蘇州，南京，浙江，漢口，重慶等處的大絲廠亦相繼出現。爲着泡製山東的野繭在青島與烟台建造了五十八個大絲廠。在漢口有十四個很大的絲織工廠。在廣東，奉天等省，在上海也都有了很大的機器的織絲廠。但是綢緞製造業卽絲織業仍然大部份是資本主義式的手工廠。最有興趣的是如果生絲的價值及絲織品的價格降低了，則紡絲廠及織絲廠都會馬上減少生產，減少繭的採辦，到那時繭都會轉囘手工廠或農民家中去製造。在一九二六年我們居然在上海區內看到了這種轉囘落後技術的過程。婦女勞動有奴隸一樣的低廉，工作時間每日能長到十二到十六小時，雖然對兒童勞動有非人的剝削，然而絲價如果降低至某種程度，大機器生產依舊不能支持。而家居的農民只好再更減低他那低而不可過活的工資來繼續做工。而工廠中的女工對於企業主方面慘酷程度使人不能相信的剝削已有相當的反抗了。

機器絲廠不但製繭，而且因爲受了美國市場的壓迫不能不進而做第二步把農民家中或手工廠所出的生絲拿來再加製作。在一九二六年，中國出口了舊式生產的生絲一五，一〇〇担，工廠出的生絲一三，〇〇〇担，而廠中用新式機器加工製造的熟絲則出口了一〇七，〇〇〇担。家庭工業的紡絲業不曾消滅了，然而是根本上破壞了。舊式手工業，漸漸變爲近代的機器，及動力的蒸汽機了。

野絲的製作亦已改用新的近代製作方式。在一九二六年由新式絲廠所出的野絲出口了三〇，二一四担而舊式的出品僅出口八八二担。

機器織絲廠及手工織絲廠的發展給家庭工業的絲織業一個很大的打擊。

於是帝國主義給中國絲業發展一個很大的推動，但同時却撕破了家庭工業的紡絲業，開始破壞家庭工業的織絲業，建立了大的機器生產的紡絲業，加強了手工廠織絲業的發展，而且開始創造了大規模的機器生產的織絲工業，新的生產方法代替了舊的。

這種新的生產方法轉變的過程是在一種十分特殊的條件之下進步的。絲價的低落沈重地打擊了中國農民。別種纖維作物與絲貨價格之關係之變動常常利於前者。這種新的生產方法轉變之消極方面卽壞的方面都落在農民生產者的經濟方面了，而積極方面卽好的方面却被商人高利貸者取去。在生產過程之每一段，每一步，高利貸者，重利盤剝到百分之廿至百分之三十。如果有一個農民生產者他已有相當的富足，可以不向高利貸者借錢，那末他也逃不出商品輸送網，這是一種特殊的亞細亞式的商業組織，他以曠古未聞的方法來剝削生產者。我們可以描寫兩種情形以說明商業資本對生產者的統治，兩種情形已經夠了。

新繭上市含有多量的水份，必須焙乾他，因此需要特殊裝置的繭灶。繭商往往完一種特殊的稅及納一些賄金，便可取得設立繭灶的獨占權及生繭買賣的獨占權。這樣就造成生繭商業的大中心，於是繭行及繭灶的所有者便可以用金錢支配養蠶之家；借給他們以高利的貸款。譬如在廣東有一百八十五個繭行，在浙江有三百三十個，在江蘇有四百五十六個繭行。（中國經濟月刊一九二六年份第二期）生繭買賣的獨占是件十二分有利的生意。繭商公所決定生繭過稱法，規定標準品質，而且更重要的是他們可以規定生繭的價格。農民生產者是弱小無力的。組織在公所中的商業資本可以在過稱時挖他的肉，在定價時吸他的血。

每一個繭行都有很多的經紀人及掮客。這些掮客到鄉下去買繭，他在買者與賣者中間賺得一點利潤。甚至於在繭行之中農民還要經過這些掮客才能賣繭。這種掮客經紀人從農民方面得到百分之二到百分之三的賣價，從行主方面得到百分之一到百分一點五。如果農民不經過中人而賣繭則必須以百分三交給繭行主人作爲佣錢，而買者則需交百分之一小數點五作爲佣錢。廣東的情形是如此。在浙江則『生產者以百分之二點五交給中人，但是如果生產者買繭很多，則佣錢往往抽到百分之七到百分之八。』（中國經濟月刊同上）

捐稅方面的情形也很壞。在一八八四年每担繭在廣東只納十二元的稅，到一九二四年要納三十六元，四角九分。商業資本及國家機關使生產者只能從絲業方面得到很薄很薄的一點點利潤。如果在世界市場上絲價低落了，則生產者連一點利潤都得不到手。爲着灌溉桑田必須掘許多池塘，而池塘又不能養魚所以種桑簡直成爲虧本的事情。

因此，如果生產者幸免於高利貸的大災大難，則其利潤亦只有飼養了商業資本，軍閥，包稅商人，厘金局等等。中國有個很不錯的對中國商業及金融的經濟學名人康氏（Cann）曾評述過四川繭來上海的路程。一担四川繭買到上海値銀三十五兩，而沿途之水脚，運輸保險，捐稅，厘金，官吏之敲竹槓，一路行來到了上海要花去二十一兩。（見字林西報一九二七年十一月廿一日）在這種情形之下，生產者當然得不到利潤。

這些商業及捐稅的條件便是中國絲業停滯的主要原因。農民之所以不能改良其生產，中國在世界市場上的地位所以日漸降低，也正是因此。同時應當了解上述種種條件並未能改善反而日漸惡劣。同時，在意大利，在德國，在美國，在日本諸國中人造絲生產之飛快的發展也影响到了絲業的破壞。在一八九二年，全世界人造絲只有三一，〇〇〇磅；到一九〇二年已有人造絲五，〇〇〇，〇〇〇磅；在一九一二年有二〇，〇〇〇，〇〇〇磅，而在九二六年已有三〇〇，〇〇〇，〇〇〇磅。而每年輸入中國的人造絲已經値八，〇〇〇，〇〇〇到一〇，〇〇〇，〇〇〇兩。

絲業是中國最老的生產之一種，現在已經感到了絕大的危機。

第二十五章　纖維植物及家庭工業之命運

設題

『大機器發展必然結果之一，即是在於大機器工業在創造國內市場的過程中，破壞其固有的國內市場。他是創造了國內市場，而破壞了農民家庭工業的基礎。然農民無家庭工業，則不能生存。農民因而破產了，而成購買力達到最小的農民。當他們進入于新的生活環境中，成爲無產者，則他們將只成爲重新發生工廠及作坊之最可憐的市場了。』（註一）

這是恩格斯在一八九二年九月二十二日在萊因寫的。他並繼續說，『最後爲英國商業而開闢的，表現得適當而引起暫時復活的新市場，這就是中國。所以，英國資本才這樣進行中國鐵路之敷設。然而，中國鐵路之敷設，即是表現中國小農及家庭工業之一切基礎的破壞。這種禍害，並不是和大工業的發展相平衡的，而千百萬人民，將因而陷入不能生活狀態之中』。

這樣，恩格斯已在一八九二年預言中國農民家庭工業之滅亡了。同樣的，我們知道：馬克思關於印度及中國曾指出過：紡績業及織布業是工業與農業生產結合之原來的整個部分。而且『由農業及工場之直接結合而來的大節省及時間上之經濟，對於大機器工業的生產物，是最頑固的敵對。』（註二）

因此，馬克思及恩格斯都以爲：從中國農業經濟之發展的觀點來說，資本主義破壞工業的農業生產的原來結合是達到何種程度他使工業和農業分離成功的成績是如何，算是最主要的問題。一切亞洲生產方法之結構，都要破滅，如果這個工業與農村之分離，老早已經發生過。所以，在研究中國農村經濟的發展，排在我們面前，便有農民家庭工業之命運的問題，舊式家庭工業的紡績業及織布業之命運的問題（他和近代資本主義家庭工業，在家庭做工，以爲交給買佔人（或包商的）是不相同的。）中國，亦如其他殖民地或半殖民地各國一樣，對此問題之研究，其複雜在於資本主義發達的國家把綿花，毛織品輸入中國並以紡紗供給中國；是在於中國大紡織工業之發達，一部分尚需要外國的原料，是在於中國曾輸出綿花及中國高等蕁蔴於他國，以供給他國紡織工業之原料；是在於隨着中國大機器工業，資本主義作坊工場及資本生義的家庭工業，（資本主義的附屬物）亦隨着要發展。凡上所述之各種過程，皆相並而行，而互為依賴，且互為限制及補助。因此，我們給中國小農經濟與紡績業及織布業之原來的結合是否消滅這一問題，以一個明白與確定的答覆，則我們應當從可能方面說明下列幾個問題：——

1，中國棉作物之狀況；

2，在中國紡織市場中的供給中，外國輸入之範圍及比重；

3，中國本國大機器生產之發展及在國內紡織市場之供給中大工業之比重。

我們很早就向讀者表示過歉意：就是我們對於這些，就是極簡單的問題之答覆，不會有十分明白及確定之答覆。其原因即在於可靠統計材料之缺乏，中國各省份情形之極端分歧等。在浙江及江蘇，上海大工業生產及外國輸入商品，擴張了市場；在直隸，資本主義工場之發達，隨機器生產而並起；在廣東在沒有棉花情形之下，紡織工業，不能發展，而香港用外國商品，充滿於全省。諸如此類。總之，其間的差異，是很大的。

氣候條件對於需要，亦有莫大的影響。在西北，（山西，陝西及廣西），多穿羊皮襖，因為那裏附近於牧羊業，故其價廉。在滿洲，皮革短衣，是很貴的，而該地禦寒，都是附棉於自己衣服裏面。在西部及中部，亦是如此。在南部沒有那裏冷，有好多地方，都只穿中國苧蔴製的冬衣，就已夠禦寒了。

國內各處之分歧，尙不止此。大城市及鄉村之間，其區別甚大。在外國輸入商品及中國工業及工場製造品所到的大商埠及城市，人民所穿的，已是工廠生產的，或工場生產的棉織物了。德國經濟學者克爾里斯（Crees）完全正確地以爲：『大批棉織物之輸入，只是供給城市人民之需要。鄉村的需要，還是家庭及工場生產佔優勢』。（註三）

我們相信：下列各問題之分析，不僅需要補充，而且需要改正。一般說來，我們已獲找到發展之趨向及反映，帝國主義對於中國農村經濟在纖維植物的栽植方面及紡織生產方法的形式方面之一般特點。這個問題是會引起最嚴重的注意與證明，我們觀點的正確，還必要詳細加以分析。

（註一）馬克思給恩格斯的書。

（註二）資本論，第三卷。

（註三）Cress: "uber Volks Unl Staatshaushalt China'S".

中國棉業之發展

中國史紀上，第一次載有棉花一事，是我們紀元之五世紀。在中國北部及中部，棉花之成爲製衣服的織品之主要的原料，只是在十二及十三世紀。凡是去找棉業區域之分配情形，都很容易地以爲：棉業之主要地方，是在森林區域。現在棉業已發展到浙江，及湖北南部，那些地主是沒有森林的，然此爲最末期發展之結果。很明顯地，上海，漢口紡織工業之發生，推動了這些區域棉業之發展。在南方各省中，棉業之有巨大作用者，只是雲南一省，那裏是受印度支那之影響而擴張了的。棉業之主要區域，是直隸，山東，山西，陝西，河南，江蘇，浙江，安徽，江西，及湖北。在其他各省，作用甚少，或是完全沒有地位之可言。

如果注意去考察棉業區域之分布及其性質，則所見者，是棉業之極端地方化。在全體十省中，專門去栽種棉花的各地方，一定是分布在溪河或運河的沿岸，或一定是分配在鐵路附近一帶，總之，是在於易于達到的地方，（乃就低廉運輸而言的）。在黃河，揚子江，淮河及漢水的流域，是棉業之主要的地方，其原因不僅是生產者願意在接近市場的地方去栽種貿易的農作物，而且是因爲在人口密度最密的地方，大規模去栽種工業原料的農作物，也只在生活資料容易供給的地方，才有可能。很明顯地，棉業已極端地方化，是爲大紡織工業發展之結果。上海的紡織工業使南通，湖口，及海門，捲入棉業生活之中，計有四百萬畝以上是耕種棉花的。在杭州地方及甯波地方的棉業，是爲大工業創造出來的。然相反之過程，亦同時並行。棉業之發展，引起了紡織工業，現在之西安及太原之建設工廠，是要節省在上海天津漢口之棉花運費，這是一方面，他一方面是要節省從上海來的紡紗之運費。

最近十年來中國棉業發展之傾向，可如下表表示之：——（註一）

年份	種地（以十畝爲單位）	棉之收穫（以千担爲單位）
一九一八	三〇，〇三七	一〇，九六五
一九一九	二八，三二一	九，九一〇
一九二〇	二八，二一六	六，七五〇
一九二一	二七，四五五	五，四三八
一九二二	二九，五五四	七，三四二
一九二三	二九，五五四	七，一四四
一九二四	三一，九三一	七，七六二
一九二五	三一，〇〇〇	六，五七五
一九二六	未明	五，六八〇

中國棉之收穫力比印度高兩倍，甚至比北美合衆國，都要高些。雖然中國農民對于耕地所施肥料，是非常壞的，以致上等棉花常退化了，（除山西，陝西以外），然耕地之強度工作及細心栽培，中國一英畝常保證能生產二百磅至三百磅的純淨棉花，而同時在印度，中等棉花，一畝尚不及一百磅。固然，中國棉花，其纖維是很短的，是棉花之下等者，因爲中國機器紡績已開始要紡質料更好的棉紗，而美國棉特別是印度棉之輸入，遂因而成爲必要的了。

至按棉之收穫而言，中國是佔第三等位置而居于北美合衆國及印度之後。自然，中國棉花在國際市場上之地位，是非常弱小的。主要國家純輸出，即棉花輸入及輸出之差，如下表：

國別	純輸出				
	一九〇九—一九一三	一九一九	一九二〇	一九二一	一九二二
美國……	一九，五五四	一四，四九二	一三，一一二	一四，五四一	一三，四八四
印度……	四，一二六	三，二七二	四，三九一	四，四八六	五，一五六
埃及……	三，一三二	三，〇一四	一，七九七	二，一五二	二，九一一
中國……	四二六	五〇三	一八二	六四八	五六七

北美合衆國在國際棉業市場上毫無疑義是佔了統治地位，他在一九〇二到一九二七年這一時期中，佔國際銷數百分之五十一至六十四。這是說明國際市場上之棉花價格，全部是依賴于美國棉之銷售了。美棉價格自一九〇〇年一磅四，八七便士提高至一九一四年七，二六便士。世界大戰及棉之巨大需要，形成了空前的『棉花飢荒』。在一八六三—六四年棉之需要，已經發達。一磅棉在利物浦一九一七年時，要賣七，五一便士了，在一九一八年爲二一，六三便士。在一九一九爲一九，七三便士，在一九二〇年爲二五，三一便士。戰後棉價開始突然低落。在一九二一年時，利物浦每磅美棉平均值一一，八九便士；一九二五年爲一〇，七七便士；一九二六至一九二七年爲五—六便士。自然，此種價格之突落，是給與了印度及中國小農經濟以莫大的打擊，此棉價之突落，是說明棉業之混亂，此從中國一畝中等收穫之低落中表現之。

現在英國用全力去征服北美合衆國的棉花壟斷，現在南非洲，在美索波達米亞及南美洲之荒地及巴西的棉業也已開始迅速之發達，遠東小農的棉業，將到了每況愈下的日子了。中國商人在紡織工業及棉花輸出之初期發生時，用各種欺詐方法，使棉花質料，成爲很壞的。上海的紡織工廠及出口商，遂迫而用警察力量了，這警察是在城市中，禁止壞棉通過的。中間有一長期的時間，對于擾害棉花質料的人：倒底是農民生產者還是中間的商人這一問題，曾有爭論過。據金陵大學研究之結果，很明顯的證明是『各地商人，（並非農民）去做這一勾當，去腐化農村經濟的生產物。』（註二）

棉花所含水分不宜過八，五%。在上海的織棉試驗場以爲棉花含水分最低是一二%，即是商品，也只有一五%水分。然而中國商人，則常使棉花含水分至一八—二〇%。（註三）

農民生產者自己是很耐苦去做出好的純粹的商品。但因從種子抽出纖維的技術之落後，使他不能達到目的。還在不久以前，中國及印度之從種子中抽棉花的辦法，還都是用舊式的鄉村中的工具。日本新式工具之輸入，是始于一九〇六年時，從此以後，上海，天津，漢口等處，已開始用新式工具去製造了。此種工具，（值得二〇—三〇元）便很快地在山西，陝西，直隸，河南，廣西等處普遍起來。 在漢口已有工場，製造所，每年可製造此種工具三〇，〇〇〇個。然而就是這種改良的工具，還時常有種子及葉屑雜于棉花中，所以那些大紡織工廠中的工人，常就因此而時常受到處罰，其原因卽是如線之中斷及機器因夾雜之種子及葉屑而損壞等皆是。自然，商人是不管怎樣去把棉花純淨起來的。中國棉花質料之壞，是說明了：中國平均每一百磅的棉花，只做成七〇—七五磅的紡紗的原因，同時，在英國及日本可以做成八十磅至八十五磅。

商品運輸之網，是無情地剝削農民生產者。金陵大學在吳江設立合作社，藉以收買農業的生產物，從這個我們看見了：不管運輸是如何困難，及重量之損失，棉價之低落，合作社比在本地方出賣的棉花，得利多過很大。『每担（即一百斤）棉花，上等者合作社得六，八四元，下等者得四，八四元的補充利潤。』（註四）

在山西，那裏種了上等棉花，一九一七年生產者在當地每担棉花得到一五——一六兩，而同時在上海每担中等棉花却值二六——三六元。（註五）在一般情況之下，種棉的農民，只是收集不多的棉花，在他並不想供給棉花于城市市場上。所以，他出賣自己商品于城市，——集中鄉中棉花的棉花商人。『鄉村價格』比城市要低得多，這是無足驚奇的。

支配棉業的高利貸者及商人之權力在中國的加強，正和廉價的美國棉及印度棉之輸入的發達及其價格的低落，同時並進，影響得中國棉業，入于混亂狀態中。

（註一）此係由中國紡織業聯合會年刊中得來的。

（註二）金陵大學出版——‘Eleventh Aunual Report 1924-925”

（註三）“Chinese Economic Bulletin 1925” P. 232.

（註四）金陵大學出版—— Twelfth Annaul Report 1925——1926. P, 26.

（註五）The Chinese Economic monthly 1926 No 5. P. 200.

棉業發展之原因

不管一切之阻礙，中國棉業在戰後國際危機以前，是有極迅速形式之發展。如對其發展原因，加以考察，則可發見其在十九世紀末及二十世紀初中國經濟中所發生變遷之最有趣味有益的情況來。

（a）棉業發展之第一個原因，同時亦就是農民家庭工業的紡績業消滅原因之一，此原因便是日本大機器紡織工業之發達。他的發展還用到美國，印度及中國的棉花，因日本自己沒有棉花。隨着日本紡織工業之發展，從中國輸入的棉花（開始經過上海，以後經過天津），遂跟着發展起來。一八九五年從中國的棉花輸出，計有一千一百萬兩。在一八九九至一九一三的時期中，平均有一千四百萬兩。而其中的大部分輸于日本，他在日本和印度棉及美國棉相混，或作爲最粗棉紗之原料。

世界大戰時的『棉花飢荒』及美棉及印度棉之高價，遂給與了中國棉花輸出之新推動力●

一九一四年時從中國輸出之棉花，約有六七五〇〇〇担，一九一八年有一，二三〇，〇〇〇担，一九一九年有一，一二五，〇〇〇担。戰後美國棉及印度棉之輸于日本，重新利害起來。現在中國之輸出，已完全視美棉及印度棉之收穫為轉移。中國輸出之低落與提高，是依賴于國際市場的情況而定。一九二〇年之輸出，是二八〇，〇〇〇担，一九二一年是五七六，〇〇〇担，一九二二年是四八二，〇〇〇担，一九二三年是九七四，〇〇〇担，一九二四是一，〇八〇〇〇〇担，一九二五年是八〇〇，〇〇〇担，一九二七年是八七八〇〇〇担。

日本紡織工業之發展，使中國棉之輸出，日益增多。日本之大機器工業進而和中國農民家庭工業為原料的競爭。此種競爭之加強和尖銳起來，正如中國本國大機器棉紗生產之加強此種競爭一樣。內河及外洋的航業都是帮助大工業的。所以棉花從江蘇，浙江之供給日本，比供給貴州，是容易而低廉。盧列米以為一八八五至一八九八年這個時期中『日本購買中國棉花是使中國手工業方法的棉花紡績，根本絕跡方法之一』（註一），是完全正確的。輸出使棉花在國內市場騰貴起來，而在揚子江沿岸，直隸，河南及山東的主要的棉業地方經過了航行及鐵路和國外市場更加密切起來。

所以，日本紡織工業之發展，一方面是中國棉業發展原因之一，他方面是中國家庭工業的棉花紡績消滅原因之一。

（b）棉業發展及農民家庭工業式的紡績業消滅第二個最主要的原因，是中國本國紡紗大機器生產之發達。

中國紡織工業之發展，是始于一八八〇年至一八九〇年時。當時是創造了第一個中國資本所建立的大蒸汽機的棉花紡織工場。在一八九一年時，上海中國大商人，開了第二個的大紗廠；一八九四年又開了兩個工廠，有九〇，〇〇〇枚錠子，及七五〇個織機。

此時外國資本尙不能侵入中國生產界。只是在中日戰爭之後，才允許日本『在中國境內各都市及商埠作各種工業活動』之權。其他各帝國主義列強，亦援例得以『最惠國』原則，得到和日本一樣的權利。（註二）在第一個難關過了以後，發展遂極迅速了。中國錠子數在各年中，有如下表：——

年份	數目	年份	數目
一九〇八	七五〇，〇〇〇	一九二三	二，五四〇，〇〇〇
一九一三	九六四，〇〇〇	一九二四	三，一六四，〇〇〇
一九一六	一，一五四，〇〇〇	一九二五	三，五六九，四四〇

一九二六	三，五五八，五八三
一九二〇	一，六〇〇，〇〇〇

紡織工業發展之全盛時代，是在歐戰時代，當時工廠可得到很大的利潤，那時帝國主義不能把商品輸入到中國來，那時日本紗廠主爲要節省運費及利中國及日本工資之差異，乃始設廠于上海。一九二六年，中國工廠有紡綞二，〇五三，三一六個，日本—一，三四七，九四七個，英國有二〇五，三二〇個。

及日本在一九一五時向中國提出二十一條約要求時，中國乃開始抵制日貨。抵制之結果，實際上只減少一些日本各種棉織品及棉紗，然而不能減少其他的輸入，而且其他還有增加的。抵制日貨總給中國民族工業發展以有力的推動。大紡織工場建設了，棉織廠也開始發達了。譬如，在漢口便是抵制日貨給牠以織紡廠發達之第一個推動。現在在漢口已有六十五個有固定資本一千萬紡織廠及紡織工場了。這些工廠廉價紡織品已進而與日本廉價紡織品相競爭了。(註三)在上海及漢口，直隸，滿州，河南，山東之濟南，青島等處，當時亦有此紡織廠。中國機器紡績業和機器織布業是不分離的。亦如英國一樣，大半紡紗廠開始建設織布廠。在世界大戰前，中國只有幾千架蒸汽的紡織機。一九二五年卽增加至一三，三七一個，一九二六年已達到二四，〇五七了。因有奪取山東之企圖而來的一九一九年抵制日貨，及在一九二五五卅屠殺之後，又有抵制外貨之舉，又是成爲紡紗業及織布業發達之新推動力。自然的，一方面，因爭奪中國市場之競爭，他方面，因軍閥混戰而引起國內市場之破壞，都是會引起中國本國紡織工業之嚴重的危機的。一九二四年中，不能完全都在製造的紡綞已從九九〇〇〇〇至九八〇〇〇〇個，一九二五年中，停止或不完全都在製造者從八九二〇〇〇至一，六五七〇〇〇個不等。

綿織品輸入之發展及紡織工業之發展，還有一個有趣的結果，即是中國染色廠及染色工場之發展。如果中國史紀爲可信，則中國在四千年以前，古人已有五種顏色染布了。外國商人叫中國人染布，按他自己的所好。在紡織品的商業中心，及在紡織工業的中心，即已發生染色廠及大染色工場。近代方法的染料生產，已遍及張家口，那邊之染紡織品，是按蒙古人所好的。染料生產之古式的方法，已是很快地變成近代技術的生產了。

紡織工業之發展，是需要原料，卽是需要棉花的。棉花消費之發展，是與紡綞數目之數目的發展，相並而行的。由此我們看見：日本，中國及印度，每一紡綞所消費的棉花，比起歐洲或北美合衆國，是要大得許多許多的。英國紡綞每日工作八小時或六小時，在亞洲同樣的紡綞一晝夜只做二三小時，還是有中斷的。一九二〇年，一千個紡綞在一年之內，在英國可以製造六四棉包，北美合衆國一八一棉包，印度三一九棉包，日本六六〇棉包；中國五三九棉包。在一九二六年一千個紡錘在英國製造五二，八棉包（因全國總罷工縮小生產），在北美合衆國是一七〇棉包，印度二四二，日本五〇五，在中國是五一〇棉包。（註四）

若以國際紡織廠聯合會調查爲根據，則中國紡織工業棉花消費之發展，是如下表：——（註五）

年份	消費（以千担爲單位）	年份	消費（以千担爲單位）
一九〇七—〇八	一，六八七	一九二三—二四	四，七三四
一九一二—一三	二，四〇七	一九二四—二五	六，五五一
一九一九—二〇	三，二四〇	一九二五—二六	七，一一七
一九二二—二三	四，八七五		

中國紡織工業棉花之消費，在二十年以內，發展逾四倍。工業之迅速形式的發展，不能不引起農村經濟在供給工業以必要原料上之落後遲緩，『動物的及植物的原料之相對的停滯生產，已進到中國了。中國棉業之命運，不僅是很好的說明了馬克思這個綱領，而且是還更證實：『生產的歷史愈走近近代，則其表現愈正確些，恰恰是在主要的工業部門中，有機原

料價格的週間，成爲經常的現象，經常地反覆動物的原料之相對高價，及因而最後低廉時期的變換』之主張。（馬克思：資本論第三卷）此種原料價格一高一低的時期之變換，在殖民地及半殖民地農村經濟在其混亂方面，有莫大的影響。

農村經濟之發展，趕不上工業之發展，于是棉花輸入中國，遂成爲必要了。輸入之範圍，視北美合衆國及印度之棉花之價格及收穫，而有所不同。因爲在中國的日本及英國的紡織工場之製棉紗，是要貨料好的。美國棉及印度棉之輸入，遂因而成爲必要的了，因爲中國的短纖維，是不利于製造質料好的棉紗的。中國棉花之輸入如下（以担爲單位）：——

年份	輸入	年份	輸入	年份	輸入
一九〇二	三五一·二二九	一九一〇	二〇五·九一五	一九一八	一九〇·一一〇
一九〇三	六二·八一七	一九一一	三九·六七五	一九一九	二三九·〇〇三
一九〇四	六五·一二九	一九一二	二七九·一九二	一九二〇	六七八·一九七
一九〇五	八四·二四三	一九一三	一三四·七三五	一九二一	一·六八二·五二六
一九〇六	四五·三五九	一九一四	一三六·四八八	一九二三	一·六〇六·三八四
一九〇七	一一六·三〇七	一九一五	三六四·三八〇	一九二四	一·二二九·三二八

一九〇八　九九，〇三三　一九一六　四〇七，六四四　一九二五　一，八〇七，四五〇

一九〇九　二四，三六九　一九一七　三〇〇，一一六　一九二六　二，七四五，〇一七

關於一方面：棉花之輸入與輸出，及他方面：中國紡織工業的棉的消費及棉之收穫，其情況得表如下：——

（以一千担爲單位）

年份	中國棉花之收穫	輸入	輸出	中國紡織工業棉花消費	剩餘
一九一二—一三	八，六一七	二七九	六二五	二，四〇七	五，八六四
一九一九—二〇	九，九一〇	三三九	一，一二五	三，二四〇	五，七八四
一九二二—二三	七，三四三	七，六八二	九七四	四，八七五	三，一七五
一九二三—二四	七，一四四	一，二二九	一，〇八〇	四，七三四	二，二二八
一九二四—二五	七，七六二	一，八〇七	八〇〇	六，五五一	二，二二八
一九二五—二六	七，五七五	二，七四五	八七八	七，一一七	二，三三五（註六）

此地我們希望讀者注意到表中之最後一欄。這一欄告訴了我們：留爲家庭消費及紡織工

廠之貯存的棉花數目，而此貯存之數目是極大的，有時達到一百萬担。由此看見了什麽呢？

我們看見了：隨着棉花之輸出，然而主要是隨着機器紡織工場棉花消費的發展，那供給農民家庭消費的棉花數量。是傾向于低落方面走。紡織工業之奪取農民的家庭工業的綿花原料，是日益增大。工廠消滅了中國農民的紡織車了。

現在有一二〇，〇〇〇工人在上海紡織工廠中，用機器方法，生產二五—三〇百萬農民在家庭紡織車所生產的棉紗的數量。所以，一二〇，〇〇〇農婦之變爲工人，是表示有千百萬的農民，失去了家庭的工作。這一點，我們可以山西省的情形，加以分析。山西省之人口有一一，六五四，〇〇〇人，其中有五，一〇七〇〇〇婦女。『省之南部及西南部之大多數婦女，皆助男人耕田之工作。省之中部及東部各縣，主要皆在經營家庭工業，如紡織業，織布業及養蠶蛾等事。在山西北部之大多數婦女，及太原附近，除家庭經濟外，毫無輔助之工作。農婦中八〇——九〇%皆流爲貧苦階級，而富有者，特不過百分之二十而已。』（註七）現在這些婦女亦學習紡織業及織布業，然已非農民的家庭工業，而是資本主義的家庭工業了。農婦之失業問題，不但是中國困難問題之一，而且同是日本及印度困難問題之一也。

我們，自然，還希望讀者再注意幾個很重要的問題。我們說過，對于中國棉花收穫之確實統計，我們還沒有；而我們所引證者，自然要比實際收穫，要少一些。『棉花年報』曾說：『隨着中國機器紡績業之發展，棉花之留在國內是日益增多，有很多棉花是在家庭工業製造用的，這樣，棉花不經過于任何的商業機關』。（註八）若說有許多棉花留在農民經濟，用爲家庭消費，這是對的，然若說許多棉花是用于家庭紡織業，那是不對的。在中國北部及中部，大多數棉花，農民是用爲套入夏衣中；因爲單獨的冬衣，他們是沒有的。在山西，冬天是很冷的，農民差不多要消費二磅棉花，來做衣服，這個要值得七十仙令。農民的睡一般用來做被等，在中國要消費棉花很多很多。差不多不少于一百五十萬担到二百萬担，有時還許達到三百萬担。在窮鄉僻壤之地，棉花運不到的地方，農民的家庭紡織，也許還佔有主要之作用的。自然我們無法引證農民紡織機及所用棉花的數量。這些東西不在計算之內。然即在印度，雖然外國紡紗之輸入較早，而紡織工業之發生，亦較先。然家庭工業式之紡績，還未完全消滅。毫無疑義的，中國卽是在棉業地方亦不能說家庭工業式之紡織，已百分之百地完全消滅了。然其迅速發展之傾向，是如此的。

舊式生產方法結構之一，農業與家庭紡織之結合，在中國北部及中部，大半是已消滅了的。中國農民經濟之特殊悲劇，是在于中國家庭紡織之消滅，不但是因中國紡織工業發展之結果，而且還是因國外紡織品之輸入，而其主要者，是因外國棉紗之輸入，有以造成之。多年以來，舊式農民經濟失去其鞏固性，然其結果，多半他的損失，並未創造了工業。農民之爲農民，破產而已，而不能建立基礎，變成無產者，因爲不是中國工廠在那裏工作，而是英國，以後是印度，繼之是日本工廠。

（註一）盧列米——The Foreign Tradee of China

（註二）麥克：Treaties and agreements and Concery China, 1894 1919;

（註三）The Chines Economic Bulletin 1925. No. 14.

（註四）係報據國際紡織廠聯合會

（註五）仝上

（註六）一九二五到一九二六年「剩餘」所以這樣少，是因爲該年中棉花非常便宜，紡織廠都購買了大批的外國棉花，貯存起來。

（註七）The Chinese Economic Bulletin 1925 No: 247.

（註八）The Cotten Yearbook 1927. P. 62.

外國棉紗之輸入與農村家庭工業

在鴉片戰爭之後，英國的紡織工業之企圖，主要是要向中國輸入紡織品，然其努力之結果甚微。紡織品之輸入，是很慢的，而其所能消費此紡織品者，只能計算到城市的富有之家。到了後來，才很快地發展起來。玆將每年之輸入，列表如下（以千担爲單位）：

年份	輸入	年份	輸入	年份	輸入
一八七八	一〇〇	一九〇六	二，五四一	一九二一	一，二七三
一八八五	三八八	一九一一	一，八六〇	一九二三	七五二
一八九一	一，二〇〇	一九一六	二，四六七	一九二四	五五三
一八九六	一，六二一	一九一九	一，四〇五	一九二五	六一八
一九〇一	二，二六七	一九二〇	一，二四三	一九二六	四一五

有幾點，我們要爲指出：——

（一）一八九九年棉紗之輸入，達到了最高點，直到九一六年以前，都維持此同樣之水平，一九一六年時，當時一方面是在國際市場商品飢荒的時候，另一方面，中國紡織工業，亦在發達，遂使棉紗之輸入，大受打擊。所以就有如此之過程：——

a．工廠製造的外國棉紗，打擊中國家庭工業式的棉紗（在一八九九年以前——第一時期）。

b·外國及中國之工廠生產的棉紗，共同打擊中國家庭工業的棉紗。

c·中國工廠製造的棉紗，排斥了外國的棉紗，在國內市場，取而代之，並排斥家庭生產的棉紗，而代替他的地位。

（二）在棉紗及紡織品方面的大變動，其原因一部分和中國收成之性質，亦有關係。遠東紡織市場之特點，是：在好收成之後，紡織製造品輸入及其地方生產是發展的；而在不好收成之後，輸入及地方生產，即要進入極端之低落。

（三）棉紗之始輸入于中國者，是英吉利。自然，跟着印度紡織工業之發達，英國之輸入，遂亦減少。而印度之輸入，遂發達了。印度紡織工業之發展，不但是要靠國內消費，而且是要計算到中國家庭工業。一八九二年，英國輸棉紗于中國四九，〇〇〇担，印度輸綿紗于中國一，二五四，〇〇〇担。一八九九年，從印度輸紗于中國已達到了一，九〇六，〇〇〇担了。

在一八九四年，日本紗始入中國。在中日戰爭之後，日本之發達的紗織工業，如狂風般把日本紗投入中國市場來，而日益增多。日本紗遂漸漸地擠倒印度紗于中國之外，而尤其甚者，開始和印度本身，都要相競爭起來，日本工業之在中國市場上戰勝印度工業，不但是因日本商品價格之低廉，而且是因爲日本非但以棉紗賣中國，而且還購買了中國棉花。在一九二五年時印度紗之輸入中國者，三九，〇〇〇擔而已，而日本棉紗四〇五，〇〇〇擔，而從香港來者有二八六，〇〇〇擔。

今試觀察之：外國棉紗之輸入，及在中國的工廠所造成者，在國內供給中，是起了什麽樣的作用。爲要易於計算計，假定中國一担的棉花，可以製造的棉紗，是百分之八十。我們可得下表：—

年份	輸入的棉紗	中國工廠生產者（千担爲單位）	總數
一九一二—一三	二，六八五	一，九二四	三，六〇九
一九一九—二〇	一，四〇五	二，五九二	三，九九七
一九二二—二三	七五二	三，八九九	四，六五一
一九二三—二四	五五三	三，七四六	四，二九九
一九二四—二五	六一八	五，二四七	五，八六五
一九二五—二六	六一四	五，六九三	六，一〇七

由此表中，得做下列幾個結論：—

a．隨中國的棉紗的工廠之發達，外國棉紗之輸入，是減少的。

b．比這個結論還重要的結論是：輸入的棉紗及工廠生產的棉紗，共同加起來，還不能滿足國內市場之需要，若即注意及紡織品之輸入，（亦是一樣）中國農民的『衣服』，在兩年之內，要用兩件。而貧苦則三年賣到兩件。假設一件衣服，要用五磅棉紗，縱是暫且不計及其他製造品要用棉紗（冬天大衣，內衣，被單，手巾等類）則其整個數量，也應預備：在一九一二—一三年，要九六百萬衣服，一九一九—二〇要一〇七百萬件，一九二五—二六年一六三百萬件。自然，這件數目，只是大概而論的，我們還要指出它之一切的有限性及不正確性。然無論如何，這些數目總可確信地證明：棉紗之輸入及工廠生產的棉紗，在中國本國不能包蓋全國之需要。

現在有一個問題：國內之消費紡織品，是達到了何種程度。據英國紡織工廠聯合會之計算，一九一三年紡織品之輸入中國，佔全國消費約百分之三十四；一九二五年，約佔全國消費百分之二十。如說中國人口是三萬萬人，則有一萬萬中國人，是沒有衣服穿的。那末，他們穿什麼呢？他們的衣服在西北，是以大蔴製造的，在南部則是苧蔴製造的。

他種的纖維植物——大蔴及中國蕁蔴

南部主要的纖維植物，是中國苧蔴。在沒有棉業的西北部主要的纖維植物，是大蔴。在牧羊業發達的地方，衣服原料，絨毛還有些作用，然其意義，現已低減，蓋因絨毛多半都輸出了，而蒙古人之購用紡織品者日益衆。亞蔴之生中國，只算是榨油植物。南部千萬中國人及西北部數百萬的中國人，都是穿由大蔴及苧蔴所製造的紡織品。

此類纖維植物，在國際市場上，雖日益注意，然我們還沒有實在的統計。中國苧蔴，在國際市場頗負盛名。是叫做"China grass"的，『算是一種很好的，極細小而極簡直的纖維植物之一，由中國苧蔴所製造之紡織品，好像是絲織品一樣，故她和絲，亞蔴，棉花及絨毛混合，製成了細軟的紡織品』。（註一）

中國苧蔴，大蔴等之輸出是發展的，其統計表如下（擔）：——

年份	輸出	年份	輸出
一八九二	六一，五九八	一九一二	三〇六，三二四
一八九七	九九，四七四	一九一七	五二二，八五五
一九〇二	二二二，四七八	一九二五	五六三，九四九
一九〇七	三〇〇，八八二	一九二六	五〇二，六四五

帝國主義之侵入於此種農業部門中，我們是看得見的。然而這些問題，總還未研究過，我們所有的，不是一些『官場的』的報告，卽是一些零碎的，而很少專論此一部門的數目字。農商部說：一九一五年整個的纖維植物的收穫，除棉花外，有一千九百萬担擔。然此數目，很明白而且太過於誇大了的。至於，湖北是出產此種纖維植物大中心之一，每年他的收穫，不是二一八，〇〇〇擔，便是二三六，〇〇〇擔，而湖南大出產地源江縣，約有二五，〇〇〇擔（註二），這是充分得以說出的。

在西北部及南部，大蔴是播種的小農經濟中栽種的，主要是供給家庭之需要。中國苧蔴，通常一年都是在一塊農地上栽種，因爲它之成長是非常快的，每年可收成三次。瓦格榮以爲：中國中部及南部，苧蔴是『主要纖維工業……而這一帶的每個農民；栽種此種苧蔴，多少都佔有了大農地，並把它的纖維製成純淨形態，並和別種物質混合，造成紡織品，以爲家中人之用』。（註三）這種情況，在當時是對的。然而現在應該加以糾正了。如果從南部通商各口岸看起，則我們看見福州，廈門，汕頭，廣州等處，已有大量棉織品輸入，有些是外國製造的，有些是中國製造的。在汕頭有三萬以上的婦女，正在家庭做工，以交給批發商，他們絕對的都是把從上海，香港來的棉紗，拿來製造的。總之，南部已開始其他的纖維植物之排斥的過程了然此過程還未走得很遠。在南部還有很大區域，農民還在栽種苧蔴，把他紡成紡絲，織成紡織品，也好像在西北部大蔴之爲家庭工業的原料一樣。此種事實之簡單的說明，即是還有千餘萬的中國人，還在穿(這種紡織品)。這種衣服，就是由家庭原料及家庭工業製造的。然此種情形，雖然是很慢的，總是要消滅的。國際市場之要求，是很廣大地去奪取此種原料的。此種纖維植物之從江西，湖北，四川及廣東輸出者，日益加多。中國南部及西北部之出賣大蔴及中國苧蔴而購買廉價之棉紗及紡織品的傾向，是不斷發展的。

然此種情形之破產，還有其他的原因。買占人(或包商人)之使農民工業之附屬於他的支配下並使他變成了近代的家庭工業(的情況)，日益擴大。由苧蔴造成的衣服的貿易，只是在各商埠之間，其數目，一九二三年是八，三百萬兩，一九二四是九，四百萬兩一九二六年一八，六百萬兩，而此數目在國內市場上之整個貿易而言，特其小部分而已 一九二六年此種衣服從中國輸出者，有二五，六五九擔，價格達五六百萬兩。商品都是送入高麗，日本，暹羅及荷蘭東印度，馬來羣島等處。其購買者之主要的人，是僑外華僑。以此商品供給市場的，是農民。農民出賣此種紡織品每一米突(由此紡織品製成衣服，可用五六年)值錢十仙令至十五仙令。自然，商品是經過了三四個經手：中間人，商人等。

原料之輸出，及製成品之貿易，一部分是破壞了家庭工業，一部分是開始了近代的家庭工業。隨着中國及外國工廠製造之紡織品競爭之加強　，中國苧蔴之紡織品的價格，也降低了。在大工業競爭打擊之下，農婦迫而減低自己之消費。在揚子江沿岸，原料及苧蔴大蔴之製造品之變爲商品，日益增多，而農民的家庭工業乃日益變成經過商人（買佔人）的近代的家庭工業。自然，在南部或許除廣東及大商埠近附之地外，農民還在舊式的紡織機上紡織。那些地方，他的被排斥，及破壞的過程，只是才開始過。那些地方，亞洲式生產方法之結構，還未消滅。比如貴州，廣西，及雲南等是；而以福建，四川爲尤甚，北部如山西，甘肅及山西，亦復如此。每當戰爭，土匪及中國軍閥之其他侵擾而梗阻其商業交通。及棉紗非常高貴時，則中國農民又重新回到舊式的紡織去。

（註一）海關 Tle Principle Articls of Chinese commerce. 1824

（註二） The Chinese Fconomic Monthly. 1925

（註三） 瓦格里兒—— Die Chinesiche Land Wirtchaf P. 356.

中國家庭工業式的織布業之命運

我們上面已逃到家庭紡績業之命運的問題了。現在還必須說明農民家庭工業式之織布業之狀況是如何了。可惜關于這個問題之我們可用之材料，從最低限度說，差不多完全是沒有找到而且是無甚用處的。

伊頓夫關于十九世紀中葉（的情況），曾說過：『中國北部的婦女是從事棉紗或蔴布的』，『在商業上棉織品及絲織品是最多的』，『此外還有大批的織品（即所稱為『府綢』者的中國紡織品），從中國走入蒙古，西伯利亞，中亞細亞去』。中國紡織品之貿易，亦走過高麗，那裏有『大批的中國紡織及絲織品』送過去。（註一）總之，中國製造的紡織品之對外及對內的貿易，在十九世紀中葉，已充分地發達了。

"Times"的通信員之在太平暴動時游歷過中國者，曾指出過：外國的紡織品很難排擠中國的。他說把歐洲的棉布拿去中國的洗衣法在兩塊石頭中搓起來，經不得幾個月的洗，而中國的粗布却可洗用六年。到了二十世紀初葉英國人才懂得了幾萬萬中國人並不穿他們的布。在一九〇一年海關監督翁文寫道：『據我看來，我們商業最大的教訓和經驗是我們蘭開夏的廉價布匹的銷路不好，他不能在最貧苦的居民中奪得一塊地盤。我不曉得布匹商業之衰落有什麼特殊原因；但是我曉得有毫無疑問的一個原因，就是他不能與印度布的價格低廉相競爭。我們應該根據事實來設想，就是要想幾萬萬中國人穿用西歐洲的棉布——這是做夢。』

一切海關之報告，在這個時期中，都嗟嘆紡織品輸入中國之爲量不多。然舊式中國本國的紡織品，亦有莫大的變遷。中國織布業，漸漸都是用工廠廉價的棉紗。自然，生產方法本身的組織，是沒有變更的。一八八〇年之初，在江西及在重慶的農民，還是自己織自己的衣服，此爲約敍生研究之所證明了的。沙皇時代的俄國工商部之哥諾特可夫，在一九一四年，說明俄國紡織品迅速下落之原因時，曾寫說：——

『在中國本部，由手工業製成之棉織品，絲織品及其纖維植物的織品非常發達，除最安固而最有特權的階級外，很少中國家庭沒有織布機。而棉花之原料生產，有特別重大的意義，因爲中國本部大多數人民，穿衣服多年都是棉織品。』（註二）

哥諾特可夫指出了：家庭紡績業是已經破產了的，然而舊式之織布業，還是以輸入的棉紗去織布，還是很堅固地維持着的。他又很了解：運輸費在中國條件之下，是有巨大之作用的，並說明了：『在交通極不方便之下及該國手工業方法的紡織生產之極度發達，那些沒有棉花，或且因某種原因棉花不夠的省份內的人民，時常購買舶來的製造品或外國棉紗，比較由他省運來棉花（雖然是隣近的省份），還要便當些。』（註三）

這樣，據哥諾特可夫的意見，在一九一一——一二年，那個時候的家庭織布業及手工業紡織生產，整個是沒有消滅的。在實際上，在一九一一年之初，中國之一切紡織工業，已有了三，八〇五蒸汽的紡織機了，能做棉織品四五，六百萬碼。一九一〇年外國紡織品之輸入，是一四〇百萬担，一九一一年是一五三百萬担；一九一七是一五四百萬担；很明顯的，外國的及中國的紡織生產，一起只能滿足一部分的國內要求。

自然，我們沒有中國本國紡織生產之確實的調查，即織布生產之機器的方面，也都不完全。我們只能有英國紡織工廠聯合會對於中國紡織生產之大概的估計，其情況如下：——

（百萬磅為單位）

年份	中國紡織的工廠生產	中國的外國輸入紡織品	家庭生產
一九一三	一〇	三〇七	五七〇
一九二五	二七	二六五	八七〇

家庭方法的生產之增加，不僅僅在絕對的方面，（從五七〇百萬磅至八七〇百萬磅）而且在相對方面，（從全生產百分之六十二至百份之七十四）都是增加的。這個初看來似很奇怪的現象，是如何解釋呢？他的原因之說明，是很簡單的。即是中國家庭方法的紡織生產，是最近二〇——二五年來，無論在技術方面及在社會關係方面，都有莫大的變動。

家庭生產在技術革命方面，是這樣的：就是舊式的木織機，變成爲近代木紡織機，而有的還是現代的鐵紡織機。生產工具之改良，其增速生產力，在近代木紡織機，是增加了兩倍，在鐵紡織機，是增加了五倍。現在在四種的生產工具間，發生競爭。木紡織機之改良者，排斥舊式的農民織機，在城市製造場中還時常遇有鐵織機，而大紡織工廠的汽紡織機則開始對抗這一切的生產工具。我們曉得，即是從這觀點大體決定紡織生產現在是居何地位，都是很困難的。例如我們知道在南昌（江西）粗紡織品是在紡織工場的舊式織機製造的。（紡織品是從中國上海工廠輸來的棉花製造的）（註四）在杭州（浙江）汽紡織機，很明顯是排斥舊式的手工紡織機。（註五）在安慶（安徽）有一八〇的小紡織工場，有大批的紡織機，計有一〇〇〇個，而其中之大多數是鐵紡織機。（註六）在楡次（山西）紡織生產之開始發達，是在十年以前。現在有三十個企業，有紡織機七〇〇〇個，這種紡織機每日可以織布一匹又半。（這裏是指近代式的紡織機）紡織是家中做的。估買人供給他以棉紗，而農民每方布得一〇—二〇仙令，即每日可得一五—三〇仙令。在附近上海之大工業中心無錫（江蘇）地方，『以前紡織生產，農民是在家庭製造的。現在在城市中有二〇個紡織工場，有三〇〇〇個紡織機，而大半數是近代的木紡織機。（註七）

在大工業中心漢口，在革命前的末年，紡織手工業，是一個家庭工業。第一個的紡織廠是由省政府組織的。工廠之第一部，是在一九一二年開設的。

在歐戰時，紡織工場之數目，是發達了的。在現在，有許多紡織工場，還有染色部門。此種工場，有五十四個，紡織機之總數為四，〇四九個。最普通之紡織機，是改良形式的木紡織機。據一般的意見，木紡織機之改良形式的，對于絲織品，比鐵織機，還要便利。（註八）

在晉江縣（直隸）『府綢』是由農民在家裏製造的，自然，改良形式的織機，已經實現了。在晉豐，紡織還是家庭工業。（註九）

在嘉興（浙江）絲織品及棉織品之製造，在不久以前，還是用木織機的家庭生產方法。在一九二一年，第一個紡織廠開設了，有紡織蒸汽機及手工鉄紡織機。在瑞明（浙江）亦有紡織工場，是用鐵織機及改良形式的木織機。同時，在近郊的鄉村中，約有二〇，〇〇〇舊式紡織機，二〇，〇〇〇個，都是在農民家裏的。『農民是奉佔買人之命令而織布的，農民得到意外少的工資……每日工資，每日實際上還不及四仙令』（註十）

紡織生產發展之他種形態，是在（直隸）。一九〇二年時，有些地方紳士，從天津定來一些近代式的紡織機。一九一〇年，創造了第一個工場。自然，在工場上，只有八個紡織機。其他都是租給農民，一九一三年，這個工場，約出租者有二〇〇個紡織機。現在已有一四四鄉村，有一三〇，〇〇〇人民，約有全體人民百分之九十，是從事紡織，（在農業休息時候）織布業亦普遍到近鄰。」

在此地，我們看見了城市工場在他的周圍，創造了許多的資本主義家庭工業的附屬物，同時，在這個過程中，生產工具之改良，亦同時並進。

至于說到中國苧麻的紡織品，他是例外的在家中生產的。例如在江西省有三種的組織形式：——

1，估買人告訴農民或手工業者製造一定數量的衣服，他預先給以購買原料必要的錢。

2，估買人自己購買棉紗供給農民或手工業者，織工得到製造紡織品之一定的工錢。

3，估買人經過自己的中間人，從農民及手工業者收集紡織製成品。

茲再觀察汕頭地方織布業之組織。在潮陽縣所製造者，只是在舊式織機做來的粗紡織品。約有三〇〇〇〇婦女在這縣中，都是從事織布業。紡織品中佔百分之九十的價值，是棉紗價格，百分之十是工資及估買人的利潤。農民從估買人處得到一定棉紗數量，去織紡織品。在秦湖縣製造『府綢』，是用改良形式的木紡織機，紡織品之價值之八〇—八五%，是棉紗價格。在該縣中約有五〇〇〇紡織機。農民每月得到工資八—一〇元。工資按件計算。在錫里縣中，約有各種織機二〇〇〇〇個，其中主要是舊式的。紡織品之資料，漸漸改良。同時在汕頭地方，中國苧麻之紡織品，亦是發達，有三〇，〇〇〇農婦從事花邊的製造。（註十一）

我們可以引出無數的例子來，但是我們可以說，現在我們上面所引的，已給與我們對于織布業中之各種各式的現狀，無論是在技術方面，及在組織關係，以一個充分的明白的畫圖了。我們看見了：上自經過了改良的木織機及鉄紡織機的古代式的以至于近代式的大紡織工廠中蒸汽紡織機——卽各種各式的生產工具，是相並而存在的。我們看見了：織布業之存在，有爲舊式的農民家庭工業者，有爲經過估買人的近代的家庭工業——成爲城市工場中之附屬物的資本主義的估有形式者，有時爲資本主義工場者，及有爲資本主義工廠大機器生產者。

織布業在技術及社會關係方面，毫無疑義地，是起過變革了的。自然，我們是不能過份估量此過程的形式，雖然我們也承認：其發展之傾向，是走向大機器生產及城市工場之創造。然現在中國本國紡織之工廠的生產還不能滿足中國整個需要之百分之三，四。古式的紡織機，還是在鄉村中維持着。鐵紡織機還很少，他們還是很堅固地開闢自己的道路，因爲婦女的勞働，是那樣的低廉，大城市的很貴的鐵織機的勞働，還是阻礙他的發展的力量。走向大機器工業及大城市工場，亦維持了近代家庭工業的發展。當農民經過估買人在家庭做工，每日得到三四仙令，當工資是在生產費佔這樣低的百分數時，占買人都是很少有注意把牠變成工業資本的。當大紡織工業還沒有關稅保護，給與日本，印度，英國及美國工業以打擊時，自然只有在很好的條件之下，他才能發展的。凡此情況，都是說明紡織工業的發展還遠遲滯在家庭紡績發展上面。在一九二六年的時候，中國大工廠有紡錘三，五八八，五八三個，而是汽紡織機則只有二四，〇八七個而已。紡錘數目與織機數目之不相適合，誠堪浩嘆也。

無論如何，中國的機器生產在織布業方面其對于農民家庭工業及手工業之影響，都不如印度之迅速和尖銳。很明顯地，中國織布業是『開發了英國的發展道路。』

『當機器漸漸地佔有某一的生產界，他在工人和他競爭中，發生了慢性的貧困。當其轉變是很快完成時，他的影響是帶有巨大和迅速的性質。全世界歷史沒有過比那緩慢的苟延的，數十年間，而終于一八三七年沒落的英國的織工，更可怕的現象了。他們中有許多人，是死于飢荒，有許多是每日以二便士半延續自己和其家族的。反之，英國的棉織機器却很快影響于東印度，那裏的總督，在一八三四年——一八三五年中曾說：這個災禍是商業史上空前所來有的。印度的平原，佈滿了棉業織工的白骨。』（註十二）

然而印度雖有機器生產對于古式印度紡織業以迅速與尖銳的影響，然而印度仍有兩百萬以上家庭織布機，供給國內二五％之需要。

日本手工織布機，是機器之最頑梗的敵對者，然並不失敗。一九二一年，在日本有三一九，九〇七的蒸汽紡織機，和六〇四，九三七手工的紡織業。一九二六年，據日本紡織工廠之報告，在工場中應用有一二〇，〇〇〇手工的織布機。然而在日本機器對于手工業生產之尖銳的影響之緩和是在于發達的機器生產，即是以前的手工織布機做工的工人的一部分，都吸收過來。

至于中國，我們對于手織機之大概數目，都不能找到。然我們也以為：『中國之應用手織機較之在任何國家，都是普遍，手織業遍布于全中國，而成千都是在農民家庭中，他們在收穫以後或冬季沒有農作之時，就來織布……，由這種紡織機織成的紡織品，極流行于中國人之中，雖然家庭紡織品的價格，常是較和同樣的外國紡織品是一樣的。此種家庭製造的紡織品之大部分之供給個人消費者，是不能不計及的。而且，當人民在農作有空的時候能購買棉花及以之製成棉紗或購棉紗而以之製成紡織品，這些人民將要計算一下，這樣做法，去供給自己的衣服，是比購買外國商品，是要經濟得多。……一個中國商人，曾說到中國手工織布業復活之有趣味的原因。他說，在四川省購買大批的棉紗，預備在手織機上織造，而富有者則是獎勵此種手工業，以與外國布競爭，因爲可以給許多人工作，使每人每月可得十元或二十元。如手工織布業爲外國洋布所擯斥，則有成千成萬的人，沒有工作可做，而購買者，會變很少的。』（註十三）

美國的商業機關已經知道，有數百萬的中國人還不是穿外國的工廠工業。感覺靈敏的商人，並沒有什麼理論的根據，他還曉得這是中國近代經濟特點之一。他沒有指出現在的工業與農業之結合，已帶有其他之性質，然他估計到此種結合之存在，是正確的。自然，廉價的的日本紡織品及中國本國紡織工廠之發展，是加速家庭紡織生產之過程。然此過程是很慢緩的，而且我們可很確信地說：技術之改良，新生產工具之發現，資本主義大工場之發達及資本主義大紡織然工廠之發展，首先是對外國輸出有抵制，而不是對于家庭生產，有抵制。自然，農民家庭工業，日益服從于估買人。然其由資本主義家庭工業即是轉到工場的過渡，也是困難的，因爲按中國慣例，企業家應供工場的工人膳宿費，這樣便使生產騰貴起來。家庭工業即從估買人看來，還是很重要的，因爲『家庭工業做工的工人，其大部分是做僱傭勞働和農業的，故他的工資是有極低廉之可能，這在別地方，是沒有的事。所以，前者是小生產者之救星，——農業與工業之結合，現在這個已變成資本主義剝削之有力工具。馬鈴薯耕地，牧羊，不大的菜園，已使他可以把勞働力廉價出賣，因爲這是把工人緊結于農業中，而這農業又只能扶養他一部分而已。』（註十四）

這樣，近代的家庭工業，是資本主義大生產的發展途上之阻礙物了。他破壞了舊時的『田歌』，舊式的生產方法，然而他阻滯了大機器生產的發展。

（註一）伊頃夫：中國之國民及其道德。第一部，P.39.

（註二）中國海關管理處——Decennial Reports 1892——1901。第一卷。P.184

（註三）哥諾特可夫——俄國工場及其與中國市場之競爭1924，P.13及26

（註四）仝書26。

（註五）The Chinese Economic Bulletin 1926.No273 P. 255.

（註六）仝書，1927，No 344 P.163.

（註七）仝書，1926，No 529 P.76.

（註八）仝書　1926。No 296 P.296

（註九）The Chinese Economic Bullutin 1925 No 211.P.129.

（註十）D.R.Le——"China 's Industries and Finance P. 10.

（註十一）海關——Deceunal Reforts, 1912——1921.第二卷 P 131

（註十二）馬克思—— Cafital 第一卷 P 141

（註十三）亞爾痕利——"Camnercial Hand book of China" 1919.第二卷.P.354——355.

（註十四）恩格斯給白格爾的信，。1884年十二月十一日。

第二十六章　家庭工業不固定職業及僱傭勞動

我們還剩下他種家庭工業（除紡績業與織布業外）問題，不固定手工業及僱傭勞動之作用的問題，還須加以研究。

我們上面是沒有把漁業放在我們研究圍範之內。漁業生產物，無疑的，對於中國內外貿易，都佔有大部分之作用。只是浙江省一省之海邊漁業，從事該業者，已有五〇〇，〇〇〇人了。自然，中國輸入的漁業的生產品，比輸出為大。一九二五年，輸入者約有二五，五〇〇，〇〇〇兩，及至一九二六年則為二七，八〇〇，〇〇〇兩。而輸出者，約有二〇〇〇〇〇〇至三〇〇〇〇〇〇兩。凡是漁業有多少作用的地方，便可聽到嘆息漁業衰落之呼聲。在廣東，福建，浙江，山東的漁夫，都在一種極困苦地步，有些地方，不能吃米，向來吃馬鈴薯了，不能有好的食品，而變成壞的食品了。漁業衰敗之原因，是在於租稅，鹽價之高貴，及日本漁船之致命的競爭，這些漁船，不管一切的抗議，還是在中國境內河流上，爭取中國舊式的民船或舢舨的魚。漁業，也如一般的規例一樣，是單獨職業之一。通常漁船及一切工具，是屬于業主，而漁夫取一定部分的利益。農民在可能的地方，是經營漁業的，然而這個職業，常是離開農業的。在種桑的地方，他還有若干的比重。

我們現在不研究煉瓦的生產，雖然有許多地方，農民是做這個工作的。他們還有在各地方的製糖廠，榨油廠及製茶廠做工的。在大城市附近的農民，還有到城市中，離開了農業工作，去當苦力，一年中總有一個月時間。然此類不固定職業之比重不大。失業農民，才是大問題之一。採薪和拾廢物，佔各季離開農業的農民之大部分。隨着，搬運貨物，給與了最大工作的可能。我們知道，不固定職業及僱傭勞働在那些資本主義成份較發展的地方，是農民收入之最主要的來源。農民中之高等與低等的範疇，主要都是從不固定職業中找到自己的收入。高等者，例如請負人，企等家等是…；低等者，即是僱傭工人。這是從個別的農民預算中的統計證明了的。

我們從四個不同的省份中，（註一）研究二四二個鄉村的所得，列表如下，由表中說明家庭工業，不固定職業及僱傭勞働在農民收入支出，是佔了多大的作用。

省份	家庭工業及不固定職業	工資	由農業中所得收入	其他來源

浙江	七，〇%	二二，四%	六二，五%	八，二%
江蘇	三	五，二	七九，二	八，八
直隸	三，二	九，一	七二，〇	一五，七
安徽	一，〇	三一，五	五九，二	八，八
滿洲	九，〇	—	七五，五	一五，五

從上表中可以證明：家庭工業之作用，在鄉村人民的收入中，是相對的小。大部分之作用，還是工資。在安徽，在大鐵路及商業中心附近，工資是佔了全部收入中三一，五%，在資本主義較發展的浙江省，佔了二二，四%。然此地應該指明：此種僱傭勞働之大部分，不是在農業之中，而是在運輸及不固定職業中的。

如果按社會成份來考察收入之來源，那末即可得下列之情形，這個是根據上列的研究的。（在無地社會成份中，是指手工業者，商人之收入，這個表中是不十分明顯：至於其他來源這一項，是指由企業中，貸金利息等）

社會成份	收入之來源（以百分比）

	家庭工業	農業	工資	其他來源
無地者	八，四	—	七七，七	一三，九
在三畝以下者	四，二	六〇，三	三四，二	一，三
從一畝至三畝者	二，〇	八一，三	一五，六	二，一
從六畝至十畝者	七，二	八二，〇	九，六	一，二
從十一畝至十五畝	四，二	八六，〇	七，四	三，〇
從二五畝至五十畝	〇，八	九一，五	六，一	一，二
五十畝以上	〇，七	六一，九	一〇，一	二七，三

註一）瑪耶太爾著—"Study of Chinese Rural Economy" P. 34及64.

關於北滿，亞施諾夫之研究，有下列之結果：——

收入來源（百分比）	在十五丈以下者	從十五丈三〇丈者	從三〇丈七五丈者	在五〇丈以上者	平均

由於農業	七六，一	八五，六	八一，九	六五，七	七五，五
由於地租	三，五	一，四	二五，八	一三，六	一三，六
輔業	一九，九	一二，二	六，五	九，〇	九，〇
其他的收入	〇，五	一，八	二，〇	一，九	一，九

這是最有趣味而有用的表中，是證明了：第一，工資是小農民收入之大部分；第二，家庭工資在收入來源上，其作用比較是不大的。其他方面的研究，亦同樣表現了這種的情形。

自然的在城市近郊及僑民居地，工資在農民收入中，是有極大之作用的。在直隷及山東，十萬多農民家族，是以在滿洲做工的家中人之工資，補充其收入的。移民中工資亦有莫大的作用。自然的，此類收入是一般國家經濟中資本主義發展之性質，然此並非農村經濟本身有資本主義性質之證據。這種證據應是各鄉村中之支出方面，是用於傭僱勞働才是。很明顯地，在絲業發達的地方，傭僱勞働的收入，常常比由農業本身的收入還要多。家庭工業之主要部門，是爲紡績。在中國差不多有百分之七十的紡織品，是由手工業的方法的，同時在印度亦有百分之二十五。

至於家庭工業之組織，那末，只要舉一個例子就夠了。在浙江省家庭工業式鞋靴之生產，非常發達。他是在一九一二年至一九一三年開始，現在只在平湖一地，製鞋的機器已在一〇，〇〇〇個以上。機器是不出賣的，而是拿來出租的。每個農婦在租機器時，要納二元入定金。六元擔保金，機器租費 每月二元。她必須在包商人(估買人)買絲，而把出產品賣給他。一打鞋，她得二十四仙令。(註二)在一年中，機器包商不僅贖回了，而且他還得百分之六十的『利潤』。他從生產中可得到他所投入資本四十—五十%的利益。到第二年他由出租機器中，可得到一二〇%

(註一)亞施諾夫——『北滿之中國農村經濟』P.255.

(註二)"The Chinese Economic Bullutin" 1926, No.254

在這種基礎上組織了家庭織布業。包貨商人把新式木織機或者鐵織機抵租給農民。農民用木機作工者每年可得工資三十六元，用鐵機者每年約得六十元。而包商在每架織機上每年可賺六十元至一百元不等。

通常的是包商先拿出原料，工具及預支款子。這樣看來，他在對於家庭工人的關係上不但是企業家而且是高利貸者。此種現象亦常見於印度及中國之大工廠中。在生產的其餘部門中，包辦商人及高利貸者之兩位一體之現象也很普遍。在勞働報酬的關係上也有很多不同的方法。最普遍的是按件給資法。包辦商人論件發錢。如果這鄉村離城市很遠，而農民之作業必先有某一包貨商人來定貨，則這種剝削更是要厲害得出奇。譬如織蓆業的現狀便是如此。只是離城較近的地方，農民才能以其商品直接出現於市，然而在這種情形之下，還是要商人的行會發生衝突。

但是我們不能不承認，在很多地方家庭工業都慢慢的變成了手工廠制度。如在織蓆業，織襪業綁布業，製扇業，造傘業等等部門中的現狀便是如此。固然，貨價之低落及銷路之澀滯都會造成一種相反或後退的過程。手工廠會瓦解而二次囘到家庭工業。在製帶，刺繡，製造草帽諸業中都可以看到這種現象。但是我們還要承認，不管剝削如何的殘酷，在家庭工業較爲發展的區域中，農民的生活要比較好得多了，穿得要比較漂亮。只可惜帝國主義輸進中國的不但是最有害的而且是最不牢固的，以時髦爲轉移的生產部門。如織髮業及紐扣業生產上的飛快的衰落使幾萬以至十萬的農家陷入絕境。相互競爭一天比一天厲害了。日本之製扇業與製傘業及菲律賓羣島之草帽製造業侵蝕了中國的生產。

現在讓我研究中國家庭工業的幾個重要部門。

譬如織蓆及製簾業。他的原料是葦草，這是江蘇與浙江的特產。農民是在自己家裏織簾織蓆。大概是些商人的掮客或經紀人到鄉村中去收貨，或是農民自己進城去找買主。此種生產廣於窪地及河岸各區。政府對此工業收一種特稅，約佔收草時草價十分之一。從一五一二到一九二七年大概每年有一千萬到三千二百萬條蓆及五萬二千到二十九萬條簾子從中國出口。在國內市場上蓆的銷路也很大，因爲可用之以捆貨打包。因有日本的競爭所以出口額有漸次退減之趨勢。一九二五年只有一千三百萬條出口。一九二六年只有一千一百萬。

製扇業亦大部爲家庭工業。在原先，他的出口增加的很快。一八九二出口一千一百萬把，一九一二年四千一百萬把。到了一九二五年落到一千七百萬把，而一九二六年只有五百萬把了。但是國內的需要很大。一到夏天大家都要用扇子。在南方傘的需要也是如此。每年有五百萬把傘從中國出口。國內的消費比出口要多得多。現在所製的傘已經不是那舊式的不適用的中國傘，而是東洋傘。中國的城市女人已經不是以前那樣子裹足不出家門了，所以傘的製造業的發展也與日俱進。

編髮業開始只在奧大利才有。一九零五年輸入中國。於是山東有好多萬婦女俱操此業。辛亥革命之後，中國人先後剪髮，於是原料之供給異常豐富，而編髮業之生產也大大發展起來。煙台成了髮製品商業的中心。山東有五十萬婦女從事於編髮，在青島在煙台都成立了很大的手工廠，僱用千百女工。中國以髮製品供給全世界。日久之後。短髮流行，於是髮之來源既漸涸，而山東之繁榮家庭工業亦失其良好之銷路。時髦之追進使山東幾十萬中國婦女陷於貧困。我們眼看着此種生產之興起與衰落。一九二〇年髮製品的出口總値爲二千八百萬兩，而一九二一年只有七百五十萬兩了，到了一九二六年則僅餘一百六十萬兩而已。

花邊製造業的歷史也很容易探索。開始在上海近郊，在浦東開設了兩個花邊手工廠招收婦女作工，每日給資一角二角不等。後來看這兩個手工廠並不賺錢，因爲依照中國的習慣，企業家應以膳，宿供給女工。於是就變成了家庭工業及包貨制。包貨商人以綫，花樣及模本交給農婦，以後按件給資。據說在南京附近有拾萬農婦，在汕頭附近有三萬農婦從事於此項工藝。中國的花邊冒充愛爾蘭貨而銷售於美國。後來這種『愛爾蘭』廉價花邊的秘密被人發覺了，於是眞正愛爾蘭花邊的銷賣者羣起大譁，於是法庭判决禁售此種假貨，而中國花邊之出口遂大受打擊。據說單在南京一處失業的農婦達五萬人。到了一九二六年出口的總値只有四百五十萬兩了。

地氈製造業大部份集中於北京及天津等處的手工廠中。這又是很多農家的附帶收入。許多城市的貧民也以此爲業。蒙古的羊毛是最好的原料。但是現在羊毛都輸至美國以機器製造地氈了。同時波斯地氈之競爭也很激烈。地氈的出口一九二五年值六百一十萬兩，在一九二六年値四百一十萬兩。

革命給刺繡業一個很大的打擊。從前的一些宮庭的寄生者及官宦之家都購用最精緻的刺繡品，因爲官宦之家都以品級之不同而御用繡品。革命之後從前皇制的禮服都廢而不用了。出口亦減了不少。一九二五年繡品出口值一百一十萬兩，而一九二六年只值八十萬兩了。

草帽製造業是一個根廣泛普遍的家庭製造業，雖然有手工廠的興起，但並不能使家庭工業衰落。但是上海一處就有二十三個手工廠。但是草帽成貨之大部依舊出自農家婦女。草帽出口的減勢甚速。一九二六年只出口四千頂。菲律賓羣島大生產的競爭使中國貨受了很多的排擠。不過國內的銷路依然很大。

織襪工業以非常的速度在中國發展起來。在上海已經有很大的手工廠，僱用很多女工。上海，漢口，無錫及杭州諸處的小襪廠發展之速有如春筍。印度已覺到中國很厲害的競爭而提出抗議。但是國內的需要與銷費之增長比起出口還要快些。生產之發達一方面集中於大手工廠，一方面很廣泛的很迅速的發展了家庭工業與包貨制度。每年有幾千架織襪機輸入中國。一架機器値洋二十元。但是農民之能獨力買起一架襪機是很少的。但是他只値二十塊錢。襪機租給農人。這種情形我們在上面已經看到了。

在各個工業部門中的勞動組織差不多是相同的。更不必多去描寫包商怎樣對待工人用許多欺騙，多算，大尺，大稱；更不用去描寫那中國農民的草屋中如何缺乏新鮮空氣，如何黑暗而無光，勞動條件如何艱重。在這些落後的產業部門中，剝削往往採取殘酷的形式，即在先進國家亦大都如此。商人在一年終結之後不但收回了原來放出的資本，而且收回了高利貸的利息及企業利潤，要大大超過原有的資本。但是無論如何，這些資本在生產中總發生了作用，這是他進步的地方。但是這些散佈很廣的家庭工業實際上阻止了大的機器工帶的發展。每月能有三元到二十元的附帶收入，這對於農民的家計有很大的作用。假若因市場之無政府或別種情形而使這些家庭工業破壞，則對於農民直等於天災。

但是，還有一點應當指出，即是上面所舉的一些家庭工業部門之發展大都在大的商業中心的附近。在許多鄉村中，連這種家庭工業都沒有。在那些地方拾柴與拾糞是農民家庭的主要附業。

農民過半數的季候失業因不固定的手藝及家庭工業而得到若干的減少。大工業的發展一方面固然引起了許多新的家庭工業的發展而另一方而也破壞許了多家庭工業。這個最大問題的解决很顯然在另一方面。

第二十七章　農村中之各階級

中國社會之階級的分析，並非本書的任務。今茲特指出其概要而已。

中國農村中之中心人物是貧農。佃農，佃農私有者，私有者，出租土地的私有者，此特不過是形式上之範疇而已。而在此一切的範疇類別中之最大多數都是貧農。他們是沒有畜牧，沒有必要的工具，他們常常應用犁鋤，他們也耕種種子，他們是生活在飢餓水平之下。他們失去了一切。

和這大多數貧農同時並存的，是無地的傭農階級及東方社會解體之特殊產物——苦力。無土地，無土地職業，時瀕於死地，最下等的工人也。在印度的巡按官，叫他做無地的工人。然無地的工人，常就是無工作的工人。

貧農相對地是不多，而少固定性。中農與貧農之結合是容易保證的。

富農在農村中是少數的層級，因爲他出租土地，經營商業，手工業，高利貸，所以他也是資本主義企業。因爲他出租土地，所以他又是半地主。

對於這些階級之了解，是不難的。然中國農村中還有兩個社會範疇：和我們的觀念和概念，都少接近，此兩個社會範疇是：土豪與劣紳。

誰是劣紳？中國字典上之解釋是這樣：『紳士是衙門與簡單下民之媒介。』紳士者，不僅是官吏而已，而且是讀書人，他並無若何職務，不過是出入於衙門——東方專制的官僚機關——及農民之間，而作一中間人。此種層級出現於中國乎？是，出現的。不管各省中之一切限制與嚴格的規定，受考試的人數，多次之後，都增加了任命官吏之數目。例如，北京在革命前，只任命一萬八千至二萬的官吏。這些官吏，又引用其他官吏。因爲官吏，對於北京政府的關係，都是賄買來的職務，所以被引用的官吏，也是賄買者的關係，好像是爲北京政府所委任的。然而不管中國在革命前，一千六百人中平均有一官吏，還是有許多受考試的人，即有掛了由農民剩餘生產物，用租稅，賄賂，捐稅等形式而得來的官銜的人，但是並沒有入於政府機關中去。因而形成了許多的知識份子的層級來了。一部分此類的知識份子，即在鄉村中找到了住所和麵包。此類知識份子常是政府的反對者，然而這種反對，是無原則的，他想把舊官吏趕跑，自己代替他的位置。此種不滿意，遊手好閑的知識份子，常常組織祕密會社，參加農民羣衆暴動，而取得此暴動之領導權。沒有了解此類知識份子的層級，便不能了解太平暴動之發生，沒有計算到這類知識份子，也是不能了解孫中山。在一九一一年革命以後，此類層級，也隨一般官吏，一齊解體了。這種由農民剩餘生產物而得來的官銜，至此便削除了。東方專制的官僚，常是和一切的剝削者發生連繫，（地主，富農，高利貸者，商業壟斷者），此時也解體了，而爲公開當這些事業的人，代替了他們的位置了。中國官僚是由在農業，商業及高利貸中自己的根基而來的。

然則中國的農民所謂紳士者，是有職務或無職務的官吏嗎？不是的，紳士者是無科舉等級之地主。紳士亦是商人，紳士亦是高利貸者，紳士亦是官吏，紳士是地主，地主高利貸者，商人高利貸者。紳士亦是承辦抽租稅者，紳士又是年貢的收集人，紳士又是大官，大將軍，紳士又是某族的『大人物』，這『大人物』可託言某種名義把某閥族的收入，吞到自己的荷包中去。紳士並不是有科舉等級的人，然而完全不識字的紳士，也不在少數。雖然紳士多半都是地主，但不應該以爲紳士就是地主。然紳士不僅是鄉村中的階級。城市亦有其自己的紳士，在城市中，紳士也是大官吏，地主，富商，以及這一切範疇之混合物，大買佔人及包稅人，都是這個範疇以內。城內及農村的教師，亦常是紳士，其中實際上也有好紳士，和農民及城市貧民相連繫，而站在後者的利益上的。按紳士這個字義來說，是有佩帶的人。這卽是說，這個概念在歷史上，是從官僚的根源來的。因爲只有官僚們，以及賄賣來的，如果沒有職務，至少也有爵位的人，才有權佩帶的。然從社會關係來說，官僚是從地主，商人，高利貸者這階級出身的，若是他是別一階級來的，那末，他也要做地主，商人及高利貸者。這樣說來，紳士之實質，卽是易於取得剩餘生產物的一切的人的總和。隨着商業資本主義之發展，商業高利貸資本，比起『純粹』的地主及『純粹』的官僚，更有極主要和決絕的作用，中國鄉村中資本主義成份之發展，是限制了而決定了這些層級之結合。階級還未達到成熟的狀態，資產者在封建時代卽已存在，其存在不過是封建社會之層級而已，只有在資本主義生產方法發達後，才形成了階級。隨着中國轉變爲資本主義的生產方法之轉變，紳士也轉變成爲資產階級。然只有隨着這個轉變，紳士才變爲近代的資產階級，由此還可看見：工業資產階級之發展，比工業本身爲緩慢。在紳士的收入上，地租，商業利潤，高利貸利息，比工業資本主義之企業收入，更佔有不可比擬之大作用。紳士之得來地租，卽他當作地主，比資本主義企業家所得到的收入爲快。

誰是土豪？土豪是那一切鬼鬼祟祟的小人物，是小店東，破產了的紳士，小寄生虫，他依附於衙門及大紳士之周圍，以便吃取他們之骨頭肉屑。如果鄉村紳士是鄉村中之寄生者，那末，土豪便是紳士之寄生者。土豪者，是流氓紳士也。

這些便是中國鄉村之階級的結構了。

完